महाभारत कुरु वंशावली

शेख तस्लीमा (तृष्णा)

ISBN 979-888555719-1

क्रम-सूची

क्रम-सूची

प्रस्तावना

"महाभारत" भारत का अनुपम, धार्मिक, पौराणिक, ऐतिहासिक तथा दार्शनिक ग्रंथ है। महाभारत दो प्रमुख संस्कृत महाकाव्यों में से एक है। महाभारत का मुख्य विषय कुरुक्षेत्र का युद्ध और उसकी घटनायें है, जो कौरवों तथा पांडवों के मध्य हुआ था। इस महाकाव्य में युद्ध के अतिरिक्त दर्शन और भक्ति के अधिकांश तत्व जोडे गए है। महाकाव्य महाभारत कि विशालता तथा दार्शनिक अंतरंगता न केवल भारतीय मूल्यों का संकलन है, बल्कि यह संपूर्ण हिंदू धर्म तथा वैदिक दर्शन तथा साहित्य का संक्षिप्त सार है। स्वयं महाभारत अनुसार महाकाव्य महाभारत के रचयिता महर्षि 'वेदव्यास' है। महर्षि कृष्णद्वैपायन द्वारा रचित यह महाभारत आर्य संस्कृति तथा भारतीय सनातन धर्मका एक अत्यंत आदरणीय तथा महान प्रमुख ग्रंथ है। महाभारत महाकाव्य यह गुढार्थमय ज्ञान-विज्ञान शास्त्र, राजनितिक दर्शन, निष्काम कर्मयोग दर्शन, भक्ति शास्त्र, अध्यात्म शास्त्र तथा सर्वार्थसाधक तथा सर्वशास्त्रसंग्रह है। सबसे महत्वपूर्ण महाभारत में अद्विवतीय, सर्वज्ञ, सर्वलोकमहेश्वर, परमयोगेश्वर विसुदेव भगवान श्रीकृष्ण के गुण गौरवका मधुर गान है। अपरिमित बुद्धिवाले ऋषि वेदव्यास का रचा हुआ यह महाकाव्य अर्थशास्त्र, श्रेष्ठ धर्मशास्त्र तथा मोक्षशास्त्र है।

हस्तिनापुर की रंगभुमि तथा कुरुक्षेत्र की रणभूमि में गढी गई महाभारत की कहानी अपने आप में एक महागाथा है। जहां एक ओर इसमें धर्म पालन जैसी विषय वस्तु को समाहित किया गया है। वहीं संयुक्त परिवार में चचेरे भाइयों के मध्य पनपी इष्र्या तथा लालच के घातक परिणाम को भली प्रकार से अंकित किया गया है।

महाकाव्य महाभारत अनुसार दक्ष तथा आदिती से 'विवस्वान' का जन्म हुआ। विवस्वान से 'मनु' हुए, मनु से 'इला', इला से 'पुरुरवा', पुरुरवा से 'आयु', आयु से 'नहुष', नहुष से 'ययाति', ययाति से 'पुरु' हुए। पुरु तथा कौशल्या से 'जनमेजय' का जन्म हुआ। जनमेजय तथा अनन्ता नान्मी से 'प्राचिवान' हुए, प्राचिवान तथा अश्मकी से 'संयाति' हुए, संयाति तथा वरांगी से 'अहंपाती' का जन्म हुआ। अहंपाती तथा भानुमति से 'सार्वभौम' हुए, सार्वभौम तथा सुनन्दा से 'जयत्सेन' हुए, जयत्सेन तथा सुषुवाका से 'आराचिन' हुए, आराचिन तथा वैदर्भी नान्मी से 'महाभौम' हुए, महाभौम तथा सुयज्ञा से 'अयुतनायीका' हुए, अयुतनायीका तथा भासा से 'अक्रोधन' हुए, अक्रोधन तथा करण्डुक से 'देवातिथी' हुए, देवातिथी तथा मर्यादा से 'ऋच' हुए, ऋच तथा सुदेवा नान्मी से 'ऋक्ष' हुए, ऋक्ष तथा ज्वाला से 'मतिनार' हुए, मतिनार तथा सरस्वती से तंसु हुए, तंसु तथा कालिन्दी से 'इलिन' हुए, इलिन तथा रथन्तरी से राजा 'दुष्यंत' का जन्म हुआ।

1
दुष्यंत

महाकाव्य महाभारत अनुसार राजा दुष्यंत के पिता नाम 'इलिन' तथा माता का नाम 'रथन्तरी' था। प्रतापि और साहसिक राजा दुष्यंत चंद्रवंशी राजा थे। वे धनुर्विद्या, गदायुद्ध, तथा भाला फेकने में दक्ष थे। राजा दुष्यंत कौरवों के आदिपुरुष थे। वे चार समुद्रों तक की धरती के पालक एवं रक्षक थे। राजा दुष्यंत के शासन कालमें वर्ण संकर नही थे। राजा दुष्यंत के राज में सभी लोग धर्ममें स्वयं प्रेमसे नियुक्त रहकर धर्म और अर्थ का उपार्जन करते थे। राजा दुष्यंत के आश्रयमें सभी लोग निर्भय होकर रहते थे। राजा दुष्यंत आनंदपूर्वक धर्मानुसार प्रजाओंका शासन किया करते थे।

महाकाव्य महाभारत के 'आदिपर्व' अनुसार एक समय राजा दुष्यंत अगणित सेना तथा चारों ओर ब्राह्मणों से प्रशंसित होकर मृगया के लिय वन गये थे। जाते समय उन्होंने कैथके वृक्षोंसे घिरे हुए पहाड़ों, जल तथा मनुष्योंसे रहित एक वनको देखा। वहां वे व्याघ्रों तथा मृगोंकों बींधने लगे। मृगोंको बींधते-बींधते वे दूसरे वनमें पहुंचे। वहां वृक्ष खिले हुए पूष्पोंसे सजे हुए थे तथा हरी घाससे धरती युक्त थी। वहां विशाल शाखाओं से युक्त वृक्षोंसे चारों दिशायें घिरी हुई थी। वह वन मधुलोभी भंवरोंसे युक्त लताओंसे सम्पन्न था। उस वनमें एक भी वृक्ष फल तथा पुष्पोंसे रहित न था। महातेजस्वी राजा दुष्यंत उस स्थानमें पुष्पोंसे सजे तथा हृदयमें आनंद बढानेवाले लतामण्डपों को देख अति प्रसन्न हुए। उस वनको निहारते हुए आगे बढे तब उन्होंने वहां एक श्रेष्ठ आश्रम को देखा। वह आश्रम भांति भांतिके वृक्षोंसे युक्त, प्रज्वलित अग्निसे सुशोभित तथा मुनियोंसे यूक्त था। अग्नि गृहोंसे सुशोभित तथा पुष्पोंकी शैय्यासे सुसज्जित तथा नदियों के विस्तृत तटोंसे वह अधिक सुशोभित हो रहा था। उस देवलोक के समान सभी प्रकार से सुन्दर आश्रमके निकट पवित्र जलसे पूर्ण विराजमान मालिनी नदी को देखते हुए आश्रम में प्रवेश करने का विचार किया। तपोवन में प्रवेश कर अति गुणशाली अपरिमित तेजस्वी तपोधन ऋषि कश्यप के पुत्र महर्षि कण्व के दर्शन करने के लिये सेना से कहा – 'मै ऋषि कश्यप के पुत्र मुनिवर कण्वके दर्शन के लिये जाता हूं इसलिये मेरे लौटने तक तुम यहीं ठहरो।' इसप्रकार कहकर राजा दुष्यंत ऋषि कण्व के दर्शन के लिये आश्रम में प्रविष्ट हुए। वहां राजाने यज्ञकर्मोंमे ऋग्वेद में कुशल ब्राह्मणों के द्वारा पदोंके क्रमसे उच्चारे जाते हुए ऋग्वेद के मंत्र सुने। उस आश्रममें पवित्र अथर्ववेद में दक्ष मुनि पद और क्रमसे युक्त संहिता का पाठ कर रहे थे। ऋषि कण्व के तपसे रक्षित तपोवन की शोभासे युक्त परम मंगलमय आश्रमको बार-बार देखने पर भी नृपश्रेष्ठ दुष्यंत तृप्त न हो सके। पश्चात राजा दुष्यंत ऋषि कण्वके मनोहर शुभस्थान में प्रवेश किया, वहां उन संयत व्रतयुक्त महर्षि को न पाया। ऋषि कण्व को न पाकर राजा दुष्यंत ने आवाज़ लगाते हुए कहा – 'यहां कोई है?' उनकी उस आवाज को सुनकर तपस्विनी का वेष धारण किये हुए एक अति लावन्यमयी कन्या आश्रमसे निकली। उस रुपवती ने राजर्षि दुष्यंत को देखते ही उसीक्षण उनकी अभ्यर्थना कर कहा – "आपका स्वागत है।" यह कहकर कन्याने राजा दुष्यंत की

पूजा कर मुस्कुराते हुए कहा – 'मुझे क्या कार्य करना होगा।' राजा विधिपूर्वक पूजेजाकर उस मधुरभाषिणी कन्याको देख बोले – 'हे भद्रे! मै ऋषि कण्वकी उपासना करने के लिये आया हूँ। मुझे बताओ कि वे भगवन् कहां गये हैं?' राजा द्वारा इसप्रकार पूछनेपर शकुन्तला ने कहा – 'हे राजन्! भगवन् फल लाने के लिये आश्रमसे बाहर गए हुए है। क्षणभर प्रतिक्षा कीजिये वे जल्द ही लौटेंगे।' तब राजा दुष्यंत ने शकुंतलासे कहा – 'हे भद्रे! तुम कौन हो? किसकी पुत्री हो? तुमने दर्शन मात्रसे ही मेरा मन हर लिया है, मै तुम्हारा परिचय जानना चाहता हूँ।' राजा दुष्यंतके इसप्रकार कहनेपर शकुंतला कहने लगी – 'हे राजन्! मेरा नाम शकुंतला है। मै तपस्वी धृतमान धर्मज्ञ यशस्वी भगवन् कण्वकी पुत्री हूं।' यह सुनकर राजा दुष्यंत बोले – 'हे शकुंतले! लोकपूजित महाभाग भगवन् कण्व उर्ध्वरेता है; धर्म भी अपने चरित्र से टल जाए, पर संयत व्रतशील महर्षि कदापि अपने वृत्तसे नही टल सकते। अतएव मुझे शंका होती है, कि तुम कैसे उनकी पुत्री हुई। हे शकुंतले! तुम मेरी यह शंका दूर करो।' राजा दुष्यंत द्वारा इस प्रकार पूछने पर शकुंतला ने कहा – 'हे राजन्! किसी समय एक ऋषिने यहां आकर पिता कण्वसे मेरा जन्म वृत्तान्त पूछा था! उस समय मेरे पिताने उनसे जैसा कहा था, वह सुनिये। "पूर्वकाल में महातपस्वी ऋषि विश्वामित्र ने तपस्या करते हुए देवराज इंन्द्र को बहुत संतप्त किया। तपस्याके बलसे तेजस्वी यह ऋषि मुझको पदसे कहीं च्युत न कर दे, इससे डरकर देवराज इन्द्र ने मेनका नामक अप्सरा से बोले – 'मेनके! तुम दिव्य गुणोंसे अन्य अप्सराओं में श्रेष्ठ हो। तुम मेरा हित करने के लिये जैसे मै कहता हूं वही करो। हे मेनके! आदित्यके समान तेजस्वी महातपस्वी विश्वामित्र कठोर तपस्या करते हुए मेरा हृदय कंपा रहे है। वह संयतात्मा दुर्धर्ष क्रमशः कठोर तर तपस्यामें प्रवृत्त हो रहे है। मै तुम पर यह भार डाल रहा हूं। तुम जाकर उन्हें लुभाओ ताकि वह मुझे मेरे पदसे च्युत न कर सके, उनकी तपस्यामें विघ्न उपस्थित कर मेरा हित करो। हे सुंदरी! तुम रुप, यौवनकी शोभा, हाव भाव तथा मुस्कुराहट भरे वचनों से मुनिको लुभाकर तपस्यासे निवृत्त करो।' देवराज इंद्रके वचन सुन मेनका कहने लगी – 'देवराज इंद्र! भगवन् विश्वामित्र महातेजस्वी, महातपस्वी तथा क्रोधि है, आप भी उन्हें जानते है। जिन महात्मा के तेज, तपस्या तथा क्रोध से आप देवराज होकर भी भय खा रहे है, उनसे मै भयभीत कैसे नहीं होऊं? उन प्रज्वलित अग्निके सदृश्य तेजस्वी तपस्वी जितेन्द्रिय महर्षि को मुझ जैसी बाला कैसे छू सकती है? हे सुरेन्द्र! आप जब उन ऋषिके समिप जानेकी आज्ञा दे रहे है, तब आपके द्वारा कहने पर मै कैसे न जाऊँ। किंतु हे देवराज! मेरी रक्षाका प्रयत्न किजिये, जिससे मै आपसे भली प्रकार रक्षित होकर आपका कार्य कर सकूं। मेरी प्रार्थना यह है कि जब मै आश्रम में क्रिडा करती रहुं, उस समय वायु मेरा पहिना हुआ वस्त्र हरले तथा मेरे सहायक होवें। और जब मै ऋषिको लुभाने लगूं उस समय वनसे सुरभि युक्त हवा चले।' मेनका की ऐसी प्रार्थना पर देवराज ने 'तथास्तु' कहकर वैसा ही प्रबन्ध कर दिया। पश्चात मेनका विश्वामित्र के आश्रम गई। तब देवराज इन्द्र ने वायुको आज्ञा दि तथा यथा समय पवनदेव के सहित मेनका चली। पश्चात मेनका ने तपस्यासे पापहीन हुए तथा तप करते हुए ऋषि विश्वामित्र को आश्रममें देखा। तब ऋषिको प्रणाम

कर ऋषिके निकट ही क्रीडा करने लगी। तब वायुने भी उस समय उसके चन्द्रमा सदृश्य वस्त्र हर लिये। मेनका वायुके उस कार्य को देख लज्जा दिखाती हुई वस्त्र लेने आगे बढी। तब उन मुनिश्रेष्ठ ने अज्ञात वय वस्त्र लेनेकी अभिलाषिनी भूली भटकीसी मेनका को देखा। उसके अतुल रुप तथा गुणको निहारकर मुनिश्रेष्ठ विश्वामित्र मेनका पर मोहित हो गये। पश्चात मेनका तथा ऋषि विश्वामित्र दोनों ने उस वनमें कुछ काल विहार किया। अनन्तर ऋषि विश्वामित्र को मेनका से एक पुत्री की प्राप्ती हुई। मेनका सकल मनोरथवाली होकर उस सजन्मे हुई सन्तान को मालिनी नदीके तटपर छोडकर उसीक्षण शीघ्रता से देवराज इंद्रकी सभामें चली गयी। वनमें उस बालिका को देख शकुन्त पक्षियों ने चारों ओर से घेर लिया था। उस समय स्नानार्थ गए मैने उस निर्जन वनमें पक्षियों से घिरी हुई देख उस कन्याको आश्रम में ले आया तथा पुत्री की भांति उसका पालण पोषण किया। धर्मशास्त्रों में कहा है, कि जन्मदाता, प्रावादाता पोषण करने वाला तथा जिसका अन्न खाया जाता है, क्रमसे यह तीनों ही पिता होते है। यह कन्या निर्जन वनमें शकुन्तों से बचायी गयी थी, इसलिये मैने इसका नाम 'शकुंतला' रख दिया। शकुन्तला को इसप्रकार मेरी कन्या ही समझो, यह अनिन्दिता शकुंतला भी मुझे अपना पिता ही मानती है।" पिताजी ने आये हुए महर्षि द्वारा पूछनेपर इसप्रकार मेरा जन्मवृत्तान्त उस महर्षि से कहा था। आप भी मुझे ऋषि कण्वकी ही पुत्री समझो। अतः मै भी ऋषि कण्वको ही पिता मानती हूं। हे राजन! अपने जन्मके विषयमें मैने जो कुछ सुना था, वह सब कुछ कह दिया है।' शकुंतलाके इसप्रकार कहने पर राजा दुष्यंत ने कहा – 'हे कल्याणी! तुमने जो कुछ कहा उससे स्पष्ट होता है, कि तुम राजपुत्री हो। यदि तुम्हे किसी प्रकार की आपत्ति न हो तो मै तुमसे विवाह करना चाहता हूँ।' राजा दुष्यंत के वचन सुन शकुंतला कहने लगी – 'हे राजन्! मेरे पिताश्री फल बटोरने के लिए इस आश्रमसे बाहर गये हुए है; आप क्षणभर प्रतिक्षा करें वह आकर मुझे आपको प्रदान कर देंगे।' तब राजा दुष्यंत ने कहा – 'हे शकुंतले! मै चाहता हूं कि तुम स्वयं मुझे स्वीकार करो। आत्मा स्वयं ही अपना बन्धु है, आत्मा आप ही अपनी गति है, सो धर्मानुसार तुम स्वयं ही अपना दान करो। मै तुमसे विवाह करनेका अभिलाषि हुआ हूं, तथा इसमें तुम्हारी भी इच्छा है, अतः गन्धर्व विवाहके अनुसार तुम तुम्हारी कामना करनेवाले मेरी पत्नी हो सकती हो।' राजा दुष्यंत के वचन सुन शकुंतला ने कहा – 'हे पौरवश्रेष्ठ! यदि यह धर्म पथके अनुसार है तथा आत्मसमर्पण के विषय में मुझे अधिकार है, तो मेरा एक प्रण है। हे महाराज! मेरे गर्भसे जो पुत्र उत्पन्न होगा वही पुत्र युवराज तथा आपके पश्चात राज्य का अधिकारी होगा। हे महाराज! आप मुझसे यह सत्य प्रतिज्ञा कीजिये। यदि ऐसा हो, तब आपसे विवाह करने के लिये मै सज्ज हूं।' शकुंतलाके वचन सुन राजाने कुछ विचार न कर "एवमस्तु" कहकर शकुंतला का प्रण स्वीकार किया। पश्चात उन्होंने गन्धर्व विवाह कर लिया तथा राजा दुष्यंत उसी वनमें विहार करने लगे। अनन्तर कुछ काल पश्चात राजा दुष्यंत ने शकुंतला से कहा – 'हे शकुंतले! मुझे अब अपना राजकार्य संभालने के लिये राज्य कि ओर प्रस्थान करना होगा। राजधानी में जाकर तुम्हारे लिये सेना भेजूंगा तथा उस सेना सहित तुम्हें अपनी राजधानी ले

जाऊँगा।' राजा दुष्यंत शकुंतला से इसप्रकार कहकर चले गये। अनन्तर कुछ समय पश्चात महर्षि कण्व आश्रम में आये। शकुंतला लज्जावश होकर अपने पिता ऋषि कण्व के निकट नही गयीं। किंतु दिव्य ज्ञानसे युक्त महातेजस्वी भगवन् ऋषि कण्वने अपनी दिव्य दृष्टि से संपूर्ण वृत्तांत जानकर प्रसन्न चित होकर कहने लगे – 'शकुंतले! मेरी सम्मति के बिना एकान्तमें राजवंशी पुषसे जो तुम मिली; उससे धर्मकी हानि नही हूई क्योंकि क्षत्रिय के लिये गन्धर्व विवाह श्रेष्ठ होता है। हे पुत्री! जिसे तुमने विवाह किया है, वह राजा दुष्यंत धर्मात्मा तथा पुरुषोंमे श्रेष्ठ है। तुम्हारे गर्भसे एक महाबली पुत्र जन्म लेगा। जो समुद्र पर्यंत भूमिका उपभोग करेगा।' शकुंतलाने फल तथा यज्ञ की लकडिय़ों का बोझ रखकर पिताश्री के पैर धोए और विश्राम करते हुए ऋषि कण्वसे कहने लगी – 'पिताश्री! पुरुषश्रेष्ठ राजा दुष्यंत को मैने पतिरुपमें वरण किया है, अतः आप कृपा कर उन राजा तथा उनके मंत्रियोंपर प्रसन्न होवें।' तब ऋषि कण्व ने कहा – 'हे पुत्री! मैं तुम्हारे लिये प्रसन्न ही हूं, तुम उनके लिये मुझसे जो इच्छा हो, वह वर मांगो।' तब शकुंतला ने राजा दुष्यंत का हित करने कि इच्छा से पौरवों कि धर्मनिष्ठा तथा उनके राज्यसे च्युत न होने का वर मांगा।

अनन्तर शकुंतला ने प्रज्वलित अग्नि के सदृश्य अत्यंत तेजस्वी रुपवान तथा गुणवान कुमार को जन्म दिया। दिन प्रतिदिन बढनेवाले उस बुद्धिमान कुमारके पुण्यशालियों में श्रेष्ठ ऋषिने जातकर्मादि संस्कार किये। सिंहके समान, युवा चक्रके चिन्हसे चिन्हित हाथोंवाला, अतिबलवान, देवकुमार के सदृश्य वह कुमार मुनिके आश्रम में शीघ्र बढने लगा। वह बालक छः वर्षकी अवस्थामें ऋषि कण्वके आश्रममें व्याघ्र, सिंह, शूकर तथा गजराज आदिको पकडकर आश्रमके चारों ओर बांधकर उनपर चढकर उन्हें वशमें कर क्रीडा करता हुआ चारों ओर घूमता रहता था। तब ऋषि कण्वके आश्रम में रहने वाले मुनियों ने उन लीलाओं को देख उस बालक का नाम 'सर्वदमन' रखा क्योंकि वह बालक सभी जीवोंका दमन किया करता था। तेजस्वी तथा बलवान वह कुमार तभीसे सर्वदमन नामसे प्रसिद्ध हुआ। पश्चात ऋषि कण्वने कुमार का असाधारण बल तथा कार्य देख शकुंतलासे कहा – 'हे पुत्री! इस बालक के युवराज पदपर अभिषिक्त होने का समय आ पहुंचा है।' तदनन्तर

उन्होंने शिष्यों को बुलाकर कहा – 'तुम पुत्र सहित शकुंतलाको शीघ्र ही उसके पति के गृह पहुंचा दो। स्त्रियों का सदा अपने पिता तथा भ्राताके गृहमें रहना उचित नही, ऐसा होनेसे किर्ती, चरित्र तथा धर्म बिगड सकता है। इसे पतिके गृह ले जानेमें तनिक भी विलंब न करो।' महातेजस्वी शिष्य ऋषि कण्वकी आज्ञा पाकर पुत्र सहित शकुंतला को राजा दुष्यंतके राजधानी ले गये। पश्चात शकुंतलाने उस सुर्यके सदृश्य तेजस्वी बालक सहित राजाके द्वारपर पहुंचकर द्वारपालसे राजा को संदेश देकर राजमंदिर में प्रविष्ट हुई। शकुंतला राजा का यथायोग्य सत्कार कर कहा – 'हे राजन्! इस पुत्रको युवराज पदपर आप अभिषिक्त कीजिये। आपके इस पुत्रने मेरे गर्भसे जन्म लिया है, देवता के सदृश्य यह पुत्र आपहीके वीर्यसे उत्पन्न हुआ है। हे पुरुषश्रेष्ठ! आपने जिसप्रकार प्रण स्वीकार किया था, वैसा ही कार्य कीजिये। पहले आपने ऋषि कण्वके आश्रम में मुझसे विवाह करते समय जो प्रतिज्ञा कि थी, उसे स्मरण कीजिये।' शकुंतलाके यह वचन सुन राजा दुष्यंत अपने किये हुए पूर्व कार्य के स्मरण होने के पश्चात भी कहने लगे – 'हे तपस्वीनी! मुझे कुछ स्मरण नही है। दुष्ट तपस्वीनी तुम किसकी स्त्री हो? तुमसे मेरा धर्म, अर्थ तथा काम किसी भी प्रकारके सम्बन्धका मुझे स्मरण नही होता।' राजा दुष्यंत द्वारा इसप्रकार निष्ठुर वाणी कहे जानेपर शकुंतला लज्जासे मलिन तथा अचेतन सी हो गई। दुःख तथा क्रोधसे युक्त होकर राजा दुष्यंतकी ओर देखते हुए कहने लगी – 'हे महाराज! आप सबकुछ जानकर भी क्यों निच जनके समान बिना कुछ सोंचे विचारे "नहीं जानता" कह रहे है। इस बात की सत्यता तथा असत्यता को आपका हृदय जानता है। आपके अपने कर्मों की साक्षी देनेवाले अपनी मंगल आत्माकी अवहेलना न कीजिये। हे महाराज! क्या आप यह समझते है कि वहां अन्य कोई नही था। क्या आप नही जानते, कि परमेश्वर सभीके हृदय मन्दीर में सदा सजग है? जो सभी पाप कर्मों को जाननेवाला है। आप उसके समक्ष ही यह पाप कर रहे है। लोग पाप कर समझते है, कि किसीने उन्हें नही जाना किंतु हृदय के भीतर रहनेवाले परमपुरुष सब कुछ जानते है। जिस दुरात्माकी आत्मा उससे सन्तुष्ट नही रहती, काल उस दुष्कर्म तथा पाप कर्म करनेवाले को नष्ट कर देता है। मै स्वयं आ पहुंची हूं, यह समझकर मुझ पतिव्रता का अपमान न किजिये। प्राचिन ज्ञानिलोग कहा करते है, कि पति स्वयं गर्भके स्वरुपमें पत्नीमें प्रविष्ट होकर पुत्र स्वरुप में जन्म लेता है। ज्ञानी पुरुष का जो पुत्र होता है वह पुत्र परलोकवासी पितरों का उद्धार करता है। भगवान स्वयंभू ने स्वयं कहा है, कि पुत्र नर्कसे अपने पिताकी रक्षा करता है। स्त्रियां आत्माका सनातन तथा पवित्र जन्मक्षेत्र है; ऋषियों में भी क्या शक्ति है, कि वे स्त्रीके बिना प्रजा रच सके? हे राजन्! स्वयं आकर उत्साहयुक्त नेत्रोंसे आपको देखनेवाले अपने पुत्रका आप अपमान कर रहे है। प्रसुतकाल में आकाशवाणी ने कहा था कि "यह पुत्र सौ अश्वमेध यज्ञ करेगा!" शकुंतलाके वचन सुन राजा दुष्यंत कहने लगे – 'हे शकुंतले! मै नही जानता, कि तुम्हारा गर्भोत्पन्न यह बालक मेरा पुत्र है वा नही; तुम्हारी इस बातपर कौन विश्वास करेगा? यह श्रद्धाके अयोग्य बातें कहने में तुम्हें लज्जा क्यों नही होती? हे तपस्वीनी! तुम जो कुछ कहती हो, वह सब मेरा अनजाना, अनसुना तथा

अनसोंचा है।' तब शकुंतलाने कहा – 'हे राजन्! आप सरसों के समान पराये दोषक को देखते हो , किंतु अपना दोष बेलके समान होनेपर भी नही देखते। सत्यसे बढकर अन्य धर्म नहीं है, और न सत्यसे बढकर कोई वस्तु है। सत्य ही परब्रम्ह तथा सत्य ही परम नियम है। आपने मुझसे जो प्रण किया था, उसका उलंघन न किजिये। यदि मिथ्या पर ही आपको प्रेम है, उससे आप मेरी इस सत्य बात पर भी विश्वास न करें। मै यहां से स्वयं चली जाती हूं; आपसे मेरे मिलन का प्रयोजन नही है। आपके स्वीकार न करने पर भी मेरा यह पुत्र शैलराज से अलंकृत इस पृथ्वीका चारों समुद्रों तक शासन करेगा।' शकुंतला यह कहकर जाने लगी। तब पुरोहित, आचार्य, तथा मंत्रियोंसे घिरे हुए राजासे शरीर रहित वाणी ने कहा – 'हे दुष्यंत! माता चर्म के कोष के समान है, उसमे पिता स्वयं ही पुत्रके स्वरूपमें जन्म लेता है। इसलिये इसपुत्र का पालण पोषण करो, शकुंतला का अनादर न करो। हे नरदेव! निज वीर्यसे उत्पन्न हुई सन्तान यमराज के गृहसे मनुष्यका उद्धार करती है, तुम्हीने यह गर्भाधान किया है। शकुंतलाने जो कुछ कहा है वह सब कुछ सत्य है। हमारे कहे अनुसार तुम्हें इस पुत्रका भरण पोषण करना होगा, तुम्हारा यह पुत्र भरत नामसे प्रसिद्ध होगा।' पुरु कुलोत्पन्न राजा दुष्यंत ने देववाणी सुन प्रसन्न चित्तसे पुरोहित तथा मंत्रियों से कहने लगे – 'आप देवदूतकी वाणी पर ध्यान दीजिये तथा मै भी वैसा ही जानता हूं कि यह बालक मेरा ही पुत्र है। यदि मैने शकुंतलाके कहे अनुसार अपने पुत्रको स्वीकार कर लिया होता, तब प्रजा यह शंका करती कि यह पुत्र शुद्ध न भी हो सकता है।' पश्चात राजाने देवदूतसे पुत्र को विशुद्ध कराकर प्रसन्न तथा प्रमुदित चित्तसे उस पुत्र को स्वीकार कर लिया। अनन्तर प्रीति युक्त होकर कुमार पर स्नेह प्रकट करते हुए उसे आलिंगन दिया। धर्मानुसार राजा दुष्यंत ने पतिव्रता पत्नीका सम्मान कर समझाते हुए कहने लगे – 'हे शकुंतले! लोकोंमे कोई नही जानता कि मैने तुमसे विवाह किया है, इस हेतु तुम्हारी शुद्धिके निमित मैने ऐसा व्यवहार किया। यह बिना विधिसे उत्पन्न हुआ पुत्र राज्यका अधिकारी हुआ है, बस लोकवाद को दूर करने के लिये मैने ऐसा चरित्र प्रकट किया।' राजर्षि दुष्यंतने शकुंतलासे उस प्रकार कहकर अन्न, पान तथा वस्त्रादि से उसका सम्मान किया। पश्चात राजा दुष्यंत ने शकुन्तलाके गर्भजात पुत्रको "भरत" नाम देकर युवराज पद पर अभिषिक्त किया।

2

भरत

दुष्यंत पुत्र भरत

भरत राजा दुष्यंत तथा शकुंतलाके के पुत्र तथा चंद्रवंशी राजा थे। राजा भरत की गणना महाभारत में वर्णित सोलह सर्वश्रेष्ठ राजाओं में होती है। राजा भरत ने महीपालों को जीतकर वशमें कर तथा सज्जनों के धर्म का अनुष्ठान करने से उनका यश भुमण्डल में फैल गया था। वे प्रतापी चक्रवर्ती हुए तथा देवराज इंद्र की भांति बहुयज्ञानुष्ठान किया था। महर्षि

कण्वने राजा भरत से प्रचुर दक्षिणा युक्त यज्ञ करवाया था। श्रीमान भरतने गोवितत नामक अश्वमेध यज्ञ कर भगवन् ऋषि कण्वको सहस्त्र पद्म धन दान दिया था। राजा भरतसे भरतवंश प्रसिद्ध हुआ जो आगे चलकर भारत नामसे प्रसिद्ध हुए।

राजा भरत का विवाह विदर्भराज की तीन कन्याओं से हुआ था। राजा भरत को अपने तीनों पत्नियों से तीन-तीन पुत्रों की प्राप्ति हुई थी। किंतु एक भी पुत्र उनके अनुरुप न होने के कारण उन पुत्रों का हनन कर दिया था। तदनन्तर वंश के बिखर जाने पर राजा भरत ने 'मरुत्स्तोम' यज्ञ किया। तब मरुद्गणों ने राजा भरत को 'भारद्वाज' नामक पुत्र दिया। भारद्वाज जन्मसे ब्राह्मण थे किंतु राजा भरत के पुत्र बन जाने के कारण क्षत्रिय कहलाये। भारद्वाज ने स्वयं राज्य नही किया वे वन चले गये। महाभारत अनुसार राजा भरत ने बडे-बडे यज्ञों का अनुष्ठान किया तथा महर्षि भारद्वाज कि कृपासे 'भूमन्यु' नामक पुत्र प्राप्त किया।

3

भुमन्यु

महाभारत अनुसार भुमन्यु ऋषि भारद्वाज के कृपाप्रसाद थे। इनके पिता का नाम 'भरत' तथा माता का नाम 'सुनंदा' था जो काशी नरेष सर्पसेन की कन्या थी। भुमन्यु ने दशार्ह की कन्या 'जया' से विवाह किया था। जिससे उन्हें सुहोत्र, सहोता, सुहवि, सुयजु नामक पुत्रों कि प्राप्ति हुई। राजा भरत ने भुमन्यु का यौराज्यभिषेक किया किंतु भुमन्यु कि विरक्त प्रकृति होने के कारण भुमन्यु ने राज्यपद का स्वीकार न किया। राजा भरत के पश्चात भुमन्यु पुत्र 'सुहोत्र' को राजगद्दी पर बिठाया गया था।

4
सुहोत्र

महाभारत अनुसार सुहोत्र भुमन्यु के पुत्र तथा राजा भरत के पौत्र थे। सुहोत्र भुमन्यु के ज्येष्ठ पुत्र थे, इसलिये उन्होंने राजाओंका राज्य पाया। उन्होंने राजसुय तथा अश्वमेध आदि नाना यज्ञ किये। हाथी, अश्वों भरी नाना रत्नोंसे भरपुर, समुद्रसे घिरी सम्पूर्ण पृथ्वीका भोग किया। तब गजराज, अश्व तथा रथों से पूरित, अगणित मनुष्योंसे विकल होकर अति भारसे पिडित होने के कारण पृथ्वी डूबने सी लगी। राजा सुहोत्र के धर्मानुसार शासन करने से धरती मण्डल सैकडों सहस्त्रों स्थानों में देवालय तथा यज्ञके युपों से चित्रित और मनुष्य, धान्य देर्वोंसे सुशोभित हुआ। राजा सुहोत्र ने इक्ष्वाकु की कन्या 'सुवर्णा' से विवाह किया था। सुवर्णा से राजा सुहोत्र को 'हस्ति' नामक पुत्र कि प्राप्ति हुई। राजा सुहोत्र के पश्चात उनके पुत्र हस्ति को राजसिंहासन पर अभिषिक्त किया गया था। राजा बनने के पश्चात महाराज हस्ति ने हस्तिनापुर स्थापित किया। इसलिये हस्तिनापुर प्रख्यात हुआ तथा हस्तिनापुर प्रमुख राजगद्दी बन गयी। महाराज हस्तिने त्रिगर्त राजकन्या 'यशोधरा' से विवाह किया था। जिससे उन्हें 'विकुण्ठण' नामक राजपुत्र कि प्राप्ति हुई थी। राजा हस्ति के पश्चात विकुण्ठण ने राज्य का भार संभाला। राजा विकुण्ठण का विवाह दशार्ह कि पुत्री 'सुदेवा' से हुआ था। जिससे उन्हें 'अजमीढ' नामक पुत्र प्राप्त हुआ। राजा अजमीढ के सुमीढ तथा पुरुमीढ नामक भाई थे। उनमे राजा अजमीढ ही ज्येष्ठ थे, उनसे ही वंश प्रतिष्ठीत हुआ। राजा अजमीढ को तीन रानीयों से छः पुत्रों कि प्राप्ति हुई थी। उनमें 'धुमिनी' के गर्भसे 'ऋक्ष' उत्पन्न हुए, 'नीली' के गर्भसे 'दुष्यंत' तथा 'परमेष्ठि' का जन्म हुआ। 'केशिना' के गर्भ से 'जन्हु', 'जन' तथा 'रुपिन' नामक पुत्रों का जन्म हुआ। दुष्यंत तथा परमेष्ठि के वंश में पांचाल राजा उत्पन्न हुए। ऋक्ष से 'संवरण' उत्पन्न हुए।

5
संवरण

राजा संवरण हस्तिनापुर के प्रतापि राजा तथा राजा अजमीढ के पौत्र थे। वे सुर्य सदृश्य तेजवान थे। वे प्रतिदिन श्रद्धा सहित सुर्यदेव की उपासना किया करते थे। राजा संवरण जब तक सुर्यदेव कि उपासना नही कर लेते थे, तब तक वे जल का एक बुंद भी ग्रहण नही करते थे।

एक दिन राजा संवरण हिम पर्वत पर भ्रमण कर रहे थे। तभी उन्हें एक अत्यंत सुन्दर युवती दिखाई दी। वे उसे देख उसपर मोहित हो गये, तथा उस युवती के निकट जाकर कहने लगे – 'हे तन्वंगी! तुम कौन हो? तुम देवी हो वा गंधर्व हो? तुम्हें देख मेरा चित्त चंचल तथा व्याकूल हो उठा है। क्या तुम मेरे संग गंधर्व विवाह करोगी?' युवती ने क्षणभर राजा संवरण की ओर देख कहने लगी – 'मेरा नाम तपती है, मै सुर्यदेव कि कनिष्ठ पुत्री हुँ।' इतना कहकर तपती अदृश्य हो गई। तपती के अदृश्य हो जाने पर राजा संवरण अत्यधिक व्याकूल हो गये, तथा विलाप करने लगे। राजा संवरण को विलाप करते देख वह तपती पुनः प्रकट हुई। तपती ने राजा संवरण की ओर देखते हुए कहा – 'हे राजन्! मै स्वयं आप पर मुग्ध हुं, किंतु मै अपने पिता की आज्ञा के वश में हुं। जबतक मेरे पिता आज्ञा नही देगें, मै आपसे विवाह नही कर सकती। यदि आप मुझसे विवाह करना चाहते है, तो मेरे पिता को प्रसन्न किजिये।' इतना कहकर वह तपती पुनः अदृश्य हो गई। पश्चात राजा संवरण उसी स्थान पर सुर्यदेव कि आराधना करने लगे। राजा संवरण के तप तथा दृढतापूर्वक पर सुर्यदेव ने प्रसन्न होकर राजा संवरण से कहा – 'हे संवरण! मै तुम्हारी तपस्या तथा दृढतासे प्रसन्न हुं, बताओ तुम्हें क्या चाहिये?' राजा संवरण सुर्यदेव को प्रणाम करते हुए बोले – 'हे सुर्यदेव! मुझे आपकी पुत्री तपती के अतिरिक्त कुछ नही चाहिए। कृपा कर मुझे तपती देकर मेरे जीवन को कृतार्थ किजिये।' सुर्यदेव ने प्रसन्नता से उत्तर दिया 'तथास्तु' पश्चात राजा संवरण तथा सुर्यपुत्री तपती ने विवाह कर लिया। राजा संवरण को तपती से 'कुरु' नामक राजपुत्र की प्राप्ति हुई।

महाभारत के 'आदिपर्व' अनुसार राजा संवरण जब धरती का शासन कर रहे थे। तब प्रजाका

महान क्षय होने लगा था। क्षुधा, मृत्यु, अनावृष्टि तथा व्याधि आदि नाना कारणों से प्रजाका लोप होनेपर राष्ट्र नष्ट हो गया। शत्रुपक्षी सेना भारतपक्षीय योद्धाओं का वध करने लगे थे। पांचाल नरेश पराक्रमसे भूमण्डल को जीतकर सेनासे पृथ्वीको कंपाते हुए राजा संवरण के निकट आ पहुंचे तथा युद्ध स्थलमें दस अक्षौहिणी सेनासे राजा संवरण को पराजित किया। तब राजा संवरण भयसे स्त्री, पुत्र , मंत्री तथा मित्रों सहित सिंधु नामक महानदीके तटसे पर्वत के निकट तक फैली हुई एक कुंजमे छिपकर रहने लगे। भारतगण उस दुर्ग के आश्रयसे बहुत समय तक रहे। उन्हें वहां रहते हुए कई वर्ष बीत गए तब वहां भगवन् ऋषि वसिष्ठ उनके पास आये। भरतवंशीयों ने उन्हें आया देख प्रणाम कर अर्घ दिया तथा तेजस्वी ऋषिका सत्कार किया। पश्चात राजा संवरण ने ऋषि वशिष्ठ का वरण कर उनसे पुरोहित होने का आग्रह करते हुए कहा – 'हे ऋषिश्रेष्ठ! हम राज्यको पुनः पानेका यत्न करना चाहते है।' ऋषि वशिष्ठ ने उन भरतवंशियों का आग्रह स्वीकार किया। अनन्तर राजा संवरण भरत के पहले बसे हुए नगर में पुनः अधिष्ठान बना कर संपूर्ण भूपालोंको करदाता बनाने लगे। अजमीढ पौत्र महाबली संवरण फिर से पृथ्वीको प्राप्तकर दक्षिणायुक्त अनेक यज्ञोंका अनुष्ठान किया था। अनन्तर उचित समय आने पर राजा संवरण ने अपने पुत्र 'कुरु' का अभिषेक कर उसे राजसिंहासन पर अभिषिक्त कर दिया था।

6

कुरु वंश कि शुरुवात राजा कुरु से हुई थी। वे कुरु वंश के प्रथम पुरुष थे, राजा कुरु प्रतापि, शूरवीर तथा तेजस्वी थे, उन्हीं के नाम से कुरुवंश की शाखाएं निकली तथा विकसित हुई। राजा कुरुकी तपस्यासे कुरुजांगल स्थान पवित्र तथा उनके नामके अनुसार 'कुरुक्षेत्र' नामसे प्रसिद्ध हुआ। राजा कुरु के नाम से ही कुरु 'महाजनपद' का नाम प्रसिद्ध हुआ, जो प्राचिन भारत के सोलह महाजनपदों में से एक थे। राजा कुरु का विवाह दशाह की कन्या राजकुमारी 'शुभांगी' से हुआ था। राजा कुरु को शुभांगी से 'विदुरथ' नामक पुत्र कि प्राप्ति हुई थी। विदुरथ का विवाह मगध देश की राजकुमारी 'संप्रिया' से हुआ था। जिससे उन्हें 'अरुग्वान' नामक पुत्र कि प्राप्ति हुई थी। अरुग्वान ने 'अमृता' नामक मगध राजकुमारी से विवाह किया था। मगध राजकुमारी के गर्भसे 'परिक्षित' नामक पुत्र का जन्म हुआ। परिक्षित ने बहुद कि कन्या 'सुयशा' से विवाह किया था। जिससे उन्हें 'भिमसेन' नामक पुत्र की प्राप्ति हुई थी। भिमसेन ने कैकेय राजकुमारी 'सुकुमारी' से विवाह किया था। भिमसेन को सुकुमारी से 'पर्यश्रवा' नामक पुत्र कि प्राप्ति हुई थी। भिमसेन तथा सुकुमारी पुत्र पर्यश्रवा को 'प्रतिप' भी कहा जाता था।

7

प्रतिप

महाभारत अनुसार राजा प्रतीप एक प्रतापि राजा थे। राजा प्रतीप के पिता 'भिमसेन' तथा माता 'सुकुमारी' थी। राजा प्रतीप का विवाह शैव्य राजकुमारी 'सुनंदा' से हुआ था। सुनंदा से राजा प्रतीप को देवापि, शांतनु, वाहीक नामक तीन पुत्रों कि प्राप्ति हुई। देवापि बालपन में ही वन चले गये थे। महाभारत के 'आदिपर्व' अनुसार राजा प्रतीप सर्व भूतोंके हित में रत बहुत वर्षों से गंगा तट पर जप कर रहे थे। एक दिन राजा प्रतीप की तेजस्विता से आकर्षित होकर रुपगुण युक्त देवी गंगा एक सुंदर युवती का रुप धारण कर जलसे बाहर निकली। सुमुखी, दिव्यरुपा, मनस्विनी वह देवी गंगा पाठ करते हुए राजर्षि के शालवृक्ष सदृश्य दाहिनी जंघा पर जा बैठी। देवी गंगाके कोमल स्पर्श से राजा प्रतीप ने अपने नेत्र खोले तब अपनी जंघा पर बैठी। तब राजा प्रतीप ने सुकोमल देवी गंगासे पुछा – 'हे कल्याणी! तुम किस प्रयोजन से मेरे निकट आयी हो? तुम्हारा अभिलाषित कौनसा प्रिय कार्य करुं?' तब देवी गंगाने कहा – 'हे कुरुओंमे श्रेष्ठ! दिन प्रतिदिन आपकी तपस्या से बढने वाले तेज तथा सुन्दरता पर मेरा मन मोहित हो चुका है। मैं आपकी कामना करती हूं, अतः आप मुझे स्विकार करें। साधुगण कहा करते है कि इच्छावती कामिनी को त्याग देना निंदनीय है।' देवी गंगा के वचन सुन राजा प्रतीप ने कहा – 'हे कल्याणी! मेरा धर्मयुक्त व्रत यह है, कि मै कामके वशमें होकर परायी नारी वा असवर्णा स्त्रीसे नही मिलता।' तब देवी गंगाने कहा – 'महाराज! मै आलक्षण मिलने के अयोग्य वा निंदित स्त्री नही हूं, अतः हे राजन्! आपकी कामना करनेवाली मुझ श्रेष्ठ कन्याको स्विकार करो।' देवी गंगा द्वारा इसप्रकार कहनेपर राजा प्रतीप ने कहा – 'हे देवी! तुम जिस प्रिय कार्य के लिये मुझे प्रेरणा दे रही हो, मै उससे निवृत हूं। यदि इसक्षण उसके विरुद्धाचरण करुं, तो यह धर्म मुझे नष्ट कर देगा। विशेष तुम मेरी दाहिनी जंघा पर बैठी हो। अतः हे भीरु! पुरुषकी दाहिनी जंघा पुत्र, पुत्री, तथा पुत्रवधु का आसन है, तथा बांयी जंघा प्रणयिनी के भोगने के योग्य है। इसलिये हे कल्याणी! मै तुम्हें स्विकार नही कर सकता। किंतु तुम मेरी पुत्रवधु के समान दाहिनी जंघा पर बैठी हो अतः तुम मेरी पुत्रवधु होओ। अतएव अपने पुत्रके निमित तुम्हें स्विकार करता हुं।' यह सुनकर देवी गंगाने कहा –

'हे धर्मज्ञ! आप अपने पुत्र सहित मेरा विवाह करने के लिये जो कुछ कह रहे हो, वही होवे। आपके पुत्र से संयुक्त होकर मुझे भरवंश में आने का सौभाग्य प्राप्त होगा। भूमंडल में जितनें भूपाल है आपही उनकी गति हो। आपके वंशके गुणों का बखान मै सैकडों वर्षों में भी नही कर सकती तथा इस वंशमें जो प्रख्यात थे, उनकी साधुता तथा श्रेष्ठता भी नही कही जा सकती।

इसलिये मेरी आपके प्रति विशेष अनुरक्ति है। हे राजन्! मै आपके पुत्रसे विवाह करुंगी किंतु मेरी एक शर्त है, कि मै जो कुछ करुंगी आपका पुत्र उसकी कभी आलोचना नही करेगा तथा कभी कोई प्रश्न नही करेगा। इस शर्त का पालन करने पर मै आपके पुत्र को सभी प्रकार से प्रसन्न रखुंगी।' इतना कहकर देवी गंगा उस स्थान से लुप्त हो गई।

अनन्तर राजा प्रतीप ने अपने पुत्र शांतनु को युवावस्था में देख बोले – 'हे शांतनु! तुम्हारे मंगलके निमित्त पूर्वकालमें एक सुंदर युवती मेरे निकट आई थी। हे पुत्र! वह अनुपम रुपवती युवती वरवर्णिनी अपनी इच्छासे सर्वत्र गमन करनेवाली दिव्यस्त्री यदि एकान्तमें तुम्हारे निकट आये तब तुम उसका वरण करना। किंतु उससे ऐसा न पूछना, कि 'तुम कौन तथा किसकी पुत्री हो? हे अनघ! वह दिव्य कन्या जो भी कर्म करे वह भी तुम उससे न पूछना। मै तुम्हें यह आज्ञा देता हूं कि इस आज्ञाके अनुसार तुम उस युवती का स्विकार करना।' इस प्रकार राजा प्रतीप नेअपने पुत्र को आज्ञा देकर तथा शांतनु को राज्यपर अभिषिक्त कर वन कि ओर पधारे।

८

शांतनु तथा गंगा

महाराज शांतनु महाभारत के एक प्रमुख पात्र थे, वे महाराज प्रतीप के पुत्र थे। महाराज शांतनु के देवापि तथा वाहीक नामक दो भाई थे। राजा प्रतीप जिस काल में शांतचित्त थे, उस कालमें महाराज शांतनु का जन्म हुआ था। इस हेतु उनका नाम शांतनु रखा गया था।

महाराज शांतनु में दान, क्षमा, बुद्धि, धैर्य तथा उत्तम तेज यह सभी गुण सदा विद्यमान थे। धीमन् शांतनु सत्यवादी, सर्वलोकों में प्रसिद्ध तथा राजर्षियों से सत्कृत थे। गुणशाली, धर्मार्थपरायण महाराज शांतनु भरतवंश तथा साधुजनों के रक्षक थे। राज्यको अहिंसा रुपी ब्रह्मधर्म से अलंकृत कर स्वयं काम, क्रोध रहित, नम्र तथा यत्नशील होकर बिना पक्षपात के सभी प्राणियोंपर शासन किया करते थे। महाराज शांतनु के शासन में यज्ञ की क्रियायें होती थी, कोई अधर्म से किसी जीव को हानी नही पहुंचाता था। कुरुवंशियों में श्रेष्ठ शांतनु के शासन में वाणीने सत्यता तथा मनने दान – धर्मका आश्रय लिया था। महाकाव्य महाभारत के 'आदिपर्व' अनुसार महाराज शांतनु वही राजा है, जो इक्ष्वाकु वंशमें उत्पन्न 'महाभिष' नामसे प्रख्यात सत्यवादी तथा सत्य विक्रमी राजा थे। उन्होंने सहस्त्र अश्वमेध तथा शत संख्यायुक्त वाजपेय यज्ञसे देवाधिश इंद्रको संतुष्ट किया था, इससे वह अन्तकाल में स्वर्गलोक पधारे। एक समय सुर ब्रह्माजी कि उपासना कर रहे थे; उस समय अनेक राजर्षि तथा राजा महाभिष उस स्थान में उपस्थित थे। नदियों में श्रेष्ठ देवी गंगा भी उस स्थान पर उपस्थित हुई, तब उनका चंद्रमा के समान शुभ्र वस्त्र पवनने उडा दिया। देवताओंने यह देखते ही अपने मुख नीचे कर लिये, तब राजर्षि महाभिष निशंक चित्तसे देवी गंगा की ओर ताकते रहे। यह देख ब्रह्माजी ने राजर्षि महाभिष को शाप देते हुए कहा, कि 'तुम मृत्युलोक में जन्म लोगे तथा कुछ काल पश्चात इस पुण्यलोक में आओगे।' यह सुन नृपति महाभिष ने राजाओं तथा अन्य तपोधनों के विषय में कुछ काल विचार कर अति वर्चस्वी राजा प्रतीप के वीर्यसे जन्म लेने की अभिलाषा कि। नदियों में श्रेष्ठ देवी गंगा नृपति महाभिष को उस प्रकार धैर्यसे च्युत हुआ देखकर मन ही मनमें उन्हीं का ध्यान करती हुई चली गयी।

अनन्तर एक समय महाराज शांतनु मृगया करते हुए सिद्धचारणोंसे सेवित गंगातट पर विहार कर रहे थे। तब वहां महाराज शांतनु ने लक्ष्मी के सदृश, अनिन्दिता, दिव्य आभूषणों से सजी हुई सुंदर स्त्री को देखा। उस रमणी को देख उसके रुपैश्वर्य पर महाराज शांतनु विस्मित हो गए। विलासिनी नारी भी महाराज शांतनु को अति उज्जवल रुपलावण्य से चमकते तथा घूमते देख मोहित हो गयी। पश्चात महाराज शांतनु ने उसे मीठी वाणी से कहा – 'हे सुंदरी! तुम देवी हो, दानवी हो, अथवा गन्धर्वी हो तथा अप्सरा हो, यक्षी वा मानवी जो हो, हे देवोंकी पुत्रीके समान कान्तिवाली शोभने तुम मेरी स्त्री बनों। आनिन्दिता गंगा राजाकी मृदु तथा मनोहर वाणी मन्द हंसीके सहित सुनकर वसुओंके नियमको स्मरण कर उनके समक्ष गयी तथा बातोंसे भूपतिके चित्तको प्रसन्न करती हुई बोली – 'हे महीपाल! मै आपके वशमें रहनेवाली बनूंगी। किंतु मै शुभ वा अशुभ जो कुछ भी कार्य करूं, तब भी आप मुझे रोकने वा अप्रिय वाणी नही कहोगे। आप यदि ऐसे नियमसे मेरे सहित रह सको तो मै भी आपके सहित रहुंगी। यदि रोकोगे वा अप्रिय वाणी कहोगे तो निश्चय ही आपको त्याग दूंगी।' महाराज शांतनु द्वारा शर्त स्वीकार करने पर वे दोनों ने परस्पर को प्राप्त कर अपार आनंद का लाभ किया। सुंदरी दिव्यरुपा त्रिपथगा वह देवी गंगा शोभनिय मानवी

शरीर धरकर देवराज के समान तेजस्वी नृपसिंह शांतनु के सौभाग्य से उनका मनोरथ सफल करती हुई प्रिय पत्नी हुई। देवी गंगासे महाराज शांतनु को आठ पुत्रों कि प्राप्ति हुई। जब जो पुत्र जन्म लेता था, तभी देवी गंगा उसे जलमें डाल देती थी। इसप्रकार क्रमसे सात पुत्रोंको डाल देने पर देवी गंगा का ऐसा निर्दयी व्यवहार महाराज के लिये अति असंतोषदायक होने लगा। किंतु इस भयसे, कि देवी गंगा कही छोडकर न चली जाय, उनसे कुछ कहते नही थे। अनन्तर आठवें पुत्रके जन्म लेने पर जब देवीगंगा प्रसन्न हो रही थी, उसी समय महाराज अति दुःखी होकर अपने पुत्रकी रक्षा के निमित देवी गंगासे से कहा – 'तुम कौन हो? किसकी कन्या हो? पुत्रको न मारो तुम क्यों पुत्रोंको मार डालती हो? हे पुत्रघात करनेवाली निन्दनीये! पुत्रोंको मारना पाप है, अतः तुम यह पाप न करो।' महाराज शांतनु द्वारा इसप्रकार कहनेपर देवी गंगा ने कहा – 'हे पुत्रकामी! पुत्रवान जनोंमें श्रेष्ठ, आपके इस पुत्रको नही मारुंगी; किंतु मैने जो शर्त बांधी थी, उसके अनुसार आपके निकट रहने का मेरा काल समाप्त हो गया है। हे राजन्! मै महर्षियों से सेवित जन्हु कि कन्या हुं, देवताके कार्य साधने के लिये मैने आपसे संबंध जोडा था। ये आपके पुत्र महातेजस्वी महाभाग अष्टवसु देव वशिष्ठ के शापसे मनुष्य योनी में जन्मे थे। इस मृत्युलोक में आपके अतिरिक्त उनका जन्मदाता होने योग्य कोई नही तथा मेरे अतिरिक्त कोई अन्य उनकी माता होने योग्य भी नही है। इस हेतु मैने वसुओंकी माता होने के लिये मानवी शरीर धारण किया था। आपने अष्टवसुओं को जन्म देकर अक्षयलोक जीत लिया है। वसुओंसे मैने यह प्रतिज्ञा की थी, कि जन्म लेते ही मै उन्हें मानवी जन्म से मुक्त करुंगी। इसीलिये उन्हें उस प्रकार से जलमें डाल दिया था। इससे वे महात्मा आपव ऋषिके शापसे मुक्त हुए। मैने आपके लिये वसुओंसे एक पुत्र मांगा था, इससे प्रत्येक वसुओंके आठवे भागसे इस पुत्रका जन्म हुआ है। मेरे गर्भसे उत्पन्न इस पुत्रको "गंगादत्त" अर्थात गंगा का दिया हुआ जानना।' देवी गंगा के वचन सुनकर महाराज शांतनु कहने लगे – 'हे गंगे! आपव नामक कौनसे ऋषि है? वसुओंने उनका कौनसा दोष किया था जिसके कारण उन्हें यह मानव शरीर धारण करना पडा। तुम्हारे द्वारा दिये गये इस पुत्रने कौनसा दोष किया था, कि उस कर्मसे यह मृत्युलोक में वास करेगा? हे गंगे! वसुगण सभी लोकोंके ईश्वर है, इसलिये मुझे यह बताओ कि वे मृत्युलोक में क्यों उत्पन्न हुए?' महाराज शांतनु के इसप्रका प्रशन करनेपर देवी गंगा महाराज शांतनु से कहने लगी – 'पूर्व कालमें वरुण देवने जिन्हें अपना पुत्र बनाया था। वह वसिष्ठ नामक मुनि 'आपव' नामसे प्रसिद्ध हुए। पर्वतोंमें श्रेष्ठ सुमेरु के निकट उनका पवित्र आश्रम था, वह आश्रम मृग पक्षियों से गूंजता हुआ तथा सदा सभी ऋतुओं के पुष्पोंसे घिरा रहता था। पुण्यवानों में श्रेष्ठ वरुणपुत्र फल, पुष्प तथा जलयुक्त उस आश्रम के वनमें तप किया करते थे। एक समय सुरभी दक्ष पुत्रीने 'कश्यप' के वीर्य से एक गौ उत्पन्न कि। वह गौ सभी कामधेनुओं में श्रेष्ठ, सुंदर पुंछ, शुभलक्षण, तथा सर्वगुणवती थी। जगत् पर अनुग्रह करने के लिये धर्मात्मा वरुण पुत्र वसिष्ठने सभी कामधेनुओं तेमें श्रेष्ठ उस गौ को लेकर हवनधेनु बनायी। सुरभी की गौ उन मुनियोंसे सेवित, धर्मयुक्त तथा रमणीय उपवन में वासकर निर्भय चित्तसे चरने लगी।

अनन्तर एक समय वसुगण देवर्षि सेवित उस वनमें आए। वे अपनी पत्नीयों सहित उस वनमें विचरने लगे तथा रमणीय पर्वत तथा कुंजोंमें क्रीडा करने लगे। उनमें से 'द्यु' नामक वसुकी पत्नीने उस वनमें घूमती हुई वसिष्ठ मुनिकी सभी कामधेनुओं में उत्तम सुरभी की कन्या नन्दीनी गौ थी उसे देखा। उसने उस गौ को अपने देव को दिखलाया। द्यु नामक वसुने उस सुरभी पुत्रीको देख अपनी पत्नी से उसके रुप तथा गुणका वर्णन करते हुए कहा – 'हे सुंदरी! जिन ऋषिका यह उत्तम तपोवन है, यह देवी सुरभी कि पुत्री तथा वरुण पुत्र की उत्तम गौ है। जो मनुष्य इस नंदिनी का मीठा दुग्ध ग्रहण करेगा वह अटल यौवन पाकर अधिक वर्षों तक जीवित रहेगा।' सुमध्यमा देवी वसुपत्नीने यह सुनकर अति तेजस्वी अपने देव से कहा – 'हे देव! मृत्युलोक में रुप यौवन युक्त 'जिनवती' नामक एक राजपुत्री मेरी सखी है। वह धीमान् सत्यप्रेमी राजर्षि उशीनरकी पुत्री है, वह अपने रुप के कारण सम्पूर्ण मानव लोक में प्रसिद्ध है। उसके लिये मुझे बछडा सहित इस गौ को लेने की अभिलाषा है। हे अमरश्रेष्ठ! शीघ्र ही गौ को ले आइये ताकि केवल मेरी सखी ही इस गौ का दुग्ध ग्रहण कर मृत्युलोक में रोगवर्जित होगी। मेरा यह प्रियकार्य करना आपका कर्तव्य है, यही कार्य मेरे लिये अत्यंत प्रिय है, इससे अधिक प्रिय मेरे लिये कुछ नही है।' यह सुनकर द्यु नामक वसुने अपनी प्रिय देवीका प्रिय अनुष्ठान करने की इच्छासे सभी वसुओं सहित जाकर उस कामधेनु को हर लिया। उन्होंने एक बार भी मनमें विचार नही किया कि गौ को हरने से हमारा पतन होगा। अनन्तर वरुणपुत्र ऋषि फल बटोरकर आश्रममें उपस्थित हुए; किंतु अपने सुहावने वनमें बछडा सहित गौ को नही देखा। उन्होंने तपोवन में गौ को ढूंढा किंतु कहीं पर भी गौ को नही पया। अनन्तर ऋषि आपव ने दिव्य नेत्रसे जाना कि वसुओंने गौ हर ली है, इससे उन्होंने उसी क्षण क्रोधयुक्त होकर वसुओं को शाप दिया कि वे सभी मृत्युलोक में जन्म लेंगे। वसुगण शापके वृत्तांत से ज्ञात होकर उन महात्मा ऋषिके आश्रममें आकर उनकी उपासना करने लगे। वसुओंने ऋषि आपव को प्रसन्न करने के लिये बहोत यत्न किये। किंतु धर्मको जानने वाले ऋषिश्रेष्ठ आपव से प्रसन्नता प्राप्त न कर सके। अनन्तर धर्मात्मा ऋषिने अष्टवसुओं से कहा – 'मैंने क्रोधित होकर तुम्हें जो शाप दिया है, उसे मिथ्या नही कर सकुंगा। किंतु वर्षभरमें तुम उस शाप से मुक्त हो सकोगे। किंतु जिसके कारण तुम शापग्रस्त हुए हो, वह द्यु नामक वसु ही केवल निजकर्मके दोषसे मनुष्यलोकमें दीर्घकालतक वसेगा। मैंने क्रोधित होकर तुमसे जो कहा है, उसे मिथ्या नही कर सकूंगा। यह द्यु नामक वसु मृत्युलोक में संतान उत्पन्न नही करेगा। यह स्त्रीमिलन त्याग देगा तथा धर्मात्मा सर्व शास्त्रोंमें पंडित होकर पिताके प्रिय कार्य में सदा नियुक्त रहेगा।' देवी गंगा महाराज शांतनु से इतना कहकर पुत्र सहित उसी स्थानपर अन्तर्हित हो गई।

अनन्तर महाराज शांतनु ने 36 वर्ष ब्रह्मचर्य व्रत पालन किया। नृपवर शांतनु एक समय मृगको बींधकर उसका पीछा करते हुए गंगा नदी के तट पर पहुंचे। वहां उन्होंने गंगा को स्वल्प जलयुक्त देखा। पुरुषश्रेष्ठ शांतनु यह देखकर विचार करने लगे, कि नदियों में श्रेष्ठ

गंगा आज पुर्व की भांति क्यों नहीं बह रही है। तदनन्तर महाराज शांतनु ने दिव्य अस्त्रोंको प्रकट करते हुए, तीक्ष्ण शस्त्रोंसे संपूर्ण गंगाको रोककर खडे हुए अति सुन्दर रुपसे युक्त एक कुमार को देखा। वह कुमार कुछ ही क्षणों में अंतर्हित हो गया। तब महाराज शांतनु ने उस अंतर्हित हुए कुमारको देख शंकायुक्त होकर देवी गंगा से कहा – 'हे गंगे! उस अंतर्हित हुए कुमार को मुझे दिखलाओ।' तब देवी गंगाने उत्तम रुप धारण कर दाहिने हाथमें उस अलंकृत कुमारको पकडकर महाराज शांतनु के समक्ष उपस्थित हुई। निर्मल वस्त्र भलि भांति धारण किये हुए तथा नाना आभूषणों से सजी हुई देवी गंगाको पहले देखने पर भी इस समय महाराज शांतनु ने नही पहचाना तब देवी गंगाने कहा – 'हे पुरुषव्याघ्र! आपने मेरे गर्भसे जो आठवां पुत्र प्राप्त किया था, यह वही पुत्र 'देवव्रत' है। इसे स्विकार किजिये, यह कुमार युद्धमें देवराज के समान धनुरधारी, अस्त्र विद्यामें दक्ष तथा वीर्यवान है। इस पुत्रने ऋषि वसिष्ठ से छओं अंगके सहित वेदों को पढ लिया है। यह सुरोंको प्रिय है, उसी प्रकार असुरोंको भी प्रिय है। असुरों के गुरु उशना जिन जिन शास्त्रोंको जानते है, इस पुत्रने वह सभी पढ लिये है। अंगिरा के पुत्र तथा सुरासुरोंके द्वारा नमस्कारके योग्य बृहस्पति जो-जो शास्त्र जानते है इस पुत्रने वह सभी सीख लिये है। अंग उपांगो सहित वे सभी शास्त्र इस पुत्र में प्रतिष्ठीत है। हे राजन्! राजधर्म तथा अर्थज्ञान में निपुण महाधनुर्धारी आपके इस पुत्र को मै प्रदान करती हुं, इसे स्वीकार करो।' महाराज शांतनु देवी गंगा के कहे अनुसार सुर्यके सदृश्य देदीप्यमान पुत्रको लेकर अपने नगर में आये। अनन्तर राज्यको भली प्रकार चलाने के निमित्त 'देवव्रत' को यौवराज्य पद पर अभिषिक्त किया।

9
देवव्रत

महाकाव्य महाभारत अनुसार देवी गंगाके गर्भसे जन्मे वसुरुप 'देवव्रत' सुंदरता, आचार, चरित्र तथा विद्या सभी विषयमें महाराज शांतनु सदृश्य ही थे। भगवान परशुराम के शिष्य देवव्रत अपने समय के विद्वान तथा कुशल योद्धा थे। महाभारत अनुसार सभी प्रकार कि शस्त्र विद्या में देवव्रत पारंगत थे। देवव्रत को युद्धमें पराजित करना असंभव था। संभवतः उनके गुरु भगवान परशुराम ही उन्हें पराजित कर सकते थे। देवव्रत ने अपने पिताश्री शांतनु का विवाह सत्यवती से करवाने के लिये आजिवन ब्रह्मचर्य का पालन करने कि भीषण प्रतिज्ञा की थी। इसप्रकार भिषण प्रतिज्ञा करने के कारण उन्हें भिष्म कहा जाता था। अपने पिताश्री के लिये इस प्रकार कि पितृभक्ति देख उनके पिता ने उन्हें इच्छा मृत्यु का वरदान दिया था।

देवव्रत अथवा पितामह भिष्म महाभारत के प्रमुख पात्र थे। महाकाव्य महाभारत के 'भिष्म पर्व' अनुसार महाभारत युद्धमें पांडव कौरवोंके सेना का नाश कर रहे थे। युद्धमें भीमसेन तथा घटोत्कच को रणमें पराक्रम करते हुए देख राजा दुर्योधन वहां आकर दोनों को रोकते हुए उनके समक्ष खडा हो गया। अत्यंत क्रोधमे भरे हुए भीमसेन ने तीक्ष्ण बाण संधान कर वैरबुद्धी दुर्योधन कि छातीपर प्रहार किया, भीमसेन के ऐसा घोर प्रहार से राजा दुर्योधन मूर्छित होकर रथपर गिर पडा। सारथी ने जब दुर्योधन को अचेत दशामें देखा तब अपने रथ को रणभूमि से दौडाकर बाहर ले गया। इससे सेनामें भगदड मच गयी। संग्राम में भागती हुई कौरव सेनाको द्रोणाचार्य तथा पितामह भीष्म जैसे-जैसे रोकते वह वैसे-वैसे वह भागती ही चली जा रही थी। विषाद तथा भयसे कांपती हुई सेना को क्रोधमें भरे हुए पितामह भीष्म तथा द्रोणाचार्य रोकने लगे। पश्चात जब राजा दुर्योधन को चेत आया तब उसने भागती हुई सेनाको पिछे लौटाया। सेना को पिछे लौटे हुए देख राजा दुर्योधन पितामह भीष्म के निकट जाकर कहने लगा – 'हे पितामह! जब तक आप अस्त्र जानने वालोंमें श्रेष्ठ द्रोणाचार्य तथा महाधनुर्धारी कृपाचार्य जीवित है तब तक हमारी सेनाका यों भागना आपको तनिक भी गौरव देने वाला नही है। पांडव आपके द्रोणाचार्य, कृपाचार्य के समक्ष रहकर युद्ध नही कर सकते। हे पितामह! आप पांडवों की ओर कृपादृष्टिसे देखते है, आपके समक्ष वे मेरी सेनाका नाश कर रहे है, तब भी आप कुछ नही करते। यदि ऐसा है तो आप मुझे पहले ही बता देते कि 'पांडव, दृष्टद्युम्न तथा अन्य पांडव योद्धाओं सहित नही लड़ूंगा।' यदि आप पहले ही कह देते तो मै उसी समय विचार कर लेता। किंतु अब युद्ध के समय आप त्यागते है, यह अनुचित प्रतित होता है। जीतना भी बल हो उसे लगाकर युद्ध करो।' दुर्योधन के वचन सुनकर पितामह भीष्म कहने लगे – 'हे दुर्योधन! मैने तुमसे अनेकों बार हितकी सत्य बात कही है, कि इंद्र सहित देवता आवें तब भी रणमें पांडवों को जितना कठिन है। मुझ बुढे मनुष्यसे जो कुछ हो सकता है वह मै शक्तीके अनुसार दिखाता हुं। आज रणमें मै अकेला ही सभी पांडवों को उनके बंधुजन तथा सेना सहित पिछे लौटा दूंगा।' इसप्रकार कहकर पितामह भीष्मने धृतराष्ट्र पुत्रोंको सेनासे रक्षित कर बाण बरसाने लगे। रणमें बाण संधान करने कि शीघ्रता

के कारण अकेले ही पितामह भीष्म उस समय अनेकों रुप धरनेवालों के समान दिखाई देने लगे। जिस ओर दृष्टि जाती उस ओर पितामह भीष्म दिखाई पडते। जहां – तहां पितामह भीष्म के बाण दिखाई पडते थे। इसप्रकार अतुल पराक्रमी पितामह भीष्म द्वारा नष्ट होती हुई धर्मराज कि सेना चारों दिशाओं में भागने लगी। पिछे लौटानेके अनेकों प्रयास करने पर भी पितामह भीष्म के बाणों से पीडित हुए महारथियों को वह वीर लौटा न सके पांडवों कि सेना को इसप्रकार बिखरी हुई देख श्रीकृष्ण अर्जुन से कहने लगे – 'हे पार्थ! तुम जिस समय को चाहते थे, वह अब आ पहुंचा है। पहले तुमने राजाओं के समक्ष कहा था, कि 'पितामह भीष्म, द्रोणाचार्य आदि योद्धाओं सहित धृतराष्ट्र पुत्रों मेंसे जो कोई मेरे सहित युद्ध करने आयेंगे उन सभी का मै वध करुंगा।' हे अर्जुन! उस बातको आज सत्य कर दिखाओ।' श्रीकृष्ण के इसप्रकार कहने पर अर्जुन ने कहा – 'माधव! जिस ओर पितामह है उस ओर रथ को ले चलिये।' तदनन्तर पितामह भीष्म कि ओर श्रीकृष्ण ने अश्वों को हांक दिया। महाबाहु अर्जुन को पितामह भीष्म सहित युद्ध करने के लिये जाते हुए देख पांडव सेना रणमें लौट आयी। सिंहके समान दहाडते हुए पितामह भीष्मने बाणोंकी वर्षासे अर्जुन के रथ को ढक दिया। बाणोंसे ढक जाने पर भी श्रीकृष्ण अश्वों को आगे बढाये चल रहे थे। पश्चात पितामह भीष्मने श्रीकृष्ण तथा अर्जुन को तीक्ष्ण बाणों से घायल कर दिया। संग्राम में पितामह भीष्म के अद्भूत पराक्रम तथा सेनामे आकर सचर्यके समान तपते हुए तथा बाणों कि वर्षा करते हुए पितामह भीष्म को प्रलयकाल के समान धर्मराज कि सेनाके श्रेष्ठ-श्रेष्ठ वीरों का संहार करते हुए देख श्रीकृष्ण सह न सके तथा विचार करने लगे, कि 'अब धर्मराज कि सेना बचती प्रतित नही होती।

महारथी भीष्म स्वयं अकेले एक ही देवता तथा दानवों का नाश कर सकते है। तो पांडव उनके समक्ष है ही क्या?' श्रीकृष्ण इसप्रकार विचार कर रहे थे, कि इतने में ही पितामह भीष्म ने बाण संधान कर अर्जुन के रथको सभी दिशाओंसे ढक दिया। जहां से भूमि, दिशा, सुर्य आदि कुछ नही दिखाई दे रहा था। पश्चात पितामह भीष्म कि आज्ञासे द्रोण, विकर्ण, जयद्रथ, भूरिश्रवा, कृतवर्मा, कृपाचार्य आदि शीघ्रता से अर्जुन तथा श्रीकृष्ण को घेर लिया। श्रीकृष्ण तथा अर्जुन को इसप्रकार घिरे हुए देख सात्यकि तत्काल उस स्थानपर आ पहुंचा तथा भागती हुई सेनासे कहने लगा – 'हे क्षत्रियों! तुम कहां हो? यह पूर्व पुरुषोंका दिखाया हुआ क्षत्रिय धर्म नही है। हे वीरों! अपनी युद्धकी प्रतिज्ञाका त्याग न कर आज वीरधर्म का पालन करो।' पश्चात श्रीकृष्ण सात्यकी कि प्रशंसा कर तथा सभी कुरुओंको अपने ऊपर चढाई करते हुए देख बोले – 'हे वीर! जो भागते है उन्हें भागने दो। अब मै महारथी भीष्म तथा उनके साथियों का वध करुंगा।' इतना कहकर श्रीकृष्ण अश्वों कि लगाम छोड पृथ्वीपर खडे हुए तथा चक्र लेकर पितामह भीष्म के ओर बढे। श्रीकृष्ण को चक्र लेकर आते हुए देख पितामह भीष्म चितको स्थीर रख कहने लगे – 'हे मधुसूदन! रणमें आपके हाथों मारे जानेपर मेरा इस लोकमें तथा परलोक में भी कल्याण होगा।' पितामह भीष्म के वचन सुन तथा

श्रीकृष्ण को आगे बढते हुए देख अर्जुन तत्काल रथसे उतरकर श्रीकृष्ण को रोक लिया तथा कहने लगे – 'हे केशव! मै आज शपथ खाकर कहता हूं, कि मै रणमें पैर पिछे नही धरुंगा। आपकी आज्ञासे मै कौरवों का संहार करुंगा।' अर्जुन की इस प्रतिज्ञा को सुन श्रीकृष्ण प्रसन्न होकर अश्वों कि लगाम हाथमें लिया तथा पंचजन्य नामक शंख के शब्दसे सभी दिशाओंको गुज्जार दिया। पश्चात धनुषधारी अर्जुन ने उत्तम अस्त्रके प्रभाव से अग्निके सदृश्य तेजस्वी असंख्य बाण संधान कर कौरव सेना का नाश करने लगे। जब सुर्यणारायण अपनी किरणों को समेटने लगे तब शस्त्रोंसे घायल द्रोणाचार्य, दुर्योधन आदि कौरवोंने अपनी सेना को पिछे लौटा लिया। पांडव सेना भी शत्रुओंको जीत कर लौट गयी।

अनन्तर युद्ध के नौ वे दिन पितामह भीष्म पांडवों की सेना का संहार कर रहे थे। पितामह भीष्मके हाथों मरते हुए पांडव पक्ष के योद्धा भयभित होकर संग्राम में प्राण बचाने हेतु रणमें भाग रहे थे। पितामह भीष्म अत्यंत कोपमें भरकर महारथीयों का वध कर रहे थे। अनन्तर रात्री के पहले भागमें श्रीकृष्ण सहित पांडव एकत्र हुए। तब राजा युधिष्ठिर कहने लगे – 'हे कृष्ण! पितामह भीष्म को पांडव सेना का नाश करते हुए आपने देखा। महासंग्राम में कोप में भरे हुए पितामह भीष्म को जीतना सरल नही है। हे कृष्ण! रण में पितामह भीष्म को सन्मुख पाकर किसप्रकार जीता जाय, इस बातको मै अपनी बुद्धिकी दुर्बलता के कारण से समझ नही सकता। पितामह सदा हमारे सेना का नाश कर रहे है, इसलिये मुझे अब युद्ध करना प्रिय नही लगता। मेरे कारण ही स्नेह से बंधे हुए मेरे भाइयों को राज्यभ्रष्ट होकर वनमें भटकना पडा तथा द्रौपदी को भी मेरे कारण ऐसे दुःखमें पडना पडा था। हे केशव! यदि आप मेरे तथा मेरे भाइयों पर अनुग्रह करना चाहते हो तो जिससे मेरे धर्ममें विरोध न आवे ऐसी हितकारी बात मुझे बताईये।' महाराज युधिष्ठिर कि इसप्रकार करुणा भरी बातको सुनकर श्रीकृष्ण कहने लगे – 'हे धर्मपुत्र! आप इसप्रकार दुःखित न होइये। शत्रुओंका नाश करनेवाले आपके अनुज भाई शूर है, उन्हें कोई भी जीत नही सकता। अर्जुन ने प्रतिज्ञा कि थी, कि 'मै पितामह का वध करुंगा।' यदि अर्जुन ऐसा करना चाहे तो, उसके इस वचन को सफल करने के लिये मै सज्ज हूं। अर्जुन महारथी भीष्म का वध अवश्य ही करेगा।' यह सुनकर राजा युधिष्ठिर कहने लगे – 'हे माधव आप जो कुछ कहते है, वह सब सत्य है। संग्राम के विषय में पितामह भीष्मने मेरे सहित प्रतिज्ञा की है, कि 'मै तुम्हे सम्मति दूंगा, किंतु तुम्हारी ओरसे युद्ध किसी प्रकार भी नही करुंगा। मै दुर्योधन के पक्ष में रहकर ही युद्ध करुंगा।' पितामह मुझे सम्मति देनेवाले है इसलिये हे मधुसूदन! क्या हम सभी साथमें एक बार उनसे उनके वधका उपाय पूछने के लिये उनके पास चले। वे हमें हितकारी सच्ची ही बात बतायेंगे। हे कृष्ण! वे जो कुछ बतावेंगे हम रणमें वैसा ही करेंगे।' तब श्रीकृष्ण ने कहा – 'हे धर्मराज! आप सत्य कह रहे है। देवव्रत भीष्म अपनी एक दृष्टि से ही सबको भस्म कर सकते है, इसलिये उन गंगा नंदन के पास उनके वधका उपाय जानने के लिये चलना चाहिए। विशेषकर आप पूछोगे तो वे अवश्य ही सत्य कहेंगे।' वीर पांडवों ने ऐसी सम्मति कर एकत्र होकर श्रीकृष्ण

सहित पितामह से भेट करने गये। पितामह के निकट पहुंचकर शिश झुकाकर प्रणाम किया तथा कहने लगे – 'हे पितामह! हम आपकी शरण मे आये है।' तब पितामह भीष्म ने कहा – 'हे कृष्ण! आप सभी के आने से मै बहोत प्रसन्न हूं, बताओ मै ऐसा कौनसा कार्य करुं जिससे तुम्हारे चित्तको प्रसन्नता प्राप्त हो।' गंगानंदन ने यह बात बडी प्रितिके साथ बार-बार कही तब राजा युधिष्ठिर ने उनसे कहा – 'हे सर्वज्ञ! हम किस प्रकार राज्य पावें? यह सेनाका संहार किस प्रकार समाप्त होगा तथा हम आपका वध किस प्रकार कर सकते है? आप हमें ऐसी संम्मति दीजिये कि जिससे हमारा राज्य लौट आवे। हे पितामह! मेरी सेना कुशलसे रहे वह उपाय बताइये।' राजा युधिष्ठिर के वचन सुन पितामह भीष्म पांडवों से कहने लगे – 'हे पांडवों! यदि तुम रणमें अपनी विजय चाहते हो तो शीघ्र ही मुझ पर प्रहार करो।' तब राजा युधिष्ठिर ने कहा – 'हे पितामह! रणमें हम आपको कैसे जीते? वज्रधारी इंद्र, वरुण तथा यमराज को जीता जा सकता है किंतु आपको इंद्र सहित लिये भी रणमें नही जीत सकते।' पश्चात पितामह ने कहा – 'हे पांडवों! तुम जैसा कहते हो वहठीक ही है। यदि मै शस्त्र धारण किये हुए रणमें श्रेष्ठ धनुषको उठाकर खडा हो जाउं तो इंद्रकी सहायता लेकर आये हुए सुर तथा असुर भी मुझे जीत नही सकते। इसलिये यदि मै शस्त्रको हाथों से धरदूँ तब ही महारथी मुझे जीत सकते है। हे युधिष्ठिर! तुम्हारी सेना में जो महारथी द्रुपदपुत्री है वह पुरुष हो गयी है, यह सभी जानते है। उस शिखंडी को आगे कर अर्जुन को मुझ पर प्रहार करने दो। पुरुष रुप स्त्री को आगे कर युद्धके लिये आने पर मै कभी भी प्रहार करना नही चाहूंगा। ऐसा समय पाकर मेरा नाश करने पर ही निःसंदेह तुम्हारी विजय होगी।' पितामह भीष्म से उनके मृत्युका उपाय जानकर पांडव तथा श्रीकृष्ण पितामह को प्रणाम कर अपने छावनी में लौट गये।

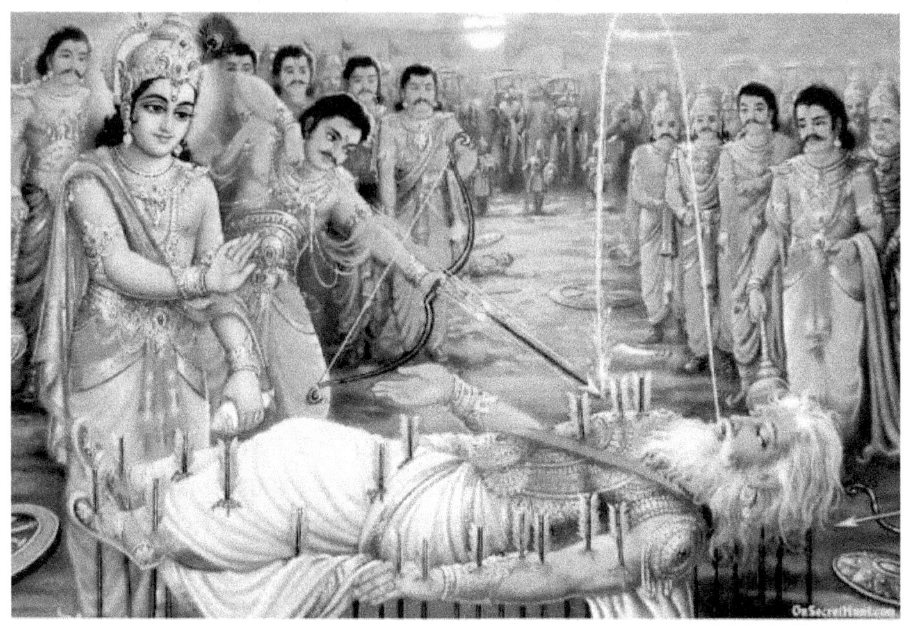

अनन्तर युद्धके दसवें दिन प्रातःकाल पांडव शिखंडी को आगे कर युद्धके लिये चल पडे। कौरव सेना भी महारथी भीष्मको अपनी सेनाके आगे कर पांडवों कि ओर बढ गये। दोनों पक्षोंका युद्ध आरंभ हुआ। अर्जुन आदि कुन्तीकुमार शिखंडी को आगे कर अनेको बाणों कि वर्षा करते हुए पितामह से युद्ध करने लगे। पांडव सेना कौरव सेनाका नाश करने लगे। कुछ ही समय में कौरव सेना पांडवों से मृत्यूको प्राप्त होती हुई चारों दिशाओं में भागने लगी। यह देख पितामह भीष्म बाणोंकी वर्षा करने लगे। क्रोधमे भरे हुए पितामह भीष्म गजराज तथा अश्वों का संहार कर रहे थे। युद्धके दसवें दिन जैसे अग्नि वनको जलाकर भस्म करता है, तैसे ही पितामह भीष्म ने बाणों की वर्षा से सेना का नाश कर डाला। पश्चात शिखंडी ने पितामह भीष्म पर प्रहार किया। शिखंडी के प्रहार से अत्यंत घायल होकर पितामह भीष्म शिखंडी को समक्ष देख कहने लगे – 'विधाताने तुम्हें जिस स्त्री रुपमें रचा था उसी शरीर में तुम अभीतक शिखंडी ही हो। मै तुम्हारे सहित युद्ध नही करुंगा।' पितामह भीष्म के वचन सुनकर शिखंडी कहने लगी – 'हे पुरुषश्रेष्ठ! पांडवों का प्रिय करने तथा स्वयं को सार्थक करने के लिये आज मै रणभूमि में तुम्हारे साथ युद्ध करुंगा। आज तुम इस लोकके अन्तिम दर्शन कर लो।' पश्चात पितामह तथा अर्जुन ने अपना – अपना बल दिखाना आरंभ किया उस समय वीरों का क्षय होने लगा। पितामह के ऐसे पराक्रम को देख देवकीनंदन मधुसुदन अर्जुन से कहने लगे – 'हे अर्जुन! शांतनुनंदन भीष्म सेनाओं के मध्यमें आकर खडे.हो गये है। अब तुम अपना बल दिखाकर उनका वध करो इसीसे तुम्हारी विजय होगी।' श्रीकृष्ण

कि प्रेरणा से अर्जुन क्षणभरमें बाण संधान कर पितामह के रथ को ढक दिया। पश्चात शिखंडी शीघ्र ही हाथमें आयुध लेकर पितामह के समक्ष दौडा। शिखंडी ने क्रोधमें भरकर पितामह भीष्म पर प्रहार किया, किंतु शिखंडी के बाणोंसे बिंध जाने पर भी पितामह भीष्म किंचित भी कम्पायमान नही हुए। पश्चात अर्जुन ने गांडिव धनुष से पितामह का धनुष तथा ध्वजा काट डाली। पितामह ने पुनः एक धनुष लिया किंतु अर्जुन ने वह भी नष्ट कर दिया। इसप्रकार अर्जुन ने रणमें पितामह के धनुष तथा बाणोंको काट डाला तब शांतनुनंदन भीष्मने अर्जुन सहित युद्ध करना बंद कर दिया। किंतु अर्जुन के बाणोंसे पितामह भीष्म बिंध गये। उस समय रुधिरसे रंगी हुई रणभूमि अत्यंत ही अमंगल दिखाई देने लगी। अर्जुन ने तीक्ष्ण बाणोंसे पितामह के रुएं-रुएं को बिंध डाला था। इस कारण पितामह सुर्य अस्त होने के समय पुर्वदिशा की ओर मुख कर रथ से धरा पर गिर पडे। जिस समय पितामह रथसे गिर पडे उस समय राजाओं में हाहाकार मच गया तथा कोलाहल हो उठा। पितामह भीष्म भूमिको शब्दायमान करते हुए गिर पडे किंतु उनके शरीर पर बाण होने के कारण उनका शरीर पृथ्वीसे न छूकर बाणों पर ही टिका रहा। पुरुषों में श्रेष्ठ महाधनुर्धारी पितामह भीष्म जब रथसे गिरकर शरशय्या पर सो गये, उस समय उनके शरीर में दिव्यभावने प्रवेश किया। तब उन्हें स्मरण हुआ, की 'इस समय सुर्य दक्षिणायन में है, इस कारण यह मृत्यूका अशुभ काल है।' ऐसा विचारकर वह शरशय्या पर अपने प्राणों को धारण किये रहे। पितामह भीष्म अपने प्राण त्यागने के लिये उत्तरायण कि प्रतिक्षा कर रहे थे, उनके इस विचार को जानकर देवी गंगाने हंसरुपधारी महर्षियों को उनके समक्ष जाने की आज्ञा दी। तब मानसरोवर में रहनेवाले हंस रुप धारण किये हुए वह महर्षि शरशय्या पर सोये हुए पितामह के दर्शन के लिये उनके निकट पहुंचे तथा दर्शन कर प्रदक्षिणा कि। पितामह को शरशय्या पर सोये हुए देख कौरव तथा पांडव पितामह के निकट आकर खडे हो गये। पांडव तथा कौरवों को देख पितामह भीष्म कहने लगे – 'मेरे शिश के लिये तकिया दो।' यह सुनते ही राजाओं ने कोमल तकिये ले आये, किंतु वह उत्तम तकिये पितामह को नही भाये। तब पितामह भीष्म अर्जुन कि ओर देख कहने लगे – 'हे वीर! इस शय्या के योग्य तकिया मुझे शीघ्र ही दो।' पितामह कि आज्ञा पाकर अर्जुन ने गांडिव धनुष पर तीक्ष्ण बाण चढाये तथा उन बाणों से शरशय्या योग्य उनका सर उंचा कर दिया। पश्चात प्रातःकाल अनेक राजे पितामह भीष्म के दर्शन के लिये आये। पांडव तथा कौरव भी पितामह के निकट इकठ्ठे होकर क्रमसे बैठ गये। राजाओं से भरी हुई संग्राम में इकठ्ठी हुई वह भरतवंशीयों कि सभा पितामह भीष्मसे शोभायमान हुई। तब पितामह भीष्म ने राजाओं कि ओर देख कहा – 'जल लाओ।' पितामह भीष्म द्वारा यह सुनकर राजाओं ने चारों ओर से नाना प्रकार के भोजन तथा जल लेकर पितामह के निकट पहुंचे। उनके समिप लाये हुए उस जलको देख पितामह भीष्म कहने लगे – 'हे राजाओं! इन पुर्वके भोगे हुए भोगोंको अब मै नही भोग सकता। अब मै इस मनुष्य। लोकसे बाहर होकर शरशय्या पर सो रहा हूं।' पश्चात पुनः उन्होंने कहा – 'मैं अर्जुन को देखना चाहता हूं।' इतना कहते ही अर्जुन पितामह के समिप आये तथा प्रणामकर कहने लगे – 'पितामह! मुझे क्या

करने कि आज्ञा है?' अर्जुन को समक्ष खडा हुआ देखकर धर्मात्मा भीष्मने प्रफुल्लित मनसे कहा – 'हे अर्जुन! तुम्हारे बाणोंसे बिंधा हुआ मेरा यह शरीर जलासा जाता है, मर्मस्थानों में बडी पिडा होती है, तथा मेरा मुख सुखा जाता है। इसलिये हे अर्जुन! मुझे जल दो, तुम्ही मुझे उचित जल पिला सकते हो।' अर्जुन पितामह कि आज्ञा पाकर गांडिव धनुष पर एक दमकता हुआ पर्जन्यास्त्र चढाकर मंत्र पढ कर पितामह के दाहिनी ओर भूमिमें उसका प्रहार किया। उस बाणके प्रहार से पृथ्वीसे निर्मल, पवित्र तथा शितल जलकी शुभ धारा निकलने लगी। उस शितल जलकि धारा से अर्जुन ने पितामह भीष्म को तृप्त किया।

10

वेदव्यास का जन्म

स्वयं महाकाव्य महाभारत अनुसार महर्षि कृष्णद्वैपायन वेदव्यास 'महाभारत ग्रंथ' के रचयिता है। भगवान् द्वैपायन ऋषिने महाभारत ग्रंथमें कुरुवंश के विस्तारका, गान्धारी की धर्म शीलता का, विदुरकी प्रज्ञाका तथा कुन्तीके धैर्यका सम्यक रीतिसे वर्णन किया है। भगवान् द्वैपायन ने महाभारत में श्रीकृष्ण का महात्म्य, पांडवोंकी सत्यनिष्ठा तथा धृतराष्ट्र पुत्रोंकी दुष्टता का वर्णन किया है। महर्षि वेदव्यास ने महाभारत ग्रंथ का लेखन कार्य श्री गणेश द्वारा करवाया था। महर्षि वेदव्यास महाभारत के रचयिता ही नही, बल्कि उन घटनाओं के साक्षी भी रहे है। प्रत्येक युगमें एक-एक पादसे रहित होते हुए धर्मके तथा युगके अनुसार मनुष्योंकी आयु तथा शक्तिको घटते हुए देखकर वेदकी रक्षाके निमित्त ब्राह्मणों पर दया दिखाने की इच्छासे सत्यवती तथा ऋषि पराशर के पुत्र महर्षि वेदव्यास ने वेदका व्यास अर्थात विभाग किया था। इस कारण उनका नाम 'वेदव्यास' पडा। महर्षि

वेदव्यास ने सुमन्तु, जैमिनि, पैल, वैशम्पायन तथा अपने पुत्र शुक को चार वेद तथा महाभारत की शिक्षा दी। उनमे से प्रत्येक ने महाभारत कि अलग-अलग एक-एक संहिता प्रकाशित कि।

महाकाव्य महाभारत के 'आदिपर्व' अनुसार एक समय पिताकी सेवाके लिये जलमें नाव चलाती हुई सत्यवती को तीर्थयात्रा पर निकले हुए ऋषि पराशर ने देखा। अतिरुपवती, सुंदर मनोहारिणी को देखकर ही मुनिवर विद्वान तथा बुद्धीमान् पराशर कामवश हो गए तथा उसकी इच्छा करने लगे। तब सत्यवती ने कहा – 'भगवन्! नदीके दोनो ओर खडे हुए ऋषिलोगों को देखिये, अतएव इनके देखते-देखते हमारा संगम कैसे हो सकता है?' सत्यवती के इसप्रकार कहने पर ऋषि पराशर ने कोहरा उत्पन्न कर दिया; जिससे वह सम्पूर्ण देश अंधकार से घिरसा गया। महर्षि द्वारा उत्पन्न किये गए कोहरे को देखकर आश्चर्य हुई वह मनस्विनी सत्यवती बोली – 'भगवन्! मै सदा पिताके वशमें रहनेवाली कन्या हुं। मेरा विवाह नहीं हुआ है! हे अनघ! आपसे मिलनेसे मेरा कन्याभाव नष्ट हो जायेगा। कन्याभाव नष्ट हो जानेपर मै किस प्रकार गृह लौटकर जा सकूंगी? हे भगवन्! आप इसपर विचार किजिये।' सत्यवती के ऐसा कहने पर ऋषिश्रेष्ठ पराशर प्रसन्न होकर बोले – 'मेरा प्रिय करकर भी तुम कन्या ही बनी रहोगी। तुम्हारी जो कुछ अभिलाषा हो, वह वर मांगों। मेरा वर कभी निष्फल नही हुआ है।' ऋषि पराशर के इसप्रकार कहने पर सत्यवती ने अपने शरीरमें सुगन्ध उत्पन्न करने कि प्रार्थना कि। पराशर ऋषिने "तथास्तु" कहकर मनसे प्रार्थित उस वरको दे दिया। तबसे सत्यवती अथवा मत्सगन्धा का "गन्धवती" यह नाम संसार में प्रसिद्ध हो गया। मनुष्यलोग योजन भर अर्थात आठ-नौ मीलकी दूरीसे भी उनके शरीरकी गन्धको सूंघ लेते थे। इसिलिये सत्यवती का 'योजन गन्धा' यह नाम भी प्रसिद्ध हुआ। अनन्तर सत्यवती ने ऋषि पराशर के पुत्र को जन्म दिया। उस बालक ने जन्म लेतेही मातासे कहा, कि 'जब प्रयोजन हो तब मुझे स्मरण करना तब मै आपके पास आजाउंगा।' इतना कहकर वह बालक अर्थात वेदव्यास तपस्या करने के लिये चले गये। उस बालकने द्वीप में जन्म लिया था इसकारण उस बालक अर्थात वेदव्यास का नाम 'द्वैपायन' पडा।

11

शांतनु तथा सत्यवती

महाकाव्य महाभारत के 'आदिपर्व' अनुसार किसी समय राजा शांतनु यमुनातटके वनमें विचर रहे थे। वहां उन्होंने अज्ञात गन्धका अनुभव किया। तब वे उस गन्धका का पता लगाने के लिये कि वह गन्ध कहांसे आ रही है, चारों दिशाओं में घूमघामकर अन्तमें एक कन्याको देखा। उस कन्याको देख राजा शांतनु ने उससे पुछा – 'हे भीरु! तुम कौन हो तथा किसकी पुत्री हो? यहाँ क्या कर रही हो?' महाराज शांतनु द्वारा इसप्रकार पुछने पर उस कन्याने कहा – 'हे राजन्! आपका मंगल हो, मै दाशकन्या हुं। अपने पिता महात्मा दाशराजकी आज्ञासे मै धर्मके लिये नाव चलाती हुं।' राजा शांतनु उस सुगन्धवती, रूपवती तथा देवरुपिणी दाशकन्या को देख मनही मनमें उसकी कामना कि। पश्चात उस कन्याके पिताके निकट जाकर राजा शांतनु ने उस कन्याको मांगा तथा यह भी पुछा कि मुझसे विवाह कर देने में संमत हो अथवा नहीं। तब उस कन्याके पिता दाशराज ने उत्तर देते हुए कहा – 'हे नरेश! इस सुंदरी ने जब जन्म लिया था, तभी मैने निश्चय किया था कि यह कन्या किसी वीरको दी जायेगी। किंतु मेरे हृदयमें एक इच्छा है, हे राजन्! उसे सुनिये। आप सत्यवादी है अतएव यदि इस कन्याको आप मुझसे धर्मपत्नी के रुपमें मांगते है, तो आपको मेरी एक शर्त स्वीकार करनी होगी। उसे स्वीकार करने के पश्चात ही मैं कन्याका दान कर सकुंगा। मेरे लिए आपके समान सुपात्र फिर कभी नही मिलेगा।' दाशराज के वचन सुनकर राजा शांतनु ने कहा – 'हे दाश! कहो, तुम क्या वर मांगते हो। मै सुनकर उस पर विचार करुंगा, यदि देने योग्य होगा तो दुंगा तथा न देने योग्य होगा तो नही दुंगा।' तब दाशराज ने कहा – 'हे पृथ्वीनाथ! इस कन्याके गर्भसे जो पुत्र जन्म लेगा वही पुत्र आपके पश्चात पृथ्वीका पालक होगा। आपके पश्चात उसीको राज सिंहासन पर अभिषिक्त करना होगा। अन्य पुत्रोंको आप सिंहासन पर अभिषिक्त नही करेंगे।' दाशराज के वचन सुन महाराज शांतनु शोकसे चेतना रहित होकर हस्तिनापुर लौट गये। कुछ समय पश्चात महाराज शांतनु के पुत्र देवव्रत शोकसे विहल होकर विचारों में मग्न अपने पिता शांतनु के निकट आकर कहा – 'पिताश्री! सभी लोग सब प्रकार से आपका कुशल करते है। फिर भी आप क्यों दु:खित होकर शोक प्रगट कर

रहे है तथा किसी ध्यानमें रत रहते हुए आप मुझ से कुछ कहते क्यों नही?' पुत्र कि यह बात सुनकर महाराज शांतनु कहने लगे – 'पुत्र! इसमें संदेह नही है, कि मै सोंच में पडा हूं। तुम जैसे कह रहे हो वैसे ही मै शोकाकुल हूं। हमारे इस महान वंशमें तुम्ही एकमात्र सन्तान हो, मनुष्यकी अनित्यता समझकर मै शोकयुक्त हूं। हे गंगेय! यदि किसी प्रकार तुम पर कोई विपत्ति आ जाए तो हमारा वंश ही नही रहेगा। धर्मवादी लोग कहा करते है कि जिसका एक ही पुत्र है, वह निःसन्तान के समान ही है। इसमें मुझे संशय नही है कि पुत्रसे स्वर्ग प्राप्त होता है। किंतु तुम्हारे ना रहनेपर वंशकी गति कैसी होगी? इसीलिये मै संशययुक्त हूं। हे गंगेय! मैंने तुम्हें अपने दुःखका सम्पूर्ण कारण बता दिया है।' महाबुद्धि देवव्रत ने अपने पिता से वह कारण ज्ञात होनेपर विचार करते हुए चले गये। उसी क्षण पिताका हित करनेवाले वृद्ध मंत्रियों के निकट गये तथा उन्होंने अपने पिताके शोकका कारण पूछा। कुरुराज पुत्र देवव्रत के यथावत् पूछनेपर उस गन्धवती कन्याके लिये दाशराज ने जो वर मांगा था, मंत्रियों ने वह कह सुनाया। पश्चात देवव्रत मंत्रियों सहित स्वयं दाशराज के निकट जाकर पिता के लिये वह कन्या मांगी। दाशराजने विधिपुर्वक पूजकर उनका स्वागत किया तथा देवव्रत के बैठनेपर उनसे कहा – 'हे पुरुषोंमे श्रेष्ठ!आप पुत्रवानों मे श्रेष्ठ तथा महाराज शांतनु के एकमात्र पुत्र है; आप सबमें प्रधान है, अतः आपसे क्या कहुँ। कन्याका पिता यदि साक्षात् देवराज इंद्र भी हो, तो भी ऐसे मानयुक्त तथा प्रार्थनीय सम्बन्धको स्वीकार न करनेपर अवश्य ही सन्तापित होगा। मै कन्याका पिता हूं, इसलिये यह एक बात कहना चाहता हुं ,कि इसमें केवल एक बलवान सपत्न दोष ही मुझे दिखाई देता है।' गंगापुत्र देवव्रत दाशराजकी यह बात सुनकर पिताका हित करने के लिये कहा – 'तुम जो कहते हो, मै वैसा ही करुंगा। तुम्हारी इस कन्याके गर्भसे जो पुत्र उत्पन्न होगा, वही हमारा राजा होगा।' गंगापुत्र देवव्रत कि यह बात सुनकर राज्य के लिये कठोर कर्म करने कि इच्छावाले दाशराजने पुनः कहा – 'आपने सत्यवती के निमित्त जो प्रतिज्ञा कि है, वह आप जैसे महानुभाव के योग्य ही है। इस विषय में मुझे कुछ भी शंका नही है, कि उसके विपरित नही होगा। किंतु आप कि जो सन्तान होगी उसके लिये मुझे बडा संशय होता है।' सत्य धर्मशील, सत्यव्रतधारी गंगापुत्र देवव्रत दाशराज का अभिप्राय जानकर पिताकी प्रितिके लिये प्रतिज्ञापूर्वक बोले – 'हे दाशराज! मैंने अपने पिताके लिये पहले ही राज्य त्याग दिया है। हे दाश! आजसे लेकर जीवन के अंत तक मै ब्रह्मचर्य अवलंबन करुंगा। इससे मेरे निःसंतान होने पर भी स्वर्गमें मेरे लोक अक्षय होंगे।' दाशराज गंगापुत्र देवव्रत के वचन सुनकर परमानन्द से गदगद होकर कहा – 'मै अपनी पुत्री प्रदान करता हूं।' पश्चात गंगापुत्र देवव्रत ने यशस्विनी योजनगन्धा से कहा – 'हे माता! रथपर चढिये अब हम अपने गृह चलते है।' गंगापुत्र देवव्रत ने यह कह कर सत्यवती को रथपर चढाकर हस्तिनापुर कि ओर प्रस्थान किया। हस्तिनापुर पहुंचकर उन्होंने सब वृत्तांत सुनाया। राजगण तथा प्रत्येक मनुष्य पृथक रुपसे उनके उस दुष्कर कार्य कि प्रशंसा करने लगे। महाराज शांतनु ने देवव्रत द्वारा किये गये उस दुःसाध्य कार्य को देख सन्तुष्ट होकर उन्हैं इच्छामृत्यु का वर दिया। अनन्तर महाराज शांतनु को सत्यवती से 'चित्रांगद' तथा 'विचित्रविर्य' नामक दो पुत्रों

कि प्राप्ति हुई। विचित्रविर्य के वय प्राप्त होने से पुर्व ही धीमान् महाराज शांतनु काल के वश में चले गये। महाराज शांतनु के स्वर्ग सिधार जानेपर गंगापुत्र देवव्रत ने माता सत्यवती कि आज्ञा अनुसार शत्रुओंको नष्ट करने में समर्थ 'चित्रांगद' को राज्य पर अभिषिक्त किया।

12

चित्रांगद

महाकाव्य महाभारत अनुसार चित्रांगद महाराज शांतनु तथा राजमाता सत्यवती के ज्येष्ट पुत्र थे। महाराज शांतनु के स्वर्ग पधारने के पश्चात चित्रांगद तथा विचित्रविर्य का पालन पोषण उनके सौतेले भ्राता पितामह भीष्म ने किया। उचित समय पर चित्रांगद को राजसिंहासन पर राजमाता सत्यवती के आज्ञा अनुसार गंगापुत्र देवव्रत ने बिठाया। महाकाव्य महाभारत के 'आदिपर्व' अनुसार चित्रांगद ने राजसिंहासन पर अभिषिक्त होने के पश्चात शुरतास सम्पूर्ण राजाओंको पराजित किया। सुर, असुर तथा मनुष्योंको पराजित करते हुए देख उन्हींके नामवाले गन्धर्वराज ने उन पर आक्रमण किया। तब शांतनुपुत्र चित्रांगद सहित गन्धर्वराज चित्रांगद का कुरुक्षेत्र में अत्यंत भयंकर युद्ध हुआ। गन्धर्वराज तथा कुरुराज दोनों ही महाबली थे; अतः तीन वर्षों तक हिरण्वती नदी के तटपर दोनों का युद्ध हुआ। उस शस्त्रवृष्टि युक्त घोर युद्धके अंतमें गन्धर्वराज ने वीर कुरुनंदन का वध कर दिया। इसप्रकार कुरुओंमे श्रेष्ठ चित्रांगद का वध कर गन्धर्वराज द्युलोक चले गये। अति वर्चस्वी तथा राजाओं में श्रेष्ठ चित्रांगद की शांतनुनंदन भीष्मने सम्पूर्ण अंतक्रिया सम्पन्न कि। पश्चात महाभुज भीष्मने यौवन न पाये हुए 'विचित्रविर्य' को कुरुराज्य के सिंहासन पर अभिषिक्त किया।

13

विचित्रविर्य

विचित्रविर्य महाराज शांतनु तथा राजमाता सत्यवती के कनिष्ठ पुत्र थे। पिता महाराज शांतनु कि मृत्यु के फश्चात विचित्रविर्य के ज्येष्ठ भ्राता चित्रांगद ही राज गद्दी बैठे, किंतु वे अधिक समय तक राज्य नही कर पाये। चित्रांगद नामक एक गन्धर्वराज के हाथों उनका वध हो जाने के पश्चात विचित्रविर्य ही राजगद्दी के अधिकारी थे। महाकाव्य महाभारत के 'आदिपर्व' अनुसार हस्तिनापुर के राजसिंहासन पर अभिषिक्त होने के पश्चात महाराज विचित्रविर्य पितामह भीष्म कि आज्ञानुसार राज्यका शासन करने लगे। शांतनुनंदन विचित्रविर्य पितामह भीष्म को जिस प्रकार पूजते थे, पितामह भीष्म भी उसी प्रकार उनका पालन किया करते थे। अनन्तर पितामह भीष्मने विचित्रविर्य को यौवन प्राप्त होते देख उनके विवाह का विचार किया। तब उन्हें पता चला कि काशीराज की अप्सरा के सदृश्य तीन कन्याएं एक साथ स्वयं वर चुननेवाली है। तब पितामह भीष्म राजमाता सत्यवती कि आज्ञा लेकर वाराणसी पुरी गये। वहां पहुंच कर उन्होंने देखा, कि सभी ओरसे राजागण आकर उपस्थित हुए है तथा उनके मध्य में स्वयंवर कि अभिलाषिनी वे तीन कन्याएं भी विद्यमान है। राजाओंके नाम कहे जानेपर पितामह भीष्म ने स्वयं उन तीन कन्याओं को चुना तथा उन कन्याओंको अपने रथपर चढाकर मेघ जैसे गंभीर स्वरमे कहा - '

1) ब्रह्म विवाह – (पिता योग्य वर कि खोज कर कन्याको धार्मिक रिति रिवाजों के अनुसार अर्पित करता है।)

2) दैव विवाह – (कन्या का दान यज्ञकर्ता को किया जाता है।)

3) आर्ष विवाह – (इस प्रकार के विवाह में कन्या का पिता गौ देकर कन्यादान करता है।)

4) प्रजापत्य विवाह – (वर स्वयं कन्या से विवाह कि याचना करता है।)

5) असुर विवाह – (वर वधु के पिता अथवा सम्बधियों को धन देता है।)

6) राक्षस विवाह – (वधु को शक्ति द्वारा तथा युद्ध करकर ले जाया जाता है।)

7) गन्धर्व विवाह – (इस विवाह का आधार युवक तथा युवती का प्रेम होता है।)

8) पैशाच विवाह – (बलपूर्वक कन्यासे संबंध बनाने के पश्चात उससे विवाह करना।)

इसप्रकार विद्वानों ने आठ प्रकार के विवाह बताये है। इस कारण मै बलपूर्वक इस स्थानसे कन्याओंको हरकर ले जा रहा हूं।' पितामह भीष्म इतना कहकर कन्याओंको लेकर चले गये। तब सम्पूर्ण राजगण क्रोधित होकर अपनी-अपनी भुजाओं पर हाथ फेरते हुए तथा दांतोंसे होंठ काटते हुए खडे हुए। शीघ्रता के कारण उनके धारण किये हुए आभूषण तथा कवच आदि शरीरसे गिरने लगे तथा वहां कोलाहल सा मच गया। पश्चात सभी राजाओंने रथोंपर चढकर अस्त्रशस्त्र लेकर पितामह भीष्म का पिछा किया। पश्चात सभी राजाओं ने एक साथ पितामह भीष्म पर बाण बरसाये किंतु बाणोंके आ पहुंचने से पुर्व ही पितामह भीष्म ने उन बाणोंको पथमें ही काट डाला। पितामह भीष्म ने बाणजाल से उन सभी पर बाणोंकी वर्षा की तथा प्रत्येक राजको बानोंसे बिंध दिया। तब शत्रुपक्षी होनेपर भी सभी राजाओं ने पितामह के अलौकिक आश्चर्य कार्य तथा आत्मरक्षाको देखकर उनकी प्रशंसा कि। पितामह भीष्मने युद्धमें राजाओंको पराजित कर कन्याओं सहित अपने नगर कि ओर प्रस्थान किया। तभी महारथी शाल्वराज शांतनुनंदन भीष्म के पीछे दौडे तथा क्रोधसे प्रेरित होकर पितामह भीष्म को रुकने के लिये कहा। पितामह भीष्मने शाल्वराज कि बात से आकुलित होकर क्रोधसे अपने रथको शाल्वराज कि ओर मोड दिया। तथा सारथी से कहा – 'जहां शाल्वराज है, वहां रथको ले चलो।' पश्चात कुरुनंदन भीष्मने वरुणास्त्र से शाल्वराज के चारों अश्वों को नष्ट कर दिया। तथा उनके सारथी का वध कर दिया। पितामह भीष्मने शाल्वराज को जीतकर जिवित ही छोड़ दिया। कुरुपुत्र भीष्म इस प्रकार उन कन्याओंको जीतकर हस्तिनापुर में प्रवेश किया। अनन्तर पितामह भीष्म अपने अनुज विचित्रविर्य के विवाह के लिये राजमाता सत्यवती सहित विचार कर प्रबंध कर रहे थे। तब काशीनरेश कि ज्येष्ठ कन्या अम्बा उनके निकट आकर कहा – 'मैने पहले ही शाल्वराज को मन ही मनमें पति बना चुकी हूं, उन्होंने भी मन ही मनमें मुझे अपनी पत्नी बनाया है। इसमें मेरे पिताकी इच्छा भी थी। उस स्वयंवर में मै शाल्वराज ही का वरण करनेवाली थी। आप धर्मशील है, यह विचारकर धर्मानुसार कार्य करें।' तब पितामह भीष्म ने वेदपरागण ब्राह्मणों से सलाह कर काशी नरेश की पुत्री अम्बा को अपनी इच्छा पुर्ण करने की आज्ञा दी। अनन्तर यथाविधि कर्मानुसार अम्बिका तथा अम्बालिका सहित विचित्रविर्य का विवाह करवा दिया। विचित्रविर्य अपनी पत्नियों सहित सात वर्ष तक विहार कर यौवन काल ही में भयानक क्षय रोगसे जकड लिये गये थे। चिकित्सकों द्वारा आरोग्यके लिये यत्न करनेपर भी कुरुकुल प्रदीप विचित्रविर्य कालके वशमें हो गये।

अनन्तर राजमाता सत्यवती ने पितामह भीष्मसे कहा – 'हे भीष्म! तुम्हारा प्रिय अनुज मेरा पुत्र विचित्रविर्य स्वर्ग सिधार गया है। तुम्हारे अनुज की रानियां काशिराज कि कन्यायें रुपयौवन युक्त शुभलक्षणा तथा पुत्रकामा है। हमारे वंशकी परम्परा के लिये मेरी आज्ञासे उन दोनों पुत्रवधुओं से पुत्रोत्पन्न कर धर्मरक्षा करो।' माता द्वारा इसप्रकार कहनेपर परन्तप पितामह भीष्मने धर्मसंयुक्त उत्तर देते हुए कहा – 'माता! इसमें संदेह नहीं है, कि आपने जो

कुछ कहा है वह धर्मयुक्त है। किंतु सन्तान के प्रति मेरी जो प्रतिज्ञा है वह भी आपको ज्ञात है। उस सत्यकी रक्षा के लिये तीनों लोक तथा देवलोकका राज्य भी त्याग सकता हुं अथवा इससे अधिक जो कुछ हो, उसे भी त्याग सकता हूं किंतु सत्यको किसी प्रकार नही त्याग सकता। भलेही पुष्प गन्धको त्याग दे, जल अपने रस को त्याग दे, पवन स्पर्शगुण को त्याग दे, सुर्य अपने प्रकाश तथा चंद्रमा अपने शितल किरणों को त्याग दे किंतु मै किसी प्रकार सत्यको त्यागने के लिये प्रवृत्त नही होउंगा।' पितामह के इसप्रकार कहनेपर माता सत्यवती ने पितामह भीष्म से कहा – 'हे सत्यपराक्रमी! सत्य में जो तुम्हारी परमनिष्ठा है तथा तुमने मेरे निमित जो सत्य प्रतिज्ञा कि थी। वह भी मै जानती हूं; किंतु तुम इस विपदा कि दशापर ध्यान देकर पैतृक वंशका भार वहन करो। ऐसा करो जिससे तुम्हारे कुलका क्रम न टूटे तथा धर्म भी नष्ट न हो।' माता सत्यवती के वचन सुनकर पितामह भीष्मने कहा – 'माता! किसी गुणवान ब्राह्मण को धन देकर निमंत्रित किजिये जो नियोग के माध्य से विचित्रविर्य के क्षेत्रमें पुत्रोत्पन्न करें।' तब राजामाता सत्यवती ने कहा – 'भीष्म! यमुनाके द्वीप पर मेरी कन्यावस्थाके गर्भसे ऋषि पराशर के पुत्र महर्षि महायोगी जन्मलेकर 'द्वैपायन' नामसे प्रसिद्ध हुए। वह भगवान ऋषि तपके प्रभावसे चारों वेदोंके व्यास अर्थात विभाग कर 'व्यास' नामसे प्रख्यात हुए तथा कृष्णवर्ण होने से उनका नाम 'कृष्ण' हुआ। सत्यवादी शान्तशील बहुत बडे तपस्वी तथा पापरहित वे व्यास मेरे तथा तुम्हारे द्वारा नियुक्त होकर वह तुम्हारे अनुज विचित्रविर्य के क्षेत्रमें उत्तम पुत्र उत्पन्न कर सकते है। उन्होंने पहले ही मुझसे कहा था, कि 'यदि कोई कार्य हो तो मुझे स्मरण करना।' हे भीष्म! यदि तुम चाहो तो अभी मै उन्हें स्मरण करुं।' तब पितामह भीष्मने कहा – 'माते! जो वचन आपने मुझसे कहे है, उससे मै पुर्ण रुपसे सहमत हुं।' तब राजामाता सत्यवती ने कृष्णद्वैपायन का स्मरण किया। धीमान् वेदव्यास उस समय वेदकी व्याख्या कर रहे थे। ऐसे समय में माताकी चिंता जानकर क्षण में माता के सम्मुख प्रगट हो गये। महर्षि वेदव्यास ने राजमाता सत्यवती को प्रणाम कर कहा – 'माता आपकी जैसी इच्छा है, उसे पूर्ण करने के लिये मै आया हूं।' पश्चात राजमाता सत्यवती ने महर्षि वेदव्यास से कहा – 'पुत्र वेदव्यास! पिता से जो उत्पन्न होते है, वे माता-पिता दोनों के लिये समान होते है। पुत्र पर पिताका जैसा अधिकार है, इसमें संदेह नही है, कि माताका भी वैसा ही अधिकार रहता है। दैवविधान से जन्मे हुए तुम मेरे जिस प्रकार प्रथम पुत्र हो, विचित्रविर्य भी उसी प्रकार मेरा कनिष्ठ पुत्र था। विचित्रविर्य तथा भीष्म एक पिताके पुत्र होने से भीष्म जिस प्रकार विचित्रविर्य के भ्राता है, उसी प्रकार तुम तथा विचित्रविर्य एक माता के पुत्र होने के कारण तुम भी विचित्रविर्य के भ्राता हो। भीष्म सत्यका पालन करते हुए राज्यशासन एवं पुत्रोत्पन्न करने को सहमत नही है। हे अनघ! अपने अनुज विचित्रविर्य पर स्नेहवश होकर कुरुवंशकी रक्षा, प्रजा का पालन, मेरी आज्ञाको पूरा करने तथा सम्पूर्ण जीवोंपर कृपा करने के लिये तुम्हारे कनिष्ठ भ्राताकी देवकन्या के सदृश्य रुप तथा यौवनवती दो भार्या है, वे धर्मानुसार पुत्रकामा है। हे पुत्र! तुम समर्थ हो इसलिये उन दोनों रानियों से इस कुलकी परम्परा को बनाये रखने के लिये अनुरूप पुत्रोंको उत्पन्न करो।' राजमाता

सत्यवती के वचन सुनकर महर्षि वेदव्यास बोले – 'माता! आप अपर तथा पर दोनों प्रकार के धर्मोंको जिस प्रकार जानती है, उस विषयमें आपका चित्त भी उसी प्रकार धर्ममें स्थित है। अतएव मै आपकी आज्ञाके अनुसार धर्मको स्मरण कर आपकी इच्छा पूर्ण करुंगा। मै भ्राताको वरुणके सदृश्य पुत्र प्रदान करुंगा।' अनन्तर महर्षि वेदव्यास माता की आज्ञासे ज्येष्ठ रानी अम्बिका के पास गये। रानी अम्बिकाने उन कृष्णवर्ण महर्षि वेदव्यास के जलते हुए नेत्र तथा उनके तेज को देख आंखें मूंद ली। महर्षि वेदव्यास के लौटने पर राजमाता सत्यवती ने कहा – 'हे पुत्र! क्या इस वधूसे गुणवान राजपुत्र जन्म लेगा?' माता के इसप्रकार पूछने पर महर्षि वेदव्यास ने कहा – 'माता! वह बालक बलवान, विद्वान, राजर्षियों में श्रेष्ठ, बुद्धीमान् होगा किंतु माताके दोषसे वह अंधा होगा।' यह सुनकर राजमाता सत्यवती को अत्यंत दुःख हुआ। पश्चात राजमाता सत्यवती ने महर्षि वेदव्यास को अम्बालिका के पास जाने कि आज्ञा दी। रानी अम्बालिका महर्षि वेदव्यास को देख भयसे पीली पड गई। रानी अम्बालिका के कक्ष से लौटने पर राजमाता सत्यवती ने महर्षि वेदव्यास से सन्तान के विषय में पूछा। तब महर्षि व्यासदेव ने पुत्रके पीला होने की कथा कह सुनायी। राजमाता सत्यवती वह सुनकर उनसे एक और पुत्रकी प्रार्थना की महर्षि वेदव्यास ने माता कि प्रार्थना स्वीकार की। अनन्तर राजमाता सत्यवती ने ज्येष्ठ रानी अम्बिका को महर्षि वेदव्यास के निकट जानेकी आज्ञा दी। किंतु महर्षि के तेज, रुप तथा गन्धका स्मरण कर काशिराज पुत्रीने स्वयं के आभूषण एक दासी को पहनाकर कृष्ण द्वैपायन के निकट भेज दिया। पश्चात महर्षि वेदव्यास उस दासी से कहा – 'हे शुभे! तुम्हारा दासीपन मुक्त होगा। तुम्हारे गर्भसे वेद-वेदान्तों मे पारंगत, धर्मात्मा, मंगलभाजन, बुद्धीमान् जनों में श्रेष्ठ, अत्यंत नितिवान पुत्र उत्पन्न होगा।' इतना कहकर महर्षि वेदव्यास तपस्याके लिये लौट गये। अनन्तर उचित समय आनेपर रानी अम्बिका के गर्भ से जन्मांध 'धृतराष्ट्र', रानी अम्बालिका के गर्भसे 'पांडु' तथा दासी के गर्भसे धर्मात्मा 'विदुर' का जन्म हुआ।

14

विदुर

महाकाव्य महाभारत के 'आदिपर्व' अनुसार 'माण्डव्य' नामक प्रसिद्ध सर्वधर्मज्ञ, धृतिमान, सत्यनिष्ठ तथा तपमें रत रहनेवाले एक ब्राह्मण थे। वे महातपस्पी तथा महायोगी आश्रम के द्वारपर स्थित वृक्षके निचे उर्ध्वबाहु तथा मौनी होकर बहुत दिनोंसे तप कर रहे थे। उन्हें तप करते हुए बहुत समय बीत गया था। एक दिन लुटेरे लुटा हुआ धन लेकर उनके आश्रम में आये। बहुतसे सिपाही उन लुटेरों का पीछा कर रहे थे। वे लुटेरे उस आश्रममें लुटे हुए धनको छिपाकर स्वयंभी वही छिप गये। उनका पीछा करते हुए सिपाही

उसी क्षण उस स्थानमें आपहुंचे तथा उस ऋषिको देख उनसे पूछा – 'हे द्विजवर! लुटेरे किस पथसे गये है? हे ब्राह्मण! बताईये, ताकि हम शीघ्र उस पथमें जा सके।' सिपाहियों के उस प्रकार पूछने पर तपोधन ऋषि मांडव्य ने कुछ नहीं कहा। तब सिपाहियों ने उस आश्रम मे ढूंढते हुए लुटे हुए धन सहित लुटेरों को छिपे हुए पाया। पश्चात उन सिपाहीयों ने लुटेरों सहित ऋषि मांडव्य को बांधकर राजाके समक्ष खडा किया। राजाने लुटेरों सहित ऋषिको को शूली पर चढाने कि आज्ञा दी। जल्लादों ने महातपस्वी ऋषि मांडव्य को न जानकर शूलीपर चढा दिया। किंतु धर्मात्मा बहुतकाल तक शूलीपर चढे होने तथा बिना भोजन के रहनेपर भी मृत्यूको प्राप्त नही हुए, वे तपके बलसे जिवित रहे। जब यह बात राजा को ज्ञात हुई तब राजा मंत्रियों सहित आकर शूलीपर स्थित ऋषिश्रेष्ठ को प्रसन्न करने के लिये विनय सहित कहने लगे – 'मैने मोहवश अज्ञानता से आपका अपमान किया है, अब आपकी प्रसन्नता के लिये मै प्रार्थना करता हूं, आप मुझपर क्रोधित न होवें।' अन्नतर राजाने उन्हें शूलीसे उतरवा दिया। उन्हें शूलके अग्रभागसे उतार कर शूलको खींचा किंतु वह शूल खींच नही पाये। तब देह के भीतर घुसी हुई शूली की जड काट डाली। तब मुनि भीतर घुसी हुई शूलीको लेकर ही सर्वत्र विचरने लगे तथा कठोर तपस्या करने लगे। ऋषिने तपस्या के बलसे दुर्लभ पुण्यलोकों को जीत लिया। वे अणी अर्थात शूलीके अग्र भागको लिये रहने के कारण 'अणीमाण्डव्य' नामसे प्रसिद्ध हुए। तत्वज्ञ ब्राह्मण अणीमाण्डव्य एक समय धर्मराज के निकट जाकर उनसे कहा – 'हे धर्मराज! मैने अज्ञानतासे कौनसा कुकर्म किया था, कि जिसका ऐसा फल मैने पाया? इसका गूढ तत्व मुझे शीघ्र बताओ।' ऋषि के वचन सुनकर धर्मराज ने कहा – 'हे ऋषिवर! आपने बालपन में फतिंगोंकी पूंछमें तिनका घूसा दिया था। हे तपोधन! आपने उसी कर्मका यह फल प्राप्त किया है।' तब ऋषि माण्डव्य ने धर्मराज से कहा – 'हे धर्मराज! मेरे इस छोटे से अपराध का तुमने इतना बडा दंड दिया है। इस हेतु मृत्यूलोक में शूद्रयोनि में जन्म लोगे।' इस दोषके कारण महात्मा अणीमाण्डव्य के शापसे धर्मराजने 'विदुर' के स्वरुप में शूद्रयोनिमें जन्म लिया।

महीपाल देवक के शूद्राणी के गर्भसे जन्मी हुई रुपयौवन युक्त एक कन्या थी। पितामह भीष्मने राजा देवक से मांगकर उस कन्यासे महामति विदुरका विवाह करवाया था। कुरुनंदन विदुरने उस कन्यासे अपने समान गुण तथा नम्रतासे युक्त पुत्रों कि प्राप्ति कि। महाभारत युद्ध को रोकने के लिये महात्मा विदुरने बहोत यत्न किये थे, किंतु अंततः असफल रहे। महाकाव्य महाभारत के 'आश्रमवासिक पर्व' अनुसार महाभारत युद्ध के कुछ वर्षों पश्चात महात्मा विदुर, महाराज धृतराष्ट्र, यशस्विनी गांधारी, माता कुन्ती, संजय वनमें तप करने के लिये गये थे।

उन सभी के जाने के कुछ काल पश्चात महाराज युधिष्ठिर तथा अन्य सभी पांडवों को उनके दर्शन कि इच्छा हुई। तब वे सेना सहित अपने प्रियजन के दर्शन के लिये हस्तिनापुर से वनकी ओर प्रस्थान किया। वे सभी क्रमशः आगे बढते हुए परम पावन यमुना नदिको पार कर कुरुक्षेत्र में जा पहुंचे। वहां पहुंचकर उन्होंने राजर्षि शतयूप तथा महाराज धृतराष्ट्र के आश्रमको देखा। वे सभी प्रसन्न चित्त होकर विनयके साथ राजाके आश्रम पर पहुंचे। महाराज धृतराष्ट्र का वह पवित्र आश्रम मनुष्यों से रहित था।, वहां मृग विचर रहे थे। तथा

केलेका सुन्दर उद्यान उस आश्रम कि शोभा बढा रहा था। पांडवगण ज्योंहि आश्रम में पहुंचे त्योंही वहां नियमपूर्वक व्रतोंका पालन करनेवाले बहुतसे तपस्वी कौतूहल वश वहां पधारे हुए पांडवों के दर्शन के लिये आ गये। तब महाराज युधिष्ठिर ने उन सभी को प्रणामकर नेत्रों में अश्रु भरकर उन से पूछा – 'हे मुनिवरों! कौरववंशका पालन करनेवाले हमारे ज्येष्ठ पिता इस समय कहां गये है?' तब उन्होंने उत्तर देते हुए कहा – 'प्रभो! वे यमुना में स्नान करने, पुष्प तथा जल भरने के लिये गये है।' यह सुनकर उनके बताये हुए मार्गसे वे सभी यमुनातट की ओर चल दिये। कुछ ही दूर जानेपर उन्होंने उन सभी को वहां से आते हुए देखा। तत्पश्चात पांडवोंने यशस्विनी गांधारी, राजा धृतराष्ट्र तथा माता कुन्तीको विधिपुर्वक प्रणाम किया। पश्चात आश्रम पहुंचनेपर महाराज धृतराष्ट्र ने महाराज युधिष्ठिर से पूछा – 'महाबाहो युधिष्ठिर! तुम तथा जनपदकी समस्त प्रजाओं तथा भाईयों सहित कुशलसे तो हो न? क्या वे तुम्हारे राज्य में निर्भय होकर रहते है? क्या तुम प्राचीन राजर्षियों से सेवित पुरानी रीति नितिका मापन करते हो?' महाराज धृतराष्ट्र के इस प्रकार कुशल समाचार पुछनेपर महाराज युधिष्ठिर ने कहा - 'तातश्री! मेरे यहां सभी कुशल है। आपके तप, इन्द्रिय संयम तथा मनो निग्रह आदि सद्गुणों की वृद्धि तो हो रही है न? मेरी बडी माता गान्धारी देवी युद्धमें मारे गये अपने क्षत्रिय, धर्मपरायण, महापराक्रमी पुत्रों के लिये कभी शोक तो नही करती? संजय कुशलपूर्वक स्थिर भावसे तपस्यामें लगे हुए है न? इस समय महात्मा विदुर कहां है? वे दिखाई नही दे रहे है।' महाराज युधिष्ठिर के इसप्रकार पूछनेपर राजा धृतराष्ट्र ने उनसे कहा – 'पुत्र! विदुर कुशलपूर्वक है, वे कठोर तपस्यामें लगे है। वे निरन्तर उपवास करते रहते है, इसकारण अत्यंत दुर्बल हो गये है। उनके सम्पूर्ण शरीरमें व्याप्त हुई नस नाडियां स्पष्ट दिखाई देती है। इस सूने वनमें ब्राह्मणों को कभी-कभी कहीं उनके दर्शन हो जाया करते है।' महाराज धृतराष्ट्र इस प्रकार कह ही रहे थे कि जटाधारी कृशकाय विदुर दूरसे आते हुए दिखाई दिये। वे दिगम्बर थे, वे वनमें उडती हुई धूलोंसे नहा गये थे। महात्मा विदुर आश्रमकी ओर देखकर सहसा पीछेकी ओर लौट पडे। यह देख महाराज युधिष्ठिर अकेले ही उनके पीछे दौडे। महात्मा विदुर कभी दिखाई देते तथा कभी अदृश्य हो जाते थे। जब वे एक घोर वनमें प्रवेश करने लगे, तब महाराज युधिष्ठिर यत्नपूर्वक उनकी ओर दौडे तथा कहने लगे – 'विदुरजी! मै आपका परम प्रिय राजा युधिष्ठिर आपके दर्शन के लिये आया हूं।' तब महात्मा विदुर वनके भीतर एक परम पवित्र एकान्त प्रदेश में किसी वृक्षका सहारा लेकर खडे हो गये। महाराज युधिष्ठिर भी 'मै युधिष्ठिर हूं' कहकर महात्मा विदुर के समक्ष खडे हो गये। तदनन्तर महात्मा विदुर महाराज युधिष्ठिर कि ओर एकटक देखने लगे। वे अपनी दृष्टिको महाराज युधिष्ठिर की दृष्टिसे जोडकर एकाग्र हो गये। महात्मा विदुर अपने प्राणोंको महाराज युधिष्ठिर के प्राणोंमे तथा इन्द्रियों को उनकी इन्द्रियों में स्थापित कर उनके भीतर समा गये। उस समय महात्मा विदुर तेजसे प्रज्वलित हो रहे थे। महात्मा विदुरने योगबल का आश्रय लेकर धर्मराज युधिष्ठिर के शरीर में प्रवेश किया।

15

धृतराष्ट्र

महाराज धृतराष्ट्र हस्तिनापुर के महाराज विचित्रविर्य तथा उनकी ज्येष्ठ पत्नी अम्बिका के पुत्र थे। उनका जन्म महर्षि वेदव्यास के वरदान स्वरूप हुआ था। महाराज धृतराष्ट्र पांडु

तथा महात्मा विदुर के ज्येष्ठ भ्राता थे। गन्धर्व लोक में जो गन्धर्वराज 'धृतराष्ट्र' नामसे विख्यात है, वे ही मनुष्यलोकमें राजा धृतराष्ट्र के रुपमें अवतीर्ण हुए थे। राजा धृतराष्ट्र हस्तिनापुर के कार्यकारी राजा थे। महाभारत जैसे बृहत युद्धमें यद्यपि कौरवों की ओर से अन्याय हुआ था। तथापि महाराज धृतराष्ट्र कि सहानुभूति अपने पुत्रों कि ओर ही रही। वयोवृद्ध होने पर भी न्यायसंगत वचन उनके मुख से नही निकले।

पितामह भीष्मने ब्राह्मणों के मुखसे सुना कि शुभ लक्षणयुक्त सुबलपुत्री 'गांधारी' ने महादेव की आराधना कर सौ पुत्र पाने का वर प्राप्त किया है। यह सुनकर पितामह भीष्म गान्धार राजके निकट दूत भेजा। महाराज धृतराष्ट्र जन्मांध है यह जानकर गान्धार राजने बहुत विचार किया। पश्चात उन्होंने कौरवोंके कुल प्रसिद्धी तथा चरित्र को भली प्रकार देखकर धृतराष्ट्र को धर्मका आचरण करनेवाली गान्धारी का विवाह धृतराष्ट्र से करने का निश्चय किया। अनन्तर गांधारी ने भी सुना कि महाराज धृतराष्ट्र जन्मांध है फिर भी उसके माता – पिता उसका विवाह धृतराष्ट्र से करवाना चाहते है। तब पतिव्रत धर्ममें परायण गांधारी ने "मै भी पतिकी अपेक्षा अधिक भोगोंका उपभोग नही करुंगी।" इसप्रकार निश्चय कर अपने आखों पर पट्टी बांध ली। पश्चात गान्धारराज के कुमार शकुनि अपनी भगिनी को लेकर कौरवोंके निकट गये। तथा महाराज धृतराष्ट्र को यथोचित वस्त्रादि देकर बहन गांधारी को प्रदान कर पितामह भीष्मसे भली प्रकार आदर सत्कार पाकर अपने नगर लौट गया। गांधारी सदाचार तथा यत्नसे सम्पूर्ण कौरवों को सन्तुष्ट करने लगी। पतिव्रता, उत्तम व्रतशील, यशस्विनी गांधारी व्यवहार से कुरुओंकी सेवा किया करती थी। वे वाक्यमें भी कभी अन्य पुरुष का नाम नही लेती थी। अनन्तर योग्य कालमें यशस्विनी गांधारी गर्भवती हुई। स्थापित किये हुए गर्भको गांधारी दो वर्षतक बिना कुछ प्रसूत किये धारण किये रही। गांधारी अपने गर्भको को स्थिर देख विचार में पड गई। तब दुःखसे उसने यत्नपूर्वक अपने गर्भका गर्भपात कर दिया। उससे दो वर्षका मांसपिण्ड के रुपमें जन्म हुआ। महर्षि व्यासदेव ने उस मांसपिण्ड के एक सौ एक तुकडे कर उन मांसपेशियों को घी से भरे घडों में रखकर गुप्त स्थानमें भली भांति रख दिया। तथा उन्होंने कहा – 'दो वर्ष के पश्चात यह सभी घडे खोलना।' इतना कहकर वे चले गये। अनन्तर योग्यकालमें उन टुकडो से पहले पुत्र 'दुर्योधन' का जन्म हुआ। पुत्रके जन्म लेते ही महाराज धृतराष्ट्र पितामह भीष्म, महात्मा विदुर तथा ब्राह्मणों को बुलाकर कहा – 'हमारे वंश को बढानेवाले राजपुत्र युधिष्ठिर ज्येष्ठ है। अतः वह अपने ही गुणसे राज्यको पानेके अधिकारी है, उस विषय में मुझे कुछ नही कहना है। किंतु मेरे इस पुत्रने युधिष्ठिर के पश्चात जन्म लिया है, उससे क्या यह कुमार राजा हो सकेगा? इस विषय में जो उचित हो, वह आप मुझसे सत्य कहिये।' इसप्रकार कहे जानेपर सभी जंतु अमंगल कारी शब्द मचाने लगे। चारों ओर सभी अमंगल चिन्ह देख कर ब्राह्मण गण तथा महामति विदुर महाराज धृतराष्ट्र से कहा – 'महाराज! यह सत्य है कि आपका पुत्र कुलको समाप्त करनेवाला होगा। इसे त्याग देने ही से कुलकी

शांति हो सकती है, अन्यथा यदि आप इस बालक का पोषण करेंगे, तो यह आपत्तिकारक होगा। आपके निन्यानवें पुत्र तो बचेंगे, आप एकको त्यागकर इसवंश तथा जगतका हित किजिये।' उन सभी द्विजों तथा महात्मा विदुर के कहने पर भी महाराज धृतराष्ट्र ने पुत्र स्नेह में उनकी बात नही मानी। अनन्तर एक माह के भीतर क्रमशः दुःशासन, दुःसह, दुःशल, जलसन्ध, सम, सह, विंद, अनुविंद, दुर्धर्ष, सुबाहु, दुष्प्रधर्षण, दुर्मर्पण, दुर्मुख, दुष्कर्ण, कर्ण, विविंशति, विकर्ण, जलसंध, सुलोचन, चित्र, उपचित्र, चित्राक्ष, चारुचित्र, शरासन, दुर्मद, दुष्प्रगाह, विवित्सु, विकट, सम, ऊर्णनाश, सुनाश, नंद, उपनंद, सेनापति, सुषेण, कुण्डोदर महोदर, चित्रबाण, चित्रवर्मा, सुवर्मा, दुर्विमोचन, अयोबाहु, महाबाहु, चित्रांग, चित्रकुण्डल, भीमवेग, भीमबल, बलाकी, वलवर्धन, उग्रायुध, भीमकर्मा, कनकायुः, दृढायुद्ध, दृढवर्मा, दृढक्षत्र, सोमकिर्ति, अनूदर, दृढसन्ध, जरासन्ध, सत्यसन्ध, सदःसुवाक्, उग्रश्रवा, अश्वसेन, सेनानी, दुष्पराजय, अपराजगत, पण्डितक, विशालाक्ष, दुरावर, दृढहस्त, सुहस्त, वातवेग, सुवर्च, आदित्यकेतु, वहाशी, नागदन्त, उग्रयायी, कवची, निषंगी, पाशी, दण्डधार, धनुग्रह, उग्र, भीमरथ, वीरबाहु, अलोलुप, अभय, रौद्रकर्मा, धृढरथ, अनाधृष्य, कुण्डभेदी, विरावी, दीर्घलोचन, दीर्घबाहु, महाबाहु, व्यूढोरु, कनकध्वज, कुण्डाशी, विरजा नामक सौ पुत्र तथा एक 'दुःशला' नामक पुत्री का जन्म हुआ। यशस्विनी गांधारी जब बढते हुए गर्भकी पिडासे कातर थी। उस समय महाराज धृतराष्ट्र की सेवा एक वैश्य जाती कि स्त्री किया करती थी। उस वैश्य स्त्री के गर्भसे राजा धृतराष्ट्र ने अतियशस्वी 'युयुत्सु' नामक एक पुत्र उत्पन्न किया।

महाकाव्य महाभारत के 'आश्रमवासिक पर्व' अनुसार महाभारत का युद्ध समाप्त होने के पश्चात पांडवों के राज्य पालेने के अनन्तर पांडव राजा धृतराष्ट्र को ही आगे कर राज्यका पालन करने लगे। महात्मा विदुर, संजय तथा वैश्यपुत्र युयुत्सु सदा राजा धृतराष्ट्र कि सेवा में उपस्थित रहते थे। पांडव सभी कार्यों में राजा धृतराष्ट्र कि सलाह पूछा करते तथा उनकी आज्ञा लेकर प्रत्येक कार्य किया करते थे। इसप्रकार उन्होंने पंद्रह वर्षोंतक राज्यका शासन किया। वीर पांडव प्रतिदिन राजा धृतराष्ट्र के निकट जाकर उनके चरणोंमें प्रणाम कर कुछ समय उनकी सेवामें व्यतीत किया करते थे। द्रौपदी, सुभद्रा तथा पाण्डवों कि अन्य स्त्रियां भी माता कुन्ती तथा यशस्विनी गांधारी दोनों माताओं कि समान भावसे विधिवत सेवा किया करती थी। महाराज युधिष्ठिर सदा अपने अनुजों को उपदेश दिया करते थे कि 'बन्धुओं! तुम ऐसा व्यवहार करो, जिससे अपने पुत्रों से बिछुड़े हुए राजा धृतराष्ट्र को तनिक भी दुःख प्राप्त न हो।' धर्मराज का यह सार्थक वचन सुनकर भीमसेन के अतिरिक्त अन्य सभी राजा धृतराष्ट्र का विशेष आदर सत्कार करते थे। भीमसेन के हृदयसे कभी यह बात दूर नही होती थी कि द्युत के समय जो कुछ भी अनर्थ हुआ था, वह राजा धृतराष्ट्र कि ही खोटी बुद्धीका परिणाम था। धर्मराज युधिष्ठिर अपने भाइयों सहित सदा राजा धृतराष्ट्र का सम्मान किया करते थे। जो कोई मनुष्य राजा धृतराष्ट्र का तनिक भी अप्रिय कर देता, वह

धर्मराज युधिष्ठिर के द्वेषका पात्र बन जाता। धर्मराज युधिष्ठिर के भयसे कोई भी मनुष्य कभी राजा धृतराष्ट्र तथा दुर्योधन के कुकृत्यों कि चर्चा नही करता था। महाराज धृतराष्ट्र ने पांडुनंदन युधिष्ठिर का कोई ऐसा व्यवहार नही देखा, जो उनके मनको अप्रिय लगनेवाला हो। महाराज धृतराष्ट्र को सदा पांडवोंके व्यवहार से प्रसन्नता होती थी, उतनी प्रसन्नता उन्हें अपने पुत्रोंसे भी कभी प्राप्त नही हुई थी। धर्मराज युधिष्ठिर तथा राजा धृतराष्ट्र में जो परस्पर प्रेम था, उसमें राज्यकी प्रजाको कभी कोई अन्तर नही दिखा। किंतु राजा धृतराष्ट्र जब अपने दुर्बुद्धी पुत्र दुर्योधन का स्मरण करते थे, तब मन ही मन भीमसेन का अनिष्ट चिंतन किया करते थे। उसी प्रकार भीमसेन भी सदा राजा धृतराष्ट्र के प्रति अपने मनमें दुर्भावना रखते थे, वे उन्हें क्षमा नही कर पाते थे। राजा धृतराष्ट्र की जो दुष्टतापूर्ण मंत्रणाएं होती थी तथा जो उनके दुर्व्यवहार हुए थे, उन्हें वे सदा स्मरण रखते थे। एक दिन भीमसेन ने अपने मित्रोंके मध्य वारंवार अपने शत्रु दुर्योधन तथा दुःशासन को स्मरण कर कहने लगे – 'मित्रों! मेरी भुजायें परिघ के समान सुदृढ है। मैंने ही राजा धृतराष्ट्र के समस्त पुत्रोंको यमलोक का अतिथि बनाया है।' इसप्रकार भीमसेन के कहे हुए कठोर वचन राजा धृतराष्ट्र तथा यशस्विनी गांधारी ने सुन लिया था। उस समय उन्हें धर्मराज युधिष्ठिर के आश्रयमें पंद्रह वर्ष व्यतित हो चुके थे। पंद्रहवां वर्ष बीतनेपर भीमसेन के वाग्वाणोंसे पिडित हुए राजा धृतराष्ट्र को खेद एवं वैराग्य हुआ। धर्मराज युधिष्ठिर, अर्जुन, नकुल, सहदेव, माता कुन्ती तथा द्रौपदी सभी इससे अनभिज्ञ थे। तदनन्तर राजा धृतराष्ट्र ने अपने मित्रोंको तथा अन्य सभी कोबुलवाया तथा नेत्रोंमें अश्रु भरकर अत्यंत गद्गगद वाणीमें कहा – 'मित्रों! आपको ज्ञात है कि कौरववंशका विनाश किस प्रकार हुआ है। समस्त कौरव इस बातको जानते है कि मेरे ही अपराध से सारा अनर्थ हुआ है। मैंने भगवान श्रीकृष्ण के अर्थ भरे वचन नही सुने, मनीषी पुरुषोंने मुझे यह हितकी बात बतायी थी कि इस दुरबुद्धी पापी दुर्योधन का वध करनेमें ही संसार का हित है; किंतु पुत्रस्नेह के वशीभूत होकर मैंने ऐसा नहीं किया। अपनी कि हुई हजारों भूलें मैं अपने हृदयमें धारण करता हूं, जो इस समय काटों के समान कसक पैदा करती है। विशेषतः पंद्रहवें वर्षमें आज मुझ दुर्बुद्धि कि आंखें खुली है तथा अब मै इस पापकी शुद्धिके लिये नियम पालन करने लगा हूं। मै दो दिन तथा कभी चार दिन में केवल भूखकी आग बुझाने के लिये थोडासा आहार ग्रहण करता हूं। मेरे इस नियम को केवल गांधारी देवी जानती है। अन्य सभीको यही पता है कि मै प्रतिदिन पूरा भोजन करता हूं। लोग युधिष्ठिर के भयसे मेरे निकट आते है। पांडुपुत्र युधिष्ठिर मुझे सुखप्रदान करने के लिये अत्यंत चिंतित रहते है। मै तथा यशस्विनी गांधारी दोनों नियम-पालन से कुशासनपर बैठकर मंत्रजप करते है तथा भूमि पर शयन करते है।' अपने सुहृदोंसे इसप्रकार कहकर राजा धृतराष्ट्र ने धर्मराज युधिष्ठिर से कहा – 'कुन्तीनंदन! तुम्हारा कल्याण हो। पुत्र! तुम्हारे द्वारा सुरक्षित होकर मै यहां बडे सुखसे रहा हूं। अब मुझे तथा गांधारी को अपने हित के लिए पवित्र तप करना है। अतः इसके लिये हमें अनुमति दो। राजा समस्त प्राणियोंके लिये गुरुजनकी भांति आदरणीय होता है। इसलिये तुमसे अनुरोध करता हूं। वीर! तुम्हारी अनुमति मिल जानेपर मै वन

चला जाउँगा। हमारे कुलके सभी राजाओं के लिये यही उचित है, कि वे अंतिम अवस्था में पुत्रोंको राज्य देकर स्वयं वनमें पधारे। पुत्र! तुम भी उस तपस्याके उत्तम फलके भागी बनोगे; क्योंकि तुम राजा हो तथा राजा अपने राज्यके भीतर होनेवाले सभी कर्मोंके फलके भागी होते है।' राजा धृतराष्ट्र के वचन सुनकर धर्मराज युधिष्ठिर ने कहा – 'तातश्री! आप यहां रहकर इसप्रकार दुःख उठा रहे थे, मुझे इसकी जानकारी न हो सकी। आप दुःखसे आतुर तथा पृथ्वीपर शयन कर रहे है। भोजनपर भी संयम कर लिया है तथा मै आपकी इस अवस्था को जान न सका। तातश्री! इस राज्यसे अथवा इस सुख सामग्री से मुझे क्या लाभ हुआ? जब के मेरे ही निकट रहकर आपको इतने दुःख उठाने पडे। आपही हमारे पिता है, आपसे विलग्न होकर हम कैसे रहेंगे।' धर्मराज युधिष्ठिर के इसप्रकार कहनेपर राजा धृतराष्ट्र ने कहा – 'पुत्र! अब मेरा मन तपस्या में लग रहा है। जीवन कि अंतिम अवस्था में वन जाना हमारे कुलके लिये उचित भी है। मै दीर्घकाल तक तुम्हारे निकट रह चुका तथा तुमनें भी बहुत काल मेरी सेवा की। अब मेरी वृद्धावस्था आ गयीं है अब मुझे वनमें जानेकी अनुमति देनी चाहिये।' राजा धृतराष्ट्र ने महाराज युधिष्ठिर से उपर्युक्त वचन कहकर संजय तथा महारथी कृपाचार्य से कहा – 'मै आपलोगों द्वारा युधिष्ठिर को समझना चाहता हूं। एक ओर मेरी वृद्धावस्था तथा दूसरी ओर बोलने का परिश्रम इन कारणों से मेरा जी घबरा रहा है तथा मुख सूखा जाता है।' ऐसा कहकर राजा धृतराष्ट्र सहसा ही निर्जीवकी भांति गान्धारी का सहारा ले लिया। राजा धृतराष्ट्र को अचेतन देख कुन्तीकुमार महाराज युधिष्ठिर को दुःख हुआ। तब उन्होंने जलसे शीतल किये हुए हाथोंसे राजा धृतराष्ट्र का मुख धीरे-धीरे साफ किया। महाराज युधिष्ठिर के स्पर्शसे राजा धृतराष्ट्र की चेतना लौट आयी। तब राजा धृतराष्ट्र ने कहा – 'पांडुनंदन! तुम पुनः मेरे शरीर पर अपना स्पर्श दो। तुम्हारे सुखदायक स्पर्शसे मानो मेरे शरीर में प्राण आ जाते है। पिछले दिनों जब मैने भोजन किया था, तब से आज यह आंठवा दिन हो गया है। इसीसे शिथिल होकर मै कोई चेष्टा नहीं कर पाया। अतः क्षीणशक्ती होकर मै अचेत सा हो गया।' अपने ज्येष्ठ पिता राजा धृतराष्ट्र के ऐसा कहनेपर कुन्तीनंदन युधिष्ठिर ने स्नेह सहित उन्हें आलिंगन दिया। उनके स्पर्शसे राजा धृतराष्ट्र के शरीरमें मानों नूतन प्राण आ गये। यह करुण दृश्य देखकर महात्मा विदुर आदि सभी लोग अत्यंत दुःखी होकर अश्रु बहाने लगे। तदनन्तर राजा धृतराष्ट्र ने पुनः धर्मराज युधिष्ठिर से कहा – 'पुत्र! मुझे तपस्याके लिये वन जाने कि अनुमति दे दो। बार-बार बोलने से मेरा जी घबराता है। अब मुझे अधिक कष्टमें न डालो।' राजा धृतराष्ट्र जब युधिष्ठिर से ऐसा कह रहे थे, उस समय सत्यवतीनन्दन महर्षि व्यासदेव वहां आ पहुंचे तथा कहने लगे – 'युधिष्ठिर! महातेजस्वी धृतराष्ट्र जो कुछ कह रहे है, उसे बिना विचार पूरा करो। राजा वृद्ध हो गये है, विशेषतः इनके सभी पुत्रों की मृत्यु हो चुकी है। मेरा ऐसा विश्वास है कि अब ये इस कष्टको अधिक काल तक नही सह सकेंगे। मेरा कहा मानो राजा धृतराष्ट्र को तुम्हारी ओर से वनमें जानेकी अनुमति दे दो, अतः यहां रहने से इनकी व्यर्थ ही मृत्यु होगी।' महर्षि वेदव्यास के इस प्रकार कहने पर धर्मराज युधिष्ठिर ने "बहुत अच्छा" कहकर उनकी आज्ञा स्वीकार करली।

अनन्तर राजा धृतराष्ट्र से राजनीति का उपदेश लेकर महाराज युधिष्ठिर कहने लगे – 'तातश्री! पितामह भीष्म स्वर्ग सिधारे, भगवान श्रीकृष्ण द्वारका पधारे, महात्मा विदुर तथा संजय भी आपके सहित ही जा रहे है। अब अन्य कौन रह जाता है, जो मुझे उपदेश दे सके। आज मेरे हितसाधनेमे संलग्न होकर आप मुझे यहां जो कुछ उपदेश देते है, मै उसका पालन करुंगा।' तदनन्तर राजा धृतराष्ट्र ने वन जानेकी तैयारी कर पांडवों को बुलवाया तथा उनका यथावत् अभिनंदन किया। उस दिन कार्तिक पूर्णिमा थी, उसमें उन्होंने वेदके पारंगत विद्वान ब्राह्मणों से यात्रा का लोचितइष्टि करवाकर वल्कल वस्त्र धारण कर अग्निहोत्र को आगे कर पुत्र वधुओं से घिरे हुए राजा धृतराष्ट्र राजभवनसे बाहर निकले। तथा सभीकी आज्ञा लेकर वनकी ओर प्रस्थान किया। इसप्रकार नित्यकर्मसे निवृत्त होकर वृद्ध राजा धृतराष्ट्र इन्द्रिय संयमपूर्वक नियमपरायण होकर गंगातटसे चलकर कुरुक्षेत्र में पहुंचे। वहां राजा धृतराष्ट्र एक आश्रम पर जाकर वहां के मनीषी राजर्षि शतयूप से मिले। वे परंतप राजा शतयूप केकय देशके महाराज थे। अपने पुत्रको राजसिंहासन पर अभिषिक्त कर वन चले आये थे। महाराज धृतराष्ट्र उन्हें अपने सहित लेकर महर्षि वेदव्यास के आश्रमपर

गये। वहां राजा धृतराष्ट्र ने विधिपुर्वक महर्षि वेदव्यास का पूजन किया। तत्पश्चात उन्हीसे वनवासकी दीक्षा लेकर कौरवनंदन राजा धृतराष्ट्र पुर्वोक्त शतयुप के आश्रम में लौट आये तथा वही निवास करने लगे। अनन्तर कुछ काल पश्चात महाराज युधिष्ठिर तथा अन्य सभी माता कुन्ती, यशस्विनी गांधारी, राजा धृतराष्ट्र तथा महात्मा विदुर के दर्शन हेतु वन गये। वहां ऋषियों से सेवित महातेजस्वी भगवान व्यासने भी शिष्यों सहित आकर सभी को दर्शन दिये। महर्षि वेदव्यास के कृपासे सभीने अपने-अपने कुरुक्षेत्र के युद्ध में मारे गये हुए प्रियजनों के दर्शन किये। प्रियजनों सहित समय व्यतित करने के पश्चात वे सभी अपने-अपने लोक पधारे तथा पांडवगण भी हस्तिनापुर लौट गये। पांडवों के लौटने के दो वर्षों पश्चात एक दिन राजा धृतराष्ट्र ने गंगाके कछारमें जाकर जलमें डुबकी लगाई तथा स्नान के पश्चात अपने आश्रमकी ओर चल पडे थे। तभी वहां जोरोंसे वायु चलने लगी। जिससे उस वनमें भारी दावाग्नि प्रज्वलित हो उठी। उस अग्निने चारों ओरसे उस वनको जलाना आरंभ किया। सभी ओर मृग तथा सर्प दग्ध होने लगे। वनैले जीव भागकर जलाशयों कि शरण लेने लगे। सम्पूर्ण वन अग्निसे घिर गया तथा उनपर संकट आ पडा। उपवास करनेसे प्राणशक्ति क्षीण हो जाने के कारण राजा धृतराष्ट्र वहांसे भागने में असमर्थ थे। माता कुन्ती तथा माता गांधारी दोनों मातायें भी अत्यंत दुर्बल हो गयी थी, अतः वे भी भागने में असमर्थ थी। तदनन्तर राजा धृतराष्ट्र ने उस अग्निको निकट आती हुई जानकर संजय से कहा – 'संजय! तुम किसी ऐसे स्थान पर भाग जाओ जहां यह दावाग्नि तुम्हें कदापि जला न सके। हम अब यही स्वयंको अग्निमें होम कर परम गति प्राप्त करेंगे।' तब संजय ने उद्विग्न होकर कहा – 'राजन्! इस लौकिक अग्निसे आपकी मृत्यू होना उचित नहीं है। आपके शरीरका दाह संस्कार तो आहवनीय अग्निमें होना चाहिये। किंतु इस समय दावानलसे बचने का कोई उपाय भी मुझे नही दिखाई देता।' संजय के इसप्रकार कहनेपर राजा धृतराष्ट्र ने पुनः कहा – 'संजय! हमलोग स्वयं गृहस्थाश्रम का परित्याग कर चले आये है, अतः हमारे लिये इस प्रकार की मृत्यू अनिष्ट कारक नही हो सकती। जल, अग्नि तथा वायुके संयोग से अथवा उपवास कर प्राण त्यागना तपस्वीयों के लिये प्रशंसनीय माना गया है; इसलिये अब तुम शीघ्र यहांसे चले जाओ, विलम्ब न करो।' संजय से इसप्रकार कहकर राजा धृतराष्ट्र ने मनको एकाग्र किया तथा यशस्विनी गांधारी, तथा माता कुन्ती सहित पूर्वाभिमुख होकर बैठ गये। उन्हें उस अवस्थामें देख मेधावी संजयने उनकी परिक्रमा कर कहा – 'महाराज!अब स्वयं को योगयुक्त किजिये।' राजा धृतराष्ट्र ने संजयके कहे अनुसार इन्द्रियसमुदाय को रोककर काष्ठकी भांति निश्चेष्ठ हो गये। अनन्तर राजा धृतराष्ट्र, यशस्विनी गांधारी तथा माता कुन्ती वे तीनों ही दावाग्नि में जलकर भस्म हो गये।

16

दुर्योधन

महाकाव्य महाभारत अनुसार दुर्योधन राजा धृतराष्ट्र तथा राजमाता गांधारी का ज्येष्ठ पुत्र था। दुर्योधन कुटिल, क्रूर होने के साथ ही गदायुद्ध में भी पारंगत था। महाभारत काल में श्री बलराम, जरासंध, भीमसेन तथा दुर्योधन को ही सर्वश्रेष्ठ गदाधर माना जाता था। दुर्योधन के पत्नी का नाम 'भानुमति' था। भानुमति कम्बोज के राजा चंद्रवर्मा कि पुत्री थी। एक समय राजा चंद्रवर्मा अपने पुत्री का स्वयंवर आयोजित किया था। उस स्वयंवर में भाग लेने के लिये शिशुपाल, जरासंध, रुक्मी, दुर्योधन तथा कर्ण भी वहां जा पहुंचे। उचित समय पर भानुमति अंगरक्षकों सहित वरमाला लेकर स्वयंवर में उपस्थित हुई। भानुमति को देख दुर्योधन उस पर मोहित हो गया। अनन्तर भानुमति वर माला लेकर दुर्योधन के निकट पहुंचकर क्षणभर रुककर आगे बढ गयी, दुर्योधन इस बात को सह न सका। तब उसने बलपूर्वक स्वयं ही माला अपने गलेमें डाल ली। अनन्तर कर्णकी सहायतासे भानुमति को लेकर हस्तिनापुर पहुंचे। दुर्योधन को भानुमति से दो संतानों की प्राप्ति हुई। पुत्र का नाम 'लक्ष्मण' था, जिसका वध महाभारत युद्ध में अभिमन्यु ने किया था। तथा पुत्री का नाम 'लक्ष्मणा' था, जिसका विवाह श्रीकृष्ण तथा जाम्बवती पुत्र 'साम्ब' से हुआ था।

प्रतापि राजा धृतराष्ट्र पुत्र कुमार दुर्योधन बाल्यकाल से ही पांडवों के प्रति दुष्टभाव रखता था। विशेषतः भीमसेन के अति प्रख्यात बलको देखकर दुर्योधन भीमसेन के प्रति दुष्टभाव दिखाने लगा। उसने विचार किया कि, 'पांडवों में मंझला कुन्तीकुमार वृकोदर सभी बलवानों में श्रेष्ठ है। अतः उसका कौशलसे वध कर देना चाहिए। फश्चात उसके अनुजों तथा ज्येष्ठ भ्राता युधिष्ठिर का वध कर मै अकेला ही पृथ्वीपर शासन करूंगा।' दुर्योधन के षड्यंत्र तथा अधर्म कि सीमा उस दिन थी, जब द्युत सभा में दुर्योधन ने छल से पांडवों तथा द्रौपदी सहित उनके राज्यलक्ष्मी को जीत लिया था। पश्चात भरी सभा में द्रौपदीका अपमान कर अपने अनुज दुःशासन को आदेश देकर द्रौपदीके वस्त्रहरण का असफल प्रयास किया था। अनन्तर द्युत में हार होने के कारण पांडवों को द्रौपदी सहित 12 वर्ष का वनवास तथा 1 वर्ष के अज्ञात वासके लिये वन भेजा गया था। महाकाव्य महाभारत के 'उद्योग पर्व' अनुसार वनवास समाप्त होने के पश्चात पांडवोंने अपना राज्य पुनः लौटानेके उद्देश्य से श्रीकृष्ण को अपना शान्तीदुत बनाकर हस्तिनापुर भेजा था। युधिष्ठिर के कहे अनुसार श्रीकृष्ण सात्यकि सहित हस्तिनापुर पहुंचे। वहां राजा धृतराष्ट्र के पुरोहितों ने शास्त्रों में लिखे विधि के अनुसार श्रीकृष्ण को एक गौ, मधुपर्क तथा जल अर्पण किया। अन्य सभी ने श्रीकृष्ण का आदर सत्कार किया। पश्चात दुर्योधन ने श्रीकृष्ण से विश्राम तथा भोजन का आग्रह किया। तब श्रीकृष्ण ने कहा – 'राजन्! यह नियम है कि, दूत जिस कार्य के लिये आया हो उस कार्यको पूर्ण करने के अनन्तर भोजन तथा सत्कार ग्रहण करें। इसलिये जब मै अपने कार्य में सफलता पालूं तब मेरा तथा मेरे मंत्रियों का सत्कार करना।' इतना कहकर श्रीकृष्ण महात्मा विदुर के भवन में चले गये। वहां महात्मा विदुरने सकल मांगलिक पदार्थ लेकर श्रीकृष्ण का पूजन किया तथा कहने लगे – 'हे कमलनयन! मुझे आपके दर्शन से जो आनंद

प्राप्त हुआ है। मै आपसे क्या कहूं? आप तो स्वयं ही सभी शरीरधारियों के अन्तर्यामी हो।' महात्मा विदुरने इसप्रकार वार्तालाप कर श्रीकृष्ण का अतिथि सत्कार किया तथा पांडवों का कुशल पुछा। श्रीकृष्ण महात्मा विदुर से वार्तालाप कर अनन्तर अपनी बुआ कुन्ती के पास गये। श्रीकृष्ण को आये हुए देख माता कुन्ती उनके कण्ठको चिपट गयी तथा अपने पुत्रों को स्मरण कर विलाप करते हुए श्रीकृष्ण से कहा – 'कृष्ण! मेरा पुत्र धर्मात्मा युधिष्ठिर कैसा है? मेरा पुत्र भीमसेन इस समय कैसी दशा में है? सभी पांडव जिसपर विश्वास रखते है वह तुम्हारा मित्र अर्जुन कैसा है? नकुल, सहदेव तथा द्रौपदी सभी सुखसे तो है न?' बुआ कुन्ती को सभीकी सकुशलता बताकर श्रीकृष्ण माता कुन्ती कि आज्ञा लेकर वहां से चले गये।

अनन्तर श्रीकृष्ण जब सभा में पहुंचे तब सभी ने उनका आदर किया। राजा धृतराष्ट्र कि आज्ञासे श्रीकृष्ण के लिये स्वर्ण कामसे सजा हुआ 'सर्वतोभद्र' नामक सिंहासन लगाया था। किंतु श्रीकृष्ण सिंहासन पर न बैठ कर खड़े-खड़े ही मंद-मंद मुस्कुराकर सभा में उपस्थित सभी का आदर किया। परन्तप श्रीकृष्ण सभामें खड़े-खड़े ही आकाशमें विराजमान नारद मुनि आदि ऋषियों को देख धिरेसे शांतनुनंदन भीष्मसे कहा – ' राजन्! ऋषिगण पृथ्वी कि राजसभा देखने के लिये अंतरिक्ष में आकर खड़े है। आप उन्हें आमंत्रित कर बैठने के लिये आसन दिजिये।' यह सुनकर पितामह भीष्म ने नेत्र उठाकर देखा तब सभी ऋषि सभा के द्वारपर उपस्थित थे। तब पितामह भीष्मने सेवकों को आज्ञा देकर उनके लिये आसन कि व्यवस्था कि। जब सभा में सभी राजे, ऋषि आदि मौन होकर बैठ गये तब श्रीकृष्ण राजा धृतराष्ट्र कि ओर देखते हुए कहने लगे – 'हे भरतवंशी राजन्! वीर पुरुषोंका नाश हुए बिना कौरव पांडवों में मेल हो जाय, यह प्रार्थना करने के लिये मै यहां आया हुं। मुझे इसके अतिरिक्त अन्य कोई हितकारी बात मेरी ओरसे नहीं कहनी है। जानने योग्य सब कुछ आपको ज्ञात है। हे पुरुषश्रेष्ठ! आपके पुत्रोंने मर्यादा का उल्लंघन किया है। तथा लोभ के कारण उन्हें उचित-अनुचित का ज्ञान ही नहीं रहा है। यह आप जानते हो, कौरवों में जो महाघोर उत्पत्ति उठ खड़ी हुई हैं। यदि आप इसकी उपेक्षा करोगे तो यह वंशका नाश कर डालेगी। किंतु हे राजन्! यदि आप वंशका नाश नही करना चाहते हो तो यह आपत्ति शांत कि जा सकती है। दोनों पक्षों में शांती होना मेरे अनुसार कठिन नही है। महाराज! आप आपने पुत्रोंको समझाकर मर्यादा में रखिये तथा मै पांडवों को समझाकर मर्यादा में रखूंगा। महाराज! आप मेरे कहे अनुसार शांति प्रस्ताव मान्य करोगे तो उसमें आप ही का हित है। इसलिये हे राजन्! आप वैर निष्फल जानकर सन्धि कर लिजिये। तथा हे राजन्! पांडवोंने आपको प्रणाम कर आपकी प्रसन्नता चाहकर कहा है कि, "आपकी आज्ञासे ही हमने तथा हमारे परिवार ने दुःख भोगा है। हमने निर्जन वनमें रहकर बारह वर्ष बिताये है तथा तेरहवां वर्ष अपने परिवार सहित गुप्तरीति से मनुष्यों के मध्य रहकर बिताया है। हे तातश्री! हमने अपनी प्रतिज्ञा को नहीं तोडा है, इस बात को हमारे सहित रहने वाले ब्राह्मण जानते है। हे भरतश्रेष्ठ! जब हम अपनी प्रतिज्ञा पर रहे है तो आपको भी जैसा ठहर गया था, उसके

अनुसार कार्य करना चाहिये। हे राजन्! हमें हमारे राज्य का भाग मिलना चाहिये।" यह बात पांडवोंने आपके पास कहलवाकर भेजी है। हे राजन्! इस समय पांडव धर्मके सुखकी ओर देखते हुए मौन होकर ध्यान लगाए बैठे है। उन्होंने जो बात कही है वह धर्मसे भरी, सत्य तथा न्याय के अनुकूल है। आप पांडवों को राज्य दे दीजिये इसके अतिरिक्त आपसे और क्या कहा जा सकता है? हे राजन्! आप क्रोध के वशमें न जाइये किंतु शांतिसे पांडवों को यथोचित रितिसे उनका भाग देकर कृतार्थ हो जाइये।' श्रीकृष्ण के इसप्रकार कहने के पश्चात ऋषि कण्व तथा भगवान परशुराम ने भी राजा धृतराष्ट्र को समझाया तत्पश्चात राजा धृतराष्ट्र ने दुर्योधन से कहा – 'पुत्र दुर्योधन! श्रीकृष्ण ने जो बात कही है, उसे परमकल्याण रुप योगक्षेम करने वाली समझो तथा मानलो। तुम श्रीकृष्ण के साथ भली प्रकार से संमति कर राजा युधिष्ठिर के निकट जाओ तथा उन सकल कर्यों को करो कि जिनसे भरतवंशके राजाओं का कल्याण हो। तुम श्रीकृष्ण द्वारा पांडवोंसे संधि करलो यह अवसर सन्धि करने का ही है, इसलिये तुम श्रीकृष्ण के वचनों को न टालो।' यह सबकुछ सुनकर दुर्योधन श्रीकृष्ण से कहने लगा – 'हे केशव! आप, महात्मा विदुर, पितामह भीष्म केवल मेरी ही निन्दा करते हो। विचार करने पर भी मुझे इस कार्य में अपना कुछ भी अन्याय नही दिखता है। मै विचार करता हूं तब भी मुझे अपना कोई बडा अपराध वा छोटेसे छोटा अपराध भी नही दिखता। पांडवों ने अपनी इच्छासे जुआ खेला था। तथा मामा शकुनि ने उनका राज्य जीत लिया इसमें मेरा क्या अपराध है? किसी के जीतने में न आने वाले पांडव जुए में हार गये थे, इस कारण वनमें भेजे गये थे। इसमें हमारा अपराध नही है। किस अपराध के कारण से पांडव शत्रुओं के साथ मिलकर कौरवों का संहार करना चाहते है? हम पांडवों के उग्र वचनों से भयभीत होकर पांडवोंसे तो क्या इंद्रसे भी नमने वाले नही है। मै किसी क्षत्रियको नही देखता हूं कि, जो युद्धमें हमें जीतनेका साहस रखता हो? पितामह भीष्म, द्रोणाचार्य, कृपाचार्य तथा कर्ण को रणमें देवता भी नही जीत सकते, पांडवों की तो बात ही क्या है?' दुर्योधन द्वारा इसप्रकार कहनेपर श्रीकृष्ण ने राजा धृतराष्ट्र से कहा – 'महाराज! आप जानते है कि पांडव शांतिप्रिय है। किंतु इसका अर्थ ये नही है कि वे युद्ध के लिये सज्ज नहीं है। पांडव आपको पितास्वरुप मानते है इसलिये आप ही उचित निर्णय लें।' श्रीकृष्ण अपनी बात जारी रखते हुए कहा कि, 'पांडवों को आधा राज्य ना सही किंतु इंद्रप्रस्थ, बागपत, सोनीपत, पानीपत, तथा तिलदत नामक केवल पांच ग्राम दे दीजिये।' तब राजा धृतराष्ट्र ने दुर्योधन से कहा – 'हे पुत्र! यदि केवल पांच ग्राम देने से युद्ध टलता है, तो इससे उचित और क्या हो सकता है। इसलिये अपनी हठ छोडकर पांडवोंसे संधि कर लो।' यह सुनकर दुर्योधन ने श्रीकृष्ण से कहा – 'हे केशव! पांच ग्राम तो क्या सुक्ष्म सूईकी नोकसे जितना भाग बिंध सके उतना भी भुमिका भाग मै पांडवों को नही दूंगा। निर्णय केवल रणभूमि में ही होगा।' दुर्योधन के इसप्रकार कहनेपर श्रीकृष्ण ने कहा – 'दुर्योधन! यदि तुम समझते हो कि तुम्हें युद्धमें कोई जीत नही सकता किंतु सुनलो। पांडवों में ऐसा करने कि पूर्ण शक्ति है।' पश्चात द्रोणाचार्य, पितामह भीष्म, महात्मा विदुर, राजमाता गांधारी के समझाने पर भी दुर्योधन अपनी हठ पर अडिग

रहा। अनन्तर दुर्योधन ने श्रीकृष्ण को कैद करने कि चेष्टा कि, जो कि यह योजना दुर्योधन ने शकुनि सहित मिलकर पहले ही बनाली थी। तब श्रीकृष्ण ने दुर्योधन से कहा – 'दुर्बुद्धि दुर्योधन! तुम अज्ञानता वश जो मुझे अकेला मान रहे हो तथा मेरा तिरस्कार कर जो मुझे कैद करना चाहते हो, यह तुम्हारा अज्ञान है। देखो सभी पांडव यहीं है। अन्धक तथा वृष्णिवंश के वीर भी यहीं उपस्थित है। आदित्यगण, रुद्रगण तथा महर्षियों सहित वसुगण भी यही है।' इसप्रकार कहकर श्रीकृष्ण खिलखिलाकर हँसने लगे। तत्पश्चात श्रीकृष्ण के सभी अंगों में स्थित विद्युत के समान कांति वाले तथा अंगूठे के समान सूक्ष्म शरीर वाले देवता अग्नि कि लपटें छोडने लगे। उनके ललाट में ब्रह्म तथा वक्ष स्थल में रूद्र देव विद्यमान थे। आदित्य, वसुगण, अश्विनिकुमार, इंद्रदेव, मरुद्गण, यक्ष, गंधर्व, किन्नर, राक्षस तथा नाग भी उनके विभिन्न अंगों में प्रकट हो गये। उनकी दाहिनी भुजा में अर्जुन तथा बायीं भुजा में हलधर बलराम विद्यमान थे। भीमसेन, युधिष्ठिर तथा नकुल-सहदेव भगवान के पृष्ठभाग में स्थित थे। वृष्णिवंशी तथा अंधकवंशी योद्धा हाथों में विशाल आयुध लिये भगवान के अग्रभाग में प्रकट हुए। शंख, चंक्र, गदा, शक्ति, शाङ्ग धनुष, हल तथा नंदक नामक खड्ग ये सभी उपर उठे हुए समस्त आयुध श्रीकृष्ण कि अनेक भुजाओं में दैदीप्यमान दिखाई देते थे। उनके नेत्रों से, नासिका के छिद्रों से तथा दोनों कानों से सभी ओर अत्यंत भयंकर धूमयुक्त अग्नि कि लपटें प्रकट हो रही थीं। समस्त रोमकूपों से सुर्य के समान दिव्य किरणें छिटक रही थी। श्रीकृष्ण के उस रुपको देख समस्त राजाओं के मन में भय समा गया तथा उन्होंने अपने नेत्र बंद कर लिये।

द्रोणाचार्य, भीष्म, परम बुद्धिमान विदुर, महाभाग संजय तथा तपस्या के धनी महर्षियों को भगवान जनार्दन ने स्वयं ही दिव्य दृष्टि प्रदान कि थी जिससे वे उनका दर्शन करने में समर्थ हो सके थे। अनन्तर राजा धृतराष्ट्र ने श्रीकृष्ण से कहा – 'भगवन्! आप ही सब जगतका हित करनेवाले हो इसलिये हे यादवों में श्रेष्ठ कृष्ण! आपको मुझ पर कृपा करनी चाहिये। भगवन्! मेरे नेत्रों का तिरोधान हो चुका है। किंतु आज मै आपसे पुनः दोनों नेत्र मांगता हूं। उन नेत्रों से मै केवल आप ही का दर्शन करना चाहता हूं। आपके अतिरिक्त अन्य किसी को भी मै नहीं देखना चाहता।' यह सुनकर श्रीकृष्ण ने राजा धृतराष्ट्र से कहा – 'हे कुरुनंदन! ठीक है; तुम्हें दो दिव्य नेत्र प्राप्त हो जायें।' इसप्रकार भगवान श्रीकृष्ण की कृपासे उनके विश्वरूप का दर्शन करने कि इच्छासे राजा धृतराष्ट्र ने दो नेत्र प्राप्त कि ये थे। उस समय श्रीकृष्ण के विराट रुप धारण करने से सम्पूर्ण पृथ्वी डगमगाने लगी थी। समुद्र में खलबली मच गई थी तथा समस्त भूपाल अत्यंत विस्मित हो गये थे। उस समय सभाभवन में भगवान श्रीकृष्ण का वह परम आश्चर्यमय रुप देख देवताओं कि दुन्दुभियां बजने लगी थी। तथा उनके उपर पुष्पोंकी वर्षा होने लगी थी। तदनन्तर शत्रुओ का दमन करने वाले श्रीकृष्ण ने अपने उस स्वरुप तथा उस दिव्य अद्भूत एवं विचित्र ऐश्वर्य को समेट लिया। तथा युद्ध होना निश्चित होनेपर श्रीकृष्ण सभी कि आज्ञा लेकर सात्यकि सहित हस्तिनापुर से प्रस्थान किया।

अनन्तर महाकाव्य महाभारत के "वनपर्व" अनुसार महर्षि कृष्णद्वैपायन हस्तिनापुर पधारे हुए थे। तब महाराज धृतराष्ट्र ने व्यासदेव से दुर्योधन को शिक्षा देणे का आग्रह किया तब व्यासदेव ने महाराज धृतराष्ट्र से कहा – 'राजन्! महर्षि भगवान् मैत्रेय पांचों पांडवबन्धुओं से भेंट कर अब वे हमलोंगों से भेंट करने के लिये यहां पधार रहे है। वे महर्षि इस कुलकी शांति के लिये तुम्हारे पुत्र दुर्योधन को यथायोग्य शिक्षा देंगे। महर्षि मैत्रेय जो कुछ कहेंगे उसे निःशंक होकर करना चाहिये। यदि उनके बताये हुए कार्यकी अवहेलना कि गयी तो वे कुपित होकर तुम्हारे पुत्रको शाप दे देंगे।' इस प्रकार कहकर व्यासजी चले गये तथा मैत्रेय जी आते हुए दिखायी दिये। राजा धृतराष्ट्र ने पुत्रसहित उनकी अगवानी की तथा स्वागत सत्कारके साथ उन्हें अपनाया। अर्घ्य आदि उपचारों द्वारा पूजित हो जब मुनिश्रेष्ठ मैत्रेय विश्राम कर चूके, तब महाराज धृतराष्ट्र ने नम्रतापूर्वक उनसे पूछा – 'भगवान्! इस कुरूदेश में आपका आगमन सुखपूर्वक तो हुआ है न? पांचों पांडव कुशलसे तो है न? क्या वे भरतश्रेष्ठ पांडव अपनी प्रतिज्ञा पर स्थिर रहना चाहते है? क्या कौरवों में उत्तम भ्रातृभाव अखण्ड बना रहेगा?' तब महर्षि मैत्रेय ने कहा – 'राजन्! मै तीर्थ यात्राके प्रसंग से घूमता हुआ अकस्मात कुरुजांगल देशमें चला गया था। वहां काम्यक वनमें धर्मराज युधिष्ठिर से मेरी भेंट हुई थी। वहीं मैंने सुना कि तुम्हारे पुत्रों की बुद्धी भृष्ट हो गयी है। वे द्युतरुपी अनीतिमें प्रवृत्त हो गये तथा जूए के कारण उन पर भय उपस्थित हो गया है। यह सुनकर मै कौरवों कि दशा देखने के लिये यहां आया हुं। महाराज! तुम्हारे तथा भीष्मके जीवित रहते हुए यह उचित नहीं जान पडता कि तुम्हारे पुत्र किसी प्रकार परस्पर विरोध करें। तुम स्वयं इन सभीको बांधकर नियंत्रण में रखने के लिये सक्षम हो। फिर इस घोर अन्याय की क्यों उपेक्षा कर रहे हो। तुम्हारी सभामें नीच व्यक्तिके भांति जो व्यवहार किया गया है, उस कारण तुम तपस्वी मुनियों के समुदाय में शोभा नही पा रहे हो।' इसप्रकार महाराज धृतराष्ट्र से कहकर महर्षि भगवान् मैत्रेय अमर्षशील राजा दुर्योधन की ओर मुड़कर उससे मधुर वाणी में कहा – 'दुर्योधन! मै तुम्हारे हितके वचन कह रहा हूं, तुम पांडवों से द्रोह न करो। स्वयंका, पांडवोंका, कुरुकुल का तथा सम्पूर्ण जगतका प्रिय साधन करो। मनुष्यों में श्रेष्ठ पांडव शूरवीर, पराक्रमी तथा युद्ध कुशल है। वे सभी सत्यव्रतधारी है, तथा इच्छानुसार रुप धारण करनेवाले हिडिम्ब आदि राक्षसों का तथा राक्षस जातीय किर्मिर का वध भी उन्होंने ही किया है। जरा तथा मृत्युके वशमें रहनेवाले कौन मनुष्य युद्धमें उन पांडवों का सामना कर सकता है। ऐसे महापराक्रमी पांडवों के सहित तुम्हें शांतिपूर्वक रहना चाहिये। तुम मेरी बात मानो; क्रोधके वशमें न होओ।' मैत्रेय जी इसप्रकार कह रहे थे; उस समय दुर्योधन ने मुस्कुराकर अपनी जांघ पर ताल ठोंका तथा पैरसे धरतीको कुरेदने लगा। उस दुर्बुद्धि ने मैत्रेय जी को कुछ भी उत्तर न दिया। तथा वह अपने मुख को नीचे किये चुपचाप खडा रहा। मैत्रेय जी ने देखा, कि दुर्योधन पैरों से धरती को कुरेद रहा है। यह देख उनके मनमें क्रोध जाग उठा। वे मुनिश्रेष्ठ मैत्रेय कोपके वशीभूत हो गये। तदनन्तर मैत्रेय ने क्रोधसे लाल नेत्र कर जलका आचमन

किया तथा उस दुष्ट दुर्योधन को शाप देते हुए कहा – 'दुर्योधन! तुम मेरा अनादर कर मेरे वचन मानना नही चाहते; अतः तुम इस अभिमान का शीघ्र फल प्राप्त करलो। तुम्हारे द्रोहके कारण घोर युद्ध छिड़ेगा, उसमें भीमसेन अपनी गदा की चोटसे तुम्हारी जंघा तोड डालेंगे।' उनके इसप्रकार कहने पर महाराज धृतराष्ट्र ने महर्षि को प्रसन्न करते हुए कहा – 'भगवन्! ऐसा न हो, क्षमा कर दिजिये।' तब महर्षि मैत्रेय ने कहा – 'राजन्! जब तुम्हारा पुत्र शांति धारण करेगा। तथा पांडवों से वैर विरोध न कर मेल मिलाप कर लेगा। तब यह शाप इसप्रकार फलित न होगा। यदि तुर्योधन ने इससे विपरीत व्यवहार किया तो यह शाप इसे अवश्य भोगना पडेगा।' अनन्तर महर्षि मैत्रेय का यह शाप कुरुक्षेत्र भूमिपर भिमसेन द्वारा फलिभूत हो गया।

महाकाव्य महाभारत के 'शल्यपर्व' अनुसार दुर्योधन जब समरभूमि में अपने किसी सहायक को न देख शत्रुओंको गर्जते देखा तब अपनी सेनाके विनाशपर दृष्टिपात किया। तब वह अकेला ही पूर्व दिशाकी ओर भाग चला। जो किसी समय ग्यारह अक्षौहिणी सेनाका सेनापति था। वही दुर्योधन गदा लेकर पैदल ही सरोवर कि ओर भागा जा रहा था। अपनी सेनाका संहार देख चिन्ता करते हुए राजा दुर्योधन शोकसे संतप्त हो उठा था। दुर्योधन सरोवर पर पहुंच कर उसके भीतर प्रवेश करने का विचार किया। तब दुर्योधन ने संजय को वहां देखा। हीन भावसे खडे हुए संजय को देख दुर्योधन के नेत्रों में अश्रु आ गये। दो घडी वे दोनों मौन खडे रहे। तत्पश्चात संजयने युद्धमें स्वयंके पकडे जाने तथा महर्षि व्यासदेव कि कृपासे जीवित छूटनेका सारा वृतांत कह सुनाया। फश्चात दुर्योधन ने अपने अनुजों तथा सेनाका समाचार पुछा। तब संजयने दुर्योधन से कहा – 'नरेश्वर! आपके समस्त भाईयों का वध हो चुका है तथा सेनाका भी संहार हो गया है। रणभूमि से प्रस्थान करते समय महर्षि व्यासदेव ने मुझसे कहा था कि, 'तुम्हारे पक्षमें केवल तीन ही महारथी बच गये है।' यह सुनकर दुर्योधन ने संजय से कहा – 'संजय! इस संग्राम में तुम्हारे अतिरिक्त अन्य कोई मेरा आत्मीय जण संभवतः जीवित नही है; क्योंकि मुझे यहां अन्य कोई स्वजन दिख नही रहा है। उधर पांडव अपने सहायकों से सम्पन्न है। संजय! तुम प्रज्ञाचक्षु ऐश्वर्य शाली महाराज से कहना कि "आपका पुत्र दुर्योधन, पुत्रों तथा भ्राताओंसे हीन होकर सरोवर में प्रवेश कर गया है। तथा उसका शरीर अत्यंत घायल हो गया है।" इतना कहकर दुर्योधन ने सरोवर के भीतर प्रवेश किया। दुर्योधन के सरोवर में समा जानेके पश्चात वहां कृपाचार्य, अश्वत्थामा तथा कृतवर्मा आ पहुंचे तथा संजय से कहने लगे – 'संजय! सौभाग्य कि बात है कि तुम जीवित हो। क्या हमारे राजा दुर्योधन जीवित है?' तब संजयने दुर्योधन का कुशल समाचार बताया तथा दुर्योधन ने जो संदेश दिया था वह भी उन्हें कह सुनाया। संजय के वचन सुनकर वे सभी दुःखित हुए। तथा वे महारथी दीर्घकालतक वहां विलाप करते रहे। पश्चात वे महारथी छावनी में लौट गये। अनन्तर सायंकाल में विजयी पांडवों कि गर्जना सुनकर तथा अपने समस्त शिबिर के लोगों को भागा हुआ देख अश्वत्थामा, कृपाचार्य, कृतवर्मा वे तीनों वहां ठहरना उचित नही जानकर

वे सभी पुनः सरोवर के तटपर चल गये। सरोवर के समीप पहुंचकर वे जलमें निद्रा प्राप्त कर रहे दुर्योधन से कहा – 'हे राजन्! उठो तथा हमारे सहित चलकर युधिष्ठिर से युद्ध करो। विजयी होकर पृथ्वीका राज्य भोगो अथवा मृत्यु प्राप्त कर स्वर्गलोक प्राप्त करो।' तब दुर्योधन ने कहा – 'मित्रों! मै ऐसे जनसंहार कारी पांडव-कौरव संग्राम से आप सभी नरश्रेष्ठ वीरोंको जीवित देख रहा हूं, यह बडे सौभाग्यकी बात है। हम सभी विश्राम कर अपनी थकावट दूर कर लें तो अवश्य विजयी होंगे। आपलोग भी बहुत थके हुए है तथा मै भी अत्यंत घायल हो चूका हूँ। उधर पांडवों का बल बढा हुआ है; इसलिये इससमय मेरी युद्ध करनेकी रुचि नही हो रही है। आज एक रात्री विश्राम कर कल प्रातः काल रणभूमि में आप लोगों सहित रहकर मै शत्रुओं सहित युद्ध करुंगा, इसमें संशय नही है।' वे इसप्रकार बात कर ही रहे थे कि मांसके भारसे थके हुए बहुत से व्याध उस स्थानपर जलपान के लिये अकस्मात आपहुंचे। उन्होंने वहां खडे होकर उनकी सारी बातें सुनली। उन तीनों महारथीयों का संवाद सुनकर व्याध यह समझ गये कि दुर्योधन उस सरोवर में छिपा हुआ है। पहले दुर्योधन की खोज करते हुए पांडुनंदन युधिष्ठिर ने दैववश उन व्याधों से दुर्योधन का पता पुछा था। उस समय पांडुनंदन कि कही हुई बात स्मरण कर वे व्याध परस्पर कहने लगे – 'यदि हम दुर्योधन का पता पांडुपुत्र युधिष्ठिर को बता देंगे तो वे हमें धन देंगे। हमें यहां स्पष्ट रुपसे ज्ञात हो गया है कि राजा दुर्योधन इसी सरोवर में छिपा हुआ है। अतः जलमें सोये हुए अमर्षिल दुर्योधन का पता बताने के लिये हम सभीलोग उसी स्थानपर चले, जहां राजा युधिष्ठिर उपस्थित है। दुर्योधन का पता बताने के पश्चात वे हमें बहुत सा धन देंगे। फिर हमें शरीरका रक्त सुखा देनेवाले इस मांसको ढोकर व्यर्थ कष्ट उठाने कि क्या आवश्यकता है?' इसप्रकार परस्पर वार्तालाप कर धनकी अभिलाषा रखनेवाले व्याध बडे प्रसन्न हुए तथा पांडवों के शिबिर कि ओर चल दिये। पांडवोंने दुर्योधन को संग्राम में खडा न देख उस पापी के किये हुए छल-कपट का प्रतिशोध चुकाकर वैरके पार जाने कि इच्छासे उस संग्रामभूमिमें चारों ओर गुप्तचर भेज रख्खे थे। धर्मराज के वे सभी गुप्तचरों ने एकसाथ लौटकर कहा कि, 'राजा दुर्योधन लापता हो गये है।' उन गुप्तचरों द्वारा सुचना प्राप्त कर धर्मराज युधिष्ठिर घोर चिंतामें पड गये। तदनन्तर जब पांडव खिन्न होकर बैठे हुए थे, उसी समय वे व्याध पांडवोंके शिबिर में पहुंचे। द्वारपालोंके रोकने पर भी वे भीमसेन कि ओर देखते हुए भीतर जा घुसे। महाबली पांडुपुत्र भीमसेन के निकट जाकर उन्होंने सरोवर के तटपर जो कुछ सुना था वह कह सुनाया। तब भीमसेनने उन व्याधों को बहुत सा दिया तथा धर्मराज से कहा – 'भ्राताश्री! मैने व्याधों से राजा दुर्योधन का पता लगा लिया है। आप जिसके लिये संतप्त है, वह मायासे जल बांधकर सरोवर में निद्रा प्राप्त कर रहा है।' भीमसेन द्वारा यह समाचार सुनकर धर्मराज युधिष्ठिर प्रसन्न हुए तथा सरोवर कि ओर चल दिये। वे सिंहनाद एवं गर्जना कर द्वैपायन नामक सरोवर के निकट पहुंचे। द्वैपायन का जल शितल तथा निर्मल था। उसीके भितर माया द्वारा जलको स्तम्भित कर दैवयोग एवं अद्भुत विधिसे दुर्योधन विश्राम कर रहा था। महाराज युधिष्ठिर के सेना का कोलाहल सुनकर कृतवर्मा, कृपाचार्य तथा अश्वत्थामा

ने दुर्योधन से कहा – 'हे राजन्! विजयसे उल्लसित होनेवाले पाण्डव बडे हर्ष से भरकर इसी ओर आ रहे है। अतः हमे यहां से चलना चाहिये। इसके लिये हमे आज्ञा प्रदान किजिये।' यह सुनकर दुर्योधन ने 'तथास्तु' कहकर उन्हें आज्ञा प्रदान कि। राजाकी आज्ञा लेकर वे तीनों वहां से चले गये। इतनेमें ही युद्धकी अभिलाषा रखनेवाले पांडव भी वहां आ पहुंचे। द्वैपायन कुंडपर पहुंचकर युधिष्ठिर ने देखा कि दुर्योधन ने जलाशय के जलको स्तम्भित कर दिया है। यह देख कुरुनंदन युधिष्ठिर ने वासुदेव से कहा – 'प्रभो! देखिये तो सही, दुर्योधन ने जलके भीतर मायाका कैसा प्रयोग किया है। वह जलको रोककर विश्राम कर रहा है। इसे यहां मनुष्य से किसी प्रकार का भी भय नहीं है। माधव! यदि संग्राम में साक्षात वज्र धारी इंद्र भी इसकी सहायता करें तब भी युद्धमें इसे सभी जीवित नही देखेंगे।' तब श्रीकृष्ण ने कहा – 'भारत! मायावी दुर्योधन कि इस मायाको आप माया द्वारा ही नष्ट कर डालिये। युधिष्ठिर! मायावी का वध मायासे ही करना चाहिये, यह सत्य नीति है।' श्रीकृष्ण के इस प्रकार कहनेपर महाराज युधिष्ठिर ने जल में स्थित हुए दुर्योधन से कहा – 'दुर्योधन! तुमने किस कारण जलके भीतर यह अनुष्ठान आरम्भ किया है। सम्पूर्ण क्षत्रियों तथा अपने कुलका संहार कराकर आज स्वयं का जिवन बचाने कि इच्छासे तुम जलाशय में छिपे बैठे हो। दुर्योधन! वह तुम्हारा पौरुष कहां चला गया? कहां है वह तुम्हारा अभिमान? कहां है वह महान् गर्जन – तर्जन? तथा कहां गया है वह अस्त्र विद्याका ज्ञान?' महाराज युधिष्ठिर के इसप्रकार कहनेपर जलके भीतर स्थित हुए दुर्योधन ने कहा – 'महाराज! किसी भी प्राणीके मनमें भय समा जाय यह आश्चर्य कि बात नही है; किंतु भरतनंदन! मै प्राणों के भयसे भागकर यहां नही आया हुं। मेरे निकट न तो रथ है, न तरकस है। मेरे पार्श्वरक्षक भी मारे जा चुके है। मेरी सेना नष्ट हो गयी तथा मै युद्धमें अकेला रह गया था; इस दशामें मुझे कुछ समय तक विश्राम करनेकी इच्छा हुई। मै न तो प्राणों कि रक्षाके लिये, न किसी भयसे तथा न विषादके ही कारण इस जलमें आ बैठा हूं। केवल थक जाने के कारण मैने ऐसा किया है। कुन्तीनंदन! तुम भी कुछ समय तक विश्राम करलो। पश्चात मै संग्राममें तुम सभी के सहित युद्ध करुंगा।' दुर्योधन द्वारा इसप्रकार कहने के पश्चात महाराज युधिष्ठिर ने कहा – 'दुर्योधन! हम सभी विश्राम कर चुके है तथा बहुत समय से तुम्हें ही खोज रहे है, इसलिये अब तुम उठो तथा यही युद्ध करो। संग्राममें समस्त पांडवों का वध कर समृद्धशाली राज्य प्राप्त करो अथवा रणभूमि में हमारे हाथों मारे जाकर वीरोंको प्राप्त होने योग्य पुण्यलोकों में चले जाओ।' महाराज युधिष्ठिर के वचन सुनकर दुर्योधन ने कहा – 'कुरुनंदन! मै जिनके लिये कौरवों का राज्य चाहता था, वे मेरे समस्त भाई मारे जा चुके है। भुमण्डल के सभी क्षत्रिय शिरोमणि यों का संहार हो चुका है। यहां के सभी रत्न नष्ट हो गये है; अतः इस पृथ्वीका उपभोग करने के लिये मेरे मनमें उत्साह नही है। युधिष्ठिर! मै आज भी पांचालों तथा पांडवों का उत्साह भंग कर तुम्हें जीतने का हौसला रखता हूं। किंतु जब द्रोण तथा कर्ण शांत हो गये तथा पितामह भीष्म मारे गये है। अब मेरी रायमें इस युद्धकी कोई आवश्यकता नही रही। अब यह सुनी पृथ्वी तुम्हारी ही रहे। कौन राजा सहायकों से रहित होकर राज्यशासन कि इच्छा करेगा? यह

पृथ्वी जहां मेरे अधिक से अधिक भाई, बन्धु मारे गये है, अब तुम्हारे ही अधिकार में रहे। तुम निश्चिंत होकर आनंदपूर्वक इसका उपभोग करो।' महाराज युधिष्ठिर ने दुर्योधन के वचन सुनकर उससे कहा – 'नरेश्वर! तुम जलमें स्थित होकर आर्त पुरुषों के समान प्रलाप न करो। तुम्हारे यह वचन मेरे मनमें कोई अर्थ नही रखते है। दुर्योधन! यदि तुम इसे देनेमें समर्थ होते तब भी मै तुम्हारी दी हुई इस पृथ्वी पर शासन करने कि इच्छा नहीं रखता। क्षत्रिय के लिये दान लेना धर्म नहीं बताया गया है। तुम्हें युद्धमें परास्त करकर ही इस वसुधा का उपभोग करुंगा। अब तो तुम स्वयं ही इस पृथ्वीके स्वामी नही रहे; फिर इसका दान कैसे करना चाहते हो? राजन्! जब हम कुलमें शांति बनाये रखने के लिये धर्मके अनुसार अपना ही राज्य मांग रहे थे, उस समय तुमनें हमें यह पृथ्वी क्यों नहीं दे दी। पहले तो तुम सुईकी नोकसे जितना छिद सके, उतना सा भूमिका भाग भी मुझे नही दे रहे थे। फिर आज यह सम्पूर्ण पृथ्वी कैसे दे रहे हो? पहले सुईकी नोक समान भी भूमि त्याग नही रहे थे। अब सम्पूर्ण पृथ्वी कैसे त्याग रहे हो? राजन्! मेरे तथा तुम्हारे दोनों के जिवित रहते हमारी विजयके विषय में समस्त प्राणियों को संदेह बना रहेगा। इस समय तुम्हारा जिवन मेरे हाथों में है। मै इच्छानुसार तुम्हें जीवनदान दे सकता हूं; किंतु तुम स्वेच्छा पूर्वक जीवित रहनेमें समर्थ नही हो। स्मरण है न, तुमने हमारे वध का विशेष प्रयत्न किया था। द्रौपदीको कटु वचन सुनाये तथा उसके केश खींचे। पापी! इन सभी कर्मोंसे तुम्हारा जिवन नष्ट सा हो चुका है। उठो युद्ध करो; इसीसे तुम्हारा कल्याण होगा।' महाराज युधिष्ठिर ने जब इसप्रकार फटकारा, तब जलमें स्थित दुर्योधन ने युधिष्ठिर से कहा – 'महाराज! तुम सभी पांडव अपने हितैषी मित्रों को साथ लेकर आये हो। तुम्हारे रथ तथा वाहन भी मौजूद है। मै अकेला थका हुआ, रथहीन तथा वाहन शुन्य हूं। तुम्हारी संख्या अधिक है तथा तुम्हारे सहित मै अकेला अस्त्र-शस्त्र रहित होकर कैसे युद्ध कर सकता हूं? युधिष्ठिर! तुमलोग एक-एक कर मुझसे युद्ध करो। युद्धमें बहुतसे वीरोंके सहित एकको लढने के लिये विवश करना न्यायोचित नही है। विशेषतः उस दशामें जिसके शरीर पर कवच न हो, आपत्ती में पडा तथा अत्यंत घायल हो। नरेश्वर! साधु पुरुषोंकी कीर्तिका मूल कारण धर्म ही है। मै यहां उस धर्म तथा कीर्तिका पालन करता हुआ यह बात कह रहा हूं। मै रणभूमि में एक-एक कर आये हुए तुम सभी के सहित युद्ध करुंगा।' इतना कहकर दुर्योधन चुप हो गया। पश्चात महाराज युधिष्ठिर ने कहा – 'दुर्योधन! जब तुमने बहुत से महारथीयों ने मिलकर युद्धमें अभिमन्यु का वध किया था उस समय तुम्हारे मनमें ऐसा विचार क्यों नहीं उत्पन्न हुआ। वास्तव में क्षत्रिय धर्म बडा ही क्रूर किसी कि भी अपेक्षा न रखनेवाले तथा अत्यंत निर्दय है; अन्यथा तुम सभी धर्मज्ञ शूरवीर उस असहाय अवस्थामें अभिमन्यु का वध कैसे कर सकते थे? बहुत से योद्धा मिलकर किसी एक वीर से न लडे यही धर्म है तब तुम्हारी सम्मतिसे अनेक महारथियों ने अभिमन्यु का वध कैसे किया? सौभाग्यकी बात है कि तुम सभी धर्मको जानते हो। यह जानकर प्रसन्नता हुई कि, अभी तुम्हारा विचार युद्ध करने का ही है। तुम रणभूमि में अकेले ही एक – एक सहित भिडकर हम सभी लोगों से युद्ध करना चाहते हो तो ऐसा ही सही। जो अस्त्र तुम्हें प्रिय हो,

उसीको लेकर हमसे युद्ध करो। मै स्वयं तुम्हें यह अभीष्टवर देता हूं कि, हम में से एक का भी वध कर देनेपर समस्त राज्य तुम्हारा हो जायगा अथवा यदि तुम स्वयं मारे गये तो स्वर्गलोक प्राप्त करोगे।' तब दुर्योधन गदा हाथमें लेकर जलको चीरता हुआ उसके भीतर से उठ खडा हुआ। कंधेपर गदा रखकर बंधे हुए जलका भेदन कर दुर्योधन जलसे निकला तथा मेघ के तुल्य गम्भीर गर्जना करते हुए बडे हर्षके साथ गदायुद्ध के लिये पांडवों को ललकारते हुए कहा – 'राजन्! यदि ऐसी बात है तो इस महासंग्राम में मेरे सहित लडने के लिये आज किसी भी एक शूरवीर को दे दो। तथा तुम्हारी सम्मति के अनुसार अस्त्रों में मैने एक मात्र गदाका ही वरण किया है। मै हर्षके सहित कह रहा हूं कि, तुममें से कोई भी एक वीर जो मुझे जीत सकने का अभिमान रखता हो, वह रणभूमि में गदा द्वारा मेरे सहित युद्ध करें। भरतश्रेष्ठ! रणक्षेत्र में पहुंचकर मै तुममें से किसी एकके सहित युद्ध करुंगा। तथा मेरा विश्वास है कि रणभूमी में विजय पाऊंगा। मै इस बात को सदा स्मरण रखता हूं कि, गदायुद्ध में मेरी समानता करनेवाला अन्य कोई नही है। मेरे वचन सत्य है अथवा मिथ्या यह इसी मुहूर्त में स्पष्ट हो जायेगा। आज मेरे सहित जो भी युद्ध करने को उद्यत हो वह गदा उठावें।' यों कहकर दुर्योधन बारंबार गर्जना करने लगा। उस समय भगवान श्रीकृष्ण अत्यंत कुपित होकर युधिष्ठिर से कहा – 'युधिष्ठिर! यदि दुर्योधन युद्ध के लिये तुम्हारा, अर्जुन का तथा नकुल, सहदेव का वरण कर ले, तब क्या होगा? मै नही मानता कि आपलोग युद्धमें गदाधारी दुर्योधन का सामना करने मे समर्थ है। दुर्योधन ने भीमसेन का वध करने कि इच्छासे उनकी लोहेकी मूर्ति सहित तेरह वर्षों तक गदा युद्धका अभ्यास किया है। मै भीमसेन के अतिरिक्त किसी अन्य को नही देखता, जो गदायुद्ध में दुर्योधन का सामना कर सके। राजन्! माना कि भीमसेन बलवान तथा समर्थ है, किंतु राजा दुर्योधन ने अभ्यास अधिक किया है। एक ओर बलवान हो तथा दूसरी ओर युद्ध का अभ्यासी, तो उनमें युद्धका अभ्यास करनेवाला ही बडा माना जाता है।' श्रीकृष्ण के वचन सुनकर भीमसेन ने कहा – 'मधुसुदन! आप विषाद न करें। मै आज वैरकी उस अंतिम सीमा पर पहुंच जाऊंगा, जहां जाना दूसरों के लिये अत्यंत कठिन है। श्रीकृष्ण! इसमें तनिक भी संशय नही है कि मै युद्धमें दुर्योधन का वध कर डालूंगा। मुझे तो धर्मराज कि निश्चय ही विजय दिखाई देती है। मेरी गदा दुर्योधन कि गदासे डेढ गुना भारी है। अतः माधव! आप व्यथित न हो। आप सभी दर्शक बनकर मेरा युद्ध देखते रहें। मै रणक्षेत्र में नाना प्रकार के अस्त्र-शस्त्र धारण करनेवाले देवताओं सहित युद्ध कर सकता हूं; फिर दुर्योधन कि तो बात ही क्या है?' भीमसेन के वचन सुनकर श्रीकृष्ण प्रसन्न हुए तथा उन्होंने भीमसेन कि प्रशंसा कि पश्चात भीमसेन ने अपने भ्राता युधिष्ठिर से कहा – 'भ्राताश्री! मै रणभूमि में दुर्योधन से भीडकर लडने का उत्साह रखता हूं। यह नराधम मुझे युद्धमें परास्त नहीं कर सकता। आज मै दुर्योधन का वध कर आपके गलेमें किर्तिमयी माला पहनाऊंगा।' इतना कहकर भीमसेन गदा उठाकर युद्धके लिये उठ खडे हुए तथा दुर्योधन का आवाहन किया। दुर्योधन भीमसेन कि उस ललकार को न सह सका। वह तुरंत ही उनका सामना करने के लिये उपस्थित हो गया।

वह सिंहके समान निर्भय खडा था। तब दुर्योधन को देख भीमसेन ने कहा – 'दुर्योधन! तुमने तथा महाराज धृतराष्ट्र ने हमलोगों पर जो-जो अत्याचार किये तथा वारणावत नगरमें जो कुछ हुआ था, उन समस्त पापकर्मो को स्मरण करलो। तुमने भरी सभामें रजस्वला द्रौपदीको क्लेश पहुंचाया, शकुनी की सलाह लेकर राजा युधिष्ठिर को कपटपूर्वक जूएमें हराया तथा निरपराध कुंतिपुत्रोंपर जो पाप एवं अत्याचार किये थे। उन समस्त पापों का अशुभ फल आज अपने नेत्रों से देखलो। तुम्हारे ही कारण हम सभी लोगोंके पितामह गंगानंदन भरतश्रेष्ठ भीष्मजी आज शरशय्या पर पडे हुए है। तुम्हारे ही कारण द्रोण, कर्ण, शल्य, तुम्हारे अनुज भ्राता, पुत्र आदि सभी मृत्यूके अधीन हो गये है। अब इस वंशका नाश करनेवाला नराधम एकमात्र तुम ही बच गया है। आज मै गदासे तुम्हारा भी वध कर डालूंगा, इसमें संशय नही है।' तब दुर्योधन ने कहा – 'वृकोदर! बहुत बढ-चढकर बातें बनाने से क्या लाभ? आज मेरे सहित भिडो तो सही, मै तुम्हारा सारा हौसला मिटा दूंगा। क्या तुमने देखा नही कि मै गदा हाथमें लेकर युद्धके लिये खडा हूं। आज कौनसा ऐसा शत्रु है जो मेरे हाथोंमें गदा रहते हुए भी मेरा वध कर सके।' इसप्रकार कहने के अनन्तर वह अत्यंत भयंकर युद्ध जब आरंभ होने लगा तथा समस्त पांडव उसे देखने के लिये बैठ गये। उस समय दोनों शिष्योंका संग्राम उपस्थित होनेपर उसका समाचार सुनकर हलधारी श्री बलराम जी वहां आ पहुंचे। उन्हें देख श्रीकृष्ण सहित पांडव बडे प्रसन्न हुए तथा निकट जाकर उनके चरण स्पर्श किये तथा विधिपूर्वक उनकी पूजा की। तदनन्तर गदा हाथोंमें लेकर दुर्योधन तथा भीमसेन युद्ध भूमिमें उतरे। भीमसेन तथा दुर्योधन दोनोंने गदाको उंचा उठाकर बलरामजी के प्रति सम्मान प्रदर्शित किया। तदनन्तर भीमसेन तथा दुर्योधन के मध्य वैरका अन्त कर देनेवाला भयंकर एवं रोमांचकारी संग्राम होने लगा। पांडुपुत्र भीमसेनने गदा उठाकर दुर्योधन पर वेगसे आक्रमण किया। तदनन्तर दुर्योधन ने भीमसेन को आक्रमण करते देख स्वयं भी गर्जना करते हुए वेगसे उनका सामना किया। उनके उस अत्यंत भयंकर महायुद्ध का प्रारंभ होनेपर गदाओं के आघातसे अग्निकी चिनगारियाँ छूटने लगी वे आकशमें जुगनूओंके दलके समान जान पडती थी। अत्यंत भयंकर घमासान युद्धमें लडते-लडते वे दोनों शत्रुदमन वीर बहुत थक गये। उन दोनों ने दो घडी विश्राम किया पश्चात वे दोनों योद्धा पुनः परस्पर प्रहार करने लगे। उस समय युद्धस्थल में जब भीमसेन अपनी गदा घुमाने लगे, तब गदाकी घोर एवं भयानक ध्वनि वहां दो घडी तक गूंजती रही। दुर्योधन भीमसेन को वह अनुपम वेगशालीनी गदा घुमाते देख आश्चर्य में पड गया। वे दोनों परस्पर भिडकर एक दूसरे से अपनी रक्षाके लिये प्रयत्नशील होकर बारंबार आघात प्रतिघात कर रहे थे। उन दोनों प्रमुख वीरोंके उस संग्राम को उत्तरोत्तर बढता देख अर्जुन ने यशस्वी भगवान श्रीकृष्ण से पूछा – 'जनार्दन! आपके मतसे इन दोनों वीरोंमें इस युद्धस्थल में कौन श्रेष्ठ अथवा कीसमे कौनसा गुण अधिक है? यह मुझे बताईये।' तब भगवान श्रीकृष्ण ने कहा – 'अर्जुन! इन दोनों को शिक्षा तो एक सी मिली है; किंतु भीमसेन बलमें अधिक है। जुएके समय भीमने प्रतिज्ञा करते हुए दुर्योधन से कहा था कि 'मै युद्धमें गदा से मारकर तुम्हारी दोनों जांघे तोड डालूंगा।' अतः

शत्रुनंदन भीमसेन अपनी उस प्रतिज्ञाका पालन करें तथा मायावी राजा दुर्योधन को मायासे ही नष्ट कर डालें।' भगवान श्रीकृष्ण के यह वचन सुनकर अर्जुन ने भीमसेन कि ओर देखते हुए अपनी बायीं जंघा को ठोका। इससे संकेत पाकर भीमसेन रणभूमि में गदाद्वारा यमक तथा अन्य प्रकारके विचित्र मंडल दिखाते हुए विचरने लगे। अनन्तर गदाकि चोटसे एक दूसरे को घायल करते हुए उन दोनों के मध्य खुले तौरपर घोर युद्ध हो रहा था। युद्धमें भीमसेन को छलनेके लिये दुर्योधन पहले स्थिरता पुर्वक खडे रहता पश्चात उछलकर दूर चला जाता था। भीमसेन समझ गये कि राजा दुर्योधन क्या करना चाहता है। अतः दुर्योधन के उपर आक्रमण कर भीमसेन सिंहके समान गर्जना कर उसकी जांघोंपर बडे वेगसे गदा चलायी। भीमसेन द्वारा चलायी गई गदा ने दुर्योधन के जांघों को तोड दिया। जब भीमसेन ने उसकी जांघें तोड डाली तब दुर्योधन पृथ्वीको प्रतिध्वनित करता हुआ गिर पडा। जब दुर्योधन धरतीपर गिर पडा तब युधिष्ठिर कि निन्दा करता हुआ कहने लगा – 'शांतनुनंदन भीष्म, अस्त्र धारियोंमें श्रेष्ठ कर्ण, कृपाचार्य, शकुनी, द्रोणाचार्य, अश्वत्थामा, कृतवर्मा आदि मेरे रक्षक थे, तब भी मै इस दशाको आ पहुंचा हुं। निश्चय ही कालका उल्लंघन करना किसीके लिये अत्यंत कठिन है। मै एक दिन ग्यारह अक्षौहिणी सेनाका स्वामी था; किंतु आज इस दशामें आ पडा हुं। मेरे पक्षके वीरोंमेंसे जो लोग इस युद्ध में जीवित बच गये हो, उन्हें यह बताना कि भीमसेन ने किस प्रकार गदा युद्धके नियमका उल्लंघन कर मुझे मारा है।' दुर्योधन के इन वचनों को संदेशवाहकों ने जाकर द्रोणपुत्र अश्वत्थामा से यथावत् समाचार कह सुनाया। संदेशवाहकों के मुखसे वह सम्पूर्ण वृत्तांत सुनकर द्रोणपुत्र अश्वत्थामा दुःखसे संतप्त होकर शीघ्र ही युद्धभूमि में पहुंचे। वहां आकर उन्होंने देखा कि महामनस्वी धृतराष्ट्र पुत्र दुर्योधन भूमिपर गिर पडा है। वे शीघ्र ही उसके निकट पहुंचकर उसके निकट भूमिपर बैठ गये। पश्चात अश्वत्थामा नेत्रोंमें अश्रु भरकर दुर्योधन से कहने लगा – 'राजेंद्र! निश्चय ही इस मनुष्यलोकमें कुछ भी सत्य नही है, सभी नाशवान है। निश्चय ही काल तथा लोकोंकी गतिको जानना किसी प्रकार भी कठिन ही है, जिसके अधीन होकर आप धूलमें सने हुए पडे है।' अश्वत्थामा के वचन सुनकर दुर्योधन अश्रु बहाता हुआ कहने लगा – 'मित्रों! इस मृत्युलोकका ऐसा ही नियम है। विधाताने ही इसका निर्देश किया है। ऐसा कहा जाता है, इसलिये कालक्रम से एक-न-एक दिन सम्पूर्ण प्राणियोंके विनाश कि घडी आ ही जाती है। वही विनाशका समय अब मुझे भी प्राप्त हुआ है। किंतु मुझे इस बात कि प्रसन्नता है कि कैसी ही आपती क्यों न आयी, मै युद्ध में कभी पिछे नही हटा। सौभाग्यकी बात है कि आपलोगों को इस नरसंहार से मुक्त देख रहा हुं।' इतना कहकर दुर्योधन वेदनासे अत्यंत व्याकुल होकर चुप हो गया। दुर्योधन को उस दशामें देख द्रोणपुत्र अश्वत्थामा कहने लगा – 'पांडवोंने अत्यंत क्रुरतापुर्ण कर्म के द्वारा मेरे पिताका वध किया था। किंतु उसके कारण भी मै उतना संतप्त नहीं हुआ, जैसा आज तुम्हारे वधके कारण मुझे कष्ट हो रहा है। मै अपने इष्ट, आपूर्त, दान, धर्म तथा अन्य शुभ कर्मोंकी शपथ खाकर प्रतिज्ञा करता हुं कि सम्पूर्ण पांचालों को सभी उपायों द्वारा यमराज के लोक भेज दूंगा। इसके लिये मुझे आज्ञा दे दो।' अश्वत्थामा के यह

वचन सुनकर कुरुराज दुर्योधन ने कृपाचार्य से कहा – 'आचार्य! आप शीघ्र ही जलसे भरा हुआ कलश ले आइये।' राजा दुर्योधन कि आज्ञा मानकर ब्राह्मण शिरोमणि कृपाचार्य जलसे भरा हुआ कलश लेकर आये। तब दुर्योधन ने कृपाचार्य से कहा – 'द्विजश्रेष्ठ! आपका कल्याण हो। यदि आप मेरा प्रिय करना चाहते है तो मेरी आज्ञासे द्रोणपुत्रका सेनापति के पदपर अभिषेक कीजिये।' राजा दुर्योधन के कहे अनुसार कृपाचार्य ने अश्वत्थामा को सेनापति पदपर अभिषिक्त किया। अभिषेक हो जाने के पश्चात अश्वत्थामा ने दुर्योधन को हृदय से लगाया तथा अपने सिंहनाद से दिशाओं को प्रतिध्वनित करते हुए वहांसे प्रस्थान किया। अनन्तर अश्वत्थामा ने रात्रीके समय पांडवों के शिबिर के भीतर प्रवेश किया। उस समय कृपाचार्य तथा कृतवर्मा शिबिर के द्वार पर जा खडे हुए। अश्वत्थामा शिबिर के प्रत्येक स्थानसे परिचित था। अतः धीरे-धीरे धृष्टद्युम्न के खेमे में जा पहुंचा। वहां अश्वत्थामा ने पांचाल वीर धृष्टद्युम्न तथा सेवकोंका वध कर दिया। तदनन्तर पिताके वधका स्मरण कर वह अत्यंत कुपित हो उठा तथा प्रतिविन्ध्य, सुतसोम, शतानीक, श्रुतकर्मा, श्रुतसेन तथा शिखंडी का वध कर दिया। अनन्तर अश्वत्थामा, कृपाचार्य, कृतवर्मा वे तीनों महारथी समस्त पांचालों तथा द्रौपदी के सभी पुत्रों का वध कर एक साथ उस स्थान में आये जहां दुर्योधन मारा गया था। वहां जाकर उन्होंने राजा दुर्योधन को देखा उसकि सांसे चल रही थी। दुर्योधन को उस अवस्था में देख दुःखसे पिडित होकर अश्रु बहाते हुए दुर्योधन से कहने लगा – 'राजा दुर्योधन! यदि आप जीवित हों तो यह सुख देनेवाले वचन सुनें। पांडव पक्षमें केवल सात तथा कौरव पक्षमें हम तीन ही व्यक्ति शेष है। द्रौपदी तथा धृष्टद्युम्न के सभी पुत्रों का वध हो चुका है। मैंने स्वयं रात्रीके समय शिबिर के भीतर प्रवेश कर सभीका वध कर दिया है।' यह सुनकर दुर्योधन ने कहा – 'मित्रवर! आज आचार्य कृप तथा कृतवर्मा सहित तुमने जो कार्य किया है, उसे गंगानंदन भीष्म, कर्ण, द्रोणाचार्य भी नहीं कर सके थे। तुम सभीका कल्याण हो, तुम्हें सुख प्राप्त हो। अब स्वर्ग में ही हमलोगों का पुनर्मिलन होगा।' इतना कहकर दुर्योधन ने प्राण त्याग दिये।

17

कर्ण

महाकाव्य महाभारत के 'आदिपर्व' अनुसार राजा शुरसेन ने अपने पुत्ररहित फुफेरे भाई भोजराज से यह प्रतिज्ञा कि थी कि, 'मेरी सर्व प्रथम जो संतान होगी, वह मै तुम्हें दे दूंगा।' उस प्रतिज्ञा के अनुसार मित्र शूरके प्रथम गर्भसे जन्मी हुई कन्याको अपने महात्मा तथा अनुग्रह के अभिलाषि कुन्तिभोज को दे दिया। वह पृथा नामक कन्या अपने पिताके गृह में देवताओंकी सेवा तथा अतिथियों के सत्कार में नियुक्त रहा करती थी। एक समय ऋषि दुर्वासा कुन्तिभोज पधारे थे। पृथाने उन जितेन्द्रिय ब्राह्मणकी सेवा कि। व्रतशील, उग्रस्वभावी तथा धर्मके गूढ तत्वोंको जाननेवाले ब्राह्मण ऋषि दुर्वासा को प्रयत्नसे सेवा कर प्रसन्न किया। ऋषि दुर्वासा ने भविष्य में आपध्दर्म के विषय में विचारकर पृथा को

अभिचार युक्त मन्त्र दिया तथा उससे कहा – 'हे बालिके! तुम इस मंत्र का जाप कर जिन-जिन देवताओं का आवाहन करोगी उन-उन देवताओं के प्रभावसे तुम्हारे पुत्र उत्पन्न होंगे।' यशस्विनी बाला पृथा ने ऋषि दुर्वासा द्वारा यह सुनकर अचरज से कन्यावस्था ही में मंत्र का जाप कर सूर्यदेव का आवाहन किया। मंत्र के प्रभाव से सुर्यणारायण पृथा के समक्ष प्रकट हुए। इस महान आश्चर्य को देखकर पृथा चकित हो गयी। भगवान सुर्यणारायण ने पृथामें गर्भ स्थापित किया। जिससे सभी शस्त्रोंको धारण करने वालोंमें श्रेष्ठ, कवच कुंडल धारण किये हुए तेजस्वी कुमार उत्पन्न हुआ। पश्चात सुर्यदेव पृथाको कन्यावस्था देकर लौट गये। अनन्तर बंधुओंके भयसे उस लिलाको छिपाने के लिये पृथा अथवा कुन्ति ने उस उत्तम लक्षणवाले कुमारको जल में बहा दिया। वह बालक बहता हुआ उस स्थान पर पहुंचा जहां अधिरथ नामक सारथि अपने अश्वों को गंगा नदी में जल पिला रहा था। सहसा उसकि दृष्टि कवच कुण्डल धारी बालक पर पडी। अति यशस्वी सुतपुत्र राधापतिने अपनी स्त्रीकी सहमतिसे जलमें बहाये हुए बालक को उठाकर पुत्र बना लिया। उस बालकने वसु अर्थात कवच कुण्डलरुपी धनके सहित जन्म लिया था। इससे अधिरथ तथा उसकी पत्नी राधा ने उस बालक का नाम "वसुषेण" रखा। वसुषेण प्रतिदिन सुर्यणारायण कि उपासना किया करते थे। उपासना के पश्चात वसुषेण के पास भूमण्डल में ऐसी कोई वस्तु नही थी, जो वह ब्राह्मणों को नही देते थे। एक समय भूतभावन तथा महातेजस्वी देवराज इंद्रने भिक्षा के लिये ब्राह्मण का वेष धरकर वसुषेण से कवच तथा कुण्डल मांगा। उसपर वसुषेण ने अपने शरीरसे रक्तयुक्त कवचको तथा अपने कानोंसे कुण्डलों को काटकर इंद्र को दे दिया। देवराज इंद्रने वसुषेण के इसप्रकार कार्यसे विस्मित होकर उन्हें शक्ति अस्त्र देते हुए कहा, 'कि, देव, असुर, मनुष्य, गंधर्व, तथा राक्षस इनमें से जिसपर भी तुम यह अस्त्र संधान करोगे वह जीवित नही बच सकता। सुर्य पुत्र पहले वससुषेण नामसे प्रसिद्ध थे किंतु कवच काटने के कर्म से वे "कर्ण" तथा "वैकर्तन" नामसे प्रख्यात हुए। कुमार अवस्था से ही कर्ण कि रुचि अपने पिता अधिरथ के समान रथ चलाने के बजाय युद्धकला में अधिक थी। बलशाली तथा प्रभावशाली कर्ण ज्यों-ज्यों बढने लगे, त्यों-त्यों अस्त्रविद्या में भी दक्ष होने लगे। फश्चात कर्ण ने अस्त्र विद्या के लिये द्रोणाचार्य से भेट कि, जो कि उस समय के युद्धकला के सर्वश्रेष्ठ आचार्यों में से एक थे। द्रोणाचार्य उस समय कुरु राजकुमारों को शिक्षा दिया करते थे। उन्होंने कर्ण को शिक्षा देने से मना कर दिया। क्योंकि कर्ण एक सारथी के पुत्र तथा द्रोणाचार्य केवल क्षत्रियों को ही शिक्षा दिया करते थे। द्रोणाचार्य कि असम्मति के उपरांत कर्ण ने भगवान परशुराम से भेट कि, जो केवल ब्राह्मणों को ही शिक्षा दिया करते थे। कर्ण ने स्वयंको ब्राह्मण बताकर भगवान परशुराम से शिक्षा का आग्रह किया। भगवान परशुराम ने कर्ण का आग्रह स्वीकार किया तथा कर्ण को शिक्षा देने लगे। कर्णकी शिक्षा अपने अंतिम चरण पर थी। तब एक समय भगवान परशुराम कर्णकी जंघा पर शिश रखकर विश्राम कर रहे थे। कुछ समय पश्चात कहीं से एक उग्र बिच्छु आया तथा कर्ण की जंघा पर घाव बनाने लगा। गुरू का विश्राम भंग न हो इसकारण कर्ण उसके डंक को सहते रहे। घाव से धीरे-धीरे रक्त कि

धारा भगवान परशुराम के शरीर तक पहुंची इससे उनकी निद्रा टुट गई। तब उन्होंने देखा कि कर्ण की जंघा से रक्त बह रहा है। इतना अधिक रक्त बहता देख, सहसा उनकी आंखें सिकुड़ी तथा कुछ समझते ही वे कह उठे, "कौन हो तुम? तुम ब्राह्मण नही हो सकते क्योंकि ब्राह्मण किसीभी अन्याय का प्रतिरोध किये बिना इतना कष्ट सह नहीं सकता। तुम कोई क्षत्रिय हो; बताओ कौन हो तुम? पहले मै असावधानी में गलती कर गया, तथा तुम्हारे ब्राह्मण कहने पर विश्वास कर लिया। किंतु अभी तुम्हारा असत्य नही टिकेगा मेरे समक्ष, इसलिये सत्य कहो।" भगवान परशुराम के इसप्रकार प्रश्न करने पर कर्ण ने कहा – 'गुरुवर! मैं ब्राह्मण नही हूं। मैं हस्तिनापुर के सुत अधिरत का पुत्र कर्ण हूं।' यह सुनकर भगवान् परशुराम ने कहा – 'सुतपुत्र कर्ण! तुमने अपनी वास्तविकता क्यों छिपाई मुझसे?' तब कर्ण ने उनसे कहा – 'गुरुवर! यदि मैं स्वयं को सुतपुत्र बताता, तो आप मुझे शिक्षा नही देते।' यह सुनकर भगवान परशुराम ने कहा – 'अच्छा तो कोई तुम्हें शिक्षा नहीं देगा तो तुम उसे चुरा लोगे छलसे?' तब कर्णने कहा- 'गुरुवर! विद्या पराया धन तो नही है जिसे चुराया जाये। यह किसी विशेष व्यक्ति, समाज कि कैसे हो सकती है? विद्या तो प्रकृति का वैसा ही धन है जैसे धूप, वायु, जल है। यदि कोई यह नियम बना दे कि वायु, जल पर सिर्फ ब्राह्मणों तथा क्षत्रियों का ही अधिकार है तो यह अन्याय होगा गुरुवर।' कर्ण द्वारा इसप्रकार कहनेपर भगवान परशुराम ने कहा – 'कर्ण! जल, वायु किसी कि संपत्ति नही है, ठीक है। किंतु यदि कोई अपने सामर्थ्य से कूप खुदवाये तो वह कूप उसी कि संपत्ति होगी। नदी जिस भी राज्य से बहती है, उसकी सम्पदा पर उसी राज्य का अधिकार होता है। इसी प्रकार ज्ञान पर किसी का अधिकार नही है, किंतु यदि किसी व्यक्ति के पास विशेष ज्ञान है तो उस ज्ञान पर सम्पूर्ण अधिकार उस व्यक्ति का ही होगा। ये उसी कि इच्छा होगी कि वो किसे दे अथवा न दे। उसे छल प्रपंच से प्राप्त करना भी नीतियुक्त नही है। ज्ञान का क्रय करना भी उसे दूषित ही करता है।' अन्नतर भगवान परशुराम ने कर्ण को मिथ्या भाषण के कारण श्राप दिया कि जब भी कर्ण को उनकी दी हुई शिक्षा कि सर्वाधिक आवश्यकता होगी उस दिन वह कर्णके काम नही आएगी। कर्ण जो कि उन्हें स्वयं ज्ञात नही था कि वे किस वंश से है, उन्होंने अपने गुरु से क्षमा मांगी तथा कहा कि उनके स्थान पर यदि कोई अन्य शिष्य भी होता तो वो भी यही करता। यद्यपि कर्णको क्रोधवश श्राप देनेपर उन्हें ग्लानि हुई किंतु वे अपना श्राप लौटा नही सकते थे। तब उन्होंने कर्ण को अपना "विजय" नामक धनुष प्रदान किया। भगवान परशुराम के आश्रम से प्रस्थान किया।

महाकाव्य महाभारत के "कर्ण पर्व" अनुसार एक समय कर्ण निर्जन वन में शब्दभेदी विद्या का अभ्यास कर रहे थे। वही एक ब्राह्मण की अग्निहोत्र कि गौ का बछडा चर रहा था। कर्ण का घोर बाण उस बछडे को लग गया तथा उस बछडे ने प्राण त्याग दिये। यह देख उस ब्राह्मण ने कुपित होकर शाप देते हुए कहा – 'तुमने मेरी अग्निहोत्र कि गौ का बछडा मार डाला है। इसलिये जब तुम शत्रु से युद्ध कर रहे होगे, प्राण संकट का समय उपस्थित होगा,

तब तुम्हारे रथ का पहिया गढ़े में गिरकर फंस जायेगा। तुम जिससे युद्ध कर विजय के लिये यह अभ्यास कर रहे हो उसी शत्रु के हाथों से तुम्हारी मृत्यु होगी।' तब कर्णने तरह – तरह से उस ब्राह्मण को प्रसन्न करने का यत्न किया। कर्णने गौ, बैल, दासियां, गजराज आदि देकर उस ब्राह्मण को प्रसन्न करना चाहा किंतु वह ब्राह्मण प्रसन्न न हुआ। तब कर्णने हाथ जोड कर ब्राह्मण से कहा – 'हे महानुभाव! आपको मै अपना सर्वस्व देने के लिए सज्ज हुं, प्रसन्न होकर आप अपना शाप लौटा लिजिये।' तब उस ब्राह्मण ने कहा – 'हे राजन्! मै जो कह चुका सो कह चुका, मेरी वाणी किसी प्रकार मिथ्या नही हो सकती। मेरे मिथ्या का अशुभ फल सभी प्रजाको भोगना पडेगा। उससे प्रजाका नाश होगा, तथा मुझे पाप लगेगा। धर्म की रक्षा के ख्याल से मै लोभ में पडकर अपने वचनों को मिथ्या नही कर सकता। तुम मुझसे मिथ्या बुलवाकर ब्रह्मगति को नष्ट करने का यत्न न करो। यह मेरा शाप तुम्हारे इस पाप का प्रायश्चित होगा। मेरे शाप को तीनों लोकों में कोई टाल नही सकता।' इतना कहकर वह ब्राह्मण वहां से चला गया।

महाकाव्य महाभारत के "आदिपर्व" अनुसार सभी राजपुत्रों कि शिक्षा सम्पन्न होने के पश्चात हस्तिनापुर के रंगभुमि में उनके शस्त्रविद्या का प्रदर्शन आयोजित किया गया था। रंगभुमि में अर्जुन अपने धनुविद्या का प्रदर्शन कर रहे थे। तभी कर्ण रंगभुमि में प्रविष्ट हुए। वे जन्म सहित मिले हुए कवच पहने हुए थे; उनका मुख स्वाभाविक कुण्डलोंसे तेजस्वी हो रहा था। वे धनुष तथा तलवार बांधे हुए थे तथा चलते हुए पर्वत के समान प्रतित हो रहे थे। कर्ण रंगभुमि में प्रवेश करने के पश्चात गुरु द्रोण तथा कृपको आदर प्रदर्शित करते हुए प्रणाम किया। तत्पश्चात कर्णने गंभीर शब्दसे अर्जुन से कहा – 'हे अर्जुन! तुमने जो कार्य किया है, मै उससे भी विशेष कार्य कर सकता हूं, अतः तुम स्वयं के कार्यको आश्चर्य कारक न समझो।' कर्णके वचन सुनकर दुर्योधन के हृदय में प्रीति उत्पन्न हुई। पश्चात कर्णने अर्जुन ने रंगभुमि जो – जो कर्म किया था, गुरु द्रोण कि आज्ञा से वह सब कर दिखाया। पश्चात दुर्योधन प्रसन्न चितसे कर्णको आलिंगन देकर कहा – 'हे महाभुज! आपका स्वागत हो, मेरे सौभाग्य से ही आप आये है, अब मै आपके अधीन हूं। आप इस कुरुराज्य को मनमाना भोगिये।' तब कर्णने कहा - 'हे भारत! मुझे किसी बातकी आवश्यकता नहीं है, मै तो तुमसे केवल मित्रता का प्रार्थी हूं, तथा अर्जुन से एक बार द्वन्द्वयुद्ध करना चाहता हूं।' अनन्तर अर्जुन स्वयंको अपमानितसा जानकर कर्णसे बोले – 'हे कर्ण! जो बिना बुलाये निकट आते है तथा न बुलाये जाकर बात करते है, उनकी जो गति होती है, मुझसे प्राण खोकर तुम उसको प्राप्त करोगे।' अर्जुन के वचन सुनकर कर्ण बोले – 'अर्जुन! यह रंगभुमि सभीके लिये समान है, अतः मेरे आनेसे तुम्हारी क्या हानि हुई? क्षत्रिय लोग बलही से प्रधान होते है, अतः क्षत्रियों का धर्म बलही की शरण लेता है। दुर्बलकी चेष्टाके समान लाच्छन लगाने कि क्या आवश्यकता है?' अनन्तर अर्जुन द्रोणाचार्य कि आज्ञा पाकर कर्णके समक्ष गये। कर्ण भी दुर्योधन तथा उनके भाइयों से मिलकर बाणसहित शरासन लेकर युद्ध के लिये सज्ज हो गये। जिस ओर कर्ण

थे, उस ओर महाराज धृतराष्ट्र के पुत्र जाकर खडे हो गये तथा जिस ओर अर्जुन थे, उस ओर द्रोण, कृपाचार्य तथा भीष्म खडे हो गये। हस्तिनापुर कि रंगभुमि दो भागों में बट गयी। कुन्तिभोजकी कन्या पृथा अथवा माता कुन्ति ने अपने पुत्र कर्ण तथा अर्जुन को युद्धमें प्रवृत्त जानकर मूर्च्छित हो गई। अनन्तर कृपाचार्य उन दोनों वीरोंको शरासन उठाते देखकर कर्ण से बोले – 'यह अर्जुन राजा पांडु के पुत्र है, इन्होंने कुन्तिके गर्भसे जन्म लिया है, यह तुमसे द्वन्द्वयुद्ध करेंगे! हे महाभुज! तुम भी राजवंशको बढानेवाले हो, उस कुलका वृत्तांत तथा पिता माता का नाम कहो, उसके जान लेने के पश्चात पार्थ यह निश्चय करेंगे कि तुमसे युद्ध करेंगे वा नहीं।' यह सुनकर दुर्योधन ने कहा – 'हे आचार्य! शास्त्रों में यह निश्चित किया गया है, कि राजकुलमें जन्म लिये हुए, शूर तथा सेनापति यह तीन भूपाल हो सकते है। अतः यदि अर्जुन भूपालके अतिरिक्त अन्यसे न लडना चाहें, तो मै अभी इन कर्णको अंगराज्य में अभिषिक्त कर देता हूं।' अनन्तर कर्ण अंगराज्य में अभिषिक्त हुए तथा दुर्योधन से बोले – 'महाराज! आपने जो मुझे राज्य दिया, कहिये मै आपको इसके योग्य क्या दूं? आप जैसा कहेंगे मै वैसा ही करने के लिये सज्ज हूं।' कर्णके वचन सुनकर दुर्योधन ने कहा – 'मै आपसे श्रेष्ठ मित्रताकी प्रार्थना करता हूं।' पश्चात उन्होंने परस्पर को आलिंगन दिया। अनन्तर कांपता हुआ लाठी थामकर चादर ओढकर बूढा अधिरथ कर्णको आवाज लगाते हुए रंगभुमि में आ पहुंचा। कर्णने पिताको देखते ही पितृ गौरव वश प्रणाम किया तथा आलिंगन दिया। तत्पश्चात कर्णको सुतपुत्र जानकर भीमसेन ने हंसीसे कहा – 'हे सुतपुत्र! तुम रणभूमि में अर्जुन से मारे जाने योग्य नहीं हो; तुम शीघ्र अश्व चलाने के निमित्त अपने कुलके योग्य लगाम को पकडो।' भीमसेन के वचन सुनकर दुर्योधन क्रोधित होकर भीमसेन से कहा – 'हे वृकोदर! तुम्हें ऐसा कहना न चाहिये था। क्षत्रियोंका बल ही श्रेष्ठ है, क्षत्रिय से लडना चाहिये। ऐसा कहा है, कि नदी तथा वीरोंकी उत्पत्ति का वृत्तांत जानना बडा कठिन होता है। जिस वज्र से दानव वंश नष्ट हुआ है, वह वज्र मुनिवर 'दधीचि' की हड्डियों से बना है। तुमने सुना होगा कि जिन्होंने पहले क्षत्रियोंकी स्त्रियोंसे जन्म लिया था, वे भी ब्राह्मण हुए है। आचार्य द्रोण यज्ञ के कलसे से उत्पन्न हुए थे तथा सरकण्डे से गुरु कृप जन्मे थे। औरोंकी कथा कहने का क्या प्रयोजन है, तुम्हारा ही जन्म जिस प्रकार से हुआ था, वह भी सभी जानते है। कुण्डल कवच सहित जन्मलिये हुए सर्व लक्षणयुक्त सूर्यवत् इस पुरुष व्याघ्र को कोई मृगी कैसी उत्पन्न कर सकती है। कर्ण मेरे विद्यमान रहते केवल अंगराज के ही नहीं बल्कि सम्पूर्ण भूमण्डल के भी अधिकारी होने योग्य है। किंतु यदि मेरा यह कार्य किसीको असह्य जान पडा हो, तो बतावे।' तब रंगभुमि में साधुवादयुक्त कोलाहल हुआ। उसी समय सुर्यदेव भी अस्ताचल को सिधारे। अनन्तर दुर्योधन कर्णका हाथ पकडकर रंगभुमि से बाहर निकल गये।

अनन्तर उचित समय आनेपर कर्ण के पिता अधिरथ ने दुर्योधन के सारथी सत्यसेन कि बहन 'वृशाली' से कर्ण का विवाह करवा दिया। वृशाली कर्ण की मृत्यु होनेपर सती हो गई थी। कर्णकी दूसरी पत्नी का नाम 'सुप्रिया' था। (कर्ण कि दूसरी पत्नी के नाम में भिन्न –

भिन्न मत है।) जो दुर्योधन कि पत्नी भानुमति कि सखी थी। कर्ण को दोनों पत्नीयों से वृषशेन, वृषकेतु, चित्रसेन, सत्यसेन, सुशेन, शत्रुंजय, द्विपद, सुशर्मा, प्रसेन नामक नौ पुत्रों की प्राप्ति हुई। प्रसेन की मृत्यु सात्यकि द्वारा द्रौपदी के स्वयंवर के पश्चात हुई थी। तथा कर्णके आठ पुत्रों ने कुरुक्षेत्र के युद्ध में भाग लिया था। जिसमें शत्रुंजय, वृषशेन, द्विपद का वध अर्जुन ने किया था। भीमसेन ने कर्णपुत्र सुशेन का वध किया था। तथा चित्रसेन, सत्यसेन, सुशर्मा को नकुल द्वारा युद्धभुमि में वीरगति प्राप्त हुई थी। कर्णपुत्र वृषकेतु कुरुक्षेत्र युद्धमें बच गये थे। युद्ध के पश्चात पांडवों ने वृषकेतु को इंद्रप्रस्थ के सिंहासन पर अभिषिक्त किया था।

महाकाव्य महाभारत के "उद्योग पर्व" अनुसार जब शांति प्रस्ताव अमान्य तथा युद्ध होना निश्चित हो गया था। तब श्रीकृष्ण हस्तिनापुर से प्रस्थान करते समय कर्णको अपने सहित रथमें बिठाकर ले गये। तथा कुछ अंतर पार करने के पश्चात कर्णसे कहा – 'हे कर्ण! तुम सनातन वैदिक वेदों को जानते हो तथा सुक्ष्म धर्मशास्त्रों में भी प्रवीण हो। कन्याको दो प्रकार के पुत्र होते है। कन्याका विवाह होने से पुर्व जो पुत्र उत्पन्न होता है उसे कानीन कहते है तथा विवाह के अनन्तर उत्पन्न हुए पुत्र को सहोढ नामसे जाना जाता है। हे कर्ण! तुम भी इस ही प्रकार उत्पन्न हुए हो। तुम धर्मके अनुसार महाराज पांडुके पुत्र हो। इसलिये तुम धर्मशास्त्र की आज्ञाके अनुसार राजा बनोगे, तुम मेरे सहित चलो। पांडव तुम्हारे पिताके पक्षके है तथा यादव तुम्हारी माताके पक्षके है। वे दोनों पक्ष तुम्हारे अपने है। अब तुम मेरे सहित चलो पांडव तुम्हें ज्येष्ठ भ्राता के समान मानेंगे। द्रौपदी प्रतिदिन तुम्हारी सेवामें उपस्थित हुआ करेगी। कर्ण! तुम अपने भाइयों सहित रहकर राज्यको भोगो। हे कुन्तिनंदन! जैसे चंद्रमा नक्षत्रों से घिरा रहता है तैसे ही तुम भी पांडवोंसे घिरकर राज्य कर माता कुन्तिको आनंद दो।' तब कर्णने कहा – 'हे कृष्ण! आपने मुझसे स्नेहसे तथा कल्याण की कामनासे जो कुछ कहा सो सबकुछ सत्य है। मै धर्मानुसार महाराज पांडु का पुत्र हूं। मेरा पालन पोषण करने वाले अधिरथ तथा माता राधा, मेरी पत्नीयां तथा संतानों को सम्पूर्ण पृथ्वी तथा सुवर्ण के ढेर मिलें तब भी त्याग नही सकता। मैने दुर्योधन के आश्रयसे तेरह वर्ष पर्यंत निष्कण्टक राज्य भोगा है। मुझे पाकर ही दुर्योधन ने युद्धका उत्साह तथा पांडवों सहित कलह करना आरंभ कर दिया था। मै दुर्योधन को धोखा नही दे सकता। यदि मैने अर्जुन सहित द्वन्द्व युद्ध नही किया तो मेरी तथा अर्जुन दोनों कि जगतमे अपकिर्ति होगी। हे कृष्ण! मेरे तथा आपके मध्य जो गुप्तवार्ता हुई है, इसे आप किसीसे न कहना। यदि धर्मात्मा राजा युधिष्ठिर मुझे ज्येष्ठ भ्राता के रुप में जान लेंगे तो वे राज्यको ग्रहण नही करेंगे। हे कृष्ण! यदि मै उस समृद्धिशाली राज्यको पाजाउंगा तो वह मै दुर्योधन को दे दूंगा। किंतु मै चाहता हूं कि जिनके सहित श्रीकृष्ण है तथा अर्जुन जिनका योद्धा है ऐसे धर्मात्मा राजा युधिष्ठिर ही सदाके लिये हस्तिनापुर के राजा हों।' कर्णके वचन सुनकर श्रीकृष्ण हंसते हुए कर्णसे कहने लगे – 'हे कर्ण! क्या तुम्हें राज्य पानेका लोभ नही है? तुम मेरी दी हुई भूमिको लेना नही

चाहते। इससे सिद्ध होता है, कि पांडवोंकी विजय अवश्य ही होगी, इसमें किसी प्रकार का सन्देह नही है। जिसमें उग्र वानरराज बैठा है ऐसी अर्जुनकी विजय पताका भी उंची दिखाई दे रही है। विश्वकर्मा ने इस ध्वजाको इंद्रध्वजा के समान प्रकाशवान् तथा दिव्य मायावाली बनाया है। तब दुर्योधन का साथ देनेवाले सभी राजे तथा राजकुमार शस्त्रोंसे मरण पाकर उत्तम गतिको पावेंगे।' श्रीकृष्ण के शुभ वचन को सुनकर कर्णने श्रीकृष्ण से कहा – 'हे महाबाहो! आप सबकुछ जानते हुए मुझे मोहमें डालना क्यों चाहते हो? इस पृथ्वीका सभी प्रकार से विनाशकाल आ ही चुका है। जब सभी प्राणियोंका विनाशकाल समीप आ जाता है तब अन्याय भी न्यायसा प्रतित होता है। हे कृष्ण! यदि मै इस क्षत्रियोंका संहार करनेवाले युद्धसे जीवित रहूंगा तो पुनः आपके दर्शन करुंगा। अब मेरा तथा आपका मिलन स्वर्ग में तो अवश्य ही होगा।' कर्णने श्रीकृष्ण से इसप्रकार कहकर उन्हें आलिंगन दिया। पश्चात श्रीकृष्ण कि आज्ञा पाकर कर्ण रथके भीतर से नीचे उतरे तथा स्वयं के रथमें बैठकर उदास मनसे हस्तिनापुर लौट गये।

अनन्तर श्रीकृष्ण के पांडवों के निकट चले जाने के पश्चात महात्मा विदुर माता कुन्तिके निकट जाकर खेद करते हुए कहने लगे – 'हे कुन्तिभोजकी पुत्री! तुम जानती हो कि मेरा मत सदा युद्ध न करने के पक्षमें है। मैने बहुत कहा, किंतु दुर्योधन मेरी बात नही मानता है। राजा युधिष्ठिर, श्रीकृष्ण, भीमसेन, नकुल, सहदेव, अर्जुन यह सभी बलवान है तब भी संबंधियों के उपर स्नेह होनेसे दुर्बल पुरुषके समान धर्माचरण ही करना चाहते है। किंतु राजा धृतराष्ट्र वृद्ध अवस्थामें भी शांत नही होते, पुत्रके मोहमें मतवाले होकर अधर्म के मार्गसे चला करते है। कौरवोंने बलपूर्वक धर्मके मर्मका छेदन किया है, यह देखकर किसके चित्तको दुःख न होगा? श्रीकृष्ण के यहां आकर उद्योग करने पर भी संधि न करा सके, इसकारण अब पांडव युद्ध करने का उद्योग करेंगे। अतः यह कौरवों की अनीति वीरोंका नाश करने वाली होगी, इस बातकी चिन्ता करते हुए मुझे न दिनमें चैन पडता है, न रात्री में निद्रा आती है।' महात्मा विदुर के कहे हुए वचनों को सुनकर दुःखसे व्याकूल होती हुई माता कुन्ती अपने मनमें विचार करने लगी, 'कि इस धनको धिक्कार है, जिसके कारण से संबंधियों का संहार करना पडेगा। पांडव, चेदी देशके राजे, पांचाल देशके राजे तथा यादव इकठ्ठे होकर भरतवंशी राजाओंके साथ लडेंगे, इससे अधिक कौनसा दुःख होगा। युद्ध करने में निसंदेह कुटुम्ब के नाशका दोष देखती हूं, किंतु युद्ध न करने में भी अपना तिरस्कार होता दीखता है। किंतु कुटुंबियों का नाश होना भी विजय नहीं है। पितामह भीष्म, द्रोणाचार्य, कर्ण, दुर्योधन का पक्ष लेकर मेरे हृदय में भय उत्पन्न करते है, किंतु मुझे प्रतित होता है, कि द्रोणाचार्य कभी भी चित्तसे चाहकर अपने शिष्यों के सहित युद्ध नहीं करेंगे। तथा पितामह भीष्म भी पांडवों के उपर स्नेह क्यों नही करेंगे? अब कर्णकी चिंता है, वह तो सदा दुष्टबुद्धि दुर्योधन के ही मोहमें मग्न रहता है, तथा अनर्थ करने का आग्रह ले बैठा है। तथा यह सदा पांडवोंसे द्वेष किया करता है। यह बात मेरे मनको जलाये देती है। आज मै कर्णके निकट जाकर गुप्तरीति से

उससे सभी बात कह दूंगी तथा कर्णका मन जिसप्रकार पांडवों के उपर प्रसन्न हो जाय वही प्रयत्न करती हूं तथा जिसप्रकार उसका जन्म हुआ है वह भी उसे सुनाये दूंगी।' राजमाता कुन्ती इसप्रकार उत्तम कार्यका निश्चयपूर्वक विचार कर कर्णसे भेंट करने के लिये भागीरथी के तट पर गयी। उस समय कर्ण पूर्वदिशा कि ओर मुख कर वेद के मंत्रों का उच्चारण करते हुए जप कर रहे थे। तपस्विनी माता कुंती कर्णके वेदध्ययनकी ध्वनिको सुनकर अपने कार्यके लिये उनके जप समाप्त होने कि प्रतिक्षा देखती हुई कर्णके पीछे की ओर जाकर खडी हो गयी। व्रतधारी कर्ण जबतक पीठ पर धूप आयी तबतक अर्थात मध्याह काल तक जप कर ज्यों ही पिछे मुडे कि कुन्तीको खडी देखकर आश्चर्य में पड गये। तथा दोनों हाथ जोड प्रणाम कर माता कुन्तीसे कहने लगे – 'राजमाता! मै अधिरथ का पुत्र कर्ण हूं। तथा मेरी माताका नाम राधा है, मै आपको प्रणाम करता हुं। आप यहां क्यों आयी हो? कहो मै आपका कौनसा कार्य करुं?' तब राजमाता कुन्तीने कहा – 'तुम राधाके पुत्र नही हो, कुन्ती के हो तथा हे कर्ण! तुम अधिरथ के पुत्र नही हो तथा सुतकुल में उत्पन्न भी नहीं हुए हो। हे पुत्र! मैने तुम्हें कन्या अवस्था में उत्पन्न किया था, तुम राधाके पुत्र नही हो, मेरे पुत्र हो। सुर्यणारायण ने शस्त्र धारियोंमें श्रेष्ठ तुम्हें मेरे गर्भसे उत्पन्न किया है। हे दुर्धर्प! मैने जब अपने पिताके गृह में तुम्हें उत्पन्न किया था। उस समय तुम कुण्डल तथा कवच पहने हुए थे। तुम्हारा शरीर दिव्य था। हे पुत्र! तुम अपने अनुज भ्राताओं को जाने बिना अज्ञानतासे जो कौरवों का पक्ष लिये जा रहे हो, यह तुम्हारे योग्य नहीं है। आज कर्ण तथा अर्जुन का मेल देखकर तथा तुम्हारी उत्तम प्रकार कि बन्धुभाव कि प्रितिको देखकर सभी तुम्हें प्रणाम करेंगे। जैसे बलराम तथा श्रीकृष्ण है। तैसे ही कर्ण तथा अर्जुन के भी हो, यदि तुम दोनों का मेल हो जाये, तो संसार में कौनसी वस्तु असाध्य रह जाय? हे कर्ण! जैसे महायज्ञ में देवताओं से घिरे हुए ब्रह्मा वेदोंमें शोभा पाते है तैसे ही तुम भी पांचो भाईयों से घिरकर शोभा पाओगे।' इसप्रकार माता कुंतीके कहने पर जिसका उल्लंघन न हो सके ऐसी स्नेहसे भरी तथा पिताकी वाणीके समान सुर्यमंडल से कर्णने वाणी सुनी। उस वाणीने कर्णसे कहा – 'हे कर्ण! कुन्तिने सत्य कहा है, तुम अपनी माताकी बात मान लो। यदि तुम माता के कहे अनुसार सभी कार्य करोगे तो तुम्हारा कल्याण होगा।' इसप्रकार माताने तथा पिता सुर्यदेव ने कर्णसे कहा तब भी कर्णकी बुद्धी उस समय चलायमान नही हुई। तब कर्ण ने माता कुन्ती को उतर देते हुए कहा – 'माता! आपने मुझसे जो कुछ कहा है यदि इस समय मै आपकी आज्ञाका पालन करुं तो यह कार्य मेरे धर्मके द्वारका बाधक होगा। आपने जो अनुचित कार्य किया है उससे आपने जातिनाश रुप मेरा नाश कर डाला है, क्योंकि माता! आपके उस कार्यसे मेरा क्षत्रिय धर्मका नाश हो गया है। आपने जो मुझे त्याग दिया उससे मुझे न किसीने जाना तथा न किसी ने मेरा गुणगान किया। मै क्षत्रिय जातिमें उत्पन्न हुआ था, तब भी आपके कारण मेरा क्षत्रियजाति के योग्य कोई उत्तम संस्कार नहीं हुआ आपसे अधिक मेरा कौन शत्रु होगा, जो मेरा ऐसा अहित करे। जब मेरे क्षत्रिय धर्मके योग्य संस्कार करने का समय था तब तो आपने मेरे उपर दया नहीं करी तथा अब जब मेरा समय बीत गया है तब आप मुझे अपना

कार्य करने के लिये प्रेरणा दे रही हो। आपने पहले ही माताकी समान मेरा हित नही किया तथा आज केवल अपने हितकी इच्छासे मुझे समझा रही हो। किंतु यदि मै पांडवों कि ओर चला जाऊं तो मुझे कौन सम्मान देगा? मै पहले तो पांडवों का भ्राता कहलाया नही तथा अब युद्धके समय यदि स्वयं को पांडवों का भ्राता कहकर प्रकाशित करुं तथा उनसे मेल करुं तो क्षत्रिय मण्डल मुझे क्या कहेगा? महाराज धृतराष्ट्र के पुत्रोंने मुझे सभी ऐश्वर्य भोगने के लिये दिये है, उनके इस उपकार को निष्फल कैसे करदूं। तथा जो मेरे बलसे शत्रुओं को जीतने को समर्थ हुए है उनके मनोरथों को कैसे तोड दूं? इस समय मुझे अपने प्राण देकर भी उनका ग्रहण किया हुआ अन्नका मोल चुका देना चाहिये। मै महाराज धृतराष्ट्र के पुत्रों के लिये आपके पुत्रोंके सहित अपने बल तथा शक्तीके अनुसार युद्ध करुंगा। आपके लिये अब मै अपने प्रयोजन को साचनेवाला वचन भी स्वीकार नही करुंगा तथा आपने जो मुझसे मिलने का उद्योग किया है यह भी निष्फल नही होगा। मै युधिष्ठिर, भीम, नकुल, सहदेव का वध नहीं करुंगा। केवल अर्जुन सहित ही युद्ध करुंगा। क्योंकि यदि मै रणमें अर्जुन का वध कर विजय पाउंगा तो जगत में मेरा यश होगा अथवा अर्जुन मेरा वध कर विजय पालेगा तो जगत में उसका यश होगा। माता! तुम्हारे पांच पुत्र शेष न रहें ऐसा कभी नहीं होगा। यदि अर्जुन मारा गया तो पांचवा मै जीवित रहूंगा तथा यदि मै मारा गया तो पांचवा अर्जुन है ही।' कर्णके ऐसे वचनों को सुनकर माता कुंती दुःखसे कांपती हुई कुछ धीरज धर कर्णको हृदय से लगाकर कहने लगी – 'हे कर्ण! तुमने जो चार भाईयों को अभयदान दिया है, इस अपनी प्रतिज्ञा का तुम पालन करना। तुम्हारा निर्विघ्न कल्याण हो।' इतना कहकर माता कुंती तथा कर्ण अपने-अपने मार्गसे चले गये।

महाकाव्य महाभारत के 'कर्ण पर्व' अनुसार कुरुक्षेत्र के युद्धमें पितामह भीष्म तथा गुरु द्रोणाचार्य कि मृत्यूके उपरांत दुर्योधन के हृदय में यह बडी आशा थी कि कर्ण अकेले ही पांडवों को जीत लेंगे। उसी आशा से दुर्योधन को धैर्य हुआ। दुर्योधन ने आश्वस्त होकर कर्णसे कहा – 'मित्र! अपने उपर तुम्हारे परम स्नेह, बाहुबल तथा मित्रता को मै विशेष रुपसे जानता हूं। इस समय मै तुमसे जो हित की बात कहता हूं उसे सुनलो, पश्चात जो तुम्हारा मन चाहे वही करना। कर्ण! पितामह भीष्म तथा द्रोणाचार्य जैसे प्रधान सेनापतियों के मारे जाने के पश्चात अभी मुझे तुम्हारे समान अन्य दूसरा योद्धा अपनी सेना में नहीं दिख पडता। निसंदेह तुम्हीं मुझे इस युद्धमें विजय दिलाओगे। तुम स्वयं इस समय युद्ध में श्रेष्ठ समर्थ पुरुष कि तरह युद्ध का भार संभालो तथा तुम्ही सेनापतिके पदपर अपना अभिषेक करो। देवताओं के सेनापति जैसे भगवान कार्तिकेय है वैसे ही तुम हमारे सेनापति होकर इस कौरव सेना कि रक्षा तथा संचालन करते हुए शत्रुओं का संहार करो।' राजा दुर्योधन के यों कहनेपर कर्ण ने प्रसन्न होकर कहा – 'महाराज! मै आपका सेनापति अवश्य बनूंगा।' तदनन्तर दुर्योधन आदि राजाओंने विधिपूर्वक कर्ण का अभिषेक किया। सेनापति पदपर अपना अभिषेक हो जाने के पश्चात कर्णने श्रेष्ठ वेदपाठी ब्राह्मणों को स्वर्ण, धन, गौ आदि देकर संतुष्ट किया।

अनन्तर प्रातःकाल दोनों पक्षोंकी सेना परस्पर समक्ष आकर खडी थी। विजय प्राप्तीके लिये यत्न करनेवाले कर्ण तथा अर्जुन दोनों वीर कुपित होकर स्पर्धाकी दृष्टिसे परस्पर देखकर अपनी सेना का निरिक्षण कर रहे थे। पश्चात युद्ध कि इच्छा रखनेवाले अनेक योद्धा निकलकर परस्पर भिडने लगे। उस समय मनुष्य, गजराज, अश्व, रथ आदि से युक्त दोनों ओर कि सेनाएं परस्पर भिडकर युद्ध करने लगे। तब महाधरनुर्धर कर्ण तीक्ष्ण बाणों से रणभूमि में पांडवों कि सेना का संहार करने लगे। उसी प्रकार पांडव पक्ष भी कौरव सेना का संहार कर रहे थे। राजा युधिष्ठिर तथा राजा दुर्योधन परस्पर युद्ध करने लगे। भीमसेन तथा अश्वत्थामा ने परस्पर को तीक्ष्ण बाणों से पीडित किया। अर्जुन वृषसेन को ताककर उनके वध के लिये तीक्ष्ण बाण संधान करने लगे। अर्जुन ने तीक्ष्ण बाणों से क्रमशः वृषसेन के धनुष, दोनों हाथों तथा शिश काट डाला। अर्जुन के बाणों से विदिर्ण वृषसेन शिश तथा बाहुओं से रहित होकर, रथसे पृथ्वी पर गिर पडे। अर्जुन के बाणोंसे मृत्यू को प्राप्त किये हुए अपने महारथी वीर पुत्रको गिरते देखकर महावीर कर्ण शोक से पिडित तथा क्रोध से विहल हो उठे। पुत्र शोक के कारण कर्णके नेत्रों में अश्रु भर आये। क्रोधसे नेत्र लाल कर तेजस्वी कर्ण युद्धके लिये निकटवर्ती अर्जुन को ललकारते हुए अर्जुन के समक्ष उपस्थित हुए। दोनों वीरोंके रथों पर स्थित सफेद ध्वजायें प्रलय काल में उदित राहु तथा केतु ग्रहों के समान शोभा को प्राप्त हुए। उसी समय अर्जुन कि ध्वजा में स्थित युद्धकी इच्छाकर अपनी जगह से वेगसे चलकर कर्ण कि हस्तिकक्ष्या युक्त ध्वजा पर पहुंचा तथा गरुड जैसे सर्प को छिन्न-भिन्न करे वैसे ही प्रहार कर नखों तथा दोनों दातों से उसे नोचने लगा था। तथा कर्णकी ध्वजामें स्थित हस्तिकक्ष्या भी वेगसे क्रुद्ध होकर उस वानर कि ओर चली। इसप्रकार उन दोनों वीरों का होनेवाला घोर द्वन्द्व युद्ध प्रारंभ होने से पुर्व ही उनकी ध्वजायें परस्पर युद्ध करने लगी। श्रीकृष्ण ने शल्य कि ओर तथा अर्जुन ने कर्णके नेत्रों से नेत्र मिलाये। तब कर्ण ने हंसकर शल्य से कहा – 'हे मद्रराज! यदि इस युद्ध में किसी प्रकार अर्जुन ने मेरा वध कर दिया तो क्या करोगे?' कर्णके वचन सुनकर राजा शल्यने कहा – 'हे कर्ण! यदि अर्जुन ने तुम्हारा वध कर दिया तो मै अकेला ही श्रीकृष्ण तथा अर्जुन दोनों का वध कर दुंगा।' इसीप्रकार अर्जुन ने गोविंद से कहा – 'हे माधव! यदि कर्ण ने किसी प्रकार मेरा वध कर दिया तो आप क्या करोगे?' तब श्रीकृष्ण ने हंसकर कहा – 'हे पार्थ! चाहे अग्नि शीतल हो जाय, सागर चाहे सुख जाय, किंतु कर्णके हाथोंसे तुम्हारा वध नहीं हो सकता। यदि किसी प्रकार तुम्हारा वध करने में समर्थ हो जायगा तो, निश्चय ही प्रलय आयेगा।' श्रीकृष्ण के वचन सुनकर वीरवर अर्जुन हंसते हुए कहने लगे – 'हे माधव! कर्ण तथा शल्य दोनों मिलकर भी मेरा सामना नही कर सकते। इन दोनों के एकत्रित पराक्रम को भी मै अपने बाहुबल के समान नही समझता। आज आप रणमें शीघ्र ही देखेंगे कि हाथी जैसे वृक्ष को तोड ताड डालता है वैसे ही मै कर्ण के रथ, सारथी, घोडे, कवच तथा धनुष को नष्ट कर दुंगा।' अनन्तर युद्ध आरंभ होनेपर कवचधारी कर्ण तथा अर्जुन परस्पर तीक्ष्ण बाण बरसाकर सभी दिशाओं तथा शत्रुसेना को व्याप्त तथा पिडित करने लगे। उन बाणों से ऐसा अंधकार हो गया कि दोनों ओर के सैनिकों

को कुछ भी दिखाई नहीं पडता था। तब दोनों पक्षों के योद्धा तथा सैनिक युद्ध छोडकर कर्ण तथा अर्जुन के निकट खडे होकर वह घोर युद्ध देखने लगे। पूर्व तथा पश्चिम कि दो प्रचंड आंधियों के समान कर्ण तथा अर्जुन परस्पर के अस्त्र को अस्त्रबल से रोकने लगे। दोनों ही महारथी, अजेय, शत्रुनाशन, युद्धका पूर्ण अभ्यास रखनेवाले तथा परस्पर वध करने का दृढ संकल्प किये हुए थे। उनके बाणोंसे दोनों ओर कि चतुरग्डिणी सेना उनके बाणों से व्यथित तथा भय विहल होकर भागने लगे। दोनों के तीक्ष्ण बाणों तथा दुःसह अस्त्रोंसे दोनों के अश्व, सारथी तथा शरीर बहुत ही घायल हो गये तथा लगातार रक्त बहने लगा। अर्जुन तथा कर्णके उस युद्ध को देखकर पृथ्वीमण्डल कांप उठा तथा विचित्र कवच, आभूषण तथा शस्त्र धारण किये हुए दोनों ओर के रथी, विस्मित हो उठे। उस समय सोमकगण चिल्लाकर अर्जुन से कहने लगे – 'हे अर्जुन! विलम्ब न करो, शीघ्र ही कर्णका शिश काटकर दुर्योधन कि राज्य लालसा को मिटा दो।' उसीप्रकार कौरव पक्ष के योद्धा कर्णसे कहने लगे – 'हे वीर कर्ण! शीघ्र बढकर तीक्ष्ण बाणोंसे अर्जुन का वध करो जिससे पांडवगण सदाके लिये वनमें जाकर रहे। पश्चात महापराक्रमी अर्जुन ने कर्ण पर शत्रुनाशन आग्नेय अस्त्र संधान किया। अस्त्र अग्निकी ज्वालाओं से पृथ्वी, आकाश, सुर्यमंडल तथा दिशाओं को व्याप्त कर प्रज्वलित हो उठा। बांस के वन में आग लगने से जैसा शब्द होता है, वैसा ही घोर शब्द रणभूमि में उत्पन्न हुआ। उस अग्निसे योद्धाओं के वस्त्र जलने लगे तथा वे रणभूमि त्याग कर भागने लगे। तब कर्णने आग्नेय अस्त्रको प्रज्वलित देखकर उसे शांत करने के लिये वरुण अस्त्र संधान किया। कर्णके उस अस्त्र के प्रभाव से आकाश में एकाएक बादल घिर आये तथा उनके जल बरसाने से वह अर्जुन के अस्त्र कि अग्नि शांत हो गई। उस समय महाबली भीमसेन महारथी कर्णके पराक्रम को अत्यंत असह्य तथा अर्जुन के बाणों तथा शस्त्रों को व्यर्थ देखकर क्रोधसे कहने लगे – 'हे अर्जुन! इस समय यह सुतपुत्र तुम्हारे समक्ष ही कैसे बलपूर्वक शस्त्र संधान कर पांचाल वीरों का वध कर रहा है? पहले महादेव जी के प्रभाव से दुर्जय कालकेय, निवातकवच आदि असुर भी तुम्हें परास्त नही कर सके थे। आज यह सुतपुत्र कैसे तुम्हें बाण मारकर पिडित कर सका? यह देख मुझे बडा आश्चर्य हो रहा है कि कर्ण तुम्हारे सभी बाणों को व्यर्थ कर रहा है। हे धनंजय! इस दुर्मति कर्णने द्रौपदीका जैसा अपमान किया था तथा कुरुसभा में खोखले तिल कहकर हमारा जैसा उपहास किया था। वह सब स्मरण कर शीघ्र इसका वध करो। शत्रु वधके विषय में क्यों उपेक्षा कर रहे हो?' उसी समय श्रीकृष्ण ने भी कर्णके प्रभाव से अर्जुन के अमोघ अस्त्र-युक्त बाणों को होते देखकर, अर्जुन को उत्साहित करने के लिये कहा – 'हे अर्जुन! क्या कारण है कि कर्ण तुम्हारे समक्ष ही अपने अस्त्रों तथा बाणों से तुम्हारे अस्त्रों तथा बाणों को व्यर्थ कर रहा है? तुम क्या नही देखते, तुम्हारे अस्त्रों को कर्ण के अस्त्र बल से नष्ट होते देखकर सभी कौरव प्रसन्नतापूर्वक सिंहनाद करते हुए कर्ण को सम्मानित तथा उत्साहित कर रहे है। तुम शीघ्र शत्रु का वध कर उसका निष्कण्टक साम्राज्य धर्मराज को अर्पण कर स्वयं अतुल यश प्राप्त करो। भीमसेन तथा श्रीकृष्ण के यों प्रेरणा करनेपर वीर अर्जुन कर्ण का वध करने के लिये प्रयत्नशील हुए।

अनन्तर पुर्व में खाण्डवदाह के समय जिसकी माता का वध अर्जुन ने किया था। वह अर्जुन का वैरी अश्वसेन अर्जुन से वैर लेने का अवसर पाकर शीघ्रता के साथ कर्णके तरकस में जा बैठा। कर्ण के निकट नाग के आकार का एक महाभयानक बाण था उसी बाण में वह नाग प्रवेश कर गया। कर्णका शरीर जब अर्जुन के बाणों से छिन्न-भिन्न हो गया तथा वे वेदना से विहल हो रहे थे। तब उन्हें उसी विकट नागबाण का स्मरण हुआ। उन्होंने उस समय उसी उग्र बाण को धनुष पर चढाकर संधान करना चाहा तब राजा शल्य ने कर्ण से कहा – 'हे वीर कर्ण! तुमने उलटा बाण चढाया है। पुनः शत्रुनाशन बाण को धनुष पर चढाओ, जिससे यह शत्रुकी गर्दन काट सके।' यह सुनकर कर्ण ने कहा – 'हे शल्य! कर्ण किसी बाण को दुबारा धनुष पर नही चढाता, एक ही बार चढाता तथा सन्धान करता है।' यों कहकर अनेक वर्षों से पूजित तथा यत्नपूर्वक रक्खा हुआ वह बाण वेगसे छोडा। कर्ण के धनुष से छुटकर वह बाण आकाशमें पहुंचा तथा प्रज्वलित हो उठा। श्रीकृष्ण ने आकाश में प्रज्वलित उस बाणको वेगसे आते देखकर एकाएक पैर से अर्जुन के रथका पहिया पृथ्वी में धंसा दिया। पहिये के धसने से अश्व घुटनों के बल बैठ गये। इस प्रकार बाणको लक्षभ्रष्ट कर श्रीकृष्ण ने अर्जुन को बचालिया। रथ का पहिया धंस जाने के कारण अर्जुन अपने पूर्व स्थान से कुछ नीचे चले गये थे इसलिये वह कर्ण का नागबाण बलपूर्वक अर्जुन के सरपर शोभित स्वर्ण से अलंकृत किरीट गिराकर चला गया। कर्णने जिसे संधान किया था वह बाण रुप अर्जुन का वैरी नाग अर्जुन को काटने में असमर्थ होने के कारण उनके किरीट को ही चूर्ण कर पुनः लौट पडा। उसने कर्ण के तरकस में पुनः प्रवेश करना चाहा किंतु महारथी कर्णने उस महानाग को देख लिया। तब उस नाग ने कर्णसे कहा – 'हे महारथी कर्ण! तुमने मुझे बिना देखे ही धनुष पर चढाया था, इसी से मै अर्जुन को काट नही सका। अब तुम पुनः मुझे देखकर धनुषपर चढाओ तथा संधान करो, मै अवश्य ही अपने तथा तुम्हारे शत्रु अर्जुन का वध कर दुंगा। सर्पके ये वचन सुनकर कर्णने पूछा – 'तुम कौन हो? तुम्हारा रुप बडा ही उग्र दिख पडता है।' तब नाग ने कहा – 'हे कर्ण! अर्जुन ने पुर्वमें मेरी माता का वध किया था। तभीसे उस अपने अपराधी के साथ मेरी शत्रुता है।' पश्चात कर्ण ने कहा – 'हे नागराज! कर्ण कदापि अन्य के बलसे विजय प्राप्त करना नही चाहता। चाहे ऐसे-ऐसे सौ अर्जुनों का वध करना हो, तब भी मै एक बाण दो बार धनुषपर नही चढाऊंगा। मै अपने यत्न तथा बल, अस्त्र से अर्जुन का वध करुंगा। तुम यथेष्ट स्थान पर जाओ।' कर्ण के ये वचन सुनकर क्रोध के कारण नाग उन्हें सहन नही कर सका। वह स्वयं उग्र अस्त्रके रुपमें अर्जुन का वध करने के लिये वेगसे चला। तब श्रीकृष्ण ने उसे आते देख अर्जुन से कहा – 'हे अर्जुन! अपने वैरी इस नाग का शीघ्र ही वध कर दो।' तब अर्जुन ने श्रीकृष्ण से पूछा – 'हे माधव! यह कौन है? जो अपने आप गरुड के मुख में जाने के समान मेरे निकट आ रहा है।' तब श्रीकृष्ण ने कहा – 'हे अर्जुन! तुमने खाण्डव वन जलाकर अग्नि को तृप्त किया था तब इस नागराज अश्वसेन कि माता इसे निगलकर इसे बचाने के लिये आकाश मार्ग से जा रही थी। तुमने इसकी माता का शीश काट डाला था। किंतु उसके

शरीर में छिपे हुए इस नाग को नही देख पाये तथा यह भाग गया। इस समय उसी वैरको स्मरण कर यह वास्तव में अपनी ही मृत्युके लिये तुम्हारे वधका नीश्चय कर आ रहा है।' तब अर्जुन ने क्रोध से आकाश मार्ग से आ रहे उस नाग के टुकड़े-टुकड़े कर डाले। अनन्तर कर्ण तथा अर्जुन परस्पर बाण बरसाने लगे। अर्जुन ने बाणोंसे कर्णका कवच काटकर उनका शरीर घायल कर दिया। कवचहीन होने के कारण वे अर्जुन के बाणों कि चोटसे ऐसे विहल उठे कि उनके हाथसे धनुष छुटने लगा। तदनन्तर वीर कर्ण क्षणभरमें सचेत होकर धैर्य धारण कर बाण बरसाने लगे। कर्णके संधान किये हुए महानाश सद्दश्य बाण को अर्जुन के तीक्ष्ण बाण काट-काटकर गिराने लगे। कालने अद्दश्य भावसे कर्ण को यह सुना दिया कि, 'हे कर्ण! ब्राह्मण के शाप से पृथ्वी तुम्हारे रथका पहिया ग्रसना चाहती है।' यह सुनते ही कर्ण वह घोर अस्त्र भूल गये, जो भगवान परशुराम से प्राप्त हुआ था। पृथ्वी भी कर्ण के रथ का बायां पहिया ग्रसने लगी। अस्त्र भी विस्मृत होकर कर्ण को इस बात कि सुचना देने लगे कि उनकी मृत्यु का समय आ गया है। कर्ण अस्त्र भूल गये, रथ के पहिये को पृथ्वीने ग्रस लिया तथा स्वयं कर्ण ब्राह्मण के शापसे मोहित हो गये। उस समय उन विपत्तियों को न सह सकने के कारण कर्तव्य-विमूढ होकर महामति कर्ण धर्म कि ही निन्दा करते हुए कहने लगे – 'धर्मज्ञ लोगों के मुख से मै सुनता आया हुं कि धर्म सदा धर्मात्मा कि रक्षा करता है। हम शास्त्रानुसार यथाशक्ति धर्मका आचरण तथा उसके पालन का यत्न करते आये है; किंतु वह धर्म हमारी रक्षा नही करता, बल्की संहार ही कर रहा है। इससे मुझे जान पडता है कि धर्म सदा धर्मात्मा कि रक्षा नही करता अथवा कर ही नहीं सकता।' पश्चात अर्जुन ने अग्नि तथा वज्र के तुल्य घोर सर्प विष के समान बाण को रौद्र अस्त्र से युक्त कर कर्ण के उपर संधान करना चाहा उसी समय कर्णके रथचक्रको पृथ्वीने पुराग्रस लिया। यह देखकर महावीर कर्ण शीघ्र रथसे उतरकर रथका पहिया पृथ्वीसे निकाल ने लगे। उन्होंने दोनों हाथों से पकडकर रथके के पहिये को उपर उठाना चाहा किंतु ब्राह्मण के शाप के कारण पृथ्वीने पहिये को न छोडा। अर्जुन के कुपित होकर प्रहार करने पर उद्यत तथा पहिये को इस प्रकार पृथ्वीके मुख में पडा हुआ देखकर कर्ण कहने लगे – 'हे अर्जुन! जब तक मै पृथ्वी मे धंसे हुए अपने रथके पहिये को निकालता हूं तब तक ठहर जाओ। दैवयोग से मेरे रथ का बायां पहिया पृथ्वी में धंस गया है। इस अवसर में प्रहार करना कायरों तथा नीच पुरुषों का कार्य है। तुम्हें ऐसा निन्दित कार्य नही करना चाहिये। तुम मुझे इतना अवकाश दो कि मै इस पहिये को पृथ्वी से निकाल लूं। तुम रथपर सवार हो तथा मै पृथ्वी पर खडा हूं। ऐसी दशा में प्रहार करना तुम्हारे योग्य कार्य नही है। तुम क्षत्रियों के श्रेष्ठ कुल में उत्पन्न हो, इसलिये मै तुमसे यह धर्म संगत अनुरोध करता हूं कि क्षणभर ठहर जाओ।' कर्णके वचन सुनकर श्रीकृष्ण कहने लगे – 'हे राधेय! तुम इस समय धर्म का स्मरण कर रहे हो! प्रायः देखा जाता है कि नीच प्रकृति के पुरुष संकट आ पडने पर दैव कि ही निन्दा करते है। अपने दुष्कर्मों पर दृष्टि नही डालते। हे कर्ण! जब एक वस्त्र धारण किये हुए द्रौपदी को रजस्वला दशामें दुर्योधन, दुःशासन आदि षड्यंत्र कर घसीट लाये थे तब तुम्हें धर्मका स्मरण क्यों नहीं हुआ? जब दुर्मति शकुनि ने

जुएमें अनभिज्ञ राजा युधिष्ठिर को बुलाकर उनका सर्वस्व छलसे जीत लिया था। उस समय तुम्हारी यह धर्मबुद्धि कहां चली गई थी? वारणावत में लाक्षागृह में अग्नि लगाकर माता सहित पांडवों को मार ने का षडयंत्र किया था तब तुम्हारा धर्म कहां था? हे कर्ण! जब तुमने दुःशासन के अधिन हो रही रजस्वला द्रौपदी को सभा में दुर्वचन कहे थे, उपहास तथा अपमान किया था। तब तुम्हारा धर्म कहां गया था? जिस समय तुम अनेक महारथी यों ने घेरकर अकेले बालक अभिमन्यु का वध किया था, उस समय तुम्हारा धर्म कहां था? जब तुमने इन सभी अवसरों पर धर्मका स्मरण नही किया तब इस समय धर्म-धर्म चिल्लाने से क्या होगा?' श्रीकृष्ण के यों कहनेपर वीर कर्ण लज्जासे शिश झूकाकर चुप हो गये। अनन्तर कर्ण रथ का पहिया निकाल ने का यत्न करने लगे। किंतु दैववश उनका अपरिमित बल कुछ काम न आया। अर्जुन ने श्रीकृष्ण का कहा मानकर कर्ण वध के लिये शीघ्रता कर तरकस से एक घोर अंजलिक बाण निकाला। वह बाण इंद्र के वज्र, अग्निकी शिखा तथा यमराज के दण्ड के समान उग्र था। जिस समय अर्जुन ने उस बाण को हाथ में लिया उस समय जगत् के सभी प्राणी भयसे विचलित हो उठे। अर्जुन ने उस बाणको महास्त्र से युक्त कर गाण्डीव धनुष पर चढाया तथा धनुषकी प्रत्यंचा खींचकर कहा – 'मैने अगर तप किया है, गुरुओं को प्रसन्न किया है, मित्रों के हितवाक्य सुने है, हवन आदि सत्कर्म किये है तो उस सत्यके बल से यह शत्रु के शरीर तथा प्राणों को नष्ट करनेवाला महास्त्रयुक्त बाण अवश्य मेरे प्रबल शत्रु कर्ण को मारकर मुझे विजय दान करें।' इस प्रकार कहकर वीर अर्जुन ने कर्णवध के लिये कर्ण के शिश को ताककर बाण संधान किया। उस बाण ने आकाश मार्ग में जाकर अपने तेज से आकाश तथा सभी दिशाओंको व्याप्त कर दिया। देवराज इंद्र ने जैसे वज्र से वृत्रा सुरका शिश काटा था वैसे ही अर्जुन ने अपने बाणसे कर्णका शिश काट डाला। उस बाण से कटा हुआ कर्ण का शिश पहले गिरा पश्चात शरीर। घावों से रक्त बहता हुआ तेजस्वी कर्ण का उन्नत शरीर भी प्राणहीन होकर वैसे ही पृथ्वीपर गिर पडा। महावीर कर्ण जब गिर पडे तब उनके शरीर से एक ज्योति निकली जो आकाश मण्डल को प्रकाशित तथा व्याप्त करती हुई सुर्यमंडल में समा गई।

पांडु

महाकाव्य महाभारत के अनुसार पांडु हस्तिनापुर के महाराज विचित्रविर्य तथा उनकी दूसरी पत्नी अम्बालिका के पुत्र थे। उनका जन्म महर्षि वेदव्यास के वरदान स्वरुप हुआ था। जिस समय हस्तिनापुर का सिंहासन सम्भालने के लिये धृतराष्ट्र को मनोनीत किया जा रहा था। तब महात्मा विदुर ने राजनीती ज्ञान की दुहाई देते हुए कहा, 'कि एक नेत्रहीन व्यक्ति राजा नहीं हो सकता।' तब पांडु को हस्तिनापुर के राजसिंहासन पर अभिषिक्त किया गया

था। महाराज बनने के पश्चात महाराज पाण्डु ने दिग्विजय के लिये प्रस्थान किया उन्होंने प्रायः सम्पूर्ण आर्यवर्त पर विजय प्राप्त कि। सर्वप्रथम उन्होंने विंध्य पर्वत के दक्षिण प्रदेश को विजित किया। तत्पश्चात उन्होंने मगध राज दीर्घ को युद्ध में परास्त कर उसकि हत्या की तथा उसके द्वारा संचित अपार धन राशी को अपने अधिकार में कर लिया। एक समय स्थिति यह थी कि वह जहाँ भी पहुंचते वहां का राज्याधिकारी स्वयं ही आकर अपनी पराजय स्वीकार कर लेता तथा अपने सहित अथाह सम्पत्ति उन्हें प्रदान कर देता। इसप्रकार महाराज पांडु कि कित्तीं दसों दिशाओं में व्याप्त हो गई तथा जब वे अथाह सम्पत्ति एवं अपरिगणनीय पशुबल के साथ कुरुराज कि राजधानी हस्तिनापुर लौट गये। महाराज पांडु के दिग्विजय पर प्रजा का उत्साह चरम पर पहुंच गया तथा पारिवारिक जन भी अत्यंत प्रसन्न हुए। महाराज प्रतिप तथा महाराज शान्तनु के पश्चात महाराज पांडु ही कुरुवंश के पराक्रम के प्रतीक बने। महाराज पांडु के दिग्विजय के पश्चात हस्तिनापुर का प्राचीन गौरव पुनः लौट आया।

अनन्तर कुन्तिभोज ने अपनी कन्या पृथा अथवा कुन्ति का स्वयंवर आयोजित किया था। कुन्ति रुपवती, सत्वगुणयुक्त, व्रतशील तथा धर्मप्रेमी थी। उस स्वयंवर में एकसे बढकर एक राजा आये हुए थे। कुन्ति ने हजारों राजाओं के मध्यसे सिंहके सदृश्य महाबली पांडु को अपना वर चुना था पश्चात कुन्ति के पिताने कुन्ति तथा पांडु का विवाह संपन्न कर उन्हें अनेक प्रकार के धन तथा रत्नों द्वारा सम्मानित किया। तत्पश्चात महाराज पांडु कुन्ति को लेकर हस्तिनापुर में लौट गये।

महाराज पांडु कि दूसरी पत्नी का नाम मादी था। मादी मद्रराज्य कि राजकुमारी एवं राजा शल्य कि बहन थी। एक समय मद्र राज्य ने संकट के समय राजा पांडु से युद्ध में सहायता की मांग की। राजा पांडु ने मद्र देश की सहायता का निर्णय किया तथा उनकी युद्ध में सहायता कि। उनकी सहायता से मद्र देश युद्ध में विजयी हुआ तथा मद्र नरेश शल्य ने अपनी बहन मादी के विवाह का प्रस्ताव राजा पांडु को दिया। राजा पांडुने मादी को अपनी पत्नी के रुप में स्वीकार किया।

महाकाव्य महाभारत के "आदिपर्व" अनुसार महाराज पांडु अपनी पत्नियां कुन्ति तथा मादी सहित वन विहार के लिये गये थे। वहां महाराज पांडुने मृगव्यालों से भरे एक बडे वनमें मैथुनकालमें आसक्त एक युथपति मृगको देखा। तब उन्होंने नोकदार बाणसे उस मृग तथा मृगी को बिंध दिया। बाणाघात से क्षण भरमें वह धरतीपर गिरकर विकल चितसे मनुष्यकी वाणीमें महाराज पांडुसे बोले – 'हे राजन्! काम क्रोधयुक्त, हीनबुद्धि तथा सदा पापमें रत जन भी ऐसा निष्ठुर कार्य नहीं करते। तुम सदासे धर्मयुक्त प्रधान वंशमें जन्म लेकर क्यों काम लोभसे अभिभूत हुए, तथा क्यों तुम्हारा चित ऐसा डगमगाया?' तब महाराज पांडु ने कहा – 'हे मृग! राजागणों कि शत्रुनाशन में जैसी वृत्ति होती है, मृगवेध ने में भी वैसी ही वृत्ति होती है। इसलिये तुम्हें मोहसे मुझ पर ऐसा लाच्छन नही लगाना चाहिये। छिपकर तथा

कौशलसे मृगका वध करना चाहिये, यही राजाओं का धर्म है, तुम फिर विद्वान होते हुए भी इस विषयमें मेरी निन्दा क्यों कर रहे हो? ऋषि अगस्त्य ने यज्ञकर सम्पूर्ण वनमें सभी देवोंके लिये सम्पूर्ण मृगोंका प्रोक्षण कर मृगया कि थी। अतः प्रमाणित धर्मके अनुसार तुम मुझसे मारे गये हो, फिर क्यों हमारी निन्दा कर रहे हो?' महाराज पांडु के वचन सुनकर मृगरुपी मुनि किन्दम बोले – 'मनुष्यलोग शत्रुको भलीभांति न देखकर पहले ही बाण नही चलाते, विशेष जिस समय शत्रुसे अपराध होता है, वही समय शत्रुको मारने का सुंदर अवसर होता है।' पश्चात महाराज पांडु ने मुनि किन्दम से कहा – 'हे मृग! मृग प्रमत्त हो वा अप्रमत्त ही हों, लोगनाना तीक्ष्ण बाणोंसे खुले रुपमें उनका वध करते है, अतएव तुम मेरी क्यों निन्दा करते हो?' तब किन्दम मुनिने कहा – 'महाराज! तुमने अपने लिये मृग का वध किया है, इसलिये तुम्हारी निन्दा नही करता। किंतु तुम्हें इस समय निष्ठुर व्यवहार न कर मेरे मैथुन कालतक ठहरे रहना चाहिये था। सर्वभूतों के प्रिय तथा सर्वभूतों के हितयुक्त ऐसे समय में क्या कोई भी विद्वान जन वनमें मैथुन करते हुए मृगका वध कर सकता है? तुमने मेरे पुरुषार्थ के सुंदर फलको व्यर्थ कर दिया। हे कुरुवंश में उत्पन्न राजन्! तुमने शुद्ध कर्म करने वाले पौरव ऋषियों के वंशमें जन्म लिया है, इसकारण यह कार्य तुम्हारे योग्य नहीं है। यह कार्य बडा निष्ठुर कर्म स्वर्गनाशी, यशनाशी, धर्मनाशी तथा सभी लोकोंके द्वारा निन्दनीय है। मृगके रुपमें फल पुष्प पर जिवन व्यतित करनेवाले सदा समपरायण निरपराध मुझ मुनिको मार कर तुमने कौनसा बडा लाभ उठाया? मै "किन्दम" नामक तपस्वी मुनि हूं मै मृगका रुपधारण कर मृगों के साथ वनमें संचार करता हूं किंतु तुम इस बातसे अज्ञात थे। अतः तुम पर ब्रह्महत्या का पाप नहीं लगेगा। तुमने मृग रुपधारी काम मोहित मुझको इस प्रकार मार डाला। अतः हे राजन्! तुम भी इसका फल इसी प्रकार प्राप्त करोगे। तुम कामवश प्रियासे समागम करते ही उसी दशामे प्रेतलोक को सिधारोगे। तुम अन्तकाल में जिस स्त्रीसे मिलोगे, वह स्त्री भी प्रेतलोकोक में भक्तीपूर्वक तुम्हारे साथ जायेगी। तुमने जिस प्रकार हम स्त्री पुरुषका वध किया है उसी प्रकार जब स्वयं कामयुक्त होओगे तब तुम भी ऐसी ही जीवनाशी दशा प्राप्त करोगे।' इतना कहकर मृगरुपी "किन्दम" मुनिने प्राण त्याग दिये। अनन्तर महाराज पांडु दुःखसे पिडित होकर कहने लगे – 'हाय! बुरी आत्मायुक्त जन श्रेष्ठ वंशमें जन्म लेकर भी अपने कर्मसे कुगती प्राप्त करते है। अब मै मोक्ष मार्गका पथिक बनूंगा पुत्र उत्पादन आदि सांसारिक बंधन ही अति दुःखका कारण है, इसलिये मै ब्रह्मचारी बनकर जन्मदाता महर्षि व्यासके द्वारा किये जाने वाले कार्यमें नियुक्त होऊंगा। मै अपने चितको बिना संदेह कठोर तपमें नियुक्त करुंगा। मै अपनी निंदा तथा प्रशंसाको समान समझुंगा। सम्पूर्ण रुपसे पापको धोकर अपने अन्तःकरण को शुद्ध कर दुंगा।' महाराज पांडु अति दुःखी चितसे यह कहकर कुन्ती तथा माद्री कि ओर देखकर बोले – 'विदुर, बन्धु सहित राजा धृतराष्ट्र, आर्या सत्यवती, शान्तनुनंदन, राजपुरोहितगण, ब्राह्मणगण, तथा जितने नगरके वृद्धजन मेरे आश्रयमें है। उन सभी से कहना, कि पांडु प्रव्रज्या लेकर वन चला गया है।' कुन्ती तथा माद्री ने वनवासका संकल्प किए हुए पतिके वचन सुनकर यथायोग्य कहा

– 'हे भरतश्रेष्ठ! अन्य बहुत से आश्रम है, जिनमें रहकर आप धर्मपत्नीयों सहित कठोर तपस्या कर सकेंगे तथा इसमें संदेह नही है कि इस प्रकार आप स्वर्गके स्वामी भी हो सकेंगे। हम दोनों भी पतिलोकयुक्त होकर इंद्रियों को रोककर कामना तथा सुखको तजकर कडी तपस्या करेंगी। हे महाप्राज्ञ पृथ्वीनाथ! यदि आप हमें त्याग देंगे तो निसंदेह हम आज ही प्राण त्याग देंगें।' यह सुनकर महाराज पांडु ने कहा – 'तुम दोनोंका यह निश्चय यदि धर्मके अनुसार होवें, तो मै अपने पिता वेदव्यास का वनवासप्रस्थान का आश्रय कर लूंगा। जबतक यह देह न छूटेगी तबतक मै योंही वनके शास्त्रोंकी कठोर विधियों का पालन करता हुआ जीवित रहूंगा।' कौरवनंदन राजा पांडु दोनों स्त्रीयोंसे यह कहकर चूडामणी, निष्क, कुण्डल, मूल्यवान वस्त्र तथा स्त्रीयोंके आभूषण आदि सभी वस्तुएं ब्राह्मणों को देकर सारथीयोंसे कहा – 'तुम हस्तिनापुर जाकर कहना, कि कुरुनंदन पांडु वन चले गये है।' अनन्तर महाराज पांडु फल मुल ग्रहण करते हुए दोनों स्त्रियों सहित पर्वत की ओर पधारे। वे उस चैगरथ पर चढकर वारिषेण पर्वतको पिछे छोडकर हिमाचल से होते हुए गन्धमादन पर जा पहुंचे। वह राजा महाभूत, सिद्ध ऋषियोंसे रक्षित होकर समभूमी तथा उबड खाबड स्थानोंमें रहने लगे। अन्तमें इंद्रद्युम्न तालको प्राप्त कर हंसकूट को पीछे छोड कर शतशृंग नामक पहाडी पर पहुंचे। महाराज पांडु उस स्थानमें तपस्यामें सदा नियुक्त रहकर सिद्ध चारणों के अति प्रिय बने। वह गुरुसेवक अहंकार वर्जित, संयतात्मा तथा जितेंद्रिय होकर स्वर्गको प्राप्त करने के योग्य बने। अनन्तर पांडु बहुत दिनों तक तपोबल बटोरकर ब्रह्मर्षियों के समान बन गये। पश्चात महाराज पांडु स्वर्गको पार करने के लिये यकायक दोनों पत्नीयों सहित शतशृंग से उतरकी ओर चले। तब तपस्वियोंने उनसे कहा – 'हमने उत्तर दिशा कि ओर शैलराज से क्रमशः उपरकी ओर चलते हुए सुंदर पर्वत के अगणित आगभ्य स्थान देखें है, जो देव, गंधर्व तथा अप्सराओंकी क्रीडा भूमि है। वहां पखेरु भी पहुंच नहीं सकते, केवल पांडु तथा सिद्ध, परम ऋषिगण वहां जा सकते है।' तब महाराज पांडु ने कहा – 'हे महाभागवृन्द! कहा है, कि जिसकी सन्तान नही है, उसके स्वर्ग में प्रवेश करने के लिये द्वार नही है। मेरी सन्तान नही है, अति दुःखसे आपसे कहता हूं, कि मनुष्यगण पितरों के, देवोंके, ऋषियों के तथा मनुष्यों से सम्बंधित सैंकडों हजारों ऋणोंको लेकर इस धरती पर जन्म लेते है। धर्म जाननेवाले लोग कहते है, कि जो मनुष्य इन स्वाभाविक ऋणोंसे उऋऋण होने के लिये उचित समय में प्रयत्न नहीं करता है। उसको सुगति प्राप्त नही होती है। मै देव, ऋषि तथा मनुष्य इनके ऋणसे धर्मानुसार मुक्त हुआ हूं। किंतु पितृऋण से मै अभी मुक्त नही हो पाया हूं; इसलिये पूछता हूं कि मैंने जिस प्रकार पिता विचित्रविर्य के क्षेत्रमें महात्मा व्याससे जन्म लिया है। क्या वैसे ही मेरे क्षेत्रमें सन्तान उत्पन्न हो सकेगी?' महाराज पांडु द्वारा इसप्रकार पुछने पर तपस्वीगण बोले – 'हे धार्मिक नरेश! हम दिव्य नेत्रोंसे देखते है, कि तुम्हारे पाप रहित देववत् शुभ पुत्र उत्पन्न होंगे।' राजा पांडु तपस्वियों कि यह बात सुनकर अत्यधिक आनंदित हुए। पश्चात वे यशस्विनी धर्मपत्नी कुन्तीसे एकांतमे बोले – 'हे कुन्ती! तुम इस विपत्कालमें पुत्र उत्पन्न करनेका प्रयत्न करो। मै इस समय सन्तान उत्पन्न करने कि शक्तिसे रहित हुआ

हुं, इसलिये तुमसे निवेदन करता हूं। तुम सत्य वा श्रेष्ठजन से यशस्वी पुत्रका प्रसव करो।' कुन्ती यह बात सुनकर वीर भूपति अपने पतिसे बोली – 'हे धर्मज्ञ! मै आपकी धर्मपत्नी तथा आपही के प्रेममे हुं। अतः आपको मुझसे ऐसा कहना उचित नही है। मै मनसे भी आपके अतिरिक्त अन्यसे नही मिलना चाहती। इस भूमण्डल में ऐसा कौन है जो आपसे श्रेष्ठ हो सके?' फश्चात कुन्तीने महाराज पांडु को आश्वस्त करते हुए कहा – 'हे आर्य! इस कार्य हेतु किसी मनुष्यकी आवश्यकता नही पडेगी। बालपन मे मै पिताके गृह पर अतिथियों कि सेवामें नियुक्त थी। एक समय धर्म के गुढ तत्व जाननेवाले ऋषि दुर्वासा नामक प्रसिद्ध जितेन्द्रिय महर्षि वहां आये। मैने उन संयतात्मा महर्षि को सभी प्रकार के प्रयत्नसे सन्तुष्ट किया। उन भगवान ने मुझको अभिचारयुक्त वर देकर एक मंत्र दिया तथा मुझसे कहा, कि 'तुम इस मंत्र से जिन – जिन देवोंका आवाहन करोगी, वह सकाम हो वा निष्काम हों उसी क्षण तुम्हारे वशमें हो जायेंगे' आपकी आज्ञा हो तो उस मंत्रसे देवों का आवाहन करुं। इससे हमें हित करनेवाला पुत्र प्राप्त होगा। कहिये किस देवता का आवाहन करुं आपही कि आज्ञासे मै इस कार्यमें दत्तचित्त होती हुं।' तब महाराज पांडुने कहा – 'तुम आज ही इस के लिये यथाविधि प्रयत्न करो। तथा धर्मराज का आवाहन करो, क्योंकि वह देवों में पुण्यात्मा है। धर्मराज हमें किसी प्रकारके अधर्ममें नहीं डाल सकेंगे। धर्मराज का दिया हुआ वो पुत्र कुरुओं में धार्मिक होगा।' माता कुन्ती ने ऋषि दुर्वासा द्वारा दिये गये मंत्रका यथाविधि जप किया। तथा योगीका स्वरुप लिये हुए धर्मराज से मिलकर जिवोंमे श्रेष्ठ पुत्र प्राप्त किया। कार्तिक माह कि अति प्रशंसित पूज्यतिथी अर्थात शुक्ल अष्टमी कि चन्द्रयुक्त ज्येष्ठ नक्षत्रमें अभिजीत नामक आठवें मुहूर्त में दोपहर के समय माता कुन्तिने अति यशस्वी एक श्रेष्ठ पुत्र प्राप्त किया। उस पुत्र के जन्मलेते ही आकाशवाणी हुई, "पांडुका यह पहला पुत्र धर्मशील जनोंमें श्रेष्ठ तथा युधिष्ठिर के नामसे प्रसिद्ध होगा। यह तीनों लोकोंमे प्रशंसित यशस्वी तेजस्वी तथा चरित्रशील होगा।" महाराज पांडु धार्मिक पुत्र पाकर पुनः कुन्तीसे बोले – 'हे कुन्ति! पंडितगण क्षत्रियको बलमें श्रेष्ठ कहते है, अतः तुम एक बलमें प्रधान पुत्रके लिये प्रार्थना करो।' अनन्तर माता कुन्तिने पतिकी आज्ञा पाकर 'पवनदेव' का आवाहन किया। पवनदेव से महाभुज महापराक्रमी 'भीम' का जन्म हुआ। "भीम के जन्म लेते ही आकाशवाणी हुई कि, यह बालक सम्पूर्ण बलियों में श्रेष्ठ होगा।" भीमके जन्म लेते ही एक आश्चर्यजनक घटना हुई, कि माता कुन्ती बाघ से भयभित होकर पर्वत पर खडी हो गई। उन्हें यह ध्यान नही था, कि उनके गोदमें वृकोदर सोया हुआ है। तब वह वज्र समान शरीरधारी कुमार पर्वत पर गिर पडा। भीमके गिरनेपर उसकि देहकी चोटसे पत्थर सैकड़ों भागोंमें चूर-चूर हो गया। वृकोदर का जन्म होने के पश्चात महाराज पांडु पुनः सोचने लगे, कि मेरा एक प्रधान लोकश्रेष्ठ पुत्र कैसे हो। तब महाराज पांडु ने महर्षियों से परामर्श कर कुन्तीको आज्ञा दी, कि 'नीतियुक्त, महात्मा, सुर्यके समान तेजपूर्ण, पराजित न होनेवाला, क्रियावान, देखनेमें अद्भूत क्षत्रिय तेजसे पूरित ऐसे कीर्तियुक्त पुत्र के प्राप्ति के लिये देवराज इंद्र का आवाहन करो।' यशस्विनी कुन्तिने यह सुनकर देवराज इंद्रका मंत्रजप कर आवाहन किया। देवराज इंद्र द्वारा माता

कुन्ती को 'अर्जुन' नामक बालक कि प्राप्ति हुई। कुमार के जन्म लेते ही गंभीर शब्दसे आकाश गुंजाती हुई आकाशवाणी बोली – 'हे कुन्ति! शिव समान पराक्रमी, इंद्रवत् अजेय यह कुमार सर्वत्र तुम्हारा यश फैलायेगा। विष्णुसे जिस प्रकार अदिति की प्रीती बढी थी, वैसे ही उपन्द्रवत यह पुत्र तुम्हीरी प्रीती बढायेगा।' उस वाणी को सुनकर शतशृंग पर विराजते हुए तपस्वियों को बडा आनंद हुआ। अप्सरावृन्द दिव्यमाला तथा दिव्यवस्त्र धारण कर सभी आभूषणों से अलंकृत होकर कुमार अर्जुनकी प्रशंसाके गीत गाने तथा नृत्य करने लगी। अनन्तर माता कुन्ती के पुत्रों का जन्म होनेपर मद्रराज की राजकुमारी माद्री ने एकान्तमें महाराज पांडु से कहा – 'आर्य! आपके सदा मुझपर कृपायुक्त न रहने के कारण भी मुझे कोई विशेष दुःख नही हुआ। कुन्तीसे सदा अश्रेष्ठ बनी रहने पर भी मुझे दुःख नही हुआ। किंतु इसका मुझे बडा दुःख है कि मेरी कोई सन्तान नही हुई। भाग्यवश कुन्तीसे आपकी सन्तानें हुई है। इस समय यदि कुन्तिराज पुत्री मेरे सन्तान होनेका उपाय कर दे तो मुझपर बडी दया होगी। यदि आप मुझपर प्रसन्न हों तो आप ही उन्हें आज्ञा दिजिये।' माद्री के इसप्रकार कहनेपर महाराज पांडु ने उनसे कहा – 'इस विषय में मै कुन्ती से बात करुंगा। मुझे आशा है कि मेरे कहने से कुन्ती मान जायेगी।' एक दिन पांडु एकान्त में कुन्तीसे बोले – 'कुन्ति! तुम सन्तानरुप मंत्रसे माद्री का उद्धार करो। उसे पुत्रवती बना कर परम कित्ती प्राप्त करो।' अपने पति कि आज्ञा पाकर कुन्तिने माद्री से कहा – 'तुम एक बार किसी देवता का स्मरण करो।' माद्रीने मन ही मनमें विचार कर दोनों अश्विनिकुमारों का स्मरण किया। दोनों अश्विनीकुमारों ने वहां आकर 'नकुल' तथा 'सहदेव' नामक पुत्र प्रदान किये। सत्यरुपी गुणसे युक्त यह दो कुमार रुपसंपद तथा तेजसे सभी लोगोंसे श्रेष्ठ थे। इसप्रकार महाराज पांडु के देवों कि कृपासे महाबली, कित्तीशाली, कुरुवंश बढाने वाले पांच पुत्र उत्पन्न हुए।

अनन्तर महाराज पांडु अपने पांच पुत्रों तथा पत्नीयों सहित वनमें सुखसे काल व्यतित करने लगे। एक समय प्राणियों को मोहनेवाले वसंत के आनेपर नाना प्रकार के पुष्पों से सजे हुए वनमें राजा पांडु अपनी पत्नी माद्री सहित विहार करने लगे। कमलोंसे सुशोभित अनेक प्रकार के तलावों से युक्त उस वनको देखकर महाराज पांडु के हृदयमें कामदेव जाग्रत हो गये। उत्तम वस्त्र धारण किये हुई माद्री प्रफुल्लित चित्तसे महाराज पांडु के पिछे-पिछे चलने लगी। महाराज पांडु एकांतमें उस पदमनेत्रा माद्री को देखते ही कामके वशमें हो गये तथा किसी प्रकार कामको रोक नही सके। उस कालमें मदनकी आज्ञा से चलते हुए महाराज पांडुने विधिवश शापके भयको विस्मृत कर मानों जिवन त्यागने ही के लिये बलसे माद्रीसे समागम किया। उस कामयुक्त पुरुषकी बुद्धी साक्षात कालसे मोहित होकर इन्द्रियों को मंथन कर चेतना सहित जाती रही थी। इसलिये वह परम धार्मिक कुरुनंदन पांडु स्त्रीसे मिलकर कालके धर्म के सहित मिल गए अर्थात मृत्यूको प्राप्त हुए। तब माद्री चेतना रहित भूपालसे लिपटकर बार – बार दुःखसे विलाप करने लगी। उस शोकयुक्त शब्दको सुनकर माता कुन्ति पुत्रों सहित वहां आ पहुंची। माता कुन्ती महाराज पांडु को देखकर शोकसे विहल

हुई तथा अति दुःखसे विलपती हुई बोली – 'इस जितेंद्रिय वीरको मै सदा बचाती फिरती थी, इन्होंने ऋषिके शापको जानकर भी क्यों ऐसा किया? हे मादी! इस भूपालको तुम्हें बचाना चाहिये था, वह न कर तुमने क्यों इन्हें एकांतमे लुभाया?' माता कुन्ती के वचन सुनकर मादी ने कहा – 'हे देवी! मैं विलपती हुई बार – बार रोकने लगी, किंतु राजा शापके कारण दुर्भाग्य को सफल करने ही के लिये स्वयं को रोक न सके।' अनन्तर माता कुन्तीने कहा – 'मै ज्येष्ठ धर्मपत्नी हूं, प्रधान धर्मफल मुझे ही मिलना चाहिये। मै परलोक सिधारे हुए पतिके सहित ही जाऊंगी।' तब मादीने कहा – 'हे आर्य! ऐसा जान नहीं पडता है, कि मैं जिवित रहकर तुम्हारे पुत्रोंका अपने पुत्रोंकी भांति पालन कर सकुंगी, अतः उस हेतु मुझे पाप लग सकता है। अतएव है कुन्ती! तुम मेरे दोनों पुत्रोंसे अपने पुत्रकी भांति व्यवहार करना। तुम मेरा हित चाहनेवाली होकर पुत्रोंका ध्यान रखना। इसके अतिरिक्त मै नहीं समझती हूं कि मुझे और कुछ कहने को है।' यशस्विनी मद्रराज कन्या यह कहकर बिना विलंब किये चिताकि अग्निमें स्थित पांडुके सहित बैठ गयी। अनन्तर देवोंके सदृश्य तपस्वीगण पांडुकी मृत्यूको देखकर परस्पर कहने लगे, 'कि अति तपस्वी महात्मा पांडुने राज्य तथा राष्ट्र को त्यागकर इस स्थानमें तप करने के लिये तपस्वियों कि शरण ली थी। वह राजा पांडु स्त्री तथा बालक पुत्रोंको इस स्थान में तुम्हारे निकट निधिकी भांति रखकर यहींसे स्वर्ग पधारे है।' सभी प्राणियों के हितमें रत वे महर्षि परस्पर विचार कर महाराज पांडुके पुत्रोंको आगे कर हस्तिनापुर नगर चले। वे स्वल्पकाल में कुरुजांगल में पहुंचकर नगर के प्रधान द्वार पर पहुंचे। शांतनुनंदन, सोमदत, राजा धृतराष्ट्र, महात्मा विदुर आदि सभी राजपरिवार के सदस्य बाहर आये। सभीने महर्षियों को देख शिश नवाकर प्रणाम किया। इसके पश्चात उनमें से सबसे वृद्ध महर्षि ने अपने साथी ऋषियों कि सम्मति लेकर कहा – 'कौरव राज्यके अधीश पांडु नामक जो भूपाल यहांसे शतशृंग गये थे। शतशृंग पर साक्षात धर्मसे पांडु के ज्येष्ठ पुत्र 'युधिष्ठिर' का जन्म हुआ। पवनदेव ने बलवानों में श्रेष्ठ 'भीम' नामक महाबली पुत्र प्रदान किया है। देवराज इंद्र से 'अर्जुन' नामक बालक कि प्राप्ति हुई है। तथा मादी ने अश्विनी कुमारों से 'नकुल' तथा 'सहदेव' नामक दो कुमार प्राप्त किये है। यशस्वी पांडु ने धार्मिक तथा वनचारी होकर इस पितामह वंशका उद्धार किया है। पांडु को पितृलोक पधारे हुए सत्रह दिन हो गये है। पतिव्रता मादी ने भी उनकी चितापर स्थित अग्नि के मुखमें आहुति रुप होते देखकर अपना जीवन त्यागकर अग्निमें प्रवेश किया है।' इतना कहकर ऋषियों ने माता कुन्ती तथा पांच पुत्रोंको राजपरिवार के सदस्यों को सौंपकर तथा सभी कुरुओं से उपर्युक्त कथन कहकर सभी ब्राह्मण गुह्यकोंके सहित क्षण भरमें अंतर्हित हो गये।

19
युधिष्ठिर

महाकाव्य महाभारत अनुसार धर्मराज युधिष्ठिर धर्म के अंश से उत्पन्न कुन्तिके धीर, वीर, गंभीर, यशस्वी पुत्र थे। महाभारत के नायकों में समुज्ज्वल चरित्रवाले युधिष्ठिर ज्येष्ठ पांडव थे। वे सत्यवादिता एवं धार्मिक आचरण के लिये विख्यात है। वे नितिनिपुण एवं विनयशील थे, उनमें मानवीय करुणा थी। वे भाला चलाने में निपुण थे। अनेकानेक धर्म

संबंधी प्रश्न एवं उनके उत्तर युधिष्ठिरके मुखसे महाभारत में कहलाये गये है। 'शांतिपर्व' में सम्पूर्ण समाजनीति, राजनीति तथा धर्मनीति युधिष्ठिर तथा पितामह भीष्म के संवाद के रुपमें प्रस्तुत कि गयी है। समय आनेपर जब युधिष्ठिर को युवराज पद मिला तब इन्होंने अद्भुत धैर्य, दृढता, सहनशीलता, नम्रता, दयालुता तथा प्राणिमात्र पर कृपा आदि गुणों का परिचय देते हुए प्रजा का पालन उत्तम रीति से किया था। युधिष्ठिर कि दो पत्नीयां थी 'द्रौपदी' तथा 'देविका'। द्रौपदीसे युधिष्ठिर को 'प्रतिविंध्य' नामक पुत्र कि प्राप्ति हुई थी। तथा युधिष्ठिर कि दुसरी पत्नी देविका से उन्हें 'धौध्येय' नामक पुत्र प्राप्त हुआ था। द्रौपदी से विवाह के पश्चात सभी पांडव हस्तिनापुर पहुंचे। हस्तिनापुर में पांडव तथा कौरवों के मध्य राज्य को लेकर कलह हुई। इसलिये राज्य को बांट दिया गया।

महाकाव्य महाभारत के "सभापर्व" अनुसार पांडवों को राज्यका खाण्डवप्रस्थ वन नामक भाग दिया गया था। पांडवोंने उस निर्जन स्थानको पुनः उपजाऊ बनाया तथा इंद्र की सहायता से खांडवप्रस्थ में 'इंद्रप्रस्थ' नामक नगरी स्थापित कि। पश्चात श्रीकृष्ण के कहे अनुसार पांडवोंने सभी राजाओं को परास्त कर अपने अधिन कर लिया तथा राजसुय यज्ञ के लिये सभाभवन बनाने के लिये श्रीकृष्ण ने 'मय' नामक दानव को आज्ञा दी। मय दानव ने अत्यंत भव्य सभा का निर्माण किया जिसमें स्वर्णके वृक्ष बने हुए थे। आकार में अग्निदेव, सुर्यदेव, चंद्रदेव कि सभाके समान अत्यंत शोभायमान थी। मय दानव ने उस सभा भवन में एक अपूर्व सरोवर भी बनाया था, जिसमें नाना प्रकार के कमल खिले हुए थे। जलसे कमलों कि गंध आ रही थी; उसमे अनेक पक्षियों के समूह थे। बहुमूल्य मणियोंकी शिलाओं से आसपास चौतरी बनी हुई थी। इस कारण उसको सरोवर समझ ही नही सकते तथा धोखा खाकर उसमें गिर पडते थे। उस सभा के दोनों ओर फल फूल तथा नये पत्तोंसे शोभायमान सुशीतल, छायावाले नाना प्रकार के वृक्ष लगे हुए थे। अनन्तर सभा में भ्राताओं सहित पांडुपुत्र युधिष्ठिर पहुंचे। अनेक देशोंसे पधारे हुए राजे भी वहां विराजमान थे। धर्मराज युधिष्ठिर ने भाइयों सहित पितरों का तथा देवताओं का यथोचित पूजन किया। दुर्योधन तथा सुबल पुत्र शकुनि भी उस सभा में उपस्थित थे। राजा दुर्योधन ने शकुनि सहित उस सभा में वह दिव्यभाव देखे जो पुर्वमें कभी नही देखे थे। अनन्तर दुर्योधन सभामें किसी स्फटिक के बने हुए चौकमें पहुंच गये। वहां जलके धोखे में अपने वस्त्र उपर उठाकर उसमें प्रवेश करने कि इच्छासे चारों ओर घूमने लगे। तदनन्तर स्थलके धोखे में स्फटिक के समान निर्मल जल तथा कमलोंसे शोभायमान सरोवर में गिर पडे। महाबली भीमसेन तथा उसके सेवक दुर्योधन को उसप्रकार जलमें गिरते देखकर हंसने लगे। अनन्तर महाराज युधिष्ठिर कि आज्ञा पाकर सेवकों ने दुर्योधन को उत्तम वस्त्र दिये, दुर्योधन पुनः पुर्वकी भांति ही स्थलमें जल का तथा जलमें स्थल का धोखा खाकर गिरता पडता आने लगा यह देखकर भीम, अर्जुन, नकुल, सहदेव सभी हंसने लगे। दुर्योधन उनके इस उपहास को सह नहीं सका तथा महाराज युधिष्ठिर से आज्ञा लेकर हस्तिनापुर चल दिया। पांडवों के राजलक्ष्मी तथा किर्ती

को देख दुर्योधन दुःखित हुआ। तथा उस राजलक्ष्मी पर स्वयंका अधिकार होने कि इच्छा कि। तब मामा शकुनी ने दुर्योधन से कहा – 'उन्हें युद्धमें बलसे जितना कठिन है किंतु उन्हें छल से जीता जा सकता है। राजा युधिष्ठिर को जुए से प्रेम तो है किंतु वे खेलना नहीं जानतें है। इसलिये तुम उन्हें जुआ खेलने के लिये आमंत्रित करो वह आमंत्रण का निषेध नहीं करेंगे। मैं तुम्हारी ओर से फांसे फेंककर उनकी सकल राज्यलक्ष्मी को जीत लूंगा।' पश्चात शकुनीने महाराज धृतराष्ट्र कि आज्ञा प्राप्त कि। महाराज धृतराष्ट्र ने दुर्योधन के सन्तापको शांत करने के लिये केवल पुत्रप्रेम के कारण द्युत सभा के लिये आज्ञा दि। पश्चात महात्मा विदुरके निकट समाचार भेज दिया गया। समाचार पाते ही महात्मा विदुर महाराज धृतराष्ट्र के निकट पहुंचे तथा कहने लगे – 'हे राजन्! मैं आपके इस कार्य को उचित नहीं समझता। आप कुछ ऐसा करिये कि जिसमें जुएके कारण से आपके पुत्र तथा भतीजों में परस्पर विरोध न हो।' तब महाराज धृतराष्ट्र ने कहा – 'हे विदुर! यदि देवता अनुकूल होगें तो हमारे पुत्र तथा भतीजों में कलह नहीं होगी। मेरे तथा तुम्हारे द्रोण तथा तातश्री भीष्म के उपस्थित रहने पर द्युत में कुछ भी अनिति नहीं हो सकेगी। तुम आज ही खांडवप्रस्थ जाओ तथा युधिष्ठिर को लिआओ।' महाराज धृतराष्ट्र के इसप्रकार कहनेपर महात्मा विदुर चितमें बहुत ही दुःखित होते हुए विवश होकर पांडवों के निकट चल दिये। समस्त मार्ग बिताकर वे इंद्रप्रस्थ पहुंचे वहां के द्विजातियों ने उनका सत्कार किया। तदनन्तर धर्मात्मा विदुर धर्मपुत्र युधिष्ठिर से मिले। महाराज युधिष्ठिर ने उनका यथाविधि पूजन तथा स्वागत कर महाराज धृतराष्ट्र का समाचार पूछते हुए कहा – 'हे विदुरजी! आपका मन मलिनसा प्रतित होता है, आप कुशलसे तो आये हो? दुर्योधन आदि हमारे भ्राता महाराज धृतराष्ट्र के अनुकूल तो है।' महाराज युधिष्ठिर द्वारा इसप्रकार पुछनेपर महात्मा विदुर ने कहा – 'हे युधिष्ठिर! महाराज धृतराष्ट्र तथा उनके पुत्र बान्धव सहित कुशलसे है। इस समय आपकी कुशलता तथा आरोग्य पुछकर राजा धृतराष्ट्र ने आपसे कहा है, 'कि हे पार्थ! तुम भाइयों सहित आकर अपनी सभाके समान ही हमारी सभाको देखो तथा यहां आकर चौरस खेलो तथा आनन्द करो। तुम्हारे यहां आनेपर हम तथा कुरुकुल के अन्य सभी लोग बहुत ही प्रसन्न होंगे।' यही संदेसा लेकर मैं यहां आया हुं, अब आपकी जो इच्छा हो सो कजिये।' महात्मा विदुर द्वारा दिया गया समाचार सुनकर धर्मराज युधिष्ठिर ने कहा – 'हे महात्मन्! द्युत खेलने में मुझे कल्याण नही दिखता, क्या आप चौरस खेलना उचित समझते है? कहिये हम सभी आपकी संमति के अनुसार कार्य करना चाहते है।' तब महात्मा विदुर ने कहा – 'हे युधिष्ठिर! यह मैं भली प्रकार से जानता हुं कि जुआ खेलना अनर्थ कि मूल है। मैंने प्रयास किया कि जुआ न हो किंतु राजा धृतराष्ट्र ने मुझे तुम्हारे निकट भेज ही दिया। अब आप जो उचित समझे वह किजिये।' तब महाराज युधिष्ठिर ने कहा – 'हे महात्मन्! महाराज धृतराष्ट्र के पुत्रों के अतिरिक्त और कौन-कौन से फांसे फेकने वाले खिलाड़ी वहां है? उनके नाम मुझे बताइये।' महाराज युधिष्ठिर के इसप्रकार पुछनेपर महात्मा विदुर बोले – 'युधिष्ठिर! फांसे फेंकने में प्रसिद्ध तथा फांसोंको स्वयं बनाकर फेंकने वाला तो गांधारराज शकुनि है, उसके अतिरिक्त

विविंशति, चित्रसेन तथा पुरुमित्र वहां विद्यमान है।' तब महाराज युधिष्ठिर ने कहा – 'वहां बडे-बडे मायावी जुआ खेलनेवाले उपस्थित है, पुत्रके पक्षपाती राजा धृतराष्ट्र के शासन में मुझे चौसर खेलने के लिये जानेकी इच्छा नहीं है। यदि महाराज धृतराष्ट्र मुझे सभामें नहीं बुलाते तो मैं शकुनिके सहित चौसर कदापि नही खेलता किंतु जब उन्होंने आमंत्रित किया है तो मै निषेध नहीं कर सकता।' धर्मराज युधिष्ठिर ने महात्मा विदुर से इसप्रकार कहकर शीघ्र ही साथ चलने कि आज्ञा दी। धर्मराज युधिष्ठिर उस आमंत्रण के चितके अनुकूल न होनेपर भी महात्मा विदुर, द्रौपदी णथा भाइयों सहित चल दिये। धर्मराज युधिष्ठिर ने हस्तिनापुर पहुंचकर महाराज धृतराष्ट्र के राज मंदिर में प्रवेश किया तथा उनसे भेंट कि। तथा पितामह भीष्म, गुरु द्रोणाचार्य, कर्ण, कृपाचार्य आदि कुरुवंशियों से मिले। उस समय वीर पांडवों को देख कौरव बडे प्रसन्न हुए। अनन्तर पांडव सभा में पहुंचे, सभी राजाओं के आसनोंपर विराजमान होनेपर सुबलनन्दन शकुनीने युधिष्ठिर से कहा – 'हे पार्थ! हम सभी लोग सभामें पहले से ही इकट्ठे होकर आपकी प्रतिक्षा कर रहे थे। अब फांसे फेंक चौसर के खेलका आरंभ होना चाहिये।' तब धर्मराज युधिष्ठिर ने शकुनी से कहा – 'हे राजन्! जुआ खेलना छलरुप पापकी मूल है, इसमें क्षत्रियों कि वीरता तो है ही नही। विचारदृष्टि से देखा जाये तो यह राजनीति भी नहीं है। इस कारण हे शकुनी! तुम्हें निर्ढयी कि समान कुमार्गके द्वारा हमारा पराजय करने कि चेष्टा नही करनी चाहिये।' धर्मराज युधिष्ठिर के वचन सुनकर शकुनीने कहा – 'हे पार्थ! फांसोंपर दांव लगाना ही हार जीतका कारण है, हारना कोई दोष नहीं है। इसलिये आइये खेलें , आप किसी बातकि चिंता न करें, शीघ्र ही अपनी इच्छानुसार दांव लगाइये। यदि आप मेरे द्वारा फांसे डालने पर धूर्त समझते है तथा यदि आपको द्युत क्रीडा से भय लगता है तो आप जाइये न खेलिये।' तब धर्मराज युधिष्ठिर ने कहा – 'हे राजन्! जब कोई मुझे आमंत्रित करता है तो मै लौटता ही नही यह तो मेरा सदा का नियम है। इसके अतिरिक्त दैव बडा बलवान है तथा उस दैवके वशमें होकर मै यहां आया हूं। इसलिये बताइये किसके सहित मुझे खेलना होगा तथा दाव लगाने वाला दूसरा कौन है? यदि कोई सज्ज हो तो द्युतका आरंभ किया जाय।' तब दुर्योधन ने कहा – 'हे राजन्! दांव के लिये धन तथा रत्न मै दूंगा तथा मेरी ओरसे मेरे मामा शकुनी खेलेंगे।' यह सुनकर धर्मराज युधिष्ठिर ने कहा – 'हे राजन्! एक के ओरसे दूसरा खेले इसे मै उचित नहीं समझता। यदि तुम चाहते हो तो आरंभ करो।' अनन्तर जब द्युतक्रीडा का आरंभ हुआ उस समय पितामह भीष्म, गुरु द्रोणाचार्य तथा महात्मा विदुर मनमें खिन्न होते हुए भी सभा में बैठ गये। अन्य देशों से पधारे हुए राजाओं से उस सभा कि शोभा ऐसे दिखने लगी जैसे देवताओं के इकट्ठे होनेपर स्वर्ग की शोभा होती है। द्युत क्रिडा आरंभ होनेपर दांव लगाते हुए धर्मराज युधिष्ठिर ने दुर्योधन से कहा – 'हे राजन्! मै महामूल्य सागर से उत्पन्न हुए स्वर्ण के सभी आभूषणों में श्रेष्ठ परम सुन्दर मणिमय हार का दाव लगाता हुं। आपके दाव का क्या धन हैं?' यह सुनकर दुर्योधन ने कहा – 'मेरे निकट बहुतसे मणि तथा धन है किंतु उनके नाम गिनाकर मे अहंकार नही दिखाना चाहता।' इसप्रकार दांव लग जानेपर फांसों के

तत्वोंको जाननेवाले शकुनीने फांसे हाथ में लेकर कहा – 'मै यह जीता।' सो फांसे डालते ही उसकी विजय हुई। पश्चात धर्मराज युधिष्ठिर ने पुनः दांवपर एक लाख आठ हजार मुहरों से भरी सुंदर कुंडेली, अक्षय धन भण्डार तथा बहुत से स्वर्णके ढेर लगाये। शकुनीने 'मैने इसे भी जीत लिया' कहकर फांसे फेंके तथा उसी कि जीत हुई। धर्मराज युधिष्ठिर ने पुनः दांव पर रथ लगाया जिसपर सिंहकी चर्म मंढी थी, जो परम प्रसिद्ध थी। शकुनीने फांसे डाले तथा वह भी जीत लिया। ऐसे ही धर्मराज युधिष्ठिर दांव लगाते गए तथा शकुनी एक-एक कर दास-दासियां, रथ, सुशिक्षित अश्व, स्वर्ण आदि जीत लिया पश्चात धर्मराज युधिष्ठिर ने देश, भूमि, राजकिय आभूषण, गौएं दांव पर लगाये। शकुनी ने छलसे फांसे फेंके तथा जीत लिया। संपुर्ण राज्यलक्ष्मी हारने के पश्चात धर्मराज युधिष्ठिर ने नकुल, सहदेव, भीम तथा अर्जुन को एक-एक कर हार गये। पश्चात महाराज युधिष्ठिर ने स्वयं को भी दांवपर लगा दिया। शकुनीने छलसे फांसे फेंके तथा उन्हें भी जीत लिया। दुष्टत्मा शकुनीने इसप्रकार कपटकी क्रिडा में महावीर युधिष्ठिर आदि राजकुमारों को एक-एक कर सभी भाइयो को जीत लिया तथा शकुनी फिरसे कहने लगा – 'हे राजन्! आपके निकट दांव पर लगाने के लिये आपकी प्रिया द्रौपदी है, जिसे आपने अभी तक हारा नही है। अब आप उस पांचाल कुमारी द्रौपदी को दांवपर लगाकर अपनी जीत करलो।' शकुनीके छल भरी बातों में फसकर धर्मराज युधिष्ठिर ने द्रौपदी को दांव पर लगाया। तथा वे द्रौपदीको भी हार गये।

अनन्तर दुर्योधन ने प्रतिगामी को आज्ञा दी, 'कि तुम पांडवोंसे किंचित भी भय न करो तथा शीघ्र ही जाकर द्रौपदी को ले आओ।' इसप्रकार आज्ञा पाकर प्रतिगामी राजा दुर्योधन के कहे अनुसार चल दिया तथा पांडवोंकी पटरानी द्रौपदीके निकट जा पहुंचा तथा द्रौपदीसे कहा - 'हे द्रुपदकुमारी! महाराज युधिष्ठिर ने द्यूत क्रिडामें अत्यंत आसक्त होकर आपको दांव पर लगा दिया था, सो राजा दुर्योधन ने तुम्हें जीत लिया है। अतएव मै आपको लिवाने आया हूं। यह सुनकर द्रौपदीने कहा – 'प्रतिकामी! तुम क्या कह रहे हो? कौन क्षत्रिय अपनी स्त्री को दांव पर लगाकर जुआ खेलेगा? क्या उनके निकट दांव पर लगाने के लिये और कुछ भी न था?' तब प्रतिकामी ने कहा – 'द्रुपदकुमारी! महाराज युधिष्ठिर सब धन हार गये दांव पर लगाने के लिये कुछ भी नहीं रहा, तब पहले भाइयों को दांव पर रख्खा पश्चात स्वयंको अन्तमें आपको भी हार गये।' यह सुनकर द्रौपदीने कहा – 'हे प्रतिकामी! तुम सभामें जाकर द्यूत खेलने वाले धर्मराज से पूछो, कि वह जुएमें पहले स्वयंको हारे है या मुझे? यह जानने के पश्चात मै तुम्हारे सहित चलूंगी।' तब प्रतिकामी सभामें गया तथा सभी राजाओं के मध्य में बैठे हुए धर्मराज युधिष्ठिर से द्रौपदी के कहे हुए वचन कहते हुए कहा – 'हे धर्मराज! आपसे द्रौफदीने कहा है, कि 'आप पहले किसे हारे हो, मुझे या स्वयंको?' धर्मराज इन वचनों को सुनकर हीनबल हो गये तथा उस प्रतिकामी को उत्तर न दे सके। किंतु दुर्योधन बोल उठा, कि 'द्रौपदी यहां आकर ही इस प्रश्न को कहे यहां सभी लोग उसकी तथा युधिष्ठिर कि बातको सुन लेंगे।' दुर्योधन कि आज्ञा पाकर सेवक प्रतिकामी राजभवन में गया तथा द्रौपदी से कहने लगा – 'हे राजपुत्री! सभाके लोग तुम्हें वहीं बुलाते है। दुर्योधन ने तुम्हें सभामें ले आने कि इच्छा कि है।' यह सुनकर द्रौपदी ने कहा – 'हे प्रतिगामी! विधाताने ऐसी ही होनी रची है। वृद्धोंसे लेकर बालक पर्यंत सभी के उपर सुख दुःख पडते है किंतु संसार में धर्मको सबसे श्रेष्ठ कहा है। आशा है कि हमारा पालन किया हुआ वह धर्म हमारे दुःखों को शांत करेगा। कौरवों को भी उस कर्मका उल्लंघन नही करना चाहिये। हे सुतनंदन! सभा में विद्यमान सभी के निकट जाकर मेरे विषय में धर्मानुकूल बात पुछकर आओ। वह धर्मात्मा श्रेष्ठ पुरुष न्यायाअनुकुल जो कुछ कहेंगे वही करुंगी।' प्रतिगामी द्रौपदीके वचनों को सुनकर तत्काल ही सभामें पहुंचा तथा द्रौपदी के वचन सभी को सुना दिया। सभा में बैठे हुए सभी लोगों ने द्रौपदीके के वचन सुनकर नीचे मुख कर लिया तथा दुर्योधन कि हठको जानकर किसीने कुछ भी नहीं कहा। दुष्टात्मा दुर्योधन ने पांडवों को खिन्न मुख देख चितमें प्रसन्न होते हुए अपने सारथी से कहा – 'हे प्रतिकामी! द्रौपदी को यहीं लिवाला, कौरवों को कुछ उत्तर देना है तो वे उसके समक्ष ही देंगे।' तब दुर्योधन का आज्ञाकारी वह सुत द्रौपदीके कोपसे भयभीत हुआ। तथा दुर्योधन के मतको छोडकर पुनः सभासदों से पूछने लगा – 'मै द्रुपदकुमारी से क्या कहुं।' उस समय दुर्योधन ने प्रतिकामी कि ओर क्रुरदृष्टिसे देखते हुए अपने अनुज भाई दुःशासन से कहा – 'हे दुःशासन! यह सुतपुत्र प्रतिकामी बहुत ही छोटे चित्तका है, तुम स्वयं ही द्रौपदी को पकडकर ले आओ। पराधीन हुए शत्रु पांडव तुम्हारा क्या कर सकते है।' भ्राताकी आज्ञाको सुनते ही दुःशासन चल दिया तथा महारथी पांडवों के भवन के भीतर जाकर राजपुत्री द्रौपदी

से कहने लगे – 'द्रौपदी! हमने तुम्हें धर्मसे पाया है, सभा में चल तथा कौरवों की सेवा कर।' द्रौपदी दुष्टत्मा दुःशासन के वचन सुनकर अपने मुखको पोछती हुई राजमाताओं के समीप दौडकर जाने लगी। तब पापात्मा दुःशासन भी क्रोध में भरा गंभीर स्वर में गरजता हुआ द्रौपदी के पिछे दौडा तथा द्रौपदी के लंबे कुंचित केशोंको पकड लिया। जो केश कुछ ही दिन पुर्व राजसुय यज्ञ के स्नानके समय मन्त्र जलसे सींचे गए थे। इस समय धृतराष्ट्र के पुत्र दुःशासन ने तिरस्कार करते हुए उन केशोंको पकड लिया। दुर्मति दुःशासन द्रौपदीके केश पकडकर घसीटता हुआ सभाके समीप ले जाने लगा। उस समय घसिटति हुई द्रोपदीने कहा – 'अरे दुष्ट मुर्ख दुःशासन! मै रजस्वला हूं तथा एक ही वस्त्रको धारण किये हुई हुं। इस दशामें मुझे सभामें ले जाना उचित नहीं है।' दुःशासन ने उसके कहनेपर कुछ ध्यान नही दिया तथा दृढता के सहित द्रौपदीके केश पकडकर कहने लगा – 'द्रुपदकुमारी! तु रजस्वला हो, चाहे एकवस्त्रा हो, तुझे हमने जुए में जीता है इसकारण तु हमारी दासी है। दुःशासन के निर्दयताके सहित घसीटने के कारण द्रौपदी के केश बिखर गये। वो विलाप करती हुई कहने लगी – 'अरे दुष्ट! सभामें सभी शास्त्रके ज्ञाता, क्रियावान, प्रतिष्ठावाले मेरे ज्येष्ठ विद्यमान है, उनके समक्ष मै इस दशामें कैसे खडी हो सकुंगी। अरे दुराचारी! नीच कर्मको न कर मुझे इसप्रकार न घसीट, यदि इंद्र सहित देवता भी तेरी सहायता करने आवेंगे तब भी राजपुत्र पांडव तुझे क्षमा नहीं करेंगे। अरे दुष्टात्मा! तु कुरुवंशी वीर पुरुषों के समक्ष मुझे घसीट रहा है, तेरे इस अनुचित कर्मको देखते हुए भी कोई तुझे रोक नही रहा। इससे प्रतित होता है कि इस दुराचार में इनकी भी संम्मति है। भरत वंशियों को धिक्कार है, क्षत्रिय धर्मज्ञों का आचरण तो एक सहित ही नष्ट हो गया है। सभामें बैठे हुए सभी कौरव अपने नेत्रों से इस निजकुलकी धर्ममर्यादा के उल्लंघन को देख यहे है। इससे प्रतित होता है कि गुरु द्रोण, पितामह भीष्म तथा महात्मा विदुर में भी धर्म नहीं रहा। कुरुवंशी वृद्ध क्षत्रिय भी दुर्योधन के इस नीच कर्मरुप घोर अधर्म को बैठे-बैठे देखरहे है, कुछ कहते नही।' क्रोधसे अपने पति पांडवों कि ओर देखती हुई द्रौपदीने ऐसे दीनता के वचन कहकर मानों उनके शरीरों में दहकती हुई क्रोधाग्नि को प्रज्वलित कर दिया। लज्जा तथा क्रोध भरी दृष्टी से द्रौपदी के देखने पर पांडवों को जैसा दुःख हुआ, वैसा दुःख सम्पूर्ण राज्य, धन तथा नानाप्रकार के श्रेष्ठरत्नों के छिन जानेपर भी नही हुआ था। दुष्टात्मा दुःशासन ने द्रौपदीको दीनताके सहित अपने पतियों कि ओर दृष्टिपात करते देखकर शक्तिसे घसीटा जिससे वह मुच्छित सी हो गई, तब ओ दासी! ओ दासी! कहकर हंसने लगा। उस समय पितामह भीष्मने द्रौपदी कि ओर देखकर कहा – 'हे शुभगे! धर्मात्मा युधिष्ठिर सकल पृथ्वीका त्याग कर सकते है किंतु धर्मसे एक पग भी नही हट सकते, उन्होंने अपने मुखसे स्वीकार कर लिया है, कि मै हार गया। इसलिये तुम्हारे प्रश्नके विषय में ठीक-ठीक विचार नहीं कर सकता। शकुनी जुआ खेलने में सभी मनुष्यों से बढकर है, युधिष्ठिर ने स्वयं ही उसके सहित खेलने कि अभिलाषा करी।' यह सुनकर द्रौपदी ने कहा – 'जुए के प्रेमी, दुष्टत्मा नीचों ने धर्मपुत्रको बुलाकर जुआ खेलने का आग्रह किया था, फिर यह कैसे कहते हो, कि उन्होंने स्वयं जुआ खेलने कि अभिलाषा करी? जो कुछ भी हुआ हो

इस सभामें अनेकों कुरुवंशी बैठेबैठ है, जिनके पुत्र तथा पुत्रों कि वधुएं है, वे सभी मेरे प्रश्नका उत्तर दें।' द्रौपदी बार-बार विलाप करती हुई सभा में विराजमान सभी से प्रश्न करने लगी। द्रौपदी के प्रश्न पुछने पर सभामें सभी शांत बैठे रहे तब धृतराष्ट्र पुत्र 'विकर्ण' ने सभामें बैठे हुए सभी राजाओं से कहा – 'द्रौपदी ने जो कुछ कहा है, तुम सभी उसके विषय में भली प्रकार से विचार कर कहो, यथार्थ विचार न करने से हमें नरकगामी होना पडेगा। कौरवों में वृद्ध पितामह भीष्म, धृतराष्ट्र तथा महामति विदुर ने सम्मति कर कुछ उत्तर क्यों नही दिया। आचार्य द्रोण तथा कृपाचार्य यह दोनों इस प्रश्न का उत्तर क्यों नही देते।' इसप्रकार विकर्ण ने उन सभासदों से कई बार कहा किंतु उन राजाओं में से किसी ने भी उचित तथा अनुचित कुछ उत्तर नही दिया। तब विकर्ण पुनः कहा – 'अब यह राजे कुछ उत्तर दें वा न दें किंतु है कौरवों! इस विषय में जिस बातको मै न्याय समझता हुं वह अवश्य ही कहुंगा। महाराज युधिष्ठिर ने द्युतरुप दुर्व्यसन में आसक्त होकर द्रौपदी को दांव पर लगाया है। विशेष बात यह है, कि यह द्रोपदी पांचों ही पांडवों कि स्त्री है। तथा महाराज युधिष्ठिर ने द्रौपदी को दांवपर लगाने से पुर्व ही स्वयं को हार चुके थे। इसलिये द्रौपदी को दांवपर लगाने का इन्हें कोई अधिकार ही नही था। यह सब विचार कर देखने पर मेरी समझमें तो द्रौपदी नही जीती गई है।' यह सुनते ही विकर्ण कि प्रशंसा तथा शकुनी कि निंदा करनेवाले सकल सभा सदों का कोलाहल हुआ। उस कोलाहल के कुछ समय में थम जाने पर क्रोधमें भरे हुए कर्णने विकर्ण से कहा – 'हे विकर्ण! जिस कुलमें उत्पन्न हुआ है उसका ही नाश करना चाहता है। द्रौपदी के बार-बार प्रश्न करने पर भी यह राजे जो बैठे है, कुछ नही कहते क्योंकि यह द्रौपदी को धर्मसे जीती हुई मानते है। जब युधिष्ठिर ने सर्वस्व का दांव सभामें लगा दिया तब तु द्रौपदी को बिना जीती कैसे कहता है? द्रौपदी भी तो सर्वस्वके भीतर ही आ गई इसप्रकार धर्मसे जीती हुई द्रौपदी को बिना जीती कैसे कहता है? देवताओंने स्त्रीका एक पति ही विधान किया है तथा यह द्रौपदी तो पांचके अधीन रहती है, इसकारण यह निःसंदेह वैश्या है।' परमक्रोधी भीमसेन कर्णकी इस कथन को सुनकर पहले से भी अधिक क्रोध में भर गये किंतु धर्मराज युधिष्ठिर के आज्ञाकारी तथा धर्म पथमें बंधे होने के कारण कुछ कर नही सके। अनन्तर ऐश्वर्य के मदमें मतवाले हुए पापात्मा दुर्योधन अपनी दाहिनी जंघा द्रौपदी बताते हुए अपशब्द कहने लगा। इस कार्य को देख भीमसेन उंचे स्वर से कहने लगा – 'दुर्योधन! यदिमहासंग्राम में तेरी इस जंघाको गदासे न तोड दूं तो मुझे अपने पूर्वपुरुषों के समान सद्गति न प्राप्त हो।' अनन्तर दुर्योधन ने अपने अनुज दुःशासन को द्रौपदीके वस्त्र हरणे कि आज्ञा दी। दुःशासन अपने भ्राता दुर्योधन कि आज्ञा पाकर द्रौपदी के वस्त्रको पकडकर खेंचने लगा। वस्त्र खेंचने पर द्रौपदी श्रीकृष्ण का ध्यान करती हुई कहने लगी – 'हे गोविंद! क्या आपको ज्ञात नही है, कि कौरव मेरा तिरस्कार कर रहे है? हे गोविंद! मैं कौरवरुप समुद्रमें डूबी जा रही हुं, मेरा उद्धार करो। कौरवों के मध्य सभामें दुःख पाती हुई मै आपकी शरणमें आई हूं, रक्षा करो।' द्रौपदी इसप्रकार त्रिलोकपति दुःखहारी श्रीकृष्ण का स्मरण कर मुखको ढककर क्रंदन करने लगी। द्रौपदी की इस आर्त पुकार को सुनते ही श्रीकृष्ण ने बहुत से सुन्दर वस्त्रों से द्रौपदी को

ढक दिया। पापात्मा दुःशासन द्रौपदी के वस्त्रको जितना खेंचता था। उसी प्रकार दूसरा वस्त्र प्रकट हो जाता था, इसप्रकार रंगबिरंगे बहुत से वस्त्रों का ढेर लग गया। यह देखकर सभामें चारों ओर कोलाहल होने लगा। उस समय भीमसेन क्रोधसे गर्जते हुए प्रतिज्ञा कि, 'कि पापी दुष्टात्मा दुःशासन कि छातीको फाडकर उसके रुधिर को न पीऊं तो मुझे अपने पूर्वपुरुषों कि गति न मिले।' दुःशासन द्रौपदीके वस्त्र खेंचता रहा। वस्त्र खेंचते-खेंचते सभामें वस्त्रका ढेर लग गया। तब दुःशासन थककर लज्जित होकर बैठ गया। पश्चात प्रश्नोत्तर हो रहे थे, कि उसी समय महाराज धृतराष्ट्र कि अग्निहोत्र शालामें गीदड बोलने लगे। सभी दिशाओं से भयसुचक पक्षी भी बोलने लगे। तदनन्तर इस उत्पात को देखकर दुर्योधन को ललकारते हुए कहने लगे – 'रे विनयहीन दुर्योधन! तु तो एक साथ ही नष्ट हो गया।' महाराज धृतराष्ट्र ने इसप्रकार कहकर इस विपत्ति से बांधवों को बचाने कि इच्छासे कुछ समय मनमें विचार कर द्रौपदी को समझाते हुए कहा – 'हे द्रौपदी! तुम अपनी इच्छानुसार वर मांगो।' तब द्रौपदी ने कहा – 'हे महाराज! यदि आप मुझे वरदान देना चाहते है, तो मै यह मांगति हूं, कि यह सदा धर्मके अनुगामी श्रीमान् युधिष्ठिर, धनुषसहित अर्जुन, भीमसेन, नकुल तथा सहदेव सभी आर्यपुत्रों को उनके राज्यलक्ष्मी सहित मुक्त कर दिजिये। आपके पुत्र उन्हें दास न कहे।' द्रौपदी के वचन सुनकर महाराज धृतराष्ट्र ने कहा – 'अवश्य! तुम्हारा कल्याण हो, सदा आनंद से रहो तुम सभी धन लेकर जाओ तथा राज्यका पालन करो।' महाराज धृतराष्ट्र ने धन तथा रत्नसमूहों सहित पांडवों को जानेकी अनुमति दे दी, इस बातको सुनते ही दुर्योधन, सुबल पुत्र शकुनी राजा धृतराष्ट्र के निकट पहुंचे तथा दुर्योधन ने कहा – 'पिताश्री! क्या आपने नही सुना है, कि जो देवताओं के पुरोहित विद्वान बृहस्पतिजी ने स्वर्गपति इन्द्रको उपदेश देते समय कहा था, कि सकल उपायों से शत्रुओंका नाश ही कर देना उचित है। क्योंकि वह युद्ध कर तथा बल दिखाकर हानि पहुंचाने कि चेष्टा करते है, वैसे ही पांडव भी आयेंगे। वे हमें क्षमा नहीं करेंगे द्रौपदी को जो क्लेश पहुंचाया है उसे वे पांचों में से एक भी नहीं सह सकता। इसलिये आप उन्हें आज्ञा दिजिये कि वे पुनः हमारे साथ चौसर खेले। तथा जो चौसर में हारेंगे उन्हें 12 वर्ष का वनवास तथा 1 वर्ष का अज्ञात वास बिताना होगा।' इन वचनों को सुनकर द्रोणाचार्य, सोमदत्त, वाहीक, कृपाचार्य, महात्मा विदुर, पितामह भीष्म सभी ने द्युत न खेलने के लिये कहा किन्तु पुत्र मोह में बन्धे हुए महाराज धृतराष्ट्र ने किसी कि बात न मानकर जुआ खेलने के लिये पुनः आज्ञा दी। अनन्तर शकुनी ने छल से फांसे डाले तथा वह चौरस का खेल जीत गया। दांव पर लगाए गए अनुसार हारे हुए पांडवों को 12 वर्ष का वनवास तथा 1 वर्ष का अज्ञात वास बिताने कि आज्ञा महराज धृतराष्ट्र ने दि।

वनवास पर जाने से पुर्व महाराज युधिष्ठिर ने पुरोहित 'धौम्य मुनि' के कहे अनुसार जलमें सुर्यणारायण कि आराधना तथा स्तुति कि। उससे प्रसन्न होकर जलती हुई अग्निके समान प्रकाशमान शरीर से सुर्यनारायण उनके सक्षम प्रकट हुए तथा कहने लगे – 'हे मनुष्यों के स्वामी! कहो तुम्हें क्या वर चाहिये। मै तुमपर अत्यंत प्रसन्न हूं।' सुर्यनारायण को समक्ष

देख धर्मराज युधिष्ठिर ने उन्हें प्रणाम कर कहा – 'सुर्यदेव! मुझे ऐसा वर दिजिये जिससे मै अपने परिवार तथा जो मेरे द्वार पर आये उसकी भूख शांत कर सकूं।' धर्मराज युधिष्ठिर कथन सुनकर सुर्यनारायण ने कहा – 'हे युधिष्ठिर! तुम्हारे मनकी इच्छा पूर्ण होगी, तुम यह पात्र ग्रहण करो। इसमें अन्न, पुष्प, मूल जो कुछ इसमें बनेगा। उसे जबतक द्रौपदी इस पात्रसे परोसेगी तबतक सभीप्रकार के अन्न इसमें भरे रहेंगे।' इतना कहकर सुर्यदेव अन्तध्र्यान हो गये। महाराज युधिष्ठिर सुर्यदेव से वर पाकर जलसे बाहर निकले तथा धौम्य मुनी के दोनों चरणों कि वंदना कि, एवं भाइयों को आलिंगन दिया। पश्चात महाराज युधिष्ठिर द्रौपदी सहित रसोइ घरमें जाकर सुर्यदेव के द्वारा दिये गये "अक्षय पात्र" से आदर पाकर रसोइ बनाने कि क्रियाको आरम्भ किया जिस अन्नसे भोजन बनता था वह उसी अन्नसे ब्राह्मणों को भोजन कराया करते थे। ब्राह्मणों को भोजन कराने के पश्चात भाइयों को भोजन कराते थे। पश्चात महाराज युधिष्ठिर स्वयं भोजन करते थे। अन्तमें द्रौपदी के भोजन करने के पश्चात वह अक्षय पात्र रिक्त हो जाता था। सुर्यके समान तेजवान महाराज युधिष्ठिर सुर्यदेव से ऐसा वांछित वर पाकर ब्राह्मणों कि इच्छाके अनुसार अन्नदान करने लगे। पश्चात पांडव धौम्य मुनिसे स्वस्तिवाचन कराकर ब्राह्मणों के सहित काम्यक वन चले गये।

महाकाव्य महाभारत के 'वनपर्व' अनुसार पांडव तीन दिनोंमें काम्यक वनमें पहुंचे। रात्री का अर्ध भाग बीत गया था, तथा नरभक्षी राक्षसों के विचरने का समय हुआ। उस वनको नरभक्षी राक्षसों के भयसे वनमें रहनेवाले मनुष्यों ने त्याग दिया था। पांडवोंने उस वनमें प्रवेश किया। तब उनके मार्गका अवरोध कर प्रज्वलित नेत्र, अति भयंकर राक्षस मिला। वह अपने हाथों को विस्तारित कर तथा मुखको भयानक बनाकर जिस मार्गसे पांडव आ रहे थे उसे रोककर खडा हो गया। लाल प्रकाशमान केशयुक्त, मेघ के समान गरजते हुए, महाशब्द करता हुआ आकर खडा हो गया। उसके शब्दके भयसे जलचर तथा स्थलचर पक्षी मौन हो गये। उस समय बडी ही कठिन वायु बहने लगी, वायु धुलसे पुरित होनेके कारण आकाश तारे हीन दिखाई देने लगा। पांडवों को दूरसे देखकर राक्षस मैनाक पर्वत के समान मार्गका अवरोध कर खडा हो गया। उसे देखकर कमलनयनी द्रौपदी भयभित हो गयी। अनन्तर पांडवों के समक्ष उस राक्षस के घोर मायाको धौम्य मुनिने राक्षसों का नाश करनेवाले विविध मंत्रोंका भलिभांति प्रयोग कर नाश कर दिया। वह राक्षस माया नष्ट होते ही क्रोधसे क्रुर कालके समान दिखाई देने लगा। तब महाराज युधिष्ठिर ने उससे पूछा – 'तुम कौन है? तथा किसके पुत्र हो?' महाराज युधिष्ठिर के इसप्रकार पूछनेपर राक्षस ने कहा – 'मै 'बक' का भ्राता हूं, तथा 'किर्मिर' नामसे प्रसिद्ध हूं। इस काम्यक वनमें सुखपूर्वक रहता हूं। तुम लोग कौन हो, मेरे भोजनरुप होकर इस वन में आये हो। अब मै तुम सभीको युद्धमें जीतकर खा जाउंगा।' तब महाराज युधिष्ठिर ने कहा – 'हम पांडुपुत्र धर्मराज है, कदाचित तुमने सुना हो; हम सभी भाइयों के संग राज्य नष्ट होनेसे वनमें रहनेकी इच्छासे इस घोर वन में आये है।' यह सुनकर किर्मिर महाराज युधिष्ठिर से कहने लगा – 'बहुत समयसे मेरे मनमें स्थित

बलि आज देवताओंने भेज दिया। मै भीमसेन का वध करने कि इच्छासे शस्त्रों को उद्यत कर पृथ्वी में घूमता रहा हूं, किंतु इसे न पाया। इसीने पुर्वमें कपटसे ब्राह्मण वेष धारण कर वैत्रकिय वन में मेरे भाइयों को विद्याबल का आश्रय कर वध कर दिया था तथा मेरे मित्र हिडिम्ब को भी इसी दुरात्मा ने मारा है। अब मै उस वैर का प्रतिशोध लूंगा। भाई तथा मित्रके ऋणसे उद्धार होकर इस राक्षसों के वैरी का वध कर परम शांति को प्राप्त करूंगा।' राक्षस के वचन सुनकर भीमसेन दशव्याम के वृक्ष को उखाडकर उसे पत्र रहित कर दिया तथा क्रोधसे होंठ चबाते हुए, हाथसे हाथको मलकर वृक्ष हाथमें लेकर वेगसे राक्षसकी ओर चले। तथा उस यमदण्ड के समान वृक्षको उसके शिश पर मारा। उस पेड के वार से उस राक्षस को कुछ पिडा न हुई, तब उसने जलती हुई लूक भीमसेन को मारी। भीमसेन ने उस लूकको शीघ्रता से बांये चरण से पकडकर पुनः राक्षसकी ओर फेंका; तब किर्मिर भी शीघ्र वृक्ष उखाडकर दण्डधारी यमके समान क्रुद्ध होकर भीमकी ओर दौडा। वहां उन दोनों के मध्य वृक्षयुद्ध होने लगा, जिससे वृक्षों का नाश होने लगा। दोनों के शरीर पर लगकर अनेक वृक्ष चूर्ण हो गये। दोनों परस्पर युद्ध करते हुए परस्पर को खिंचने लगे। पश्चात भीमसेन ने बलसे राक्षस को पटक कर घुमाया। तथा भीमने उसे चेतना रहित कर बहुत देरतक घुमाया तत्पश्चात उसे तडपता हुआ जानकर पांडुनंदन ने शीघ्रता से पशुके समान उसका वध कर दिया। भयंकर रुपवाले राक्षसके वध के पश्चात पांडव द्रौपदी को आगे कर भीमसेनकी प्रशंसा करते हुए प्रसन्न होकर 'द्वैतवन' कि ओर चले गये।

अनन्तर महाराज युधिष्ठिर अपने अनुजों तथा द्रौपदी सहित शीघ्र ही द्वैतवन पहुंचे। द्वैतवन के वड, रोहतक, खैर, बेल आदि सभी वृक्ष पांडवोंके वहां जाने से अति शोभायमान हो गये। नरदेव पांडवगण बडी प्रितिके सहित देवताओं के स्थानके समान यक्ष, गन्धर्व सेवित सुख से विहार करने लगे। तदनन्तर भीमसेन उस गन्धर्वों से सेवित मनोहर वनमें विहार करने गये। चकोर, चकवे, कोकिल तथा मोर आदि अनेक पक्षियों से शोभित वृक्षोंको देखा, वे वृक्ष सदा फलने तथा फुलनेवाले तथा हिमके स्पर्शसे शीतल थे। उनकी छाया मन तथा नेत्रोंको सुख दे रही थी। निर्मल नदीके जलोंको देखते हुए भीम विचरने लगे। भीम कहीं दौडते, कहीं बैठते तथा कहीं धीरे-धीरे चलते थे। अनन्तर भीमसेनने एक विशाल शरीरवाले भयानक सर्पको देखा। वह सर्प एक पर्वतकी खोहमें गुफाको अपने शरीर से रोके हुए बैठा हुआ था। तेजस्वी लाल नेत्रयुक्त उसका मुख पर्वतकी गुहाके समान था। वह घोर सर्प क्रोध कर भीमसेन को निकट पाकर वेगसे भीमसेन के दोनों हाथोंमे लिपट गया भीमसेन पराक्रम करने पर भी उससे छूट नहीं सके। भीमसेन ने स्वयं को मुक्त करने के लिये बहुत यत्न किये किंतु छुट न सके। जब तेजस्वी भीमसेन सर्पके वशमें हो गये, तब सर्प के अद्भूत बलका रहस्य पूछते हुए कहने लगे – 'हे सर्पश्रेष्ठ! तुम कौन हो? तथा मुझसे कौनसा कार्य करवाना चाहते हो? मै राजा पांडु का पुत्र भीम हूं, मुझमें दस सहस्त्र हाथीयों का बल था। किंतु न जाने तुमने कैसे मुझे वशमें कर लिया। मैंने युद्धमें अनेक महाबलवान राक्षस, पिशाच तथा

सर्पों का वध किया है। मेरे पराक्रम को कोई भी सह नहीं सकता है। हे सर्पश्रेष्ठ! तुम्हें क्या कोई विद्याबल है? किसीने तुम्हें वरदान दिया है? क्योंकि मैं अत्यंत पराक्रम करने पर भी तुमसे मुक्त हो नहीं पा रहा हूं।' भीमसेन के इसप्रकार कहने पर सर्पने भीमसेन को चारों ओर से लपेट लिया तथा कहने लगा – 'हे भीम! मैं ऋषियों के कोपसे इस दशाको प्राप्त हुआ हूं। मैं अपने शापका अन्त विचारते हुए यहां रहता हूं। मैं तुम्हारे पुरखा 'आयु' का पुत्र हूं। मेरा नाम राजर्षि 'नहुष' है। तुमने भी मेरा नाम सुना ही होगा। नाना प्रकारगी तपस्या, यज्ञ याग, विद्या तथा उत्तम कुलके कारण त्रैलोक्य में अनुपम ऐश्वर्य मुझे प्राप्त हुआ था। इससे सभी राजाओं के नाशका हेतु मद मुझमें उत्पन्न हुआ। तथा सहस्त्रों ऋषियों को मैं अपनी पालकी उठाने के कार्य में लगाने लगा। पश्चात महात्मा अगस्त्य ऋषिके शापसे मैं भ्रष्ट हो कर इस अवस्था को प्राप्त हुआ हूं। हे भीम! दिनके छठे भागमें चाहे हाथी हो, तथा अन्य प्राणि हो जो मेरे निकट आता है, वह छूट नही सकता। मुझे एक वरदान भी प्राप्त है, जब मैं इंद्रके लोकसे नीचे गिरने लगा था, तब मैंने भगवान मुनिश्रेष्ठ अगस्त्य से कहा था, कि 'हे भगवन्! मुझे मेरे शापका अन्त बताइयेः' तब महातेजस्वी अगस्त्य ने कृपासे पूरित होकर कहा, कि 'हे राजन्! तुम्हारे शापका अन्त कुछ कालके पश्चात होगा।' फश्चात मैं स्वर्गसे पृथ्वीपर गिर पडा। किंतु मेरी स्मरण शक्ति कम नही हुई। अगस्त्य मुनिने मुझसे कहा था, 'कि जब सभी विद्याओं को जानने वाले पुरुष तुम्हारे प्रश्नका उत्तर देंगे, तभी तुम इस शापसे मुक्त होओगे। हे राजन्! जिसको तुम पकडोगे वह कितना ही बलवान क्यों न हों, वह बल रहित हो जायेगा।' मैंने कृपालू दयावान महात्मा ऋषियों के वचन सुने तब वे ब्राह्मण अन्तर्ध्यान हो गये। तबसे महादुष्कर्मी मैं इस अपवित्र नर्क में पडा हूं।' उसी समय कुन्तीनंदन युधिष्ठिर ने अनेक अपशगुन देखे, तब वे बहुत घबराये। तथा उनकी दाहिनी ओर खडी होकर सियारी घोर शब्दस करने लगी। तथा महाराज युधिष्ठिर के उस आश्रम से दीप्त दिशाकी ओर खडी होकर अनेक सियारी भयानक शब्दसे क्रंदन करने लगी। एक पंख, एक चरण तथा एक नेत्र वाले अनेक पक्षी अपने मुखसे रुधिर गिराते हुए सुर्यकी ओर घूमने लगे। तब धर्मराज युधिष्ठिर बहुत चिंतित होकर द्रौपदी से पूछने लगे – 'हे पांचाली! भीमसेन कहां है?' तब द्रौपदी ने महाराज युधिष्ठिर से कहा – 'आर्य! भीमसेन वन विहार के लिये गये है तथा उन्हें गये हुए बहुत समय हो गया है।' यह सुनकर महाराज युधिष्ठिर उन्हींके चरणों के चिन्हपर चलते हुए भीमसेन कि खोज करने लगे। चलते – चलते महाराज युधिष्ठिर एक पर्वतकी खोहमें पहुंचे। वह स्थान जल रहित तथा कटीले वृक्षोंसे भरा हुआ था। वहीं उन्होंने दुर्ग के उपर स्थान में सर्पसे कैद हुए अपने अनुज भीमसेन को देखा तथा सर्प से बोले – 'हे सर्प! तुम देव हो या दैत्य हो, तुमने भीमसेन को क्यों पकडा है? तुम कौनसे भोजन से प्रसन्न हो सकते हो? मैं तुम्हारी प्रसन्नताके लिये कौनसा भोजन ले आऊं जिससे तुम भीमसेन को मुक्त करोगे।' तब सर्प ने कहा – 'मैं तुम्हारे पुरखा आयु का पुत्र नहुष नामक राजर्षि हुं। मैंने अपने पराक्रम, तप, यज्ञ तथा वेद पाठसे तीनों लोकोंके ऐश्वर्य को प्राप्त किया था। उस ऐश्वर्य से उन्मत होकर ब्राह्मणों का अपमान किया। उसी अपमान के

कारण भगवान् अगस्त्य के शापसे इस दशाको प्रापःत हुआ हुं। इस दशामें पडने पर भी मेरी बुद्धी नष्ट नही हुई। यह भी उन्ही महात्मा अगस्त्य कि कृपा है। मैने दिन के छठे भाग में भोजन के लिये तुम्हारे अनुज भीमसेन को पकडा है, इसलिये मै इसेनहीं छोड़ूंगा तथा न अन्य भोजन लूंगा। यदि तुम मेरे प्रश्नों का उत्तर दो तो मै तुम्हारे भाई भीम को मुक्त कर दुंगा।' सर्परुपी राजर्षि नहुष के वचन सुनकर महाराज युधिष्ठिर ने कहा – 'हे सर्प! तुम अपने प्रश्नों को कहो, मै अपने अनुसार तुम्हें प्रसन्न करने के लिये उत्तर दूंगा।' तब सर्प ने प्रश्न पूछते हुए कहा – 'हे युधिष्ठिर! ब्राह्मण किसे कहते है? जगत में कौनसी वस्तु जानने योग्य है?' सर्पके प्रश्न सुनकर महाराज युधिष्ठिर ने उत्तर देते हुए कहा – 'हे नागेंद्र! जिसमें सत्य, दान, क्षमा, शील, अक्रूरता, तप तथा दया हो उसे ब्राह्मण कहते है। तथा जहां जाकर व्यक्ति शोकसे रहित हो जाते है, जिसमें सुख तथा दुःख नहीं है, वही एक ब्रहम जानने योग्य है।' सर्पने महाराज युधिष्ठिर के उत्तर सुनकर पुनः प्रश्न करते हुए कहने लगा – 'हे युधिष्ठिर! इस जगतमें ब्राह्मण, क्षत्रिय, वैश्य तथा शुद्र चार वर्ण है, ये चारों वेदको प्रमाण मानते है। यदि किसी शुद्रमें सत्य, दान, क्षमा, शील, अहिंसा तथा दया हो तो क्या वह भी ब्राह्मण ही हो जायेगा?' तब महाराज युधिष्ठिर ने उत्तर देते हुए कहा – 'हे सर्प! सत्य, दान, क्षमा, शील, अहिंसा तथा दया यदि ये लक्षण शुद्रमें हैं तथा ब्राह्मण में नही तो वह शुद्र नही तथा वह ब्राह्मण ब्राह्मण नही है। जिसमें ये लक्षण हों वह शुद्र ब्राह्मण है तथा यदि ये लक्षण ब्राह्मण में न हों तो वह ब्राह्मण शुद्र ही है।' पश्चात सर्प ने प्रश्न करते हुए कहा – 'हे राजन्! यदि तुम चरित्र ही से ब्राह्मणता मानते हो, तो जब तक चरित्र का कार्य न हो तब तक जाति वृथा ही है?' सर्प द्वारा इसप्रकार प्रश्न करने पर महाराज युधिष्ठिर ने कहा – 'हे नागेंद्र! मेरे अनुसार जगत में जितने मनुष्य है: सभी में वर्ण संस्कार है। इससे उनकी जाति की परीक्षा होनी बहुत कठिन है। हम देखते है कि अन्य वर्ण कि स्त्री से अन्य वर्ण का पुरुष सन्तान उत्पन्न करता है; वचन, मैथुन, जन्म तथा मरण सभी मनुष्यों का समान ही होता है। 'ये यजामहे' वेदवाक्य प्रमाण है तथा हमारे मानने योग्य है। इसीसे पंडित चरित्रको प्रधान मानते है। भगवान् स्वयंभू मनुने भी अपनी स्मृति में ऐसा ही कहा है, कि जब तक बालक वेद न पढे तब तक वह शुद्रवत रहता है। हे नागेंद्र! इस लिये जिसमें सुसंस्कृत चरित्र दिखाई दे उसे ही पहले मैने ब्राह्मण कहकर वर्णन किया है।' महाराज युधिष्ठिर के वचन सुनकर सर्प प्रसन्न् होकर कहने लगा – 'हे युधिष्ठिर! मैने तुम्हारे सभी वचन सुने है तथा मै तुम्हारे अनुज भीमसेन को ग्रहण नहीं करुंगा।' अनन्तर महाराज युधिष्ठिर ने सर्परुपी राजर्षि नहुष से कहा – 'हे नागेंद्र! आप इस लोक में वेद तथा वेदान्तों के जानने वाले है, सो मुझसे कहिये कि कौनसा कर्म करने से मनुष्यों को उत्तम गति प्राप्त होती है?' तब सर्प ने कहा – 'हे युधिष्ठिर! दान देना, शुभ वचन कहना, सत्य बोलना तथा किसीको दुःख न देना इन्हीं कर्मों से पुरुष स्वर्ग को प्राप्त करते है।' पश्चात महाराज युधिष्ठिर ने उनसे प्रश्न करते हुए कहा – 'हे नागेंद्र! दान, सत्य, अहिंसा तथा शुभ वचन इन चारों में क्या अधिक महत्वपूर्ण है।' तब सर्पने कहा – 'हे युधिष्ठिर! दान, सत्य, अहिंसा तथा शुभ वचन इन सभी कि महत्वपूर्णता केवल कार्यके

अनुसार होती है। कहीं दानसे सत्य तथा सत्यसे दान अधिक महत्वपूर्ण हो जाता है। कहीं अहिंसा से शुभ वचन तथा कहीं शुभ वचन से अहिंसा अधिक महत्वपूर्ण होती है।' राजर्षि नहुष के वचन सुनकर महाराज युधिष्ठिर ने पुनः प्रश्न करते हुए कहा – 'हे नागेंद्र! शरीर नष्ट होने के पश्चात स्वर्ग किस प्रकार प्राप्त होता है तथा कर्मका फल अवश्य प्राप्त होता है, उसका क्या प्रमाण है।' तब सर्पने कहा – 'हे राजन्! मैंने आपने कर्मोंसे तीन दशा देखी है। मै पहले मनुष्य था, फिर देवता हुआ पश्चात सर्प हो गया। निश्चय ही पुरुष मनुष्यलोक में दान तथा अहिंसा आदि कर्म कर सुखको भोगता है। हे राजेन्द्र! उस कर्मके विपरित करने से किसी नीच योनिमें जन्म होता है। काम, क्रोध, लोभ तथा हिंसा करने से मनुष्य मनुष्यतासे नष्ट होकर तिर्यक योनियों में जन्म लेता है। ब्राह्मण गण केवल नित्य परमात्मा का ध्यान ही करते है। जीवात्मा बार-बार जन्म लेकर सुख तथा दुःख को भोगता है।' तब महाराज युधिष्ठिर ने प्रश्न करते हुए कहा – 'शब्द, स्पर्श, रुप, रस तथा गन्धका आधार क्या है? इन पांचों को बुद्धी एक ही समय क्यों ग्रहण नहीं करती है?' महाराज युधिष्ठिर का प्रश्न सुनकर सर्प ने कहा – 'हे राजेंद्र! आत्मा सभी इन्द्रिय स्थुल तथा सूक्ष्म शरीरों से युक्त है, कर्म के अनुसार सभी फलों को भोगता है। उसका भोग करने के आधार ज्ञान, बुद्धी, मन तथा इंद्रिय है। भूतात्मा विषय क्षेत्रसे चलकर विषयमें स्थिर हुए मनसे प्रेरित होकर इन सभी विषयों को क्रमसे भोगता है, इसलिये वह विषयों में ही रहता है। इन सभी का कारण मन ही है तथा मनमें एक ही समय दो ज्ञान नही आ सकते है। इससे इन सभी विषयों का एक समय ज्ञान नही होता वह परमात्मा दोनों भ्रुकुटियों के मध्य में रहता है तथा बुद्धीको कर्मों में प्रेरित करता है। हे युधिष्ठिर! बुद्धीके पिछे जो ज्ञान होता है, पंडित गण उसे ही वेदना शक्ती कहते है।' यह सुनकर महाराज युधिष्ठिर उनसे प्रश्न करते हुए कहा – 'हे नागेंद्र! तुम हमसे बुद्धी तथा मनका लक्षण कहो? क्योंकि अध्यात्म विद्या जाननेवालों को उसका जानना बहुत आवश्यक है।' तब सर्परुपी राजर्षि नहुष ने कहा – 'हे युधिष्ठिर! बुद्धी आत्मा के पिछे चलनेवाली है , यह सिद्ध है। इसलिये आत्मा के अक्षय से वह है ऐसा समझकर आत्मज्ञान के लिये उसीका आश्रय करो। विषयों में इन्द्रियों के संयोग हेतु से बुद्धी उत्पन्न हुआ करती है; मन पहले से ही उत्पन्न है। तथा बुद्धी कार्यसे उत्पन्न होती है। इसप्रकार जिस गुणको बुद्धी धारण करती है, उसे मन भी धारण करता है।' पश्चात महाराज युधिष्ठिर ने कहा – 'हे नागेंद्र! मुझे एक संदेह हुआ है, कि अद्भुत कर्मकारी सभी विषयों को जानने वाले आप स्वर्गवासी हुए थे। ऐसे समय में आपको मोह क्यों हुआ तथा सर्पयोनि में आप कैसे आये यह कहो।' महाराज युधिष्ठिर द्वारा इसप्रकार पूछने पर सर्प ने कहा – 'हे युधिष्ठिर! महा शूरवीर तथा बुद्धीमान् को ऐश्वर्य बढने से अभिमान हो जाता है। मेरा ऐसा मत है, कि सुखमें रहने से सभी लोग मोहमें पडते है। मै उसी ऐश्वर्यमय में पडकर अभिमान के वशमें हो गया। हे युधिष्ठिर! मै जब दिव्य विमान पर बैठकर आकाश में घूमता था तब अभिमान के वशमें होकर कुछ भी नहीं विचरता था। ब्रह्मर्षि, देवता, गन्धर्व, यक्ष, राक्षस तथा और भी तीनलोकमें निवास करनेवाले प्राणीगण मुझे कर दिया करते थे। मै जिसे अपने

नेत्रोंसे देखता हूं, उसीका तेज मै हरण करता हूं, यह मेरी दृष्टीका बल है। हे राजेंद्र! हजारों ब्रह्मर्षि मेरी पालकी को ले चलते थे। एक दिन महामुनि अगस्त्य मेरी पालकी में लगे थे, तब मैने उन्हें अज्ञानतासे पैर से स्पर्श किया, तब उन्होंने क्रोधान्ध होकर स्वर्गसे भ्रष्ट होने का शाप दिया। तब मैने स्वयंको स्वर्गसे नीचे गिरते हुए तथा सभी लक्षणों से रहित होते देखा। तब मैने उनसे कहा, 'कि हे भगवन्! मैने यह कर्म भूलसे किया है, इसलिये आप मुझे क्षमा किजिये।' तब उन्होंने मुझपर कृपा करते हुए कहा, कि हे नरनाथ! इस शापसे तुम्हें धर्मराज युधिष्ठिर छुडावेंगे। तुम जब इस अभिमान रुपी घोर पापके फलको भोग चुकोगे, तब पुण्य फल को भोगोगे।' इसी हेतु ब्रह्म तथा ब्राह्मत्व विषयक प्रश्न मैने तुमसे किया। इन्द्रीय जीतना तप, दान, अहिंसा तथा धर्मको नित्य मानना यही मनुष्यकी साधना है। जाती तथा कुल साधक नही है। तुमने मुझपर बहुत उपकार किया है, आज तुम महात्मा से वार्ता करने से मेरा शाप नष्ट हो गया। तुम तथा महाबलवान तुम्हारे अनुज भ्राता भीमसेन सुखसे रहे, तुम्हारा कल्याण हो।' सर्परुपी राजर्षि नहुष इसप्रकार कहकर उस सर्प के शरीर को त्याग कर तथा दिव्य शरीर धारण कर स्वर्ग की ओर चले गये। श्रीमान् महात्मा धर्मराज युधिष्ठिर भी भीमसेन सहित अपने आश्रम में लौट आये।

पांडव जिस द्वैतवन में रहा करते थे। उसी वन में एक तपस्वी ब्राह्मण भी रहा करता था। एक दिन उस ब्राह्मण के आश्रम में एक मृग ने प्रवेश किया तथा अपने शरीर को वृक्ष पर रगडने लगा। उसी वृक्ष पर उस ब्राह्मण कि अरणी मंथन टंगी हुई थी। मृग के शरीर रगडने के कारण उसके सींगों में उस ब्राह्मण की अरणी मंथन फंस गई। वह मृग उस अरणी मंथन को लेकर वेगसे ब्राह्मण के आश्रम से भाग गया। ब्राह्मण ने अरणी मंथन को ले जाते हुए उस मृग को देख उसके पिछे दौडा, किंतु मृग बहोत दूर जा चुका था। उस ब्राह्मण ने वनमें महाराज युधिष्ठिर को भाईयों सहित बैठे हुए देखा, तथा उनके निकट जाकर कहने लगा – 'हे महाराज! मेरी अरणी मंथन एक वृक्ष पर टंगी हुई थी। एक मृग उस वृक्षसे अपने शरीर को रगडने लगा, रगडते हुए मृगके सींग में मेरी अरणी मंथन उलझ गई। वह मृग शीघ्रता के सहित उन्हें लेकर चला गया है। हे पांडव! उस मृगके पग चिन्हसे उस मृग को पकडकर मेरी अरणी मंथन को ला दिजिये जिससे अग्नि होत्रका नाश न हो।' महाराज युधिष्ठिर ब्राह्मण के वचनों को सुनकर भाईयों सहित मृगके पगके चिन्हपर चल दिये, कुछ अंतर चलने के पश्चात उन्हें वह मृग मिल गया। उन्होंने उस मृगको बिंधने के लिये बाण संधान किया किंतु वह मृग उन बाणों से भेदा न गया। पश्चात कुछ ही क्षणों में वह मृग अदृश्य हो गया, मृगके गुप्त होने से पांडवों को बडा ही दुःख हुआ। उस घोर वनमें पांडव भूख तथा प्याससे व्याकुल होकर एक वड कि ठंडी छाया में जा बैठे। अनन्तर धर्मराज युधिष्ठिर ने नकुलसे कहा – 'हे माद्रीनंदन! तुम वृक्षपर चढकर दशों दिशाओं को देखो, कहीं समीप में जलके तटपर रहने वाले वृक्ष तथा जल है या नहीं; तुम्हारे भ्राता प्यासे हो रहे है।' नकुल शीघ्रता के सहित वृक्षपर चढ गये तथा चारों ओर देखा तथा कहा – 'भ्राताश्री! मै जलके तटपर रहनेवाले अनेक वृक्षों को देखता हूं। सारसों का शब्द भी सुनाई देता है, वहां अवश्य ही जल होगा।' तब धर्मराज युधिष्ठिर ने कहा – 'हे नकुल! तुम शीघ्रता से तरकस में जल भरकर ले आओ।' नकुल भ्राता कि आज्ञा से वहां चले जहां जल था, नकुल शीघ्र ही वहां पहुंचे। जैसे ही नकुल जल ने पिने कि इच्छा की तब यक्ष ने कहा – 'हे राजन्! साहस न करो जल पीने का, पहले मेरे प्रश्नों का उत्तर दो फश्चात ही जल पिना तथा लेते हुए जाना।' नकुल ने यक्षके वचनों का अनादर कर जल पिया किंतु पिते ही नकुल पृथ्वीपर गिर पडे। जब नकुलको लौटने में विलंब हुआ तब धर्मराज युधिष्ठिर ने सहदेव से कहा – 'हे सहदेव! नकुल को गये हुए बहुत समय हुआ है, तुम जाकर नकुल सहित जल लेकर आओ।' सहदेव भ्राताकी आज्ञा पाकर जल कि ओर गये तथा समीप जानेपर भ्राता नकुल को पृथ्वीपर पडा हुआ देखा। सहदेव भ्राता नकुल के शोकसे तथा प्याससे बहुत ही व्याकुल होकर जल पीने के लिये आगे बढे तब यक्ष ने कहा – 'हे राजन्! पहले मेरे प्रश्नोंका उत्तर दो पश्चात ही जल पिना।' प्यासे सहदेव ने उन वचनों का अनादर कर शितल जल पिया, तथा जल पीते ही भूमी पर गिर गये। पश्चात धर्मराज युधिष्ठिर ने अर्जुन से कहा – 'हे अर्जुन! तुम जाकर दोनों भाइयों सहित जल लेकर आओ।' भ्राताके कहे अनुसार अर्जुन उस जलके निकट पहुंचे तथा दोनों भाइयों को भूमिपर पडा हुआ देखा। तब अर्जुन ने धनुष चढाकर उस वनके भीतर देखने लगे, किंतु वहां किसी प्राणीकों न

पाया तब थककर जल पीने के लिये चले। तब शरीर रहित वाणी सुनाई दी, कि – 'हे अर्जुन! क्या तुम जल पिना चाहते हो? तो तुम बलसे नही पी सकते। मेरे प्रश्नोंका उत्तर दो तभी मै तुम्हें जल पिने दुंगा।' अर्जुन यक्ष कि वाणी का अनादर कर जल पीने लगे, तथा जल पीते ही भूमी पर अचेतन होकर गिर पडे। पश्चात कुन्तीपुत्र युधिष्ठिर ने भीमसेन से कहा – 'हे भीम! नकुल, सहदेव तथा अर्जुन बहुत समय से जल लेने गये है, किंतु कोई भी अभीतक लौटा नही है, तुम जाकर उन सभी को लेकर आओ।' भ्राता कि आज्ञा पाकर भीमसेन चल पडे तथा जब भीमसेन वहां पहुंचे। तब अपने भाइयों को उस दशा में देखकर भीमसेन को ज्ञात हो गया था, कि यह कार्य किसी यक्ष वा राक्षस का है। उन्होंने आसपास देखा किंतु वहां कोई नही था। तब वे प्यास से व्याकुल होकर जल पीने गये तब यक्ष ने कहा – 'हे राजन्! पहले मेरे प्रश्नोंका उत्तर दो, तत्पश्चात जल पियो।' किंतु भीमने प्रश्नों के उत्तर दिये बिना ही जल पिया। तथा जल पिते ही भीमसेन भी पृथ्वी पर गिर पडे। तब कुन्तीपुत्र धर्मराज युधिष्ठिर जलकी ओर बढे। वहां पहुंचते ही उन्होंने भाइयों को अचेतन सा भूमिपर पडा हुआ देखा। नकुल, सहदेव, अर्जुन, भीमसेन को भूमिपर पडा हुआ देख वे शोकसे क्रंदन करने लगे तथा चिंतासे व्याकुल होकर विलाप करने लगे। बहोत विचार करने के पश्चात महाराज युधिष्ठिर जल के निकट पहुंचे तब यक्ष ने कहा – 'हे राजपुत्र! यदि जल पिना चाहते हो तो उससे पुर्व मेरे प्रश्नों का उत्तर दो। यदि नही दिया तो तुम भी इन्हीं कि भांति मृत्यूको प्राप्त होओगे।' तब धर्मराज युधिष्ठिर ने कहा – 'तुम कौन हो? रुद्र, वसु, या मरुद्गण के प्रधान देवता हो?' धर्मराज युधिष्ठिर के इसप्रकार पूछने पर यक्ष ने कहा – 'हे राजन्! मै यक्ष हुं, मैने ही तुम्हारे तेजस्वी भाइयों को मारा है। तुम्हारे भाइयों को मैने एक बार रोका, जब वे बल से जल लेने लगे, तब मैने इन्हें मार डाला है। यदि तुम्हें स्वयंके प्राणों की रक्षा करनी हो तो जल पिने से पुर्व मेरे प्रश्नों के उत्तर दो।' तब धर्मराज युधिष्ठिर ने कहा – 'हे यक्ष! मै तुम्हारे अधिकार को छीनना नही चाहता। स्वयं अपनी ही प्रशंसा करना उचित नहीं क्योंकि साधुजन उसकी प्रशंसा नहीं करते। इसीलिये तुम प्रश्न करो मै अपनी बुद्धीके अनुसार उत्तर दूंगा।' तब यक्ष ने प्रश्न करते हुए कहा – 'हे राजन्! ब्राह्मणों में देवतापन क्या है? सज्जनों के समान उनका धर्म क्या है? उनमें मनुष्यत्व क्या है? तथा दुष्टों के समान कर्म क्या है?' यक्ष द्वारा इसप्रकार प्रश्न करनेपर धर्मराज युधिष्ठिर बोले – 'हे यक्ष! नित्यही वेदको पढना ब्राह्मण में देवतापन है। तप ही सज्जनों के समान धर्म है। मृत्यु ही मनुष्यता है, दूसरों कि निंदा करना ही दुष्टों के समान कर्म है।' पश्चात यक्ष ने पुनः प्रश्न करते हुए कहा – 'ज्ञान किसे कहते है? शम किसका नाम है? शोक किसे कहते है? उत्तम स्नान क्या है?' तब धर्मराज युधिष्ठिर ने कहा – 'हे यक्ष! तत्वार्थ के बोधको ज्ञान कहते है। चित्तकी शांतीको शम कहते है। अज्ञान ही शोक कहलाता है। मन के मलको त्यागना ही उत्तम स्नान है।' तब यक्ष ने कहा – 'हे राजन्! तुमने मेरे प्रश्नों का ठीक - ठीक उत्तर दिया है। अब इस प्रश्न का उत्तर देकर अपने किसी भी एक भाई को जिवित करलो। सबसे धनवान व्यक्ति कौन है?' यक्ष द्वारा इसप्रकार प्रश्न करनेपर धर्मराज युधिष्ठिर ने उत्तर देते हुए कहा – 'हे यक्ष! पुण्यकर्म से शब्द आकाश तथा भूमि पर

फैलता है। जबतक वह शब्द रहता है, तबतक वह व्यक्ति कहलाता है। जिसके लिये सुख तथा दुख, प्रिय तथा अप्रिय, भूत तथा भविष्य समान हों वही धनवान है।' तब यक्ष ने कहा – 'हे राजन्! तुमने मेरे प्रश्न का सही उत्तर दिया है , इसकारण चारों भाइयों में से जिसे चाहो वही जीवित होगा।' यक्ष के वचन सुनकर धर्मराज युधिष्ठिर ने कहा – 'हे यक्ष! यह जो महाबली नकुल है, उसे जीवित किजिये।' धर्मराज युधिष्ठिर के इसप्रकार कहनेपर यक्षने कहा – 'हे युधिष्ठिर! यह तुम्हारा भाई भीम तथा तुम्हारी रक्षा करनेवाले अर्जुन है, इन्हें त्यागकर तुम नकुल को जीवित करने की इच्छा क्यों रखते हो? भीम के पास दस सहस्त्र हाथीयों का बल है, उसे जीवित करो वह तुम्हारी रक्षा करेगा तथा अर्जुन को जिवित करो जिसके समान धनुर्धर अन्य कोई नही है। अर्जुन के बाहुबल से जगत में यश प्राप्त करोगे।' तब धर्मराज युधिष्ठिर ने कहा – 'हे यक्ष! धर्मका नाश करने से धर्म भी मनुष्य का नाश कर देता है। तथा धर्मकी रक्षा करने से धर्म भी मनुष्य की रक्षा करता है। मै धर्मको नही त्याग सकता। सत्य परम धर्म है, मै यथार्थ रीतिसे जानता हूं इसकारण से हे यक्ष! नकुल को ही जिवित किजिये। मेरे पिताकी कुन्ती तथा माद्री दो भार्या है, उन दोनों का पुत्रवती होना ही मेरा अभिप्रेत है। कुन्ती तथा माद्री को मै एक समान ही मानता हूं। दोनों माताओं में समानता होना ही मै चाहता हूं, इसलिये हे यक्ष! नकुल ही जीवें।' धर्मराज युधिष्ठिर के वचन सुनकर यक्ष ने कहा – 'हे युधिष्ठिर! तुम्हारी बुद्धि अर्थ तथा काम से भी धर्मको नही त्यागती इसलिये तुम्हारे सभी भाई जिवित हो जायेंगे।' यक्ष के वचन से सभी पांडव जिवित हो गये तथा क्षण भरमें भूख तथा प्याससे वे सभी मुक्त हो गये।' पश्चात धर्मराज युधिष्ठिर ने कहा – 'हे यक्ष! पराजय रहित तुम कौन हो? तुम यथार्थ में यक्ष ही हो? मेरे भाई जो सैकडों तथा सहस्त्रों से युद्ध करनेवाले है, तथा मै ऐसा कोई योद्धा नही देखता हूं जो इन सभीका वध कर डाले।' धर्मराज युधिष्ठिर के वचन सुनकर यक्ष ने कहा – 'हे युधिष्ठिर! मै तुम्हारा पिता धर्म हूं। तुम्हारा कल्याण हो, मै तुम्हें जानने के लिये यहां आया था। मै तुम्हारे सत्य से बहुत प्रसन्न हूं तथा तुम वर मांगो।' तब धर्मराज युधिष्ठिर वर मांगते हुए अपने पिता धर्म से कहने लगे – 'भगवन्! जिस ब्राह्मणकी अरणी मंथन लेकर मृग भाग गया है। उसका अग्निहोत्र नष्ट न हो, यह मुझे प्रथम वर दिजिये।' तब यक्ष ने कहा – 'हे युधिष्ठिर! ब्राह्मणकी अरणी मंथन को तुम्हारी परिक्षा के लिये मैने मृग रुप धारण कर उठा लिया था। यह वर मै तुम्हें देता हुं अब दूसरा वर मांगो।' दूसरा वर मांगते हुए धर्मराज युधिष्ठिर ने कहा – 'भगवन्! हम सभीने बारह वर्ष वनमें व्यतित किये हैः अतः अभी तेरहवां वर्ष आ गया है। इसमें हमें कोई मनुष्य न जाने यह दूसरा वर दिजिये।' तब यक्ष ने वर दिया, 'कि पृथ्वीमें अपने रुपसे ही विचरोगे तब भी तुम्हें तीनों लोकों में कोई नही जानेगा। तुम जैसा रुप धारण करना चाहते हो वैसा ही रुप धारण कर विचरो। तथा यह अरणी मंथन जिसे तुम्हें जानने कि इच्छा से मै मृग बनकर उठा ले आया था, सो उस ब्राह्मण को दे देना।' इसप्रकार कहकर भगवान् धर्म अन्तध्यान हो गये। तथा पांडव भी आश्रम लौट गये।

अनन्तर 12 वर्ष का वनवास पुर्ण कर 1 वर्ष अज्ञात वास बिताने के पश्चात पांडवों तथा कौरवों के मध्य कुरुक्षेत्र के भूमिपर युद्ध हुआ। युद्ध में पांडव पक्ष कि विजय हुई। युद्ध में विजय प्राप्त कर सभी पांडव हस्तिनापुर पहुंचे। वहां धर्मराज युधिष्ठिर को विधिपूर्व राजसिंहासन पर अभिषिक्त किया गया। राजा बनने के पश्चात महाराज युधिष्ठिर ने धर्मपूर्वक 36 वर्ष राज्य किया।

महाकाव्य महाभारत के "महाप्रस्थानिक पर्व" अनुसार भगवान् श्रीकृष्ण के परमधाम पधारने कि सुचना कुरुराज युधिष्ठिर को मिलने के पश्चात उन्होंने महाप्रस्थान का निश्चय किया। अनन्तर प्रजा तथा मंत्री आदि को बुलाकर धर्मराज युधिष्ठिर ने महाप्रस्थान का विचार उन्हें कह सुनाया। उनके यह वचन सुनते ही नगर तथा जनपद के लोग मन-ही-मन अत्यंत उद्वीग्न हो उठे। तथा वे सभी एकसाथ बोले – 'महाराज! आपको ऐसा नही करना चाहिये, आप हमें छोडकर कहीं न जाये।' किंतु धर्मराज युधिष्ठिर कालके उलट-फेरके अनुसार जो धर्म या कर्तव्य प्राप्त था। उसे जानते थे, अतः उन्होंने नगर तथा जनपद के लोगों को समझा बुझाकर उनकी अनुमति प्राप्त कर ली। तत्पश्चात महाराज युधिष्ठिर ने युयुत्सु को सम्पूर्ण राज्य कि देखभाल का भार सौंप दिया। तथा राज्य पर अभिमन्यु पुत्र परिक्षित को अभिषिक्त कर दिया। अनन्तर धर्मराज युधिष्ठिर ने अपने अंगों से आभूषण उतारकर वल्कल वस्त्र धारण कर लिये। भीमसेन, अर्जुन, नकुल, सहदेव तथा यशस्विनी द्रौपदी सभी ने आभूषण त्यागकर वल्कल वस्त्र धारण कर लिये। पश्चात ब्राह्मणों से

विधिपूर्वक उत्सर्गकालिक इष्टि करवाकर उन सभी नरश्रेष्ठ पांडवोंने अग्नियों का जलमें विसर्जन कर दिया तथा स्वयं महायात्रा के लिये प्रस्थित हुए। भीमसेन, अर्जुन, नकुल, सहदेव, द्रौपदी, युधिष्ठिर तथा एक कुत्ता जब हस्तिनापुर से बाहर निकले। तब नगरवासियों तथा प्रजा उन्हें कुछ दूरतक पहुंचाने गयी। पश्चात नागराज कि कन्या उलूपी उसी समय गंगाजी में समा गई, तथा चित्रांगदा मणिपूर नगर चली गई। तथा शेष माताएँ परिक्षित को लेकर हस्तिनापुर लौट गयी। तदनन्तर महात्मा पांडव तथा यशस्विनी द्रौपदी सभी ने उपवास का व्रत लेकर पूर्व दिशाकी ओर मुख खर चल दिये। वे सभी योगयुक्त महात्मा तथा त्याग धर्मका पालन करनेवाले अनेक देशों, नदियों तथा समुद्रों कि यात्रा कि। सबसे आगे युधिष्ठिर, उनके पीछे भीमसेन तथा भीमसेन के पीछे अर्जुन थे। तथा अर्जुन के पीछे नकुल तथा नकुल के पीछे सहदेव चल रहे थे। तथा इन सभी पांडवों के पीछे श्यामवर्णा, युवतीयों में श्रेष्ठ द्रौपदी चल रही थी। तथा सबसे अन्तमें एक कुत्ता भी चला जा रहा था। क्रमशः चलते हुए वे वीर पांडव लालसागर के तटपर जा पहुंचे। अर्जुन ने अभीतक अपने दिव्य गांडिव धनुष तथा दोण्णो अक्षय तूणीरों का परित्याग नही किया था। वहां पहुंचकर उन्होंने पर्वतकी भांति मार्ग रोककर खडे हुए पुरुषधारी साक्षात "अग्निदेव" को देखा। तथा अग्निदेव ने पांडवों से कहा – 'कुरुश्रेष्ठ वीरों! मै अग्नि हूं। मैने ही अर्जुन तथा नारायणस्वरुप भगवान श्रीकृष्ण के प्रभाव से खाण्डव वनको जलाया था। अर्जुन को अब आयुध गांडिव धनुष को त्याग देना चाहिये। अब अर्जुन को इसकी कोई आवश्यकता नही है। यह गांडिव धनुष सभी प्रकार के धनुषों में श्रेष्ठ है। इसे पुर्वमें मैने अर्जुन के लिये वरुणदेव से मांगकर ले आया था। अब पुनः इसे वरुणदेव को लौटा देना चाहिये।' अग्निदेव के कहे अनुसार अर्जुन ने वह धनुष तथा दोनों अक्षय तरकस जलमें डाल दिये। तत्पश्चात अग्निदेव अन्तर्ध्यान हो गये तथा पांडव वीर वहां से दक्षिणाभिमुख होकर चल दिये। अनन्तर उन्होंने समुद्र में डूबी हुई द्वारकापुरी को देखा। तथा योगधर्म में स्थित हुए भरतभूषण पांडवोंने वहां से लौटकर पृथ्वीकी परिक्रमा पूर्ण करने की इच्छासे उत्तर दिशाकी ओर यात्रा कि। मार्ग में पांडवों ने महापर्वत हिमालय के दर्शन किये। उसे भी पार कर वे जब आगे बढे तब उन्होंने पर्वतोंमें श्रेष्ठ महागिरी मेरुका दर्शन किया। सभी पांडव योगधर्म में स्थित होकर बडी शीघ्रता से चल रहे थे। उनमें से द्रुपदकुमारी कृष्णाका मन योगसे विचलित हो गया। अतः वह लडखडाकर पृथ्वीपर गिर पडी। द्रौपदी को भूमी पर गिरी हुई देख महाबली भीमसेन ने धर्मराज से पूछा – 'हे परंतप! राजकुमारी द्रौपदी ने कभी कोई पाप नहीं किया था। फिर बताइये, कौनसा कारण है, जिससे वह नीचे गिर गयी?' तब धर्मराज युधिष्ठिर ने कहा – 'पुरुषवर! द्रौपदी के मनमें अर्जुन के प्रति विशेष पक्षपात था; आज यह उसीका फल भोग रही है।' इसप्रकार कहकर द्रौपदीके ओर देखे बिना ही भरतभूषण नरश्रेष्ठ बुद्धीमान् धर्मात्मा युधिष्ठिर मनको एकाग्र कर आगे बढ गये। कुछ समय पश्चात विद्वान सहदेव भी भूमिपर गिर पडे। उन्हें गिरा देख भीमसेन ने धर्मराज से पूछा – 'भ्राताश्री! जो सदा हमलोगों की सेवा किया करता था तथा जिसमें अहंकार का नाम भी नहीं था, यह मात्रीनंदन सहदेव किस दोषके कारण धाराशायी हुआ है?'

तब धर्मराज युधिष्ठिर ने कहा – 'भीम! सहदेव किसीको अपने जैसा विद्वान या बुद्धीमान् नहीं समझता था; उसी दोषसे इसका पतन हुआ है।' ऐसा कहकर सहदेव को भी छोडकर शेष भाइयों तथा एक कुत्ते के सहित कुन्तीकुमार युधिष्ठिर आगे बढ गये। द्रौपदी तथा सहदेव को गिरे हुए देख शोकसे आर्त हो बन्धुप्रेमी शूरवीर नकुल भी गिर पडे। मनोहर दिखायी देनेवाले वीर नकुल के धराशायी होनेपर भीमसेनने पुनः धर्मराज युधिष्ठिर से प्रश्न करते हुए कहा – 'भ्राता! संसार में जिसके रुपकी समानता करनेवाला कोई नही था तब भी जिसने कभी अपने धर्ममें त्रुटि नहीं आने दी, जो सदा हम लोगों कि आज्ञाका पालन करता था, वह हमारा प्रिय बन्धु नकुल क्यों पृथ्वीपर गिरा है?' भीमसेन के इस प्रकार पूछनेपर समस्त बुद्धिमानों में श्रेष्ठ धर्मात्मा युधिष्ठिर ने नकुल के विषय में उत्तर देते हुए कहा – 'भीमसेन! नकुलकी दृष्टि सदा ऐसी रही है, कि रुपमें मेरे समान अन्य कोई नहीं है। इसके मनमें यही बात बैठी रहती थी, कि 'एकमात्र मैं ही सबसे अधिक रुपवान हूं।' इसीलिये नकुल नीचे गिरा है, जिसकी जैसी करनी है, वह उसका फल अवश्य भोगता है।' द्रौपदी, नकुल तथा सहदेव तीनों भूमिपर गिर गये, यह देख श्वेतवाहन पांडुपुत्र अर्जुन शोकसे संतप्त होकर स्वयं भी भूमिपर गिर गये। इंद्र के समान तेजस्वी वीर पुरुषसिंह अर्जुन जब पृथ्वीपर गिरकर प्राणत्याग करने लगे, उस समय भीमसेन ने राजा युधिष्ठिर से पूछा – 'भ्राता! अर्जुन कभी परिहास में भी असत्य बोले हों ऐसा मुझे स्मरण नहीं आता। फिर यह किस कर्मका फल है, जिससे अर्जुन को पृथ्वीपर गिरना पडा?' तब धर्मराज युधिष्ठिर ने कहा – 'भीम! अर्जुन को अपनी शूरताका अभिमान था। अर्जुन ने कहा था कि 'मै एक दिन में शत्रुओं को भस्म कर डालुंगा।' किंतु ऐसा किया नही' इसीसे आज अर्जुन को धराशायी होना पडा है।' यों कहकर धर्मराज युधिष्ठिर आगे बढ गये। इतने में ही भीमसेन भी भूमिपर गिर पडे। गिरने के साथ ही भीमने धर्मराज युधिष्ठिर से पूछा – 'भ्राता! जरा मेरी ओर तो देखिये, मै आपका प्रिय भीमसेन यहां गिर पडा हुं। यदि जानते हो तो बताइये, मेरे इस पतन का क्या कारण है?' तब धर्मराज युधिष्ठिर ने कहा – 'भीम! तुम दूसरों को कुछ भी न समझकर अपने बलकी डींगें हांका करते थे, इसीसे तुम्हें भी धराशायी होना पडा है।' यों कहकर महाबाहु युधिष्ठिर आगे चल दिये। तथा वह कुत्ता भी बराबर उनका अनुसरण करता हुआ उनके सहित चले जा रहा था।

अनन्तर आकाश तथा पृथ्वीको सभी ओरसे प्रतिध्वनित करते हुए देवराज इंद्र रथ सहित धर्मराज युधिष्ठिर के निकट आ पहुंचे तथा उनसे कहने लगे – 'कुन्तीनंदन! तुम इस रथपर सवार हो जाओ।' अपने भाइयों को धराशायी हुआ देख धर्मराज युधिष्ठिर शोकसे संतप्त होकर इन्द्रसे कहा – 'देवेश्वर! मेरे अनुज भ्राता मार्ग में गिर पडे है। वे भी मेरे सहित चलें इसकि व्यवस्था किजिये। क्योंकि मै भाइयों के बिना स्वर्ग नहीं जाना चाहता। तथा राजकुमारी द्रौपदी सुकुमारी है, वह सुख पाने के योग्य है। वह भी हमलोगों के सहित चले, इसकी अनुमति दीजिये।' धर्मराज युधिष्ठिर के इसप्रकार कहनेपर देवराज इंद्र ने कहा – 'भरतश्रेष्ठ! तुम्हारे सभी भाई तुमसे पूर्व ही स्वर्ग में पहुंच गये है, उनके सहित द्रौपदी भी है। वहां चलनेपर तुम्हें सभी मिलेंगे। वे मानव शरीर का परित्याग कर स्वर्ग में गये है; किंतु तुम इसी शरीर से वहां चलोगे, इसमें संशय नहीं है।' देवराज इंद्र के वचन सुनकर धर्मराज युधिष्ठिर ने कहा – 'देवराज इंद्र! यह कुत्ता मेरा भक्त है। इसने सदा ही मेरा साथ दिया है। अतः यह भी मेरे सहित चले ऐसी आज्ञा दीजिये।' तब देवराज इंद्रने कहा – 'युधिष्ठिर! तुम्हें अमरता, मेरी समानता, पूर्णलक्ष्मी तथा बहुत बडी सिद्धि प्राप्त हुई है, साथ ही तुम्हें

स्वर्गीय सुख भी उपलब्ध हुए है। अतः इस कुत्ते को त्याग कर मेरे सहित चलो। इसमे कोई कठोरता नही है।' तब धर्मराज युधिष्ठिर ने देवराज इंद्र से कहा – 'देवराज इंद्र! किसी आर्य पुरुषके द्वारा निम्न श्रेणीका कार्य होना अत्यंत कठिन है। मुझे ऐसी लक्ष्मी की प्राप्ति कभी न हो, जिसके लिये भक्तजन का त्याग करना पडे। भक्तका त्याग करने से जो पाप होता है, उसका अंत कभी नही होता। ऐसा महात्मा पुरुष कहते है, कि संसार में भक्तका त्याग ब्रह्म हत्या के समान माना गया है। अतः मै अपने सुखके लिये किसी प्रकार भी इस कुत्ते का त्याग नही करुंगा।' तब देवराज इंद्र कहने लगे – 'वीर! तुमने अपने भाइयों तथा प्रिय पत्नी द्रौपदी का परित्याग कर अपने किये हुए पुण्यकर्मों के फलस्वरूप देवलोक प्राप्त किया है। फिर तुम इस कुत्ते को क्यों नहीं त्याग देते! सब कुछ त्यागकर अब कुत्तेके मोहमे कैसे पड गये।' देवराज इंद्र के इसप्रकार कहने पर धर्मराज युधिष्ठिर ने कहा – ' भगवन्! संसार में यह निश्चित बात है कि मृत मनुष्यों के सहित न तो किसीका मेल होता है, न विरोध ही। द्रौपदी तथा अपने भाइयों को जीवित करना मेरे वशकी बात नहीं है; अतः मृत्यु के पश्चात मैने उनका त्याग किया है, जीवितावस्था में नहीं। शरण में आये हुए को भय देना, स्त्री का वध करना, ब्राह्मण का धन लुटना तथा मित्रों के सहित द्रोह करना। ये चार अधर्म एक ओर तथा भक्तका त्याग दूसरी ओर हो तो वह अकेला ही उन चारों के बराबर है। धर्मराज युधिष्ठिर का यह कथन सुनकर कुत्तेका रुप धारण कर आये हुए धर्मस्वरुपी भगवान् बडे प्रसन्न हुए तथा राजा युधिष्ठिर कि प्रशंसा करते हुए मधुर वचनों द्वारा धर्मराज युधिष्ठिर से कहा – 'भरतनंदन! तुम अपने सदाचार, बुद्धि तथा सम्पूर्ण प्राणियोंके प्रति होने वाली इस दया के कारण वास्तव में सुयोग्य पिताके उत्तम कुलमें उत्पन्न सिद्ध हो रहे हो। पूर्वकाल में द्वैतवन के भीतर रहते समय भी एक बार मैने तुम्हारी परिक्षा ली थी; जबकि तुम्हारे सभी भाइ जल लाने का उद्योग करते हुए मृत्यूको प्राप्त हो गये थे। उस समय तुमने कुन्ती तथा मादी दोनों माताओं में समानता कि इच्छा रखकर अपने सगे भाई भीम तथा अर्जुन को छोड केवल नकुल को जीवित करना चाहा था। 'इस समय भी यह कुत्ता मेरा भक्त है।' ऐसा सोचकर तुमने देवराज इन्द्र के भी रथका परित्याग कर दिया है। अतः स्वर्गलोक में तुम्हारे समान अन्य कोई राजा नही है। भरतश्रेष्ठ! यही कारण है कि तुम्हें अपने इसी शरीर से अक्षय लोकोंकी प्राप्ति हुई है। तुम परम उत्तम दिव्य गतिको पा गये हो।' यों कहकर धर्मराज तथा देवराज इंद्र पांडुपुत्र युधिष्ठिर को रथपर बिठाकर अपने – अपने दिव्य रथों द्वारा स्वर्ग लोक की ओर प्रस्थान किया। वे सभी रजोगुण शून्य पुण्यात्मा, पवित्र वाणी तथा सिद्ध थे। धर्मराज युधिष्ठिर उस रथमें बैठकर अपने तेजसे पृथ्वी तथा आकाश को व्याप्त करते हुए तीव्र गतिसे स्वर्ग कि ओर जाने लगे।

महाकाव्य महाभारत के "स्वर्गारोहण पर्व" अनुसार धर्मराज युधिष्ठिर ने स्वर्गलोक में पहुंचकर देखा, कि दुर्योधन स्वर्गीय शोभासे सम्पन्न होकर तेजस्वी देवताओं तथा पुण्यकर्मा साध्यगणों के सहित एक दिव्य सिंहासन पर बैठकर शोभासे संयुक्त हो सुर्यके समान देदीप्यमान हो रहा है। दुर्योधन को ऐसी अवस्थामें देख उसे मिली हुई शोभा तथा सम्पतिका

अवलोकन कर धर्मराज युधिष्ठिर अमर्ष से भर गये तथा सहसा दूसरी ओर लौट गये तथा देवताओं से कहा – 'देवताओं! जिसके कारण हमने अपने समस्त सुहृदों तथा बन्धुओं का हठपूर्वक युद्धमें संहार कर डाला तथा सारी पृथ्वी उजाड डाली, जिसने पूर्व में हमें भारी क्लेश पहुंचाया था तथा जो निरअपराधी हमारी धर्मपत्नी पांचाल राजकुमारी द्रौपदीको भरी सभा में गुरुजनों समीप घसीट लाया था, उस लोभी तथा अदूरदर्शी दुर्योधन के सहित रहकर मै इन पुण्यलोकों को पानेकी इच्छा नही रखता।' धर्मराज युधिष्ठिर के वचन सुनकर नारदमुनी हंसते हुए बोले – 'धर्मराज युधिष्ठिर! नहीं नही, ऐसा न कहो; स्वर्ग में निवास करनेपर पूर्वका वैर विरोध शांत हो जाता है। ये राजा दुर्योधन देवताओं सहित उन श्रेष्ठ नरेशोंद्वारा भी पूजित एवं सम्मानित होते है। जो कि ये चिरकाल से स्वर्ग लोक में निवास करते है। इन्होंने युद्धमें अपने शरिर कि आहुति देकर वीरों कि गति पायी है। जिन्होंने युद्धमें देवतुल्य तेजस्वी समस्त भाइयों का डटकर सामना किया है, जो पृथ्वीपति दुर्योधन महान भयके समय निर्भय बने रहे, उन्होंने क्षत्रिय धर्म के अनुसार यह स्थान प्राप्त किया है।' नारदमुनि के इसप्रकार कहनेपर कुरुराज युधिष्ठिर ने देवताओं से कहा – 'देवर्षि! जिसके कारण मनुष्यों सहित समस्त पृथ्वी नष्ट हो गयी। जिसके वैरका प्रतिशोध लेने कि इच्छा से हमें भी क्रोध कि अग्निमें जलना पडा। जो धर्मका नाम भी नही जानता था, जिसने जीवनभर भूमण्डल के समस्त सुहृदों के साथ द्रोह ही किया है। उस पापी दुर्योधन को यदि सनातन वीर लोक प्राप्त हुए है तो जो वे वीर, महात्मा, महान् वृतधारी सत्यप्रतिज्ञ विश्व विख्यात शूर मेरे भाइ है। उन्हें इस समय कौनसे लोक प्राप्त हुए है? मै उन्हें देखना चाहता हूं। कुन्तीके सत्यप्रतिज्ञ पुत्र महात्मा कर्ण से भी भेंट करना चाहता हूं। अभिमन्यु, द्रौपदीके सभी पुत्रों को भी देखना चाहता हूं। मै अपने प्राणोंसे भी प्रियतम पराक्रमी भाई भीमसेन को, इंद्रतुल्य अर्जुन को, यमराज के समान अजेय नकुल-सहदेव को तथा धर्म परायणा देवी द्रौपदी को भी देखना चाहता हूं। यहां रहने कि मेरी तनिक भी इच्छा नहीं है। अपने अनुज भ्राताओंसे विलग्न रहकर इस स्वर्गसे भी मुझे क्या लेना है? जहाँ मेरे भाइ है, वहीं मेरा स्वर्ग है, उनके बिना मै इस लोकको स्वर्ग नही मानता।' तब देवताओंने कहा – 'वत्स! यदि उन लोगों में तुम्हारी श्रद्धा है, तो चलो, विलम्ब न करो। हमलोग देवराज कि आज्ञासे सर्वथा तुम्हारा प्रिय करना चाहते है।' देवताओंने धर्मराज युधिष्ठिर को इसप्रकार कहकर देवदूत को आज्ञा देते हुए कहा – 'तुम धर्मराज युधिष्ठिर को इनके सुहृदों का दर्शन कराओ।' पश्चात कुन्तीपुत्र राजा युधिष्ठिर तथा देवदूत दोनों साथ-साथ उस स्थानकी ओर चले, जहां वे पुरुषप्रवर भीमसेन आदि थे। आगे-आगे देवदूत जा रहा था तथा पीछे-पीछे राजा युधिष्ठिर। कुछ समय में वे दोनों ऐसे दुर्गम मार्गपर जा पहुंचे, जो बहुत ही अशुभ था। पापचारी मनुष्य ही यातना भोगने के लिये उसपर आते-जाते थे। वहां घोर अंधकार तथा केश, सेवार तथा घास इन्हीं से वह मार्ग भरा हुआ । चारों ओरसे जलती हुई अग्नि ने घेर रक्खा था, तथा भयानक गीध आदि पक्षी मंडरा रहे थे। वहां यत्र तत्र बहुत से मृत देह बिखरे पडे थे, किसीके शरीर से रुधिर तो किसीके शरीर से मवाद बह रहा था। धर्मात्मा राजा युधिष्ठिर मन-ही-

मन बहुत चिंता करते हुए उसी मार्गके मध्यसे होकर निकले आगे जाकर उन्होंने देखा, कि खोलते हुए जलसे भरी एक नदी बह रही है, जिसके पार जाना बहुत ही कठिन है। दूसरी ओर तीखी तलवारों के समान तीखे धारवाले असिपत्र नामक बन है। धर्मराज युधिष्ठिर ने वहां की दुर्गन्धका अनुभव कर उन्होंने देवदूत से पूछा – 'ऐसे मार्गपर हमें और कितना दूर चलना है? तथा मेरे भाइ कहां है?' धर्मराज युधिष्ठिर के यह वचन सुनकर देवदूत ने कहा – 'बस, यहीं तक आपको आना था। देवताओं ने मुझसे कहा था, कि 'जब युधिष्ठिर थक जायें, तब उन्हें लौटा लाना।' अतः अब मुझे आपको लौटा ले चलना है। यदि आप थक गये हो तो मेरे सहित आइये।' दुःख तथा शोकसे पीडित हुए धर्मात्मा युधिष्ठिर ज्यों ही वहां से लौटने लगे, त्यों ही उन्हें चारों ओरसे आर्त मनुष्यों कि दीनवाणी सुनायी पडी, कि 'हे धर्मनंदन! हे पवित्र कुलमें उत्पन्न पांडुपुत्र युधिष्ठिर! आप हमलोगों पर कृपा करने के लिये दो घडी तक यहीं ठहरिये। आप महापुरुषके आते ही परम पवित्र वायु चलने लगी है। वह वायु आपके शरीर की सुगन्ध लेकर आ रही है, जिससे हमें बडा सुख मिल रहा है। कुन्तीकुमार! आज दीर्घकाल के पश्चात आपका दर्शन पाकर हमे सुखका अनुभव हो रहा है। हो सके तो दो घडी ठहर जाइये। आपके रहने से यहां की यातना हमें कष्ट नही दे रही है।' इस प्रकार वहां कष्ट पानेवाले दुःखी प्राणियों के भांति-भांतिके दीनवचन उस प्रदेश में उन्हें चारों ओरसे सुनाई देने लगे। दीनतापुर्ण वचन कहनेवाले उन प्राणियों की बातें सुनकर दयालु राजा युधिष्ठिर वहीं खडे हो गये। उनके मुखसे सहसा निकल पडा, 'अहो! इन बेचारों को बडा कष्ट है।' कष्ट तथा दुःखमें पडे हुए प्राणियों कि वे ही पूर्वकी सुनी हुई करुणाजनक वचन सामने की ओरसे बारंबर उनके कानोंमें पडने लगी, तब भी पांडुकुमार उन्हें पहचान न सके। उनके वे वचन पूर्णरुपसे न समझकर धर्मपुत्र युधिष्ठिर ने उनसे पूछा – 'आपलोग कौन है?' उनके इसप्रकार पूछनेपर वे सभी चारों ओरसे बोलने लगे – 'प्रभो! मैं कर्ण हूं, मै भीमसेन हूं, मै अर्जुन हुं, मै नकुल हुं, मै सहदेव हुं, मै धृष्टद्युम्न हु, मै द्रौपदी हुं। तथा हमलोग द्रौपदी के पुत्र है।' इसप्रकार वे सभी लोग अपना-अपना नाम बताने लगे। उन वचनों को सुनकर राजा युधिष्ठिर मन-ही-मन वीचार करने लगे, कि 'दैवका यह कैसा विधान है। मेरे इन भाइयों ने, द्रौपदीके पांचों पुत्रों ने तथा सुमध्यमा द्रौपदी ने भी कौनसा ऐसा पाप किया था जिससे ये लोग इस दुर्गन्धपूर्ण भयंकर स्थान में निवास करते है। इन समस्त पुण्यात्मा पुरुषोंने कभी कोई पाप किया था, उसे मै नहीं जानता। धृतराष्ट्र पुत्र दुर्योधन ने कौनसा पुण्यकर्म कर अपने समस्त पापी सेवकों के सहित वैसी अद्भुत शोभा तथा सम्पत्तिसे संयुक्त हुआ है? वह तो अत्यंत सम्मानित होकर महेन्द्र के समान राजलक्ष्मी से सम्पन्न हुआ है। इधर यह किस कर्म का फल है, कि ये मेरे सगे-संबंधी नर्क में पडे हुए है? मेरे भाई सम्पूर्ण धर्मके ज्ञाता, शूरवीर, सत्यवादी तथा शास्त्र के अनुकूल चलने वाले थे। इन्होंने क्षत्रिय धर्म में तत्पर रहकर बडे-बडे यज्ञ किये तथा बहुत सी दक्षिणाएं दी है, तथापि इनकी ऐसी दुर्गति क्यों हुई? क्या यह मेरा स्वप्न है? यह मेरे चित्तका विकार तो नही है अथवा हो सकता है यह मेरे मनका भ्रम हो।' दुःख तथा शोकसे के आवेश से युक्त होकर राजा युधिष्ठिर इस प्रकार नाना प्रकार से

विचार करने लगे। उस समय उनकी सम्पूर्ण इन्द्रियां चिंतासे व्याकुल हो गयी थी। पश्चात उन्होंने देवदूत से कहा – 'तुम जिनके दूत हो, उनके निकट लौट जाओ। मै यहीं ठहरुंगा, अपने देवोंको इसकी सूचना दे देना। यहां ठहरने का कारण यह है, कि मेरे निकट रहने से मेरे इन दुखी भाई बन्धुओंको सुख मिलता है।' पांडुपुत्र के इसप्रकार कहनेपर देवदूत उस स्थानपर चला गया, जहां देवराज इन्द्र विराजमान थे। दूतने वहां धर्मपुत्र युधिष्ठिर के कहे हुए वचन कह सुनाये। अनन्तर कुन्तीकुमार को उस स्थानपर खडे हुए दो ही घडी बीतने पायी कि देवराज इंद्र आदि सभी देवता वहां आ पहुंचे। साक्षात धर्म भी शरीर धारण कर राजा युधिष्ठिर से भेट करने के लिये आये। जिनके कुल तथा कर्म पवित्र है, उन तेजस्वी शरीरवाले देवताओं के आते ही वहां का सम्पूर्ण अंधकार नष्ट हो गया। वहां पापकर्मी पुरुषों को जो यातनाएं दी जाती थी, वे सहसा अदृश्य हो गयी। कुरुनंदन युधिष्ठिर ने वहां चारों ओर जो विकृत शरीर देखे थे, वे सभी अदृश्य हो गये। तदनन्तर वहां पावन सुगन्ध लेकर बहनेवाली पवित्र सुखदायिनी वायु चलने लगी। तदनन्तर देवराज इन्द्रने युधिष्ठिर को सात्वना देते हुए कहा – 'महाबाहु युधिष्ठिर! तुम्हें जो नर्क देखना पडा है, इसके लिये क्रोध न करना। मनुष्य के जीवन में शुभ तथा अशुभ कर्मोंकी दो राशियां संचित होती है। जो पहले ही शुभ कर्म भोग लेता है, उसे अनन्तर नर्क में ही जाना पडता है। किंतु जो पहले नर्क भोग लेता है, वह अनन्तर स्वर्ग में जाता है। जिसके निकट पापकर्मों का संग्रह अधिक है, वह पहले ही स्वर्ग भोग लेता है। मैंने तुम्हारे कल्याण कि इच्छासे तुम्हें पहले ही नर्क के दर्शन कराने के लिये भेज दिया। राजन्! तुमने गुरुपुत्र अश्वत्थामाके विषय में छलसे कार्य कर द्रोणाचार्य को उनके पुत्रकी मृत्यूका विश्वास दिलाया था। इसलिये तुम्हें भी छलसे नर्क दिखलाया गया है। जैसे तुम यहां लाये गये थे, उसी प्रकार भीमसेन, अर्जुन, नकुल, सहदेव तथा द्रुपदकुमारी कृष्णा वे सभी छलसे नर्क के निकट लाये गये थे। राजन्! वे सभी पाप से मुक्त हो गये है, तुम्हारे पक्षके जो-जो राजा युद्धमें मारे गये है, वे सभी स्वर्ग लोकमें आ पहुंचे है, चलो उनके दर्शन करो।' अनन्तर धर्मराज युद्धिष्ठिर ने देवराज इंद्र के कहे अनुसार धर्म तथा समस्त स्वर्गवासी देवताओं के सहित जाकर मुनिजनवन्दित परमपावन पुण्यसलिला देवनदी गंगाजी में स्नान किया। स्नान कर धर्मराज ने तत्काल अपने मानवशरीरको त्याग दिया। तत्पश्चात दिव्य देह धारण कर धर्मराज युधिष्ठिर वैर भावसे रहित हो गये। मन्दाकिनी के शीतल जलमें स्नान करते ही उनका सारा संताप नष्ट हो गया। तदनन्तर राजा युधिष्ठिर क्रमशः उस स्थानपर जा पहुंचे जहाँ कुरुश्रेष्ठ भीमसेन तथा अर्जुन आदि विराजमान थे। वहां जाकर उन्होंने देखा कि भगवान् श्रीकृष्ण अपने ब्राहमविग्रहसे सम्पन्न है। अत्यंत तेजस्वी वीरवर अर्जुन भगवानकी आराधना में लगे हुए है। कुन्तीकुमार युधिष्ठिर ने भगवान् मधुसुदन का उसी स्वरुप में दर्शन किया। दूसरी ओर दृष्टि डालने पर युधिष्ठिर ने शस्त्रधारियों में श्रेष्ठ कर्ण जो बारह आदित्यों के सहित विराजमान थे, भीमसेन जो वायुदेव के निकट बैठे हुए थे, नकुल तथा सहदेव जो अश्विनिकुमारों के स्थानपर विराजमान थे उन्हें देखा। तदनन्तर उन्होंने कमलों की मालासे अलंकृत पांचाल राजकुमारी द्रौपदी को देखा, जो तेजस्वी स्वरुप

से स्वर्गलोक को अभिभूत कर विराज रही थी। उनकी दिव्य कांति सुर्यदेव कि भांति प्रकाशित हो रही थी।

20

भीमसेन

महाकाव्य महाभारत के अनुसार भीमसेन महाराज पांडु तथा कुन्ती के पुत्र थे। उनका जन्म "पवनदेव" के वरदान स्वरुप हुआ था। वे पांडवों में सर्वाधिक बलशाली तथा श्रेष्ठ कद-काठी के थे। भीमसेन को 'वृकोदर' भी कहा जाता था। भीमसेन धर्मराज युधिष्ठिर के प्रिय अनुज भ्राता थे। भीमसेन गदा युद्ध में निपुण थे, युद्ध में स्वयं देवराज इंद्र भी परास्त नही कर सकते थे। महाभारत अनुसार भीमसेन की हिडिम्बा तथा द्रौपदी नामक दो पत्नियां थी। हिडिम्बासे भीमसेन को 'घटोत्कच' नामक पुत्र की प्राप्ति हुई थी। तथा भीमसेन की दूसरी पत्नी पांचाल कुमारी द्रौपदी से भीमसेन को 'सुतसोम' नामक पुत्र की प्राप्ति हुई थी। भीमसेन के दोनों पुत्रों ने महाभारत युद्ध में भाग लिया था। जिसमें कर्ण द्वारा घटोत्कच का वध तथा अश्वत्थामा द्वारा सुतसोम का वध हुआ था।

भीमसेन बाल्यावस्था से वेगमें, निशानेबाजी में इत्यादि लडकपण के क्रिडाओं में धृतराष्ट्र कुमारोंको परास्त कर छेडा करते थे। जब महाराज धृतराष्ट्र के पुत्र आनंद से क्रिडा करते थे, तब भीमसेन उनके केशों को पकडकर परस्पर विलग्न कर देते थे। तथा उनके शिशको पकडकर परस्पर लडा देते थे। बालपण में भीमसेन राजा धृतराष्ट्र के पुत्रों के पैर पकडकर उन्हें घसीटा करते थे, तथा एक साथ दस बालकों को पकडकर जल में डूबो दिया करते थे। जब राजा धृतराष्ट्र के पुत्र पेडोंपर चढकर फल तोडते, तब भीम उन पेडों पर पैरसे प्रहार कर हिला देते। पैर के प्रहार से हिलने तथा डगमगाने पर धृतराष्ट्र कुमार उसीक्षण पेडों से छूटकर फल सहित भूमि पर गिर जाते। वास्तव में राजा धृतराष्ट्र के पुत्र स्पर्धा करते हुए बाहुयुद्ध में, वेगमें तथा शिक्षामें अर्थात किसी भी कार्य में भीमसेन से आगे बढ नही पाते थे। बढता हुआ वृकोदर राजा धृतराष्ट्र के पुत्रोंको केवल लडकपन के कारण ही अप्रिय करता था, किसी द्वेष भावसे नहीं। किंतु प्रतापि राजा धृतराष्ट्र कुमार दुर्योधन भीमसेन के बढते हुए बलको देख दुष्टभाव दिखाने लगा। धर्महीन तथा पापकर्म को देखनेवाले उस दुर्योधन कि बुद्धी अज्ञानता तथा ऐश्वर्य के लोभ से पापी हो गई। उसने विचार किया, कि 'पांडवों में मंझला कुन्तीपुत्र वृकोदर सभी बलवानों में श्रेष्ठ है अतः कौशल से उसका वध कर देना चाहिये। उसके पश्चात उसके अनुज भाइ तथा ज्येष्ठ भ्राता युधिष्ठिर को बलसे बांधकर मै अकेला ही पृथ्वीपर शासन करुंगा।' पश्चात उस पापात्मा ने जलक्रीडा के लिये गंगा तटपर प्रमाणकोटि नामक स्थान पर वस्त्र तथा कम्बल के सुंदर तथा विशाल भवन बनवाये। जिसमें सभी के विश्राम तथा भोजन आदि की विशेष व्यवस्था की गई। दुर्योधन को ज्ञात था कि भीमसेन को भोजन अत्यंत प्रिय है, इसलिये उसने भीमसेन के लिये विशेष भोजन बनवाये। दुर्योधन ने मौका पाकर भीमसेन के भोजन में कालकूट नामक विष मिला दिया। (इस विष से व्यक्ति कि मृत्यु तुरंत नहीं होती है, बल्कि वह धीरे-धुरे मृत्यु को प्राप्त होता है।) दुर्योधन की योजना अनुसार भीमसेन ने भोजन ग्रहण किया। पश्चात दुर्योधन ने सभीको जलक्रीड़ा के लिये बुलाया। भीमसेन भी जलक्रीडा के लिये गये किंतु विषके प्रभाव के कारण भीमसेन जल्द ही थक गये। तथा विश्राम स्थलपर जाकर वे सो गये जहर का प्रभाव धीरे-धीरे बढने से भीमसेन

अचेतन हो गये। तब दुर्योधन ने समय का सदउपयोग कर भीमसेन को लताजालों से बांधकर धीरेसे खहरे तथा भयंकर वेगवाले जलमें फेंक दिया। भीम अचेत अवस्था में ही नागलोक पहुंच गये। नागलोग के विषैले सर्प भीमसेन को काटने लगे। सर्पों के काटने के कारण भीम के शरीर में फैला हुआ विष का प्रभाव कम होने लगा। विष का प्रभाव कम होनेपर भीमसेन जाग गये। तथा सर्पों का संहार करने लगे। पश्चात भीमसेन के विषय में ज्ञात होनेपर वासुकी भीम के निकट आ पहुंचे। तथा भीमसेन से वार्ता के ने के पश्चात उन्हें 10 सहस्त्र हाथियों का बल प्रदान किया।

महाकाव्य महाभारत के "आदिपर्व" अनुसार सभी कुरुकुमार शिक्षा ग्रहण कर आने के पश्चात सभीने अपने कला कौशल का प्रदर्शन किया। कला प्रदर्शन करने के पश्चात पुरुवासी लोग पांडवों को नाना गुणों से अलंकृत देखकर सभामें तथा चारों ओर परस्पर कहते रह थे, कि 'प्रज्ञाचक्षु, जनराजा धृतराष्ट्र ने जन्मांध होने के कारण पहले राज्य प्राप्त नहीं किया था, अब वह राजा कैसे हो सकते है? सत्यशील महाव्रत शांतनु कुमार भीष्मने राज्य त्याग दिया था, वे पुनः राज्य नहीं लेंगे। अतएव आज हमलोग तरुण, वृद्धों का सम्मान करनेवाले तथा सत्यनिष्ठ पांडु के श्रेष्ठपुत्र युधिष्ठिर को राज्यपर अभिषिक्त करेंगे।' युधिष्ठिर के विषय में प्रजाओं के यह प्रेमपूर्ण वचन सुनकर दुष्टबुद्धि दुर्योधन सन्तप्त हुआ। तथा द्वेषके मारे महाराज धृतराष्ट्र के निकट गया। पिताश्री को एकान्तमें पाकर तथा प्रणामकर युधिष्ठिर पर पुरुवासियों के प्रेमके कारण दुःखीत होकर कहने लगा – 'हे पिताश्री! मैने परस्पर वार्ता करते हुए पुरुवासियों के वचन सुने है। प्रजाएं आपका तथा भीष्मका अनादर कर पांडव युधिष्ठिर को राजा बनाना चाहती है। इसमें पितामह भीष्म की भी अनुमति होगी, क्योंकि वह स्वयं राज्यभोग की इच्छा नही रखते। पहले राजा पांडुने अपने गुण से पिताके राज्य को प्राप्त किया था, यद्यपि आप ज्येष्ठता से राज्याधिकारी होनेके योग्य थे। किंतु अन्धतारुपी अवगुण के कारण राज्य नहीं पा सके। अब यदि उन पांडुका पुत्र उत्तराधिकारी होकर पांडुका राज्य प्राप्त करेगा तो भविष्य में उसका पुत्र अवश्य ही अधिकारी होगा। तथा उसी प्रकार परम्परा उनके वंशवाले राजा हुआ करेंगे। हे जगत्पते! ऐसा होने से राजवंशियों में न गिने जाकर हम सभीको अपने पुत्रों सहित लोगों से अनादर प्राप्त कर जीवन व्यतीत करना पडेगा।' पुत्रके इसप्रकार के वचन सुनकर राजा धृतराष्ट्र क्षणभर विचार कर दुर्योधन से बोले – 'धर्मशील पांडु मेरा प्रिय तथा हित करनेवाले थे। सम्पूर्ण ज्ञातियों से तथा विशेष कर मुझसे सदा धर्मके अनुसार व्यवहार किया करते थे। तथा उन्होंने मेरे हाथोंमे राज्य सौंप दिया। अब उनके पुत्र भी उनके समान धर्मशील, गुणवान भूमण्डल में प्रसिद्ध तथा पुरुवासियों के प्रिय है। अतः उन पांडुनंदन को हम उनके पुर्वजों के राज्य से जबरन कैसे खदेड सकते है? विशेष यह कि वह वर्जित भी नहीं है।' राजा धृतराष्ट्र के इसप्रकार कहनेपर दुर्योधन ने कहा – 'हे पिताश्री! आपके वचन उचित तो है, किंतु सभी प्रजाओंको धनमान से पूजित करने से वे हमारे अवश्य ही सहाय्यक होंगे, क्योंकि इस समय धनकोष तथा मन्त्रवर्ग हमारे

ही हाथ में है। हे पृथ्वीनाथ! आप किसी कोमल उपाय से ही शीघ्र पांडवों को वारणाव्रत भेज दिजिये। कुछ कालके पश्चात राज्य मेरे हाथ में पूर्ण रुपसे आजायेगा तब राजमाता कुन्ती पांडवगण के सहित फिर यहां लौट आयेगी। अतएव आप निःशंक चित्तसे पांडवों को उनकी माताके सहित वारणाव्रत भेज दीजिये, इसमें कोई दोष नही होगा। निद्रानाशी शोकान्ती मानों कठोर झूलोंकी भांति मेरे हृदय में गड रही है, आप यह कार्य कर उस अग्निको शांत कर दिजिये।' पश्चात राजा दुर्योधन ने अपने भाइयों सहित मिलकर सम्मान तथा धन द्वारा सभी प्रजाओं को अपने वशमें कर लिया। राजा धृतराष्ट्र से प्रेरित होकर कुछ कुशल मंत्री सुंदर नगर वारणाव्रत का वर्णन करने लगे, कि 'वारणाव्रत में संसार के अत्यधिक महान् मनुष्यों की भीड जुडेगी, वह नगर सभी प्रकार के रत्नोंसे युक्त तथा मनोरम है।' इस प्रकार का वर्णन मंत्री राजा धृतराष्ट्र कि आज्ञा से करने लगे। वारणाव्रत नगरकी सुंदरता इस प्रकार कही जाने पर वहां जाने के लिये पांडवों कि इच्छा हुई। अंबिकापुत्र राजा धृतराष्ट्र को जब ज्ञात हुआ कि वारणाव्रत नगर देखने के लिये पांडवों कि इच्छा है, तब राजा धृतराष्ट्र उनसे बोले – 'पुत्रों! सभी मुझसे बार-बार कहा करते है, कि 'भुमण्डल में वारणाव्रत नगर सबसे सुंदर है।' इसलिये, यदि तुम वहां का उत्सव देखना चाहों तो परिवार तथा साथियों सहित वहां जाकर विहार करो। गवैयों तथा ब्राह्मणों को यथेष्ठ धन तथा रत्न दान दो। कुछ काल विहार कर आनंद प्राप्त कर कुशलतापूर्वक हस्तिनापुर लौट आओ।' धर्मराज युधिष्ठिर ने राजा धृतराष्ट्र का अभिप्राय समझकर तथा स्वयं को असहाय जानकर उन्हें उत्तर दिया, कि 'आप जैसी आज्ञा देते है, वही होगा। हम जनोंसे भरे हुए अति सुंदर वारणाव्रत नगरमें रहेंगे। आप प्रसन्न चित्तसे पुण्यवचन कहिये, ताकि आपके आशीश से वृद्धिको प्राप्त हुए हमें पाप पराजित न कर पाए।' पांडु पुत्र युद्धिष्ठिर के इसप्रकार कहनेपर सभी कौरव पांडवों से प्रसन्न होकर बोले – 'पथमें सभी भूतों से सदा तुम्हारा मंगल होवो।' अनन्तर पांडव स्वस्त्ययन कर राज्यलाभके लिये सम्पुर्ण कर्तव्य तथा कर्मों को पुर्ण कर वारणाव्रत यात्राके लिये चल दिये। दुरात्मा दुर्योधन को बडा हर्ष हुआ, पश्चात दुर्योधन ने पुरोचन को एकान्तमें बुलवाकर बोला – 'हे पुरोचन! यह धनसे भरी हुई धरती मेरे वशमें है, इसपर मेरा जितना अधिकार है, तुम्हारा भी उतना ही अधिकार है। अतः तुम्हें उसकि रक्षा करनी चाहिये। तुमसे अधिक विश्वासी सहायक मेरा अन्य कोई नहीं है, कि जिससे मिलकर ऐसा परामर्श करुं, जैसा तुमसे कर सकता हुं। मैं जो कुछ कहता हूं, उसे कुशलता तथा अच्छे उपायों से पूर्ण करो। राजा धृतराष्ट्र ने पांडवों को वारणाव्रत नगर जानेकी आज्ञा दी है, वे राजा धृतराष्ट्र कि आज्ञा से वारणाव्रत के उत्सव में विहार करेंगे। अतएव तुम आज ही वारणाव्रत जिस प्रकार जा सको जाओ। वहां जाकर अपार धन खर्च कर भली प्रकार से घिरा हुआ एक चौपाल युक्त गृह बनवाओ। जितने ज्वलनशील पदार्थ है, उनसे ही वह गृह बनवाना। ऐसा करना कि पांडव वा अन्य कोई विशेष परीक्षण से भी तुम्हारे इस कार्य पर शंका न कर सके। की वह गृह ज्वलनशील पदार्थों से बना हुआ है। इसप्रकार गृह बनवा कर वहां जाकर पांडवों तथा राजमाता कुन्तीको आदरपूर्वक वहां ठहराओ। तथा उचित समय आनेपर अर्थात पांडवों को

उस गृहमें विश्वासपूर्वक निद्रा प्राप्त करते तथा निशंक होने के पश्चात उस गृह के द्वार पर आग लगा देना। तब प्रजा समझेगी कि पांडव अपने गृह में अग्नि लगने ही से मृत्यूको प्राप्त हुए है।' पुरोचन दुर्योधन की आज्ञा पाकर शीघ्रतापूर्वक वारणावृत पहुंचकर दुर्योधन के कहे अनुसार सभी कार्य पूर्ण करने लगा। पांडव सभीकी आज्ञा लेकर वारणावृत नगरकी ओर चले। महाप्राज्ञ विदुर तथा अन्य कौरवों में प्रधान लोग तथा पुरवासीवृन्द शोकाकुल होकर पांडवों के पीछे-पीछे चले। कुछ समय पश्चात पुरुवासियों के लौट जानेपर महात्मा विदुर ने धर्मराज युधिष्ठिर को सावधान करते हुए कहा – 'कक्षघ्न अर्थात तृणनाशी तथा हिमनाशी, अग्नि महाकक्षमें अर्थात विशाल वनके भीतर बिलमें तथा धरती के नीचे रहनेवाले चूहे आदि जीवों को जला नही सकती, इस नियम को जानकर जो अपनी रक्षा करते है, वही जीवित रहते है। जो नेत्रों से नहीं देखते है, वह पथको नही जान सकते तथा जीनके निकट धीरज नही है, वह ऐश्वर्य प्राप्त नहीं कर सकते। इस प्रकार मेरे बताने पर जानलो घूमने घामने ही से मार्गों के विषय में जाना जा सकता है। नक्षत्र से भी दिशाओं का निश्चय हो सकता है तथा जो मनुष्य अपनी पांच इन्द्रियों का दमन करते है वह शत्रुओं से पीसे नही जाते।' महात्मा विदुर पांडवों को इसप्रकार उपदेश देकर दूरतक उनके पीछे जाकर हस्तिनापुर लौट गये। पश्चात पांडव फाल्गुन माहके आठवें दिन रोहिणी नक्षत्रमें वारणावृत पहुंचे। पांडवों के आगमन का समाचार सुनकर वारणावृत नगरकी प्रजा प्रसन्न होकर उनके निकट जा पहुंची। पांडव पुरुवासियों से सत्कार पाकर वारणावृत नगर में प्रविष्ट हुए। सर्वप्रथम पांडव वेदपठन आदि स्वकर्म में नियुक्त ब्राह्मणों के गृह गये। फश्चात क्रमसे वे नरश्रेष्ठ पांडव वैश्य तथा शुद्रोंके गृह गये। पुरुवासियों से पूजे जाकर पश्चात वे पुरोचन के गृह गये। पुरोचन ने उनका आदर सत्कार किया। दस दिनों के व्यतित होने के पश्चात पुरोचन ने उन्हें उस लाक्षाग्रह के विषय में बताया। गुह्यक लोग जिसप्रकार कैलास कि चोटीपर चढते है, वैसे ही पांडव पुरोचन के वचन सुनकर उस गृहमें प्रविष्ट हुए। धर्मराज युधिष्ठिर गृहको भली प्रकार से देखकर भीमसेन से कहने लगे – 'भीम! यह गृह ज्वलनशील पदार्थों से बना हुआ है। घृत तथा लाखसे मिली हुई चर्बीकी गन्धको सूंघने से स्पष्ट व्यक्त होता है, कि यह गृह ज्वलनशील पदार्थों से बना हुआ है। सरकण्डा, तृण तथा बांस आदिको बटोरकर घृतमें डुबोकर उनसे यह गृह बनाया गया है। इस गृह में पापी पुरोचन हमें विश्वस्त देखकर जलाना चाहता है। हे पार्थ! इस आनेवाली आपत्तीको महाबुद्धिमान विदुर ने पहले ही आंक लिया था। उन्होंने पहले ही मुझे सावधान कर दिया था।' अपने ज्येष्ठ भ्राता धर्मराज युधिष्ठिर के वचन सुनकर भीमसेन बोले – 'भ्राताश्री! जब कि आपने जान लिया है, कि यह गृह ज्वलनशील वस्तुओं से बना हुआ है। तो हम पहले जहां बसे थे, वहीं जायें तो हमारा मंगल हो सकता है।' तब धर्मराज युधिष्ठिर ने कहा – 'भीम! हम यत्नसे तथा सावधानी से यही रहकर किसी को कुछ ज्ञात किये बिना बाहर निकलने का पथ ढूंढेंगे। पुरोचन हमारे किसी भाव को जान जायेगा तो वह उसी क्षण शीघ्रता पूर्वक गृह को अग्नि लगा देगा। क्योंकि यह पुरोचन लोकनिंदा वा अधर्म से भयभीत होनेवाला नहीं है। दुष्ट बुद्धिवाला यह पुरोचन दुर्योधन की आज्ञा से ऐसा

अनिष्ट करने करने के लिये प्रवृत हुआ है। यदि हम जलने के भयसे डरकर भाग जावें, तो वह राज्यलोभी दुर्योधन दूतों के द्वारा हम सभी को मरवा सकता है। क्योंकि वह राजपद पर स्थित हुआ ऐश्वर्य का अधिकारी है। हम बडे ही गुप्त भावसे आज ही धरती के नीचे एक सुरंग खोदेंगे। गुप्त रुपसे ऐसा करने से हमें अग्नि नहीं जला सकेगी। अतएव हम सजग होकर ऐसा करेंगे, कि पुरोचन वा कोई अन्य पुरुवासी हमारा अभिप्राय जान न सके।' पांडव इसप्रकार वार्ता कर हे थे तभी एक व्यक्ति जो महात्मा विदुरका मित्र तथा मिट्टी खोदने में दक्ष था। वह पांडवों के निकट आकर पांडवों से कहने लगा – 'हे राजन्! मै एक कुशल खनिक हुं भूमि भली भांतिसे खोद सकता हूं। विदुर ने मुझे आपके निकट आपका कार्य करने के लिये भेजा है। हे पांडव! पुरोचन आपके इस गृहके द्वारपर कृष्णपक्षकी चतुर्दशी की रात्री में अग्नि लगा देगा। मैने सुना है कि राजा धृतराष्ट्र के पुत्र दुर्योधन ने निश्चय किया है, कि पुरुश्रेष्ठ पांडवों को माता सहित जला मारेंगे। विदुर ने म्लेच्छ भाषामें आपसे कुछ कहा था, उससे आपने भी उन्हें वैसा ही उत्तर दिया था। यह बात ही मुझपर आपके विश्वास करनेका प्रमाण है।' तब धर्मराज युधिष्ठिर ने उससे कहा – 'हे सौम्य! मै महात्मा विदुरके प्रियमित्र तुम्हें जानता हुं। अतएव हमें इस रीतिसे यहां से छुडाओ कि पुरोचन भी न जान सके।' खनकने प्रतिज्ञा कर यत्न करना प्रारंभ किया। कुछ ही काल में उस खनकने गृहके भीतर एक छोटीसी सुरंग खोदकर उसमें ऐसा द्वार लगाया, कि वह भूमिसे समान हो गया। पुरोचन न देख सके इसलिये सुरंगका मुख ढक दिया। पांडव गण रात्री को अस्त्र शस्त्र लेकर उस लाक्षागृह के भीतर रहते तथा दिन के समय वनमें घूमघामकर मृगया करते रहते थे। पुरोचन को ठगने के लिये विश्वास न रख कर भी विश्वासी के समान, सदा असंतुष्ट होकर भी संतुष्ट होकर वहां रहने लगे। पांडवों के वर्षभर वहां रहनेपर पुरोचन उन्हें विश्वास रखनेवालों के समान निःशंक हुआ जानकर मन ही मनमें प्रसन्न हुआ। अनन्तर माता कुन्तीने एक दिन दान देने के लिये ब्राहमणों को भोजन कराया। नगरकी बहुतसी स्त्रीयां वहां आयी तथा भोजनकर आनंद पूर्वक माता कुन्तीकी आज्ञा लेकर लौट गई। कालकी प्रेरणा से एक बहेलिन पांच पुत्रोंके सहित स्वेच्छा से भोजन करने के लिये वहां आयी थी। भोजन कर वह बहेलिन पुत्रों के सहित मदिरा पान कर उन्मत तथा नशेसे विहल होकर ज्ञान रहित होकर मृतके समान उस गृहमें सो गयी। अनन्तर रात्रिको नगरके नगरवासी गहन निद्रा में थे, कि ऐसे समय में भीमसेन ने उस लाक्षागृह में जहां पुरोचन विश्राम किया करता था, वहां अग्नि लगा दी। पश्चात जलती हुई अग्निका घोर शब्द फैलने लगा, उसके कारण वहां का सारा जनसमूह जाग गया। तथा विलाप करते हुए उस गृहको चारों ओरसे घेरकर खडे हो गये। दूसरी ओर पांडवगण माताके सहित लोगों से छिपकर उस सुरंग से निकलकर शीघ्र चलने लगे। तथा वारणाव्रत नगरसे निकल कर दक्षिण दिशाकी ओर शीघ्रता से चलने लगे। दक्षिण दिशामें जाते हुए वे नक्षत्रों के सहारे मार्गका पता लगाते हुए बहोत प्रयत्नों के पश्चात अंतमें एक गहन वनमें पहुंचे। उस वनसे आगे चलकर अनन्तर वे संध्याके समय एक ऐसे निर्जन वनमें जा पहुंचे जहां हिंसक प्राणी तथा वह वन पुष्पों तथा फलोंसे रहित था। पश्चात वे निर्जन

तथा घोर महावनमें प्रवेशकर दूरतक छाया देनेवाले एक बरगद के वृक्ष के निकट पहुंचे। वे पांडव नीद्रा से व्याकुल, थके तथा प्याससे पिडित होकर आगे चल नहीं सके। तब भीमसेनने माता तथा भाइयों से कहा, कि 'आप यहां विश्राम किजीये मै जल ढूंढ ले आता हुं। यहां जलमें रहनेवाले सारस पक्षियों का शब्द सुनाई पड रहा है। मुझे जान पडता है, कि यहां निश्चय से बडा जलाशय होगा।' इतना कहकर भीमसेन ज्येष्ठ भ्राता युधिष्ठिर कि आज्ञा लेकर जल लेने गये। वहां जाकर उन्होंने जल ग्रहण किया तथा अपने सहित जल लेकर लौटे तब माता तथा भाइयों को सोये हुए देखा। तब उन्होंने विचार किया, 'कि, नगर इस वनसे दूर नहीं है अतः इन्हें जागना चाहिये किंतु ये सो गये है, अतः मै ही जागूंगा। थकावट दूर होने के पश्चात जब ये जागेंगे, तब जल ग्रहण करेंगे।' ऐसा निश्चय कर भीमसेन स्वयं जागने लगे। पांडव जहां विश्राम कर रहे थे, वहां से कुछ अंतर पर एक साल के वृक्षपर आश्रय लिये हुए 'हिडिम्ब' नामक एक राक्षस अपनी बहन 'हिडिम्बा' सहित रहता था। उस क्रूर, नरभक्षी, अतिबलशाली, भयंकर रुपवाले उस राक्षसकी दृष्टी एकाएक निद्रा प्राप्त कर रहे पांडवों पर जा पडी। मनुष्यों की गंध सूंघकर नर मांस ग्रहण करने कि आशा से प्रसन्न होकर अपनी बहन से कहने लगा – 'हिडिम्बा! बहोत दिनोंके फश्चात आज मेरे मनको प्रिय लगनेवाला भोजन आ पहुंचा है। तुम वहां जाओ तथा जानों, कि वे कौन है तथा इस वनमें क्यों सो रहे है? तुम उन सभी मनुष्यों का वध कर मेरे निकट लेती आओ। वे मेरे राज्य में सो रहे है।' तब राक्षसी हिडिम्बा अपने भ्राता कि आज्ञा पाकर शीघ्रता से वहां जा पहुंची जहां पांडवगण निद्रा प्राप्त कर रहे थे। वहां पहुंचकर हिडिम्बा अनुपम रुपसौंदर्य से युक्त सुंदर पुरुष भीमसेन को देख उनपर मोहित हो गई। तथा विचार करने लगी, कि 'इन्हें मारकर मुझे तथा भ्राता को क्षणभर सुख मिलेगा, किंतु इनका वध न कर मै इनके सहित अनेकों वर्षोंतक सुख भोग सकुंगी।' इसप्रकार विचार कर राक्षसी हिडिम्बा अपनी इच्छानुसार सुंदर मानवी रुप धारण कर महाभुज भीमसेन के निकट धीरे-धीरे जा पहुंची, तथा कहने लगी – 'हे पुरुषश्रेष्ठ! आप कौन है? कहां से आये है? और जो यह देवों के समान रुपवान पुरुषगण सोये हुए है, वे कौन है? तथा यह सुवर्ण रंगकी रमणी इस वनमें निद्रा प्राप्त कर रही है, यह आपकी कौन लगती है? क्या वह नही जानती कि इस घने वनमें राक्षस रहते है। यहां हिडिम्ब नामक एक पापात्मा राक्षस रहता है। उसी हिडिम्ब अर्थात मेरे भ्राताने मुझे आपके निकट आपको ले जाने के लिये भेजा है। किंतु मै सत्य कहती हुं, मै आपके अतिरिक्त किसी अन्य को अपना पति बनाना नही चाहती। आप जैसा चाहेंगे मै वही करुंगी, आप इन्हें जगाइये, मै सहज ही तुम सभी को राक्षस से मुक्त कर दूंगी।' राक्षसी हिडिम्बा के इसप्रकार कहने पर भीमसेन ने कहा – 'हे राक्षसी! तुम्हारे दुरात्मा भ्राता के भयसे इस वनमें सुखसे सोये हुए मेरे भाइयों तथा माता को नहीं जगा सकता। न मनुष्य, न गंधर्व, न यक्ष तथा न ही राक्षस मेरा पराक्रम सह सकते है।' पश्चात राक्षसराज हिडिम्ब अपनी बहन हिडिम्बा को विलंब होता देख वृक्षसे नीचे उतरकर पांडवों के निकट आ गया। उस भयंकर रुपवाले राक्षसको आते देख भयसे घबराकर हिडिम्बा भीमसेन से कहने लगी – 'दुष्टत्मा नरभक्षी राक्षस क्रोधित होकर आ रहा है। मै राक्षसों के बलसे युक्त होने

के कारण जहां चाहे वहां जा सकती हूं। आप इन सोती हुई माता तथा भाइयों को जगाइये मै सभी को आकाशमार्ग से ले चलूंगी।' तब भीमसेन ने कहा – 'तुम भय न करो, मेरे समक्ष यह कुछ भी नहीं है। तुम्हारे समक्ष ही तुम्हारे भ्राता को नष्ट कर दुंगा।' भीमसेन हिडिम्बा से इसप्रकार वार्ता कर रहे थे, हिडिम्ब ने उनकी बातें सुनली तथा देखा, कि हिडिम्बाने सुंदर मनुष्यका स्वरुप धारण किया है। उसका मुख पुर्ण चंद्रमा के समान शोभायमान है। केश सुशोभित तथा सम्पूर्ण आभूषणों से युक्त शरीर है। उसका ऐसा सुंदर मानवी स्वरुप लिये तथा पुरुष पर मोहित हुई जानकर हिडिम्ब ने अपनी बहनसे कहा – 'हिडिम्बे! मोहित हुई तु क्या मेरे क्रोधसे भय नही खाती? तु पुरुष की चाह से मेरे कार्य में बाधा डालती है? तु जिनके विश्वास पर मेरा अप्रिय करने पर उद्यत हुई है। मै अभी तेरे सहित उन, सभी का वध कर दुंगा।' भीमसेन उस राक्षस को बहन पर क्रोधित होते देखकर हंसते हुए बोले – 'हे दुष्ट नरभक्षी राक्षस! सभी सुखसे सोये हुए भाइयों को जगाने की क्या आवश्यकता है? तु मुझ पर आक्रमण कर, स्त्री का वध करना तुझे शोभा नही देता। यह सुंदरी तेरी ही आज्ञासे यहां आकर मुझ पर मोहित हो गई है, इसमें इसका दोष नहीं है। मेरे द्वारा तेरे मारे जाने से इस वनमें विचरनेवाले मनुष्य बिना किसी बाधा के इस वनमें विचरेंगे।' भीमसेन के वचन सुनकर राक्षस हिडिम्ब ने कहा – 'हे मनुष्य! तेरे इस व्यर्थ के गर्जन तथा व्यर्थके वचनों से क्या होना है? जैसा कह रहा है उसे कर दिखाकर अपने बल को प्रगट कर।' इसप्रकार कहकर नरभक्षी हिडिम्ब भीमसेन कि ओर दौडा। पराक्रमी भीमसेन ने हंसते हुए हाथों को पकड लिया तथा घसिटकर वहां से कुछ दूर अंतर पर ले गये। तब राक्षस भीमसेन से बलपूर्वक घसीटे जानेपर उन्हें दबोचकर शोर मचाने लगा। कहीं उस शब्द को सुनकर सुखसे सोये हुए भाइयों की नीद्रा न टुट जाये इसलिये भीमसेन पुनः उसे बलपुर्वक घसीटकर दूर ले गये। भीमसेन तथा हिडिम्ब दोनो ही पराक्रम दिखाने लगे। वे गर्जते हुए महावृक्ष को उखाडने लगे। उनके उस कोलाहल से नरश्रेष्ठ पांडव जाग गये तथा सामक्ष खडी हिडिम्बा के उस अलौकिक रुपको देखकर आश्चर्य में पड गये। पश्चात माता कुन्ती ने हिडिम्बा से कहा – 'देवकन्या के समान सुंदरी! तुम कौन हो? यहां किस लिये आयी हो? तब हिडिम्बाने कहा – 'यह महान वन जो आप देख रही हो, यह हिडिम्ब नामक राक्षस तथा मेरे रहने का स्थान है। मै उस राक्षसराज हिडिम्ब की बहन हिडिम्बा हूं। पुत्रों सहित आपका वध करने की इच्छावाले मेरे भ्राताने मुझे यहां भेजा था। मै भ्राता के आज्ञा से यहां आयी तथा यहां आकर आपके महातेजस्वी पुत्रको देखा। अतएव आपके महाबली पुत्र को मैने मन ही मन में अपना पति वरण किया है। भ्राता ने मुझे जिस कार्य के लिये भेजा था, उसमे विलंब होते देख आपके सभी पुत्रों को नष्ट करने के लिये स्वयं ही आ गया। तब महात्मा आपके पुत्र बलपूर्वक उसे घसीटकर यहां से कुछ दूर ले गये है।' हिडिम्बा के वचन सुनकर युधिष्ठिर, अर्जुन, नकुल, सहदेव युद्धस्थान के निकट गये। उन्होंने देखा कि शूरवीर भीमसेन तथा राक्षस दोनों जयकी आशा से परस्पर को पकडकर घसीट रहे है। पश्चात अर्जुन ने भीमसेन को राक्षस से पिडित होते देखकर हंसते हुए बोले – 'हे महाभूज भीम! तुम भय मत करो, हम जान न सके, कि तुम ऐसे घोररुप

राक्षससे भिड गये हो। मै तुम्हारी सहायता करने के लिये सज्ज हूं।' तब भीमसेन ने कहा – 'अर्जुन! तुम वहीं खडे होकर देखते जाओ। यह राक्षस मेरे हाथों से जीवित नहीं रहेगा।' पश्चात अर्जुन भीमसेन से फिरसे कहने लगे – 'हे भ्राता भीम! इस पापात्मा राक्षस को बहुत समय तक जीवित रखने का क्या प्रयोजन है? हमें अभी और आगे जाना है, अतः हम यहां बहुत समय तक नहीं रह सकते। प्रातःसंध्या का काल आ रहा है, ब्रह्ममुहूर्त में राक्षस प्रबल हो जाते है, तुम शीघ्र ही कार्य पूर्ण करो। इस भीषण नरभक्षी राक्षस का वध कर डालो, इससे पुर्व कि वह माया फैलाये, अपना भुजबल प्रकट करो।' अर्जुन के द्वारा इसप्रकार कहे जाने पर भीमने राक्षसी देह को उठाकर घुमाया तथा भूमिपर पीसकर पशु की भांति नष्ट कर दिया। पांडुपुत्रों ने हिडिम्ब को नष्ट होते देख प्रसन्न चित्तसे नरश्रेष्ठ भीमसेन कि प्रशंसा कि। पश्चात अर्जुन ने अपने भाइयों से कहा – 'मुझे जान पडता है ,कि इस वनसे नगर दूर नहीं है, चलिये हम उस स्थान पर शीघ्र चलें जहां दुर्योधन हमें ढूंढ न सके।' तब शत्रुनाशी पुरुषोत्तम पांडवगण उसपर संमत हो माता के सहित वहां से चलने लगे तब राक्षसी हिडिम्बा भी उनके सहित चलने लगी। भीमसेन हिडिम्बा को साथ आते देखकर बोले – 'हे हिडिम्बे! राक्षसगण मोहिनी माया धारण कर शत्रुताको स्मरण किये रहते है। अतः तुम्हारा भाई जिस पथमें गया है, तुम भी उसी पथमें जाओ।' भीमसेन के वचन सुनकर धर्मराज युधिष्ठिर ने कहा – 'हे भीम! तुम क्रोधित हो, तब भी स्त्री का वध न करो। शरीर की रक्षासे धर्मकी रक्षा बडी है, अतः धर्मका पालन करो।' पश्चात हिडिम्बा माता कुन्ती से कहने लगी – 'हे आर्ये! मैने स्वधर्म, मित्रों तथा स्वजनों को तजकर आपके पुरुषश्रेष्ठ पुत्रको पतिके रुपमें वरण किया है। अतएव आप मुझे भक्त वा कृपापात्र जानकर, अपने पुत्र तथा मेरे पति इन भीमसेन से मुझे संयुक्त करें। मै इन देवरुपी पतिको लेकर जाउंगी तथा लौटा ले आऊंगी। आप मेरा विश्वास करें। धर्मशील जनोंके लिये धर्मविषयक विपत्ती ही सबसे बडी आपत्ती कही गई है। अतः जो जन विपत्कालमें भी धर्मकी रक्षा करते है, वही धार्मिको में उत्तम है। पुण्य ही प्राणको धारण करता है, पुण्यही को पंडितों ने प्राण देनेवाला कहा है, अतएव अकर्तव्य कर्मको करकर भी प्राण बचाना चाहिये, उससे निन्दा नही होती।' हिडिम्बाके वचन सुनकर धर्मराज युधिष्ठिर ने कहा – 'हे हिडिम्बे! इसमें संदेह नही, कि तुमने जो कहा, वह उचित है, किंतु मै जैसा कहूं, उस मेरे कथन के अनुसार तुम्हें धर्मपर चलना पडेगा। तुम दिनमें भीमसेन के सहित इच्छानुसार विहार कर रात्री के समय उन्हें हमारे पास पहुंचा दिया करना।' पश्चात भीमसेन ने कहा – 'ऐसा तबतक होगा जब तक हिडिम्बा को पुत्रकी प्राप्ति नही हो जाती।' युधिष्ठिर द्वारा उपर्युक्त वचन कहनेपर राक्षसी हिडिम्बा 'ऐसा ही करुंगी' कहकर भीमसेन को लेकर उसीक्षण आकाश मार्ग से चली गयी। वह राक्षसी परम मनोहर रुप धारण कर सभी आभूषणों से भली प्रकार से सज्जीत होकर मधुर वाणी बोलती हुई समय समय पर नाना स्थानोमें फुले हुए वृक्षोंसे सुहावनी घाटियों में कभी मनोहर नगरों तथा विशाल शाल वृक्षोंसे भरे हुए वनों में, सरोवरों में क्रिडा करती हुई परम रुपवती वह हिडिम्बा पांडव भीमसेन को आनंद देने लगी। अनन्तर भीमसेन को हिडिम्बा से एक पुत्र की प्राप्ति हुई थी। वह महाबली भयंकर वेगवान

पुत्र मनुष्य के वीर्य से अमानुष में जन्मा हुआ, वह कुमार सम्पुर्ण पिशाच तथा राक्षसों में बडा विक्रमी हुआ। उस बलवान वीरपुत्र ने बालक होनेपर भी यौवन प्राप्त किया। (क्योंकि राक्षसी जिस दिन गर्भ धारण करती है, उसी दिन प्रसब करती है। तथा बालक भी जन्मलेते ही बहुरुपी होकर मनमाना रुप धारण कर सकता है।) उस बालकके घटके जैसे उत्कच अर्थात केश थे, अतः हिडिम्बाने उसे देखकर कहा, कि 'इसके उत्कच घटकी भांति है।' इसलिये भीमसेन ने उस कुमार का नाम 'घटोत्कच' रखा। घटोत्कच स्वाधीन होनेपर भी ऊन पांडवों पर स्नेह करता था। हिडिम्बा वचन के अनुसार कार्य कर 'पति सहित रहने का काल बीत चूका है।' कहकर चली गयी, तथा घटोत्कच भी 'जब कार्य उपस्थित होगा तब मै आपके समीप आ पहुंचूंगा।' कहकर चला गया। घटोत्कच ने कुरुक्षेत्र युद्धमें भाग लिया था। तथा जब घटोत्कच कौरव सेना का नाश करने लगा था। तब वह विध्वंस देख कर्णने देवराज इंद्र द्वारा दिये गये दिव्य शक्ती अस्त्र जो कर्णने अर्जुन के लिये रखी थी। उस शक्ति का प्रयोग कर कर्णने कुरुक्षेत्र के भूमिपर घटोत्कच का वध किया था।

महाकाव्य महाभारत के "सभापर्व" अनुसार इंद्रप्रस्थ स्थापित करने के पश्चात महाराज युधिष्ठिर ने 'राजसुय यज्ञ' करने का विचार किया। तदनन्तर महाराज युधिष्ठिर ने केवल अपनी ही बुद्धिसे यह कार्य आरंभ करना अनुचित है जानकर श्रीकृष्ण के सहित सम्मती करने का विचार किया। तथा तत्काल श्रीकृष्ण को इंद्रप्रस्थ बुलवा लिया। श्रीकृष्ण शीघ्र ही इंद्रप्रस्थ में युधिष्ठिर के निकट आ पहुंचे। धर्मराज यूधिष्ठिर ने श्रीकृष्ण का आदर सत्कार तथा पूजन किया। अनन्तर श्रीकृष्ण के कुछ समय विश्राम करने के पश्चात धर्मराज युधिष्ठिर ने श्रीकृष्ण के समक्ष अपना प्रयोजन कहा। तब धर्मराज युधिष्ठिर का प्रयोजन सुनकर श्रीकृष्ण ने कहा – 'हे महाराज! आप में सभी गुण है, इस कारण राजसुय यज्ञ करना आपके लिये कुछ अनुचित नहीं है, आप सभी प्रकार से राजसुय यज्ञ करने के अधिकारी है। पुर्व में 'जमदग्नि' कुमार 'परशुराम' ने पृथ्वीको निःक्षत्रिय किया था। अनन्तर जो क्षत्रिय कुलमें जन्मे है वह वास्तविक क्षत्रिय नही है। किंतु क्षत्रियों के समान आचार व्यवहार करते है। उस समय जिन आज्ञाकारियों को भगवान् परशुराम ने नही मारा था उन्होंने इकठ्ठे होकर संकल्प किया, कि 'हम में से जो सभी को जीत लेगा वह सम्राट होगा।' हे युधिष्ठिर! जिन राजाओं ने ऐलवंश तथा इक्ष्वाकु वंशमें जन्म धारण किया उन में से भोजकुल के राजा ययाति का वंश अपने गुणोंसे भुमंडल में चारों ओर फैल रहा है। तथा वह क्षत्रिय अपने-अपने वंशकी राजलक्ष्मी पर अधिकार करते आ रहे है। इस समय राजा जरासंध अपने बाहुबल से सकल राजाओं को जीतकर अपने देशमें ले आया है तथा उनसे अपनी सेवा कराता हुआ सकल भूमंडल पर एक छत्र राज्य कर रहा है। हे महाराज! जो राजा सभीका प्रभू होता है तथा जगत जिसके वशमें होता है नियमानुसार वही चक्रवर्ती पद को पाता है। हे महाराज! यदि आपको राजसुय यज्ञ करने की इच्छा है, तो सबसे पुर्व जरासंध द्वारा कैद किये हुए राजाओं को छुडाने तथा जरासंध के वधका यत्न करो। अन्यथा आप किसी प्रकार भी राजसुय यज्ञको सुसिद्ध नही कर सकोगे।' श्रीकृष्ण के कथन सुनकर धर्मराज युधिष्ठिर कहने लगे – 'हे धीमान्! आपने मुझे जैसी सम्मति दी है अन्य कोई नहीं दे सकता। क्योंकि भूतल पर संदेह को दूर करनेवाला आपके समान अन्य कोई नहीं है। हे श्रीकृष्ण! आप, श्रीबलराम, भीमसेन तथा अर्जुन में से कोई उसका वध कर सकेगा या नहीं। हे केशव! आप अपनी सम्मति बताइये।' धर्मराज युधिष्ठिर के इसप्रकार कहनेपर भीमसेन ने कहा – 'जो राजा दुर्बल होते हुए भी आलस्य रहित होता है वह भले प्रकार युद्ध के द्वारा बलवान शत्रुको भी जीत सकता है तथा नितिके द्वारा अपने हितकारी पदार्थों को पाया जाता है। श्रीकृष्ण में नीति है, मुझमें बल है तथा अर्जुन में विजय पानेकी योग्यता है। इसकारण जैसे तीन अग्नियों से यज्ञ सिद्ध हो जाता है तैसे ही हम तीनों इकठ्ठे होकर जरासंध के वध का कार्य सिद्ध करेंगे।' तब श्रीकृष्ण ने कहा – 'हे धर्मराज! जरासंध सियासी राजाओं को तो ले आया, चौदह राजाओं कि कमी रही है, सो चौदह राजाओं को लाते ही वह सभीका वध कर डालेगा। अब जो पुरुष दुष्टत्मा जरासंध के इस क्रुर कर्ममें विघ्न डालेगा, उसका यश भूमंडल में फैल जायेगा तथा

जो जरासंध को जीत सकेगा वह निश्चय ही चक्रवर्ती राजा होगा। जरासंध के मृत्युका समय आ गया है, किंतु देव, दानव इकठ्ठे होकर भी युद्धमें जरासंध को परास्त नही कर सकते। उसे केवल मलयुद्ध में ही जीतना चाहिये। भीमसेन बल तथा अर्जुन हमारा रक्षक है, मै नीती जानता हुं हम तीनों इकठ्ठे होकर जरासंध के वधको सिद्ध करेंगे। जैसे यमराज उद्धत प्राणियों का विनाश कर सकते है तैसे ही महाबली भीमसेन जरासंध का वध कर ही डालेगा। इसिलिये आप भिमसेन तथा अर्जुन को मुझे धरोहर रुपमें दे दीजिये।' भगवान श्रीकृष्ण के कथन सुनकर धर्मराज युधिष्ठिर कहने लगे – 'हे शत्रुनाशन मधुसन! हम आप ही के आश्रीत है, आपने जो कुछ कहा वह सब कुछ उचित है। अब जिसप्रकार सब कार्य सिद्ध हों सावधानी सहित किजिये।' अनन्तर भीमसेन, अर्जुन तथा श्रीकृष्ण तपस्वीयों का वेष धारण कर मगध देश की ओर चल दिये। श्रीकृष्ण, भीमसेन तथा अर्जुन कुरुदेश से निकलकर कुरुजांगल देशसे होते हुए नदीयों को क्रमसे लांघकर चल दिये। तदनन्तर वे तीनों मगध नगर के द्वारपर पहुंचकर वृद्धवंश के सकल पुरुष तथा अन्य सभी नगरनिवासियों के पूजने योग्य मगध राज्यको शोभादेनेवाले नगर के समीप चैत्यपर्वत पर शीघ्रता से पहुंचे जहां महाराज बृहद्रथ ने मांसभक्षी बैल का रुप धारण करनेवाले दैत्यका वध कर उसके चर्म से ती न नगाडे बनवाये थे। उन नगाडों पर एक बार चोट देने से एक माह तक गंभीर ध्वनि होती रहती थी। महाराज बृहद्रथ ने उन तीनों नगाडों को अपने नगर में रख दिया था, वह नगाडे दिव्य पुष्पों की वर्षाके सहित बजाये जाते थे। श्रीकृष्ण, अर्जुन तथा भीमसेन ने उन तीनों नगाडों को नष्ट कर दिया। तथा नानाप्रकार के अस्त्र धारण कर द्वार देशसे ही मानों जरासंध के मस्तक पर प्रहार करते हुए शीघ्रता सहित चैत्य पर्वत के समीप जाकर अतिदृढ भुजाओं से चैत्य पर्वत के शिखरों को नष्ट कर दिया, तथा प्रसन्न चित्तसे मगधपुरी में प्रविष्ट हुए। उसी समय वेदके पारगामी ब्राह्मणों ने नगर में कुलक्षणों को देखकर जरासंध को सुचित किया। राजा जरासंध ने उन कुलक्षणों कि शान्ती के लिये दीक्षित तथा नियम में स्थित होकर उपवास किया। तथा दूसरी ओर तपस्वीका वेष धारण किये हुए श्रीकृष्ण, भीमसेन तथा अर्जुन अस्त्र शस्त्रोंको त्यागकर जरासंध के सहित बाहुयुद्ध करने कि इच्छासे राजधानी में प्रविष्ट हुए। राजमार्ग से चलते-चलते वे मालियों से मालाएं लेकर उन दिव्य माला तथा दिव्य कुण्डलोंको धारण कर श्रीकृष्ण, भीमसेन तथा अर्जुन जरासंध के महलकी ओर देखते हुए चलने लगे। अनन्तर वे शीघ्र ही राजा जरासंध के निकट पहुंचे। उन्हें देख जरासंध खडा हुआ तथा उनका पूजन कर स्वागत पूछने लगा। भीमसेन तथा अर्जुन उस समय मौन रहे, किंतु श्रीकृष्ण ने कहा – 'हे राजेंद्र! इन्होंने मौनव्रत धारण किया है, यह इस समय नहीं बोलेंगे अर्ध रात्री बीत जाने के पश्चात ये तुम्हारे सहित वार्ता करेंगे।' तदनन्तर राजा जरासंध ने उन्हें यज्ञशालामें ठहराया। तथा अर्ध रात्री बीतने पर जहां यह द्वीज ठहरे थे वहां जरासंध पुनः आया। वहां जाकर जरासंध उनके अपूर्व वेशको देखकर आश्चर्य में पड गया। श्रीकृष्ण, भीमसेन तथा अर्जुन ने राजाको देखते ही "स्वस्ति अस्तु" कहकर आशीर्वाद देते हुए कुशल पूछा। फश्चात राजा जरासंध उनके वेशको देख अचंभित होकर कहने लगा – 'हे ब्राह्मणों! मै जानता हूं कि

स्नातक ब्रह्मचारी सभामें पुजने के समय के सिवाय और किसी समय माला वा चंदन धारण नहीं करते है। कहिये, आप कौन है? शरीर पर पुष्पमाला तथा अनुलेपन शोभा दे रहा है तथा आपकी भुजाओं पर प्रत्यंचा के चिन्ह प्रतित होते है। किंतु आप स्वयं को ब्राह्मण बताते है तथा आपके आकार को देखनेपर स्पष्ट क्षत्रियका तेज झलक रहा है। अतः सत्य कहो ऐसे गेरुआ वस्त्र धारण किये हुए तथा चंदन धारण किये हुए आप कौन है?' राजा जरासंध द्वारा इसप्रकार प्रश्न पूछनेपर श्रीकृष्ण कहने लगे – 'हे राजन्! तुम हमे स्नातक ब्राह्मण समझते हो किंतु ब्राह्मण, क्षत्रिय तथा वैश्य यह तीनों ही स्नातक व्रतको धारण करते है। इनमें साधारण तथा विशेष दोनों प्रकार के नियम है। पुष्प धारण करनेवाले निश्चय ही श्रीमान् होते है, इस कारण हमने पुष्पमाला धारण किया है। तथा क्षत्रिय भूजबल से ही बलवान होते है, वाणी की वीरता नहीं दिखाते। विधाताने क्षत्रियों की भुजाओं में ही बल दिया है। यदि तुम हमारा बाहुबल देखना चाहो तो निःसंदेह देख सकोगे। हे राजन्! हम अपना कार्य साधने के लिये शत्रुके गृह आकर शत्रुकी दी हुई पूजाको ग्रहण नही करते।' श्रीकृष्ण के इसप्रकार कहनेपर जरासंध ने कहा – 'मैने किस समय तुम्हारे सहित शत्रुता कि है, यह मुझे ध्यान देनेपर भी स्मरण नहीं आता। फिर तुम किस कारण से मुझ निरपराध को अपना शत्रु मानते हो, क्या सत्पुरुषों का यही नियम है? मै अपने धर्ममें तत्पर रहता हुं, फिर तुमने मुझे शत्रु कैसे मान लिया। लगता है कि, तुम्हें उन्माद हो गया है, जो ऐसा कह रहे हो।' तब श्रीकृष्ण ने कहा – 'हे राजन्! तुमने पूजामें क्षत्रियों कि बलि देनेका विचार किया है, ऐसा क्रुरकर्म रुप घोर अपराध करने के पश्चात भी स्वयंको निरपराध मानते हो। अनेकों निरपराध राजाओं का वध करना क्या राजा का कार्य है? तुम किस कारण से राजाओं का बलिदान करने का विचार किया है। हमे भी तुम्हारे किये हुए अपराध का अपराधी होना पडेगा, क्योंकि हम धर्माचरण करने वाले तथा धर्मकी रक्षा करने में समर्थ है। हमने कभी मनुष्यों का बलिदान होता नही देखा है, फिर तुम किस आधार पर नरबली देकर भगवान रुद्रदेव का पूजन करना चाहते हो? हम दुःखीयों कि सहायता करते है तथा तुम जाती का नाश करना चाहते हो। अतएव हम जाती की वृद्धि के लिये तुम्हारा प्राणांत करने के लिये यहां आये है। हम ब्राह्मण नहीं है, मै वासुदेव पुत्र कृष्ण हुं, तथा यह दोनों वीर राजा पांडुके पुत्र है। अब तुम सभी राजाओं को मुक्त करदो अथवा हमसे युद्ध करो।' श्रीकृष्ण के कथन सुनकर राजा जरासंध ने कहा – 'हे कृष्ण! मैने किसी भी राजा को बिना जीते यहां नहीं लाया हूं, जिसे मैने जीता न हो तथा जो मेरे सहित विरोध करता हो, इस भूमंडल पर ऐसा कौनसा पुरुष है। हे कृष्ण! पराक्रम से लोगों को अपने वशमें कर उनके सहित अपनी इच्छानुसार व्यवहार करना ही क्षत्रिय का धर्म है। मैने क्षात्रव्रतको धारण किया है, इन राजाओं को देवपूजा के लिये लाया हूं। अब मै मृत्यू के भय से इन्हें क्यों छोड दूं।' राजा जरासंध ने इसप्रकार कहकर तीनों पराक्रमवालों सहित युद्ध करने की इच्छा से अपने पुत्र 'सहदेव' का राज्याभिषेक करने कि आज्ञा दी। उस समय श्रीकृष्ण को स्मरण हुआ, कि 'यह पुरुषसिंह जरासंध भूलोक में संग्राम के समय यादवों के हाथों से नही मारा जा सकता ऐसी ब्रह्मा जी कि आज्ञा थी।' उसे स्मरण कर श्रीकृष्ण ने स्वयं उसके

सहित युद्ध करने की इच्छा नहीं की। तदनन्तर श्रीकृष्ण ने युद्ध के लिये निश्चय कर राजा जरासंध से कहा – 'हे राजन्! हम तीनों मे से किसके सहित युद्ध करने की तुम्हारी इच्छा है?' तब जरासंध ने कहा – 'मै भीमसेन के सहित युद्ध करुंगा।' इसप्रकार कहकर तदनन्तर जरासंधने ब्राह्मणों से स्वस्तिवाचन कराया तथा क्षत्रियधर्म को स्मरण करते हुए मुकुट उतार कर केशों को बांधता हुआ कहने लगा – 'भीम! आओ मै तुम्हारे सहित युद्ध करुंगा, क्योंकि बली से युद्ध करने से पराजित होनेपर भी यश ही प्राप्त होता है।' कहकर भीमसेन पर आक्रमण करने के लिये उद्यत हुआ। तब बलवान भीमसेन श्रीकृष्ण के सहित सम्मति कर युद्ध करने के लिये जरासंध के समक्ष आ गये। इस प्रकार वह दोनों नरश्रेष्ठ वीर पुरुष परस्पर विजय पाने के अभिलाषी होकर हाथ से हाथ पकडकर चरण वंदना की। सकल पुरुवासी, हजारों ब्राह्मण, क्षत्रिय, वैश्य तथा शूद्र युद्ध देखने के लिये इकठ्ठे हुए,वह मनुष्यों के समुहों से घिरा हुआ युद्ध होता रहा। महाबली जरासंध तथा भीमसेन परस्पर भुजा तथा गरदन पकडर परस्पर को भूमि पर पटकने लगे। युद्ध के समय उनकी थपकियों का ऐसा शब्द होता था मानों पर्वतपर वज्र पड रहा है। उन दोनों महात्माओं का युद्ध कार्तिक मास के पहले दिन से आरंभ होकर बिना अन्न ग्रहण किये निरंतर तेरह दिन होता रहा। चौदह वें दिन रात्री के समय जरासंध थक गया। जरासंध को थका देख भीमसेनने जरासंध का वध करने की इच्छासे यदुनंदन श्रीकृष्ण से कहा – 'हे कृष्ण! इस पापात्मा की कमर इसप्रकार वस्त्र से बंधी हुई है, कि इसका प्राणान्त करना सहज नही है।' तब पुरुषोतम वासुदेव जरासंध के मारे जानेकी अभिलाषा से शीघ्र ही भीमसेन से कहने लगे – 'हे भीम! तुझमें जो दैवबल तथा जो पवन का बल है उसे आज शीघ्र ही जरासंध के उपर दिखा दो।' भीमसेन श्रीकृष्ण के इसप्रकार कहनेपर जरासंध को उपर उठाकर घुमाने लगे, तथा घुमाकर भूमिपर पटक दिया। पश्चात जरासंध के दोनों चरण हाथों में पकडर जरासंध को मध्य से चीर दिया। क्रोधमें भरे भीमसेन की गर्जना से सकल प्राणियों को भय देनेवाला शब्द हुआ। तदनन्तर श्रीकृष्ण, अर्जुन तथा भीमसेन प्राणहीन पडे हुए जरासंध को उसके द्वारपर डाल दिया। तथा जरासंध के कैद किये हुए सभी राजाओं को मुक्त कर दिया। पश्चात मुक्त हुए राजाओं ने श्रीकृष्ण का पूजन कर स्तुती करते हुए कहा – 'हे महाबाहो! भीम तथा अर्जुन सहित आपने जो धर्मकी रक्षा की है। आपने जो दारुण गिरी दुर्ग में दुःख पाते हुए राजाओं को मुक्त कराया है, हम आपको धन्यवाद देते है। हे पुरुषोतम! शिश झुकाकर खडे है हमे आज्ञा दीजिये कि हम आपके लिये कौनसा कार्य करें।' तब श्रीकृष्ण ने उनसे कहा – 'राजा युधिष्ठिर राजसुय यज्ञ करना चाहते है। आप उन चक्रवर्ती पदको चाहने वाले धार्मिक महाराज की इस कार्य में सहायता करें।' यह सुनकर वह राजे प्रसन्न हुए तथा श्रीकृष्ण के कथन को स्वीकार कर कहने लगे – 'बहुत ठीक, हम ऐसा ही करेंगे।' अनन्तर जरासंध पुत्र सहदेव मंत्रियों सहित पुरोहित को आगे कर श्रीकृष्ण से भेंट करने के लिये आया। अनेको रत्नों को लिये वह सहदेव बडी नम्रता से प्रितिके सहित नरदेव भगवान कृष्ण कि शरण में आ पहुंचा। तब श्रीकृष्ण ने भयसे घबराये हुए सहदेव को अभय देकर उसके भेट किये हुए बहुमुल्य रत्नों का स्वीकार किया।

श्रीकृष्ण, भीमसेन तथा अर्जुन तीनों ने इकठ्ठे होकर तहां ही बडी प्रसन्नता से जरासंध के पुत्र सहदेव का अभिषेक कर दिया। अभिषेक होने के पश्चात वह परमकीर्तिमान जरासंध का पुत्र महाबाहु सहदेव अपनी राजधानी चला गया। पुरुषोतम श्रीकृष्ण अनेकों रत्नों का संग्रह कर परम शोभाको प्राप्त होते हुए भीम तथा अर्जुन सहित इंद्रप्रस्थ लौट गये।

महाकाव्य महाभारत के "वनपर्व" अनुसार पांडव वनवास काल के दौरान इंद्र सदन के समान दिव्य गंधोंसे भरे हुए, मनोहर स्वर्गतुल्य, पवित्र ऋषियोंसे पूजित, गंगाके तटपर विद्यमान नर तथा नारायण मुनि के आश्रम में अत्यंत पवित्र होकर अर्जुन को देखने कि इच्छासे छः दिन रहे। एक दिन इशान्य दिशासे वायु बहने लगी थी। तब एक सहस्त्र दलका कमल वायु से उडता हुआ आश्रम में आ पहुंचा। उस सुंदर तथा दिव्य गन्धयुक्त पवित्र कमल को वायुसे पृथ्वी पर पडा हुआ द्रौपदी ने देखा। तथा उस कमल को लेकर द्रौपदी ने बहुत प्रसन्नता से भीमसेन कहा – 'हे आर्य! इस गन्धयुक्त कमलको देखो, मै यह कमल धर्मराज को देना चाहती हूं। यदि मै आपकी प्रिय हूं, तो आप ऐसे बहुतसे कमल मुझे ला दो। मै उन सभी कमलों को अपने आश्रम काम्यक वन ले जाऊंगी।' अनिन्दिता द्रौपदी इसप्रकार कहकर

कमल लेकर महाराज के निकट चली गई। पुरुषसिंह भीमसेन अपनी भार्या का अभिप्राय जान कर जिस ओर से वायु आ रही थी उस ओर चल दिये। भीमसेन पुष्प लेने की इच्छासे शीघ्रता सहित चलने लगे। बाहुबल से भरे हुए, शोक तथा भयसे रहित बलवान भीमसेन चलते-चलते गन्धमादन नामक पर्वत पर पहुंचे। वह पर्वत अनेक वृक्षलता से शोभित था, वहां अनेक किन्नर निवास करते थे। वह सर्वत्र रमणीय होने से ऐसा सुंदर जान पडता था, मानो सभी भूषणों सहित पृथ्वीका हाथ उपर की ओर जाता है। भीमसेन उन सभी दृश्यों को देखते तथा अभिप्रायों को हृदय में विचारते, कोयल तथा भौरों के शब्दको सुनते, सभी ऋतु में फुलनेवाले पुष्पों की सुगन्ध को सुंघते उसकी शोभा में नेत्र, कान तथा मनको लगाये झूमते हुए चलने लगे। गन्धर्व, यक्ष, देवता तथा ब्रह्मर्षि यों से सेवित गन्धमादन पर्वत से पुष्प लेने के लिये आगे बढे। आगे चलकर भीमसेन ने अनेक धातुओं की रेखाओं से शोभित स्वर्ण तथा चांदि के रंगवाले शिखरों को देखा। उस पर्वत पर अनेक वृक्ष शोभित थे, नीचे भागमें बादल आते-जाते थे। उससे ऐसा जान पडता था, कि मानो पर्वत पंख लगाये नृत्य कर रहा है। वहां से नदियो के जल बह रहे थे, तथा मोरों की ध्वनी आनंद बढा रही थी। भीमसेन भी प्रसन्न होकर वहां आनंद से अपनी पत्नी का कार्य करने के लिये पर्वत पर वेगसे चलने लगे। उस स्थानपर पति सहित एकाग्र बैठी हुई अदृश्य यक्ष तथा गन्धर्वो की स्त्री भीमसेन को देख कहने लगी – 'क्या यह साक्षात रुपका अवतार है?' किंतु भीमसेन की दृष्टी तथा मन पर्वत के पुष्पों में लगे रहे, द्रौपदी के वचन का बल ग्रहण कर अपने चरणों से पृथ्वी को कंपाते हुए वायुके समान वे वेगसे पर्वत पर जाने लगे। जैसे बिजली सहित मेघ गरजता हो, वैसेही भीमसेन भी गर्जते हुए चलने लगे। उस शब्दसे वनमें विचरने वाले मृग तथा पक्षी व्याकुल हो गये। तथा भीमसेन जलके पक्षियों को देख उन्हीके पीछे चल पडे तथा कुछ अंतर चलकर एक सरोवर पर पहुंचे। भीमसेन कुछ समय उस सरोवर में क्रिडा कर पुनः वेगसे अनेक वृक्षोंसे भरे हुए वनकी ओर चले। आगे जाकर भीमसेन ने बलसे शंखको बजाया उस घोर शब्दध्वनीसे पर्वतकी गुफा गुज्जार हो उठी। उस ध्वनिको सुनकर पर्वतकी गुफाओं में सोये हुए सिंह तथा हाथी घोर शब्द करने लगे। इन शब्दों से पर्वत पूरित हो गया। उन हाथीयों के शब्दको सुनकर तथा अपने भाई भीमसेन को आया जानकर श्री हनुमान जी ने विचार किया, कि 'भीमसेन स्वर्ग न चले जाये।' इसलिये स्वर्गके मार्गको अपनी पूंछसे रोककर बैठे रहे। केलेके वृक्षों से पूरित मार्गको अपने भाईकी रक्षाके निमित्त रोका तथा स्वयं भी वहीं बैठे-बैठे जमुहाई ली तथा उसी केलेके वनमें सो गये। श्री हनुमान जी की जमुहाई का ऐसा शब्द हुआ, जैसे कहीं बिजली गिरी हो। पश्चात उन्होंने वज्र के समान अपनी पूंछको पटका तथा वह घोर शब्द समस्त वन तथा पर्वतों में फैल गया। उस शब्दको सुनते ही भीमसेन ने उस केलेके वनमें प्रवेश किया। वनमें प्रवेश करने के पश्चात भीमसेनने उस वनके मध्यमें एक शिलापर निद्रा प्राप्त करते हुए वानरराज हनुमान को देखा। उनका तेज, रंग तथा चंचलता बिजली के समान थी, वे कंधेपर शिश धरे सोये हुए थे। उस वनमें महातेजस्वी श्री हनुमान अपने तेजसे प्रकाशमान होते हुए, अग्निके समान विराजमान थे। उस महाघोर

वनमें महाबाहु भीमसेनने भारी शरीरवाले वानरों में श्रेष्ठ श्री हनुमान को स्वर्गका मार्ग रोके हुए देखा। उन्हें देख भीमसेन भय रहित होकर उनके समीप पहुंचे तथा घोर शब्दसे गर्जे। उस शब्दको सुनकर श्री हनुमान ने भी अपने पिंगल वर्णके नेत्रोंको खोलकर भीमसेन की ओर देखा तथा कहने लगे – 'मै रोगसे पीडित होकर सुखसे सो रहा था, तुमने मुझे क्यों जगा दिया? तुम जानने वाले हो इसलिये तुम्हें जन्तुओं पर दया करना चाहिये। तिर्थक योनिमें उत्पन्न हुए प्राणी धर्मको नही जानते, किंतु मनुष्य बुद्धिमान होते है, इसलिये वे लोग जन्तुओं पर दया करते है; तुम्हारे समान बुद्धिमान लोग मन, वचन तथा कर्मसे निन्दित तथा धर्मनाशक कार्यों में कैसे प्रवृत हो सकते है? जान पडता है, कि तुम धर्मको नही जानते हो, तुमने पंडितों की सेवा नही की, तुम मूर्ख तथा मन्दबुद्धि हो, इसीलिये वनके जन्तुओं को दुःख देते फिरते हो। कहो, तुम कौन हो तथा किस लिये इस मनुष्य रहित घोर वनमें आये हो? हे पुरुषसिंह! कहो अब कहां जाना चाहते हो? यह पर्वत जानेके योग्य नही है, यह स्वर्गका मार्ग है; इसमें कोई पुरुष बिना सिद्धगति के नहीं जा सकता है। हे समर्थवीर!अब आगे मत जाओ अन्यथा वृथा ही प्राण नाश हो जायेंगे।' वानरराज श्री हनुमान के वचन सुनकर महावीर भीमसेन कहने लगे – 'तुम कौन तथा किस लिये वानरका वेष बनाये यहां बैठे हो? मै चंद्रवंशी कौरव कुरुकुल में कुन्ती के गर्भसे उत्पन्न तथा राजा पांडु का पुत्र हुं। तथा भीमसेन नामसे प्रसिद्ध हुं।' कुरु कुलवीर भीमके इसप्रकार कहनेपर श्री हनुमान कहने लगे – 'मै वानर हुं, तथा तुम्हें इच्छानुसार मार्ग नहीं दुंगा। तुम यहीं से लौट जाओ अन्यथा तुम्हारा तथा मेरा विरोध हो जायेगा।' तब भीमसेन बोले – 'हे वानर! चाहे विरोध हो वा मैत्री हो हमें जाना है, तुम मुझे मार्ग दो मै चला जाउंगा।' यह सुनकर श्री हनुमान बोले – 'मै रोगसे अत्यंत पीडित हूं, इसलिये नही उठ सकता, यदि तुम्हें अवश्य जाना है, तो मुझे लांघकर चले जाओ।' श्री हनुमान के कथन सुनकर भीमसेन कहने लगे – 'हे वानर! निर्गुण परमात्मा सभी ज्ञानोंसे जानने योग्य परमेश्वर शरीर में वास करते है, मै उनका निरादर कर तुम्हें लांघ नही सकता। यदि मै परमेश्वर को न जानता होता, तो तुम्हें तथा इस पर्वत को ऐसे लांघ जाता जैसे हनुमान ने समुद्रको लांघा था।' तब श्री हनुमान बोले – 'हे नरश्रेष्ठ! जिसने समुद्र को लांघा था, वह हनुमान कौन है? यदि तुम्हारे निकट समय हो तो कहो।' श्री हनुमान जी के इसप्रकार पूछने पर भीमसेन ने कहा – 'हे वानर! हनुमान रामायण में विख्यात श्रीमान् वानरों के राजा बुद्धि तथा साहस से भरे हुए प्रशंसनीय गुणों से युक्त मेरे भ्राता है। उन्होंने श्रीराम पत्नी सीता के निमित चार सौ कोसके समुद्र को एख छलांग में लांघा था; वे महातेजस्वी वानरराज मेरे भ्राता है; मै तेज, पराक्रम तथा बलमें उन्हीके समान हूं। इसलिये तुम्हें मै युद्धमें जीत सकता हूं। तुम मेरी आज्ञासे मुझे मार्ग दो। यदि मेरी आज्ञा न मानोगे तो मै अभी तुम्हारा वध कर दूंगा।' भीमसेन को बलसे अत्यंत उन्मत देख हनुमान कहने लगे – 'हे पापरहित! मुझमें पूंछ उठाने की शक्ती नहीं है, इसलिये मुझ पर कृपा कर मेरी पूंछ हटाकर तुम चले जाओ।' बल अभिमान से भरे हुए भीमसेन ने श्री हनुमानको हीनबल तथा हीनपराक्रम जानकर मनमें विचार किया, कि 'इस क्षुद्रबल वाले वानरकी पूंछ पकडकर अभी यमके गृह पहुंचा दूंगा।'

पश्चात भीमसेन श्री हनुमान की पूंछ को हंसकर अभिमान सहित बायें हाथसे उठाने लगे, किंतु उस पूंछ को भीमसेन हिला भी न सके। अनन्तर भीमसेनने दोनों हाथों से पूंछ को उठाना चाहा, किंतु उठा न सके। बहुत बल लगाने से भीमसेन की आंखे तथा मुख फैल गया, भौंह फटने लगी किंतु श्री हनुमान की पूंछ न उठी। भीमसेन ने बहुत यत्न किये किंतु तब भी उस पूंछ को उठा न सके। तब लज्जासे मुख नीचे कर श्री हनुमान के निकट जा खडे हुए, तथा हाथ जोडकर प्रणामकर कहने लगे – 'हे कपिशार्दूल! आप प्रसन्न होइये, मेरी कुवाणी को क्षमा किजिये। यदि मुझसे छिपाने योग्य न हो तथा मै सुनने योग्य हूं, तो आप कहिये आप सिद्ध है? देवता है? अथवा गन्धर्व है? या गुह्यक है? आपने यह वानरका रुप क्यों धारण किया है? पापरहित! मै शिष्यके समान आपके शरणागत हूं।' तब श्री हनुमान बोले – 'हे शत्रुनाशन! मुझे जानने की जो इच्छा तुम करते हो, सो मै कहता हूं सुनो। हे नरश्रेष्ठ! मै केशरीवानरकी स्त्रीके गर्भसे जगतके वायुके वीर्य से उत्पन्न हुआ हूं, मेरा नाम हनुमान है। जिस दिन कमलनेत्र राजाओं में श्रेष्ठ महाराज रामचंद्र राजगद्दी पर अभिषिक्त हुए, उसी दिन मैने उनसे यह वरदान मांगा था, कि 'हे शत्रुनाशन राम! जब तक आपकी यह कथा पृथ्वी पर रहेगी तबतक मै भी जीवित रहूं।' उन्होंने मेरा वरदान स्वीकार किया। हे शत्रुनाशन भीम! तबसे मुझे माता सीता कि कृपासे सभी सुखकी वस्तुएं यहीं प्राप्त हो जाती है। हे कुरुनंदन! इस मार्ग में कोई मनुष्य नही जा सकता है, इसीलिये तुम्हारे निमित मैने यह मार्ग रोका।' महाबाहु भीमसेन ने श्री हनुमान के वचन सुनकर उन्हें प्रितीके सहित प्रणाम किया तथा प्रसन्न चित्त होकर मधुर वचनों से कहने लगे – 'जगतमें मेरे समान धन्य पुरुष कोई नहीं है, क्योंकि मैने आपका दर्शन किया है। आपने जो मुझे दर्शन दिये, बहुत कृपा करी। हे वीर! मै एक इच्छा रखता हूं, आपने जिस समय जल जन्तुओं के स्थान समुद्रको लांघा था, उस समय जो अनुपम रुप धारण किया था, वही रुप मै देखना चाहता हूं।' भीमसेन के वचन सुनकर तेजस्वी हनुमान कहने लगे – 'हे भीम! उस रुपको देखने में तुम अथवा अन्य कोई व्यक्ति समर्थ नहीं है, क्योंकि वह समय तथा अवस्था भिन्न थी, वह सब अभी नही है। यह समय नाश होने का है, अब मेरा रुप वैसा नहीं है। पृथ्वी, नदी, वृक्ष, पर्वत, सिद्ध, देवता तथा ऋषिगण युग-युगमें समय के अनुसार व्यवहार करते है। समय के अनुसार ही बल, शरीर तथा प्रभाव न्यून होकर ही उत्पत्ति होती है। हे कुरुनंदन उस बल तथा शरीर को धारण कर अब मै नहीं रहता हूं, इस युगके अनुसार ही व्यवहार करता हूं, उस रुपके दर्शन कि इच्छा न करो।' तब भीमसेन ने कहा – 'हे वीर! आप मुझसे युगों की संख्या तथा उनका भिन्न-भिन्न धर्म, उस समय के पुरुषोंका कार्य उत्पत्ति विनाश तथा सुख दुःखों का वर्णन करो।' भीम द्वारा इसप्रकार पूछने पर श्री हनुमान बोले – 'हे भीम! जिस श्रेष्ठ युगमें सभी लोग कृतकृत्य तथा सनातन धर्मानुसार व्यवहार करते है वह "सत्ययुग" कहलाता है। उस युग में धार्मिक दुःखी नही होते थे। न ऋग, यजु तथा सामवेदों कि वर्ण क्रिया थी। संकल्प मात्र ही से फल प्राप्त होते थे, सन्यास ही धर्म था। सत्ययुग के आदि में न कहीं रोग, न कहीं इन्द्रियों के बलकी हानी थी, न किसीको अभिमान वा विकार था। उस समय न भय, दुःख, ईर्ष्या थी,

इसीसे योगीश्वर लोग परम ज्ञान को प्राप्त कर मोक्ष प्राप्त करते थे। सत्ययुग में ब्राह्मण, क्षत्रिय, वैश्य तथा शुद्र निज वर्णोचित लक्षणसे संयुक्त थे, सभी लोग अपना-अपना कर्म करते थे। सभी लोग समान आश्रय, समान आचार, समान ज्ञान, समान कर्म तथा समान धर्मावाले थे। सभी लोग एक ही देवता कि उपासना किया करते थे। सत्ययुग में चारों वर्णों का सनातन धर्म चारों चरणसे पृथ्वी में था। यह सत्ययुग सत्व, रजो तथा तमो गुणसे रहित था। "त्रेतायुग" का मुख्य धर्म यज्ञ करना था। त्रेतायुग में सभीलोग अपने धर्म की क्रियाओं को किया करते थे। सभी तप तथा दानमें निपुण थे, स्वधर्म से कभी विचलित नही होते थे। त्रेतायुग में धर्म का एक चरण घट गया था। "द्वापरयुग" में धर्म के दो ही चरण शेष रह गये है। इसी द्वापरयुग में भिन्न-भिन्न शास्त्र होने से सभी की क्रिया भी भिन्न-भिन्न हो गई है। सभी लोग तप तथा दान में प्रवृत हो गये है। इस युग में कोई-कोई तो एक वेदको भी नहीं पढ सक रहा है, इसिलिये वेदोंके अनेक भाग हो गये है। द्वापरयुग में सत्वगुण का नाश हो गया है। सत्य का नाश होने से अनेक प्रकारके रोग उत्पन्न हो गये है। इसी युगमें प्रारब्ध वशसे अनेक दैवी उपद्रव उत्पन्न हो गये है, उनसे अत्यंत पिडित होकर मनुष्य तपस्या तथा अनेक प्रकार के यज्ञोंको करने लगे। हे कुन्तीनंदन! इसप्रकार द्वापर युगमें अधर्म से प्रजा नष्ट हो रही है। "कलियुग" में धर्मका एकही चरण शेष होगा। इस युगमें अनेक प्रकार के रोग, आलस्य, क्रोध, उपद्रव, मानसिक दुःख तथा भूख-प्यास अधिक हो जायेंगे। कलियुग जो कुछ समय में प्रारंभ होगा, जिसमें चिरजीवी लोग भी युगानुसार ही कार्य करते है। हे भीम! तुमने जो मुझसे युगों का नियम पूछा था, सो मैने सभी कहा। तुम्हारा कल्याण हो, तुम अब यहां से जाओ।' श्री हनुमान से युगों के विषय में जानने तथा श्री हनुमान द्वारा जाने के लिये कहने पर भीमसेन बोले – 'हे वानरराज! मै आपके उस रुपका दर्शन किये बिना किसी प्रकार से नहीं जाउंगा।' भीमसेन के हठपूर्वक कथन सुनकर वानरराज श्री हनुमान ने उन्हे उस रुप के दर्शन दिये जो उन्होंने समुद्र लांघते समय धारण किया था। भीमसेन उस अद्भुत तथा विन्ध्याचल के समान श्री हनुमान के रुपको देखकर भ्रान्त हो गये। भीमसेन प्रसन्न चितसे हाथ जोडकर श्री हनुमान से कहने लगे – 'हे महावीर! मैने आपके विशाल रुप के दर्शन कर लिये है अब आप पुर्व रुपमें आजाइये। क्योंकि मै आपके इस प्रमाणरहित शरीर को देखने में समर्थ नही हूं। आपका यह शरीर उदित हुए सूर्यके समान तेजस्वी तथा मैनाक पर्वत के समान विशाल है।' तब श्री हनुमान ने अपनी इच्छानुसार अपने शरीर को घटा लिया तथा भीमसेन को आलिंगन दिया। अपने भ्राता श्री हनुमान को अलिंगन देते ही भीमसेन की थकान दूर हो गई तथा भीमसेन ने जाना कि उनका बल बढ गया है। अनन्तर श्री हनुमान ने नेत्रों में अश्रु भरकर भीमसेन से कहा – 'हे वीर! तुम अब जाओ, तुम्हारा मार्ग में कल्याण हो, वायु तुम्हारी रक्षा करें। आगे जाकर यक्ष तथा राक्षसों से रक्षित कुबेर के बगीचे होंगे तुम वहां जाकर स्वयं पुष्प न तोडना। तथा अवश्यकता के समय मेरा स्मरण किया करना। हे भारत! तुम्हें देख मै बहुत प्रसन्न हूं, तुम मुझसे वरदान मांगों।' भीमसेन श्री हनुमान के वचन सुन प्रसन्न् चित होकर कहा – 'हे वानरराज! आप मुझ पर कृपा किजिये।

जिन पांडवों के आप नाथ है, वह सभी सनाथ ही है। आप ही के तेजसे हम शत्रुओं को जीतेंगे।' भीमसेन के इसप्रकार कहने पर श्री हनुमान ने भीमसेन से कहा – 'हे भीम! मै तुम्हारे शत्रुओं की सेना में धस कर जब तुम सिंहके समान गर्जन करोगे तब मै अपनी गर्जन से तुम्हारी गर्जन को बढा दूंगा। तथा अर्जुनकी ध्वजा पर बैठकर भयानक रुपसे गरजूंगा, जिससे तुम लोग शत्रुओंके प्राण सुखसे नाश कर सको।' इसप्रकार श्री हनुमान पांडुपुत्र भीमसेन से वार्ता कर वहीं अन्तध्यान हो गये।

अनन्तर भीमसेन श्री हनुमान के बताये हुए मार्गसे निर्भय होकर चले। चलते-चलते कुछ दिन पश्चात वे ऐसे वनमें पहुंचे जहां मृग बहुत सुखसे विचर रहे थे। उस वनमें एक पोखर थी, जिसमें स्वर्ण रंगके कमल खिले हुए थे, उस पोखर के तटपर हंस, सारस तथा चकवे मनोहर शब्द कर रहे थे। उस नदीमें कमलों के समुह देख भीमसेन मनसे द्रौपदीका स्मरण किया। पश्चात भीमसेन सुंदर शोभित उस मनोहर पोखर के निकट जाकर देखा कि राक्षस उस पोखर कि चारों ओरसे रक्षा कर रहे है। वह पोखर कुबेरकी क्रीडाका स्थान था। वहां गन्धर्व तथा अप्सराओं सहित देवतागण विहार करते थे विश्रवा के पुत्र कुबेरसे वह पोखर रक्षित थी। कुबेर कि आज्ञा से सहस्त्रों विचित्र राक्षस उस पोखर पर शस्त्र लिये खडे थे। वे राक्षस कुन्तीपुत्र महापराक्रमी भीमसेन को शस्त्र लिये, निर्भय होकर पुष्प लेने आये हुए देख परस्पर कहने लगे, कि 'यह पुरुषसिंह शस्त्र लिये हुए यहां आया है, वह क्या करना चाहता है?' पश्चात राक्षस तेजस्वी भीमके निकट जाकर पूछने लगे, की तुम मुनियों का वेष धारण किये हुए तथा शस्त्रलिये हुए यहां आये हो तुम्हारा क्या प्रयोजन है?' तब भीमसेन बोल – 'हे राक्षसो! मै राजा पांडु का पुत्र तथा धर्मराज युधिष्ठिर का अनुज भ्राता भीमसेन हूं। राजकुमारी द्रौपदी ने वायुसे उडकर आया हुआ एक कमल देख वैसे ही और कमलों की इच्छा कि है। हे राक्षसों! मै उन कमलों को लेने आया हूं।' तब राक्षसों ने कहा – 'हे पुरुषश्रेष्ठ! यह कुबेर की क्रीडा का स्थान है, यहां मनुष्यों को विहार करने की आज्ञा नहीं है। कुबेर की इच्छा के विरुद्ध जो यहां विहार करता है, उसे नष्ट कर दिया जाता है। पहले कुबेर की आज्ञा लो पश्चात ही इस पोखर पर विहार करना।' राक्षसों द्वारा कहे गये वचन सुन भीमसेन ने कहा – 'हे राक्षसों! मै धनेश्वर कुबेर को निकट तो नहीं देखता हूं, यदि उन महाराज को देखूं भी तो उनसे कुछ मांगने की इच्छा नही रखता हूं। यह पोखर पर्वत के झरने से बनी है, यह केवल कुबेरकी ही नही है, सभी प्राणियों कि भी है।' इसप्रकार राक्षसों से कहकर महाबली भीमसेन ने पोखर में प्रवेश कर स्नान किया। यह देख राक्षस शस्त्रोंको लेकर भीमसेन की ओर दौडे। किंतु भीमसेन ने अपने बाणों से उन राक्षसों को मार गिराया। राक्षस भीमके बल तथा भयसे व्याकुल होकर कुबेर के निकट जाकर भीमसेन के बल का वर्णन किया। कुबेर उनके वचन सुन हंसकर कहने लगे, 'हम जानते है, कि भीमसेन द्रौपदी के लिये कमल लेने के लिये आया है।' अनन्तर वे राक्षस कुबेर की आज्ञा लेकर पोखर पर लौटे। उन्होंने कुरुकुल श्रेष्ठ भीमसेन को उसी पोखर के भीतर इच्छानुसार विहार करते देखा। पश्चात भीमसेन ने श्रेष्ठ मल रहित अनेक दिव्य कमलोंको लिया। उस समय बहुत वेगसे वायु चलने लगी तथा सुर्य अन्धकार में छिपने के

कारण तेजसे रहित हो गया। जहां भीमसेन अपने पराक्रम से स्थिर थे, वहां एक मेघ गर्जना का घोर शब्द हुआ। जिससे पृथ्वी चलायमान हो गई। इन लक्षणों को देख धर्मराज युधिष्ठिर कहने लगे – 'न जाने हमसे कौन युद्ध करेगा। हे पांडवों! युद्ध करने के लिये सज्ज हो जाओ। इन सभी लक्षणों को देख जान पडता है कि अब युद्ध करनेका समय आ गया है।' धर्मराज युधिष्ठिर ने ऐसा कहकर चारो ओर देखा, किंतु वहां भीमसेन को न पाया। तब धर्मराज युधिष्ठिर ने द्रौपदी से पूछा – 'हे द्रौपदी! महापराक्रमी हमारे भाई भीमसेन कहां है तथा क्या कर रहे है? हमे यह युद्धके उत्पाद अकस्मात दिखई देने लगे है इससे और भय होनेकी शंका है।' धर्मराज युधिष्ठिर के वचन सुन द्रौपदी कहने लगी – 'हे आर्य! वह जो पुष्प वायुसे उडकर आया था, मैने उसे देख आर्य भीमसेन को प्रसन्न कर कहा, कि 'हे वीर! यदि आप ऐसे कमल और ले आयेंगे तो मै बहुत प्रसन्न होउंगी।' महाबाहु पांडुनंदन भीम मुझे प्रसन्न करने की इच्छासे उन्ही पुष्पों को लेने गये है।' द्रौपदीके वचन सुन महाराज ने नकुल तथा सहदेव से कहा, कि 'जिस मार्गसे भीमसेन गये हो, हमें भी उसी मार्ग से शीघ्र चलना चाहिये। निश्चय होता है, की भीमसेन बहुत दूर चले गये है, क्योंकि वह वायुके समान शीघ्र चल सकते है।' अनन्तर धर्मराज युधिष्ठिर ने घटोत्कच को आज्ञा दी कि, वे उन्हें शीघ्र ही भीमसेन के निकट पहुंचा दे। तब धर्मराज कि आज्ञा स्वीकार कर घटोत्कच ने सभी को अपने उपर चढाकर कुबेर की पोखरकी ओर गमन किया। पश्चात सभीने शीघ्रता सहित वहां जाकर उस मनोहर वन, सुगंधित कमलों से भरी हुई पोखर तथा तटपर बैठे हुए मनस्वी महात्मा भीमसेन को देखा। धर्मराज युधिष्ठिर भीमसेन के निकट जाकर आलिंगन दिया तथा कहने लगे – 'हे वृकोदर! ये तुमने क्या किया? ऐसा अयोग्य साहस देवताओं को प्रिय नही है। यदि तुम मेरी प्रीती चाहते हो, तो ऐसा पुनः न करना।' अनन्तर वे सभी पांडव कुबेर की सम्मतिसे अर्जुन के स्वर्ग से लौटने की प्रतिक्षा करते हुए कुछ समय उसी गन्धमादन पर्वत पर व्यतीत किया था।

महाकाव्य महाभारत के "विराट पर्व" अनुसार भीमसेन तथा अन्य पांडव द्रौपदी सहित 12 वर्ष का वनवास पुर्णकर अज्ञातवास के निमित 'मत्स्य देश' का चयन किया। द्विजवर धौम्य मुनि ने पांडवों की वृद्धी, समृद्धि तथा पृथ्वीकी जयके लिये अग्नियों की प्रदीप्त कर उनमें होम किया। तदनन्तर पांडवों ने अग्निकी प्रदक्षिणा कर द्रौपदी को आगे कर मत्स्य देश की ओर चलने लगे। वे पर्वत तथा गहन वनोंमें निवास करते हुए आगे बढने लगे अनन्तर पांडव शीघ्र ही राजा विराट के राज्य में पहुंचे। मत्स्य देश की राजधानी में पहुंचकर महाराज युधिष्ठिर ने अर्जुन से कहा – 'हे अर्जुन! हम शस्त्रों को कहां रखकर नगरमें प्रवेश करें। यदि हम शस्त्र लिये ही नगरमें प्रवेश करेंगे तो अपने इस कार्य से हम निःसंदेह नगरनिवासियों को भयभित कर देंगे। यदि हम लोगों में से किसी एक को भी कोई जान जाये तो हम लोगों को पुनः बारह वर्ष वनमें व्यतित करना पडेगा।' तब अर्जुन बोले – 'हे पृथ्वीनाथ! यह इस शिखरपर विशाल तथा घना शमीका वृक्ष है, इसकी डालियां बहुत बडी है तथा इसपर कोई चढ भी नही सकता, क्योंकि यह श्यमशान के समीप है। अतः इसी शमीवृक्ष पर शस्त्रों को रखकर

नगरकी ओर चलें।' अनन्तर सभी ने अपने-अपने धनुष सहित बाण रख दिये। नकुलने उस वृक्षपर चढकर वृक्षके अन्यस्थानों में धनुषों को ऐसे स्थानपर रक्खा, जहां कि बरसते हुए जल से भीग न सके। अनन्तर सबसे पहले धर्मराज युधिष्ठिर फांसों को वस्त्र में लपेटकर राज सभामें विराजमान राजा विराट के निकट पहुंचे। उन्हें आते हुए देख राजा विराटने मंत्री, सूत, ब्राह्मण, वैश्य तथा जो भी उस सभामें उपस्थित थे उन सभी सभासदों से पूछा, कि 'यह कौन चला आ रहा है? मैने आजसे पुर्व इसे कभी नही देखा।' सभामें उपस्थित सभी से इसप्रकार पूछने के पश्चात महाराज विराट विचार करने लगे, कि 'मुझे पुर्ण निश्चय होता है कि यह ब्राह्मण नही है, समस्त पृथ्वीका स्वामी क्षत्रिय नरश्रेष्ठ है। इसके निकट न सेवक है, न ही कुण्डल है तब भी यह इंद्रके समान प्रकाशित हो रहा है। इसके शरीरके चिन्होंसे हमें पुर्ण निश्चय होता है कि यह साक्षात चक्रवर्ती सम्राट है।' महाराज विराट इसप्रकार विचार कर ही रहे थे कि इतने में महाराज युधिष्ठिर उनके निकट आकर कहने लगे – 'प्रणाम महाराज! मै ब्राह्मण हूं, मेरा सर्वस्व नाश हो गया है, मै जिविकाके लिये आपके यहां आया हुं। आपकी इच्छानुसार कार्य करता हुआ मै आपके निकट रहना चाहता हुं।' तदनन्तर महाराज विराटने कहा – 'हे मित्र! तुम्हारा स्वागत है। हम केवल जानने के लिये तुमसे पूछते है, कि तुम कौनसे राजाके राज्यसे यहां आये है? तुम अपना वास्तविक गोत्र तथा नाम बताओ तथा तुम कौनसी विद्या जानते हो?' महाराज विराट के इसप्रकार प्रश्न करने पर धर्मराज युधिष्ठिर ने कहा – 'हे महाराज! पहले मै राजा युधिष्ठर का प्रिय मित्र था। मेरा गोत्र तथा जाति ब्राह्मण है। मै जुआ खेलने तथा खिलवाने में परम प्रवीण हूं, तथा 'कंक' नामसे प्रसिद्ध हूं।' तब महाराज युधिष्ठिर राजा विराट ने कहा – 'हे कंक! आजसे तुम्हें हमारे समान भोजन, वस्त्र तथा वाहन मिलेंगे। इस राज्य का जैसे मै स्वामी हूं, वैसे ही आजसे तुम भी हो।' राजा विराटसे इसप्रकार भेंट कर धर्मराज युधिष्ठिर भली भांति सत्कृत होकर सुखपूर्वक उस स्थान पर रहने लगे तथा किसीने भी उनके चरित्र को न जाना। अनन्तर महाबलवान तेजसे प्रदीप्त भीमसेन काले वस्त्र धारण कर हाथमें खोंचा, चमचा तथा तलवार लेकर रसोइये के वेश में राजा विराट के निकट पहुंच कर खडे हुए, तथा गम्भीर स्वरसे निर्भयता पूर्वक वचन कहने लगे – 'हे पृथ्वीनाथ! मै रसोईया हूं, मेरा नाम 'बल्लव' है। मै बहुत उत्तम रसोइ बनाना जानता हूं।' तब महाराज विराटने कहा – 'हे सम्मान के योग्य! तुम रसोइया हो, मुझे इस बातका निश्चय नही होता, क्योंकि तुम रुप तथा तेज के कारण साक्षात इंद्रके समान दिख पडते हो।' पश्चात भीमसेन ने कहा – 'हे पृथ्वीनाथ! मै केवल आपका रसोइया हूं। मै उन उत्तम भोजनों को ही बनाना जानता हूं, जिन्हें पहले राजा युधिष्ठिर ग्रहण करते थे।' भीमसेन के कथन सुनकर राजा विराट ने कहा – 'हे बल्लव! यद्यपि तुम उस कर्म के योग्य नही हो, जिसकी तुम इच्छा करते हो। तथापि तुम्हारी इच्छानुसार प्रसन्न होकर तुम्हें वही कार्य देता हूं, तुम रसोइमें भोजन बनाओ। तुम्हारी जैसी इच्छा है, उसी प्रकार मै तुम्हें नियुक्त करता हूं, आजसे तुम हमारे रसोइ के पूर्ण अधिकारी हुए। जितने पुराने रसोइये मैने वहां नियुक्त किये है, तुम्हें उन सभीका स्वामी बना दीया है।' राजा विराटने भीमसेन को रसोइये का कार्य

दे दिया तथा इसप्रकार भीम विराट नगर में रहने लगे। उनके सहित जो साधारण रसोईये थे कोइ भी उनको न जान सके। पश्चात घुंघराले कोमल तथा अनिन्दित केशोंको द्रौपदी ने दायीं ओर छिपाकर एक दासीका वेश बनाकर दुखिया की भांति गलियों मे रुदन करती हुई वह कृष्णा तथा द्रौपदी फिरने लगी। राजा विराट कि रानी, कैकेय देशके राजाकी पुत्री 'सुदेष्णा' ने द्रौपदी को देखा। उसने द्रौपदी को बुलाया तथा पूछने लगी – 'हे भद्रे! तुम कौन हो तथा क्या करना चाहती हो?' तब द्रौपदी ने उससे कहा – 'हे देवी! मै एक दासी हूं, जो मेरी उपजीवीका चलावेगा, मेरा पोषण करेगा, उसका कार्य करुंगी।' तब रानी सुदेष्णा ने कहा – 'हे भद्रे! जैसा तुम कह रही हो वैसा तो प्रतित नही होता। तुम तो अनेक दास तथा दासियों को कार्य में लगाने वाली उनकी स्वामिनी जैसी प्रतित होती हो। हे कल्याणी! बताओ, तुम कौन हो? तुम दासी तो किसी भी प्रकार नही हो। क्या तुम यक्षी हो? गन्धर्वी हो? देवी हो? या अप्सरा हो? या प्रजापतिकी पत्नी हो?' रानी सुदेष्णा के वचन सुनकर द्रौपदीने कहा – 'हे देवी! मै आपसे सत्य कहती हूं, मै न कोई देवी, न गन्धर्व स्त्री हूं, न राक्षसकी हूं, मै तो 'सैरन्ध्री' दासी हूं। मै बाल बांधने की बहुत अच्छीरीति जानती हूं। मैने बहुत दिनों तक महाराज श्रीकृष्ण की पत्नी सत्यभामा की सेवा की है। तथा पांडवों की प्रिय स्त्री द्रौपदी के सहित भी मै बहुत दिनों तक रही हूं। साक्षात द्रौपदी ने स्वयं ही मेरा नाम 'मालिनी' रखा था। अब मै तुम्हारे गृह पर आयी हूं।' तब रानी सुदेष्णा ने कहा – 'हे भद्रे! देखो यह जितनी राजकुल की स्त्रियां है, सभी तुम्हारे रुपको देखकर मोहित हो रही है। तब ऐसा कौन पुरुष होगा जो तुम्हें देखकर मोहित न होगा। राजा विराट तुम्हारे इस अमानुषीय अर्थात दैविरुप को देखकर मुझे त्याग तुम पर आसक्त हो जायेंगे।' रानी सुदेष्णा के कथन सुन द्रौपदी ने कहा – 'हे देवी! मुझे विराटराज अथवा अन्य कोई पुरुष कभी प्राप्त नही कर सकता। क्योंकि मेरे पति पांच युवा गन्धर्व है। वे पांचों सदा मेरी रक्षा करते है। जो पुरुष मुझे प्राप्त करना चाहेगा वह उसी समय मृत्यूको प्राप्त हो जायेगा।' पश्चात रानी सुदेष्णा ने कहा – 'हे सुंदरी! तुम जैसे चाहती हो वैसे ही तुम यहां रहो।' इसप्रकार धर्मचारिणी द्रौपदी राजा विराट की स्त्री द्वारा सात्वना पाकर वहां रहने लगी। पश्चात सहदेव भी ग्वालेका सुंदर वेष बनाकर तथा ग्वालों की भाषा बोलते हुए राजा विराट के निकट पहुंचे। उस अत्यंत तेजस्वी नरश्रेष्ठ सहदेव को आते हुए देख राजा विराट कहने लगे – 'हे पुरुषसिंह! तुम कौन हो? किसके पुत्र हो? कहां से आये हो?' तब सहदेव राजा विराट के निकट जाकर गम्भीर वाणीसे बोले – 'महाराज! मै वैश्य हूं, मै आपके राज्य में निवास करना चाहता हूं।' तब महाराज विराट ने कहा – 'हे शत्रुनाशन! तुम या तो ब्राह्मण हो या कोई क्षत्रिय हो, क्योंकि वैश्यों का कर्म तुममें अनुचित जान पडता है। तुम कौनसे राजाके राज्य से यहां आये हो? तथा कौनसी विद्या जानते हो?' महाराज विराट द्वारा इसप्रकार प्रश्न पूछनेपर सहदेव ने कहा – 'महाराज! मै पहले कुरुश्रेष्ठ महाराज युधिष्ठिर के वहां गौ रक्षा करता था। मै सभी गौओंका स्वामी था तथा संख्या किया करता था, इसलिये मुझे 'तन्तिपाल' के नामसे लोग जानते थे। मै सभी उपायों को भी जानता हूं जिनसे गौओं की वृद्धि शीघ्र हो, यह गुण मुझमें विद्यमान है।' तब महाराज विराटने कहा – 'हे तन्तिपाल!

हमारे यहां एक लाख गौयें है। उन में कुछ एक रंग के है तथा कुछ मिश्र रंग के है। उन सभी गौओं तथा उनकी देखरेख करनेवाले गोपालों को मै तुम्हारे अधीन करता हूं। मेरे सभी पशु तुम्हारे निरिक्षण में रहेंगे।' महाराज द्वारा नियुक्त होकर सहदेव वहां सुखपूर्वक रहने लगे। अनन्तर स्त्रियों के समान अलंकार तथा साज सज्जा किये हुए अर्जुन राजा विराट के निकट पहुंचकर कहने लगे – 'हे नरदेव! मै संगित, नृत्य तथा वाद्यावादन जानता हूं तथा मैं नृत्यमें निपुण हूं। इसलिये आप मुझे आपके महल में रहने की आज्ञा दिजिये। मै राजपुत्री को नृत्य सिखलाउंगा। हे राजन्! आप मुझे माता तथा पितासे हीन 'बृहन्नला' नामक पुत्र या पुत्री समझो।' तब महाराज विराटने कहा – 'हे बृहन्नला! जो तुमने इच्छा की है हम तुम्हें वही कार्य देते है, तुम हमारी पुत्री तथा उनकी सखियों को नृत्य की शिक्षा दो।' इसप्रकार राजा विराट ने बृहन्नला को नृत्य तथा संगित में निपुण देख उसे राजपुत्री के गृह में जानेकी आज्ञा दी। अर्जुन भी उसी दिन से राजा विराट की पुत्री तथा उसकी सखियों को नृत्य तथा संगित की शिक्षा देने लगे। पश्चात नकुल अश्वशाला के अश्वों की ओर टकटकी लगाकर देख रहे थे तभी उन्हें राजा विराटने ने देखा तथा मंत्रियों से कहा – 'ये देवतुल्य पुरुष कहां से चला आ रहा है? यह हमारे अश्वों को देख रहा है, इससे जान पडता है कि यह बुद्धिमान पुरुष निश्चय ही अश्वों की विद्या जाननेवाला है। इसे शीघ्र ही हमारे निकट ले आओ।' महाराज इसप्रकार मंत्रियों से कह ही रहे थे, कि नकुल राजाके निकट पहुंचे तथा कहने लगे – 'हे महाराज आपका कल्याण हो। मै अश्वों की सभी विद्या जानता हूं तथा रथ हांकने में परम निपुण हूं।' तब महाराज विराटने नकुल से कहा – 'तुम कहां से आये हो? तथा किसके पुत्र हो?' तब नकुल कहने लगे – 'महाराज! राजा युधिष्ठिर ने मुझे अश्वों का स्वामी बनाया था। मै दुष्ट अश्वोंको ठीक करने तथा उनके सभी रोगों की चिकित्सा भी जानता हूं। मुझे सभी लोग 'ग्रन्थिक' नामसे जानते है।' तब राजा विराटने कहा – 'हे ग्रन्थिक! हमारे जितने भी अश्व तथा वाहन है, तथा हमारे जितने भी अश्वों की देखभाल तथा सारथी है, वे सभी आजसे तुम्हारे अधिन तथा आश्रय में रहेंगे।' इसप्रकार नकुलको राजा विराटने प्रसन्न् होकर अपने राज्य में स्थान दिया। सभी पांडव वहां परस्पर की सहायता करते हुए द्रौपदी को देखते हुए गुप्त रितिसे रहने लगे।

अनन्तर चौथे माह में विराटनगर में ब्रह्माका एक विशाल मेला लगा, उस मेलेमें सभी देशोंके अनेक लोग उपस्थित हुए। तथा सभी देशोंसे सहस्त्रों मल्ल लोग भी सहभागीत हुए। तब उनमें से एक मल्ल सभी मल्लों को ललकारने लगा। किंतु उस मल्ल सहित लडने के लिये किसीने साहस नहीं किया। तब राजा विराटने उस मल्लको रसोइये बल्लव (भीमसेन) से लडाया। महाराज विराटके बार-बार कहे जाने पर भीमसेन दुःख से लडने के लिये उद्यत हुए। क्योंकि वे सभी के समक्ष राजाकी आज्ञा का उल्लंघन नही कर सकते थे। तब भीमसेन राजा तथा प्रजाको हर्षित करते हुए आखाडे में पहुंचे। तदनन्तर भीमसेन गर्जते हुए उस मल्लको उठाकर पटक दिया। भीमसेन उस मल्लको बार-बार घुमाया तथा शक्तिहीन तथा चेतना रहित देख पृथ्वी पर पटक दिया। उस लोकप्रसिद्ध 'जीमूत' नामक मल्लको परास्त

करने से राजा विराट भीमसेन पर अत्यधिक प्रसन्न हुए। दूसरी ओर पांडुपुत्र अर्जुन भी अपने नृत्य तथा संगित से राजा विराट तथा रानिवास की सभी स्त्रीयोंको प्रसन्न किया। नकुलने भी अश्वों को उत्तम शिक्षा देकर राजा विराट को प्रसन्न किया। सहदेव भी अपने कार्य द्वारा राजा विराट को प्रसन्न किया। इसप्रकार पांडव राजा विराटके सभी कार्य करते हुए गुप्त रितिसे जीवन व्यतित करने लगे। पांडवों को गुप्त रितिसे विराट नगर में रहते हुए 10 माह बीत गये थे। द्रौपदी रानी सुदेष्णा की सेवा करती हुई दुःखसे दिन काटने लगी थी। द्रौपदी जब रानी सुदेष्णा के महल में उसकी सेवा कर रही थी। तब राजा विराट के सेनापति "किचक" ने द्रौपदी को देखा। उस रुपवती को देख किचक कामसे व्याकुल होकर द्रौपदी को प्राप्त करने का यत्न करने लगा। तदनन्तर रानी सुदेष्णा से सलाह तथा स्वीकृति लेकर किचक द्रौपदी के निकट जाकर कहने लगा – 'हे सुन्दरी! मै तुम्हारे लिये अपने पूर्व पत्नीयों का त्यागकर दूंगा तथा वे सभी तुम्हारी दासी होकर रहेंगी। हे सुन्दरी! मै तुम्हारे समक्ष खडा हूं तथा सदा तुम्हारे वशमें रहुंगा।' दुष्ट किचक के वचन सुन द्रौपदी ने कहा – 'हे किचक! मै हीनवर्ण में उत्पन्न हुई दासी हूं। तुम मोहमें मत पडो तथा अपने प्राणों का नाश न करो। मै वीरोंसे रक्षित हूं। मेरे पति गन्धर्व है, उन्हें ज्ञात होनेपर वे तुम्हें मृत्यु दंड देंगे।' द्रौपदी द्वारा इसप्रकार कहे जानेपर किचक अपनी बहन रानी सुदेष्णा के निकट जाकर कहने लगा – 'हे सुदेष्णे! किसी प्रकार सैरन्ध्री मेरे वश में हो जाये, तुम वैसा ही यत्न करो। यदि सैरन्ध्री मेरे वशमें न होगी तो मै अपने प्राणोंको त्याग दूंगा।' अपने भाई किचक के वचन सुन कहा – 'किचक! तुम अपने गृह पर मद्य तथा रस बनवाना, मै सैरन्ध्री को मद्य लेने के लिये तुम्हारे गृह भेजूंगी।' अपनी बहन के वचन सुनकर कीचक वहांसे अपने गृह चला गया तथा अपने गृह में राजाओं के योग्य उत्तम मद्य तथा अनेक प्रकार के उत्तम भोजन बनवाये। भोजन बनाने के पश्चात किचक से सलाह कर रानी सुदेष्णा ने सैरन्ध्री को किचक के गृह भेजते हुए कहा – 'हे सैरन्ध्री! तुम किचक के गृह जाकर सुरा ले आओ, मुझे बहुत प्यास लगी है।' तब द्रौपदी ने रानी सुदेष्णा से कहा – 'हे देवी! आप स्वयं जानती हो कि वह कैसा निर्लज्ज पुरुष है? इसलिये हे देवी! मै उसके गृह नही जाउंगी। वह मूर्ख किचक काम के वशमें हो गया है, वह मुझे देख अवश्य ही अधर्म करेगा। तथा और भी अनेकों दासियां यहां उपस्थित है, जो आपके अधीन है, उसे भेज दो। अतः मै वहां नही जाउंगी।' यह सुनने के पश्चात रानी सुदेष्णा ने कहा – 'हे सैरन्ध्री! यहां से मेरे द्वारा भेजी गई तुम्हें वह मार नही डालेगा।' रानी सुदेष्णा ने यह कहकर द्रौपदी को किचक के गृह भेज दिया। तब द्रौपदी शंका करती तथा परमात्मा की शरण में पडी हुई मद्य का पात्र लेकर किचक के गृह चली। चलते समय वह कहने लगी, कि 'मैने आर्यपुत्रों के अतिरिक्त आजतक अन्य पुरुषका स्मरण नही किया है। वही सत्य मेरी रक्षा करें, जिससे कीचक मेरे सहित कुछ अत्याचार न करने पाये।' उस समय द्रौपदी ने कुछ समय सुर्यका ध्यान किया। तब सुर्यदेव ने द्रौपदी की अभिलाषा को जानकर एक गुप्त राक्षसको उसकी रक्षाके लिये भेज दिया। उस राक्षस ने द्रौपदी को कहीं भी अकेली नहीं छोड़ा। भयभीत सी द्रौपदी को अपने गृहके निकट आते देख किचक प्रसन्न होकर कहने लगा – 'हे सुंदरी! मै

तुम्हारा स्वागत करता हूं, अब तुम मेरी स्वामिनी हो।' दुष्ट कीचक के वचन सुनकर द्रौपदी ने कहा – 'सुरा लेने के लिये मुझे रानी सुदेष्णा ने तुम्हारे निकट भेजा है।' तब कीचक ने कहा – 'हे सुंदरी! रानी के कहे कार्य को करने के लिये अनेक दासियां है।' कहकर कीचकने द्रौपदीका दाहिना हाथ पकड लिया। कीचक द्वारा पकड लिये जानेपर द्रौपदी ने कीचक को धकेलकर भूमिपर गिरा दिया तथा जहां राजा विराट तथा धर्मराज युधिष्ठिर विराजमान थे वहां दौडती हुई उनके शरण में गई। कीचक ने दौडती हुई द्रौपदीके केश पकड लिये तथा पैर से मारकर पृथ्वीपर धकेल दिया। तब सुर्यने जो द्रौपदी की रक्षा के लिये राक्षस भेजा था उसने वायुके वेगसे कीचक को उठाकर फेंक दिया। राक्षस के बलसे चोट खाकर कीचक अचेतन होकर पृथ्वीपर गिर पडा। सभामें बैठे हुए महाराज युधिष्ठिर तथा भीमसेन द्रौपदी की कीचक द्वारा किये अपमान तथा दशा को देख सह न सके। किंतु महाराज युधिष्ठिर ने स्वयंको तथा भीमसेन को प्रत्यक्ष होनेके भयसे रोक दिया। पश्चात द्रौपदी राजा विराट से कहने लगी – 'हे मत्स्यराज! आप स्वयं यहां उपस्थित होकर मुझ निरपराधि को पिटते हुए देख रहे है। तथा धर्मको दुषित होते देख कर भी कुछ नहीं कहते। कीचक के दुष्टता का उसे दण्ड नहीं देते। हे राजन्! यह दुष्टोंके समान आपका धर्म सभामें शोभित नही होता। न कीचक धर्मके मार्ग पर है, न मत्स्यराज विराट आप धर्मके मार्ग पर है तथा जो आपकी सेवा करते है, वे भी अधार्मिक है।' द्रौपदी के इसप्रकार कहने पर राजा विराटने कहा – 'हे सैरन्ध्री! कीचक की तथा तुम्हारी लडाई मेरे समक्ष नही हुई है। वृतको जाने बिना मै कोई निर्णय कैसे कर सकता हूं।' उस समय क्रोधसे महाराज युधिष्ठिर के मुख पर स्वेद आ गया तथा वे अपनी प्रिय रानी द्रौपदी से बोले – 'हे सैरन्ध्री! तुम शीघ्र सुदेष्णा रानी के गृह चली जाओ, यहां खडे होने का कुछ प्रयोजन नही है। वीरोंकी स्त्रियां अपने पतियों का अनुसरण करती हुई अनेक दुःख सहती है। दुःख सहकर भी पतियों की सेवा करने से स्त्रियों को पतिलोक की प्राप्ति होती है। मुझे जान पडता है की तुम्हारे पति इस समय क्रोध करना उचित नहीं समझते। इसीलिये सुर्यके समान तेजस्वी गन्धर्व तुम्हारी रक्षा नहीं कर रहे। सैरन्ध्री मुझे जान पडता है, कि तुम्हें अपने समय का कुछ ध्यान नही है, इसीलिये इसप्रकार राजसभामें जुआ खेलते हुए मत्स्यों के क्रीडामें विघ्न डाल रही हो। तुम यहां से चली जाओ, तुम्हारे पति तुम्हारा हित साधन करेंगे।' धर्मराज युधिष्ठिर द्वारा इसप्रकार कहने पर द्रौपदी क्रोधसे नेत्र लाल करती हुई रानी सुदेष्णा के गृह चली गयी। द्रौपदी को देख रानी सुदेष्णा ने कहा – 'हे सुंदरी! तुम्हें किसने मारा? तुम क्यों क्रंदन कर रही हो? आज किसके सुखका नाश होने का समय आ गया? तथा किसने तुम्हारा अप्रिय किया है?' रानी सुदेष्णा के इसप्रकार पूछने पर द्रौपदी ने कहा – 'हे देवी! आपने मुझे सुरा लाने के लिये कीचक के गृह भेजा था। वहां उसने मुझे राजा के समक्ष मुक पशु की भांति मारा है।' तब रानी सुदेष्णा ने कहा – 'हे सुंदरी! जिस दुष्ट कीचक ने कामके वश में होकर तुम्हारा निरादर किया है, तुम कहो तो मै उसे अभी मरवा दूं?' तब द्रौपदी ने कहा – 'हे देवी! कीचक ने जीनका अपराध किया है, वे उसे आप ही मार डालेंगे। मुझे निश्चय है कि वह आज ही परलोक पहुंच जायेगा।' जब यशस्विनी द्रौपदी को सेनापति कीचक ने मारा उसी समय से

वह उसके विनाश की इच्छा करती हुई क्रोधसे जलने लगी। तथा उचित रितिसे पवित्र होकर अपने गृहमें जाकर एक स्थानमें क्रंदन करती हुई बैठी तथा अपने दुःखका विचार करने लगी, कि 'मै इस समय कहां जाउं? कौनसा कार्य करुं जिससे मेरा दुःख दूर हो? मेरा प्रयोजन कैसे सिद्ध हो?' इसप्रकार सोंच विचार कर द्रौपदीने अपने मनसे भीम का चिन्तन किया तथा निश्चय किया कि इस समय भीमसेन के अतिरिक्त अन्य कोइ मेरे मनका प्रिय नहीं कर सकता। ऐसा विचार कर अर्धरात्री के समय दुःखित मनसे भीमके निकट गयी तथा उन्हें जगाते हुए कहने लगी – 'हे भीम! उठो उठो! जिवित पतियों की स्त्रियोंका निरादर कर कोइ जिवित नही रहता। वह कीचक ऐसा कुकर्म करने वाला जबतक जिवित है, तबतक आप कैसे निद्रा प्राप्त कर सकते है।' तब द्रौपदी द्वारा जगाये जाकर भीमसेन निद्रा त्यागकर उठ गये तथा द्रौपदी को देख कर कहा – 'हे द्रौपदी! तुम इस समय घबराइ हुई मेरे गृह कैसे आयी हो? तुम मुझे सबकुछ कह सुनाओ जिससे कि मै सब जान सकुं। सब कुछ सुनकर जो योग्य होगा वह उपाय करुंगा। हे द्रौपदी! मुझसे सब कुछ कहकर यहांसे शीघ्र अपने गृह चली जाओ जिससे कोई अन्य जान न सके।' तब द्रौपदी ने कहा – 'जिस स्त्री के पति धर्मराज युधिष्ठिर है वह शोक रहित होकर कैसे रह सकती है। तुम सभी दुःखों को जानकर भी मुझसे क्यों पूछते हो? हे भारत! वनवास के समय दुष्ट जयद्रथ ने मेरा निरादर किया, मेरे अतिरिक्त इस दुःखको कौन अन्य राजपुत्री सह सकती है? राजा विराट के देखते हुए नीच कीचक ने मुझे पैरसे मारा, इस दुःखको सहकर मेरे अतिरिक्त कौनसी राजपुत्री जीवित रह सकती है? इसप्रकार मैंने अनेक दुःख सहे, उस पर भी तुम मेरे दुःखों को नहीं जानते। राजा द्रुपद की पुत्री मुझ द्रौपदी के अतिरिक्त इन सभी दुखोंको सहकर कौन राजपुत्री जीवित रह सकती है? मैंने निश्चय ही बालपन में ब्रह्माका कोई दोष किया था, जिसकी अवकृपा के कारण अब यह दुःख सह रही हुं।' तब भीमसेन ने कहा – 'हे द्रौपदी! इच्छा हुई कि मै राजा विराट कि सभा में युद्ध करुं, किंतु उसी समय धर्मराज ने मुझे रोक दिया था। उनका अभिप्राय जानकर मै भी चुप होकर बैठ गया। हे कल्याणी! यदि महाराज युधिष्ठिर सुनेंगे कि द्रौपदी हमारी बहुत निर्भत्सना करती है। तो वे निःसंदेह आत्महत्या कर लेंगे। हे द्रौपदी! तुमने जनकराज दुलारी सीताका इतिहास सुना ही होगा, वह अपने वनवासी पति के सहित ही वनको चली गयी थी। राम कि वह प्रियपत्नी सीता रावण की कैदमें रहकर बहुत दुःखी होनेपर भी रामका ध्यान ही करती रही।अब कुछ समय और सह लो, समय पुर्ण होने में केवल पंद्रह दिन शेष है। यह तेरहवां वर्ष पुर्ण होते ही तुम महारानी बन जाओगी।' भीमसेन के कथन सुनकर द्रौपदी ने कहा – 'हे आर्य! मैने जो कुछ कहा, उसका कारण दुःख ही है। मै महा दुःख सहने पर भी महाराज कि निन्दा नहीं करुंगी। जो समय बीत गया है, उसकी चर्चा करने से क्या लाभ? जो कार्य इस समय उपस्थित है, उसे करने के लिये उद्यत हो। हे आर्य! तुम्हारे ही समक्ष धर्मराज के देखते ही देखते कीचक ने मुझे पैर से मारा। जो मेरा अपमान करता है, उस दुष्ट पापी कीचक का भी तुम्हीं वध करो।' इसप्रकार कहकर द्रौपदी क्रंदन करने लगी तब भीमसेन ने कहा – हे कल्याणी! तुम जैसे कहती हो, मै वैसा ही करुंगा। मै आज ही उस कीचक को

उसके भाइयों सहित नष्ट कर दूंगा। तुम अपने सभी शोक तथा दुःख को दूरकर कीचक से भेंट कर वार्ता करना। राजा विराटने जो नृत्य गृह बनवाया है, उसमें दिन भर कन्यायें नृत्य करती है, तथा रात्री के समय अपने – अपने गृह चली जाती है। वहां स्वर्ण का स्थान बना है, उसी स्थानपर मै दुष्ट कीचक का वध कर डालूंगा। तुम उससे वार्ता इस प्रकार करना कि कोई तुम्हें न देखे। तुम वही यत्न करना कि जिससे तुम उसे उस स्थान में भेज दो।' इस प्रकार निश्चय कर उन दोनोंने क्रंदन करते हुए वह रात्री बिताई। उस रात्री के बीत जानेपर सुबह उठकर कीचक भी सीधे राजभवन में पहुंचा तथा द्रौपदी से बोला – 'हे सैरन्ध्री! सभामें राजा विराटके समक्ष मैने तुम्हें पृथ्वीपर गिराकर पैर से मारा, फिर भी तुम रक्षा प्राप्त नही कर सकी, अर्थात तुम्हारी रक्षा करने कोई नही आया। मुझ बलवान का विरोध करने से कोई तेरी रक्षा नहीं कर सकता है। कोइ मुझे दोष न दे, इस प्रवाद के राजा विराट नाममात्र का राजा बना हुआ है। वास्तव में मै ही मत्स्य देशका राजा तथा सेनापति हूं। हे भीरु! तुम मुझे स्वीकार कर लो तथा सुखसे रहो मै तुम्हारा दास बनकर रहूंगा।' तब द्रौपदी ने कहा – 'हे कीचक! तुम आज मुझसे एक ही प्रतिज्ञा करो कि तुम्हारे तथा मेरे संगम को भाइ तथा मित्र भी न जान सके। क्योंकि मै यशस्वी गन्धर्वों से बहुत भय खाती हूं। यह प्रतिज्ञा तुम मुझसे करो तो मै तुम्हारे वश में हूं।' द्रौपदी के कथन सुनकर कीचक ने कहा – 'हे कल्याणी! तुम जैसा कहती हो, मै वैसा ही करुंगा।' तब द्रौपदी ने कहा – 'हे कीचक! यह जो राजा विराट ने नृत्य गृह बनवाया हुआ है, उसे गंधर्व लोग नहीं जानते है, तुम रात्री के समय वहां जाना।' यह सुनकर कीचक बहुत प्रसन्न होकर अपने गृह चला गया किंतु उस मुर्ख ने यह न जाना कि सैरन्ध्री मृत्युरुप हो गई है। वह अपने शरीर को संवारने लगा। तथा उसने विशेष गंध, आभूषण, माला आदि धारण किये। उसी समय द्रौपदी भीमसेन के निकट रसोइ गृह जाकर भीमसेन से कहा – 'हे आर्य! तुमने जैसे कहा था, उसी प्रकार मैने अर्धरात्री के समय कीचकको उसी नृत्य गृह में बुलाया है। कीचक अर्धरात्री में अकेला ही उस शून्य नृत्य गृहमें आवेगा, तुम वहीं उसका वध कर देना।' यह सुनकर भीमसेन बोले – 'हे द्रौपदी! मै अपने धर्मकी शपथ खाकर तुमसे सत्य कहता हूं, कि कीचक का इस प्रकार वध करुंगा, जैसे इंद्रने वृत्रासुर का वध किया था।' तब भीमसेन रात्री के समय पहले ही छिपकर उस नृत्यगृह में जा बैठे तथा कीचक का मार्ग देखने लगे, उसी समय कीचक भी भली भांति सज्ज होकर उस नृत्यगृह में पहुंचा। पश्चात कामसे व्याकुल कीचक आनन्द से भीमसेन को द्रौपदी जानकर निकट गया, तथा प्रसन्न होकर कहने लगा – 'हे सुन्दरी! मै तुम्हारे लिये बहुत प्रकारका धन तथा आभूषण लाया हूं। आज मेरे गृहकी सभी स्त्रीयां अकस्मात कहने लगी कि तुम्हारे समान सुंदर तथा उत्तम वस्त्रधारी पुरुष जगत में अन्य कोई नही है।' तब भीमसेन ने उस कीचक से कहा – 'इश्वरने तुम्हें मेरे ही प्रारब्ध से सुंदर बनाया है। तुम सौभाग्य से अपनी प्रशंसा कर रहे हो, किंतु ऐसा स्पर्श तुमने भी कभी पहले अनुभव नही किया होगा।' भीमसेन इसप्रकार कहकर वेगसे उठे तथा कीचक के पुष्पों की मालाओं से सजे हुए केश पकड लिये। केशों के पकडे जानेपर कीचक ने भी वेगसे अपने केशों को छुडाकर भीमसेन का हाथ पकड लिया।

तब वे दोनों क्रुद्ध हुए नरसिंह का घोर बाहुयुद्ध होने लगा। यद्यपि उस समय कीचक का बहुत कम बल रह गया था फिर भी उसने बलसे भीमसेन को पृथ्वीपर पटक दिया। कीचक द्वारा पृथ्वीपर गिरा दिये जानेपर भीमसेन पुनः उठे तथा दोनों निर्जन स्थल में अर्धरात्री के समय स्पर्धाके सहित परस्पर को खींचने लगे। कुछ समय युद्ध होने के पश्चात कीचक का बल नष्ट होने लगा। भीमने उसको बलहीन होता देख उठाकर पृथ्वीपर पटका तथा उसके हाथ, पैर तथा शिश तोड दिया। इसप्रकार भीमने कीचक का वध कर अपने क्रोध को शान्त कर शीघ्र ही रसोइ गृह में जाकर सो गये।

महाकाव्य महाभारत के "कर्णपर्व" अनुसार महाभारत युद्ध में भीमसेन तथा दुःशासन सहसा परस्पर समक्ष आ पहुंचे। वे दोनों ही रथ तथा नाना प्रकार के आयुर्वों से सम्पन्न तथा विचित्र पताकों तथा ध्वजाओं से सुशोभित थे। दुःशासन को देख भीमसेन कहने लगे – 'दुःशासन! बडे सौभाग्यकी बात है, कि तु आज मुझे दिखाई दिया है। कौरवों के सभा में द्रौपदीको स्पर्श करने के कारण दीर्घकाल से जो तेरा ऋण मुझ पर चढ गया है, उसे मै आज मूलसहित चुकाना चाहता हूं।' भीमसेन के इसप्रकार कहनेपर दुःशासन ने कहा – 'भीमसेन! मुझे सब कुछ स्मरण है। सुनो, पहले तुमलोग लाक्षागृह में रातदिन सशंक होकर निवास करते थे। फिर वहांसे निकाले जाकर वनमें सर्वत्र शिकार खेलते हुए रहने लगे। इसी अवस्थामें तुम सभी एक दिन पांचालराज के नगर में प्रविष्ट हुए। वहां तुमलोगों ने किसी माया में प्रविष्ट होकर अपने स्वरुप को छिपा लिया था। इसलिये द्रौपदी ने तुमलोगों में से अर्जुन का वरण कर लिया। किंतु तुम सभी पापीयों ने मिलकर उसके सहित वह नीचों सा व्यवहार किया, जो तुम्हारी माताकी करनीके अनुरुप था द्रौपदी ने तो एक ही का वरण किया था, किंतु तुम पांचों ने उसे अपनी पत्नी बनाया तथा इस कार्य से तुम्हें परस्पर से तनिक भी लज्जा नही आयी। मुझे यह भी स्मरण है कि कौरव सभामें शकुनिने द्रौपदी सहित तुम सभी को दास बना लिया था।' दुःशासन के इसप्रकार कहनेपर पांडुकुमार भीमसेन क्रोधके वशीभूत हो गये। क्रोधसे वृकोदर ने दो क्षुरोंके द्वारा दुःशासन का धनुष तथा ध्वजाको काट दिया। तब दुःशासन ने भी भीमसेन का धनुष काट डाला तथा बाणोंसे उनके सारथी को घायल कर दिया। तब क्रोधमें भरे हुए भीमसेन ने एक भयंकर शक्ति संधान कि। प्रज्वलित उल्काके समान उस अत्यंत भयानक शक्तीको सहसा अपने उपर आती देख दुःशासन ने बाणोंद्वारा उसे काट डाला। पश्चात बाणोंसे भीमसेन को गहरी चोट पहुंचायी। भीमसेन दुःशासन की ओर देख रोषसे कहने लगे – 'वीर! तुने तो आज मुझे शीघ्रतापूर्वक बाण मारकर बहुत घायलकर दिया; किंतु अब स्वयं भी मेरी गदाका प्रहार सहन कर।' उच्च स्वरसे इसप्रकार कहकर कुपित हुए भीमसेन ने दुःशासन के वधके लिये गदा लेकर कहने लगे – 'दुरात्मा! आज इस संग्राम में मै तेरा रक्त पान करुंगा।' इसप्रकार कहकर भीमसेनने अपनी अत्यंत घोर गदा को घुमाकर फेंका। वह गदा रणभूमि में दुःशासन के मस्तक पर जा लगी। दुःशासन उस वेगवती गदाके आघातसे धरतीपर गिरकर कांपने तथा अत्यंत वेदनासे व्याकुल हो छटपटाने लगा। उसका कवच टुट गया; आभूषण तथा हार बिखर गये। उस गदाने गिरते

ही दुःशासन के रथको चूर-चूर कर डाला तथा सारथी सहित उसके अश्वोंको नष्ट कर दिया। दुःशासन को उस अवस्थामें देखकर समस्त प़ाडव तथा पांचाल योद्धा हर्षमें भरकर सिंहनाद करने लगे। इसप्रकार वृकोदर भीम दुःशासन को धाराशायी कर हर्षसे उल्लसित हो सम्पूर्ण दिशाओं को प्रतिध्वनित करते हुए गर्जना करने लगे। फ़शचात भीमसेन शीघ्रतापूर्वक रतसे उतरकर वेगसे दुःशासन की ओर दौडे तथा पिछले कार्य स्मरण कर दुःशासन को देख कहने लगे – 'देवी द्रौपदी रजस्वला थी। उसने कोई अपराध नही किया था। तब भी तुने द्रौपदी के केश पकडे तथा भरी सभा में उसके वस्त्रों का हरण किया।' कौरवों ने द्रौपदी को जो-जो दुःख दिये थे, भीमसेन उन सभी को स्मरण कर अग्निके समान क्रोधसे जल उठे तथा वहां कर्ण, दुर्योधन, कृपाचार्य, अश्वत्थामा तथा कृतवर्मा को सम्बोधित कर कहा – 'आज मै पापी दुःशासन का वध कर डालुंगा। तुम समस्त योद्धा मिलकर उसकी रक्षा कर सको तो करो।' इसप्रकार कहकर भीमसेन ने उत्तम धारवाली तलवार उठाली तथा दुःशासन से बोले – 'दुरात्मा! स्मरण है न वह दिन जब तुमने राजसुय यज्ञमें अवभृथस्नान से पवित्र हुए महारानी द्रौपदीके केश किस हाथसे खींचे थे? बता, आज भीमसेन तुझसे इसका उत्तर जानना चाहता है।' भीमसेन के इस अत्यंत भयंकर वचन सुनकर दुःशासन उनकी ओर देख मुस्कुराते हुए रोषपूर्वक कहा – 'यह है हाथीके सुंड के समान मेरा हाथ, जो सहस्त्रों गोदान तथा क्षत्रियोंका विनाश करने वाला है। भीम! इसी हाथसे मैने सभामें बैठे हुए कुरुकुलके श्रेष्ठपुरुषों तथा तुम लोगों के देखते- देखते द्रौपदी के केश खींचे थे।' दुःशासन के वचन सुनकर भीमसेन ने दुःशासन के छातीपर चढकर उसे दोनों हाथोंसे बलपूर्वक पकड लिया तथा उच्चस्वरसे सिंहनाद करते हुए समस्त योद्धाओं से कहा – 'आज दुःशासन की बांह उखाडी जा रही है। यह अब अपने प्राणोंको त्यागना ही चाहता है। जिसमें बल हो, वह आकर इसे मेरे हाथसे बचा लें।' इस प्रकार समस्त योद्धाओं को ललकार कर महाबली, महामनस्वी कुपित भीमसेन ने एक ही हाथ से वेगपूर्वक दुःशासन की बांह उखाड दी। पश्चात पृथ्वीपर पडे हुए दुःशासन की छाती फाडकर वे उसका रक्त पान का उपक्रम करने लगे। उठने कि चेष्ठा करते हुए दुःशासन को पुनः गिराकर भीमसेन ने अपनी प्रतिज्ञा सत्य करने के लिये तलवार से उसका शिश काट डाला। तदनन्तर भीमसेन क्रोधसे व्याकुलचित हो दुःशासन को प्राणहीन हुआ देख उच्चस्वरसे अट्टहास करते हुए बोले – 'दुःशासन! क्या करुं? मृत्युने तुझे दुर्दशासे बचा लिया।' पश्चात भीमसेन अमर्ष में भरे हुए दुःशासन का वध कर पुनः उसके रक्तको अंजलिमें भरकर भयंकर गर्जना करते हुए कहने लगे – 'मुझे प्रमाणकोटितीर्थ में विष पिलाकर नदीमें डाल दिया गया, कालकूट नामक विष खिलाया गया, काले सर्पोंसे डसाया गया, लाक्षागृह में जलाने की चेष्टा की गयी, जूए के द्वारा हमारे राज्यका हरण किया गया तथा हम सभी को वनवास दे दिया गया। द्रौपदीके केश खींचे गये, जो अत्यंत दारुण कर्म था। गृहमें भी हमें सुखसे नहीं रहने दिया गया राजा विराटके भवन में जो महान् क्लेष उठाना पडा, वह तो सबसे विलक्षण है। पुत्रों सहित राजा धृतराष्ट्र कि दुष्टतासे हमें ये दुःख भोगने पडे है। इन दुःखों को तो हम जानते है, किंतु हमें कभी सुख मिला हो, इसका स्मरण

नही है।' इसप्रकार कहकर रक्तसे भीगे तथा लालमुख वाले भीमसेन युद्ध में विजय पाकर मुस्कुराते हुए श्रीकृष्ण तथा अर्जुन से बोले – 'वीरों! दुःशासन के विषय में मैने जो प्रतिज्ञा की थी, उसे आज यहां रणभूमि में सत्य कर दिखाया है। यहीं दूसरे यज्ञपशु दुर्योधन को काटकर उसकी बलि दूंगा तथा समस्त कौरवों के नेत्रों के समक्ष उस दुरात्मा के मस्तक को पैरसे कुचलकर शांति प्राप्त करुंगा।' अनन्तर युद्ध समाप्त होनेपर भीमसेन तथा सभी योद्धा अपने – अपने छवनी में लौट गये।

महाकाव्य महाभारत के "स्त्रीपर्व" अनुसार समस्त सेनाओं का संहार हो जाने के पश्चात अतः महभारत युद्ध के समाप्ति के पश्चात धर्मराज युधिष्ठिर को ज्ञात हुआ कि राजा धृतराष्ट्र संग्राम में मृत्यु को प्राप्त हुए वीरों का अन्त्येष्टिकर्म कराने के लिये कुरुक्षेत्र में आ पहुंचे है। तब वे स्वयं पुत्रशोक से आतुर हो पुत्रोके शोकमें डूबकर चिन्तामग्न हुए राजा धृतराष्ट्र के निकट अपने सभी अनुज भाइयों सहित जा पहुंचे। उस समय वासुदेव श्रीकृष्ण, सात्यकि, युयुत्सु भी उनके सहित महराज धृतराष्ट्र के निकट गये। राजा धृतराष्ट्र के निकट पहुंचकर सभी शत्रुसूदन पांडवोंने धर्मानुसार तातश्री को प्रणाम कर अपने नाम बताये। पुत्रवधसे पिडित हुए पिताने शोकसे व्याकुल हो अपने पुत्रों का अन्त करनेवाले पांडुपुत्र युधिष्ठिर को हृदय से लगाया। किंतु उस समय उनका मन प्रसन्न नहीं था। धर्मराज को हृदय से लगाकर उन्हें सान्त्वना दे राजा धृतराष्ट्र भीमसेन को इस प्रकार खोजने लगे मानो अग्निबनकर उन्हें जला डालना चाहते हो। उस समय उनके मनमें दुर्भावना जाग उठी थी। शोकरुपी वायुसे बढी हुई उनकी क्रोधमयी अग्नि ऐसी दिखाई दे रही थी मानों वह भीमसेनरुपी वनको जलाकर भस्म कर देना चाहती हो। भीमसेन के प्रति उनके अशुभ संकल्प को जानकर श्रीकृष्ण ने भीमसेन को पिछे खींच लिया तथा उनके स्थानपर उनकी लोहमयी प्रतिमा राजा धृतराष्ट्र के समक्ष कर दी। महाज्ञानी तथा परम बुद्धिमान भगवान् श्रीकृष्ण को पहले से ही उनका अभिप्राय ज्ञात हो गया था, इसलिये उन्होंने वहां यह व्यवस्था कर ली थी। बलवान राजा धृतराष्ट्र ने उस लोहमय भीमसेन को ही असल भीम समझा तथा उसे दोनों बाहों से दबाकर तोड डाला। भीमसेन की लोहमयी प्रतिमाको तोडने से उनकी छाती व्यथित हो गयी तथा मुखसे रक्त बहने लगा। वे उसी अवस्था में रक्तसे भीगकर पृथ्वीपर गिर पडे। उस समय उनके सारथी गवल्गणपुत्र संजय ने उन्हे उठाया तथा समझा-बुझाकर शांत करते हुए कहा – 'महाराज! आपको ऐसा नहीं करना चाहिये था।' जब रोषका आवेश दूर हो गया, तब वे महात्मा नरेश क्रोध त्यागकर शोकमें डूब गये। तथा भीम! भीम! कहते हुए विलाप करने लगे। उन्हें भीमसेन के वधकी आशंका से पिडित तथा क्रोधशून्य हुआ जानकर पुरुषोत्तम श्रीकृष्ण ने कहा – 'महाराज धृतराष्ट्र! आप शोक न करें। भीम आपके हाथों नहीं मारे गये है। यह तो लोहे की प्रतिमा थी, जिसे आपने चूर-चूर कर डाला। भरतश्रेष्ठ! आपको क्रोधके वशीभूत देख मैने मृत्यूके मुख में फंसे कुंतीकुमार भीमसेन को पीछे खींच लिया था। राजसिंह! बलमें आपकी समानता करनेवाला कोई नहीं है। आपकी दोनों भुजाओं की पकड कौन मनुष्य सह सकता है? जैसे यमराज के पास पहुंचकर कोई जीवित छूट नहीं सकता,

उसी प्रकार आपकी भुजाओं के मध्यमें पड जानेपर किसी के प्राण नहीं बच सकते। इसलिये आपके पुत्रने जो भीमसेन की लोहमयी प्रतिमा बनवा रख्खी थी, वहीं मैने आपको भेंट कर दी। आपका मन पुत्रशोक से संतप्त हो धर्मसे विचलित हो गया है; इसलिये आप भीमसेन का वधकर डालना चाहते है। आपके लिये यह कदापि उचित न होगा, कि आप भीम का वध करें। महाराज! भीमसेन आपके पुत्रोंका वध न करते तब भी आपके पुत्र किसी प्रकार जीवित नहीं रह सकते थे। क्योंकि उनकी आयु पुर्ण हो चुकी थी। अतः हमलोगों ने सर्वत्र शांति स्थापित करने के उद्देश्य से जो कुछ किया है, उन सभी कार्योंका आप भी अनुमोदन करें। मनको व्यर्थ शोकमें न डालें। भरतनंदन! आप अपनी ओर तो देखिये आपका व्यवहार सदा ही न्याय के विपरित रहा है। आप अपने मनको वशमें न कर सदा दुर्योधन के अधीन रहे है। अपने ही अपराध से विपत्ती में पडकर आप भीमसेन का वध क्यों करना चाहते है? इसलिये क्रोधपर अंकुश रखिये तथा अपने दुष्कर्मों का स्मरण किजिये। जिस नीच दुर्योधन ने मनमें ईर्ष्या रखने के कारण द्रुपदकुमारी कृष्णा को भरी सभामें बुलाकर अपमानित किया, उसी वैरका प्रतिशोध लेने की इच्छा से भीमसेन ने दुर्योधन का वध किया। आप अपने दुरात्मा पुत्र दुर्योधन के उस अत्याचार पर तो दृष्टि डालिये, जबकि बिना किसी अपराध के ही आपने पांडवों का परित्याग कर दिया था।' परम पुरुषोत्तम भगवान श्रीकृष्ण के इसप्रकार कहनेपर राजा धृतराष्ट्र ने कहा – 'महाबाहु! आप जैसा कह रहे है, ठीक ऐसी ही बात है; किंतु पुत्रका स्नेह प्रबल होता है जिसने मुझे धैर्यसे विचलित कर दिया था। श्रीकृष्ण! सौभाग्यकी बात है कि आपसे सुरक्षित होकर बलवान सत्य पराक्रमी पुरुषसिंह भीमसेन मेरी दोनों भुजाओं के मध्य नहीं आये। अब इस समय मै शांत हूं तथा मेरी चिंता भी नष्ट हो गयी है। समस्त राजाओं तथा अपने पुत्रों के मारे जानेपर अब मेरा प्रेम तथा हितचिंतन पांडु के पुत्रोंपर ही आश्रित है।' इतना कहकर राजा धृतराष्ट्र क्रंदन करते हुए भीमसेन, अर्जुन तथा मादी के दोनों पुत्र नरवीर नकुल सहदेव को अपने हृदय से लगा लिया।

21

महाकाव्य महभारत अनुसार नकुल हस्तिनापुर नरेश पांडु तथा मद्र राजकुमारी माद्री के ज्येष्ठ पुत्र थे। वे अश्विनिकुमारों के औरस तथा महाराज पांडु के क्षेत्रज पुत्र थे। उन्हें धर्म, नीति तथा चिकित्सा शास्त्र में दक्षता प्राप्त थी। नकुल ने यह शिक्षा गुरु द्रोणाचार्य से ली थी। इसके अतिरिक्त वे अश्वविद्या में भी निपुण थे। नकुल तलवार बाजी तथा घुडसवारी में पारंगत थे। उनकी पांचाल राजकुमारी 'द्रौपदी' तथा छेदिराज की राजकुमारी 'करेणुमती' नामक दो पत्नियां थी। पांचाल राजकुमारी द्रौपदी से उन्हें "शतानीक" नामक पुत्र की प्राप्ति हुई। तथा छेदिराज की राजकुमारी करेणुमती से "निरमित्र" नामक पुत्रकी प्राप्ति हुई।

महाकाव्य महाभारत के "सभापर्व" अनुसार नकुल राजसुय यज्ञ के लिये सेना लिये हुए खाण्डवप्रस्थ से निकलकर पश्चिम दीशा की ओर दिग्विजय के लिये गये। वहां से चलकर नकुल गौओं से भरे, धन धान्य से पूर्ण, सम्पदाके भण्डार परम रमणीय स्वामि कार्तिकेय के प्रिय रोहितक देश पहुंचे। तहां परम शूर मत्तमयूरों के सहित नकुलका घोर युद्ध हुआ। अन्तमें नकुलने मरुभूमि, शैरीषक तथा अन्नके भंडाररुप महेत्थ देशपर पूर्ण अधिकार कर लिया। पश्चात प्रबल युद्धाग्निको प्रज्वलित कर राजर्षि आक्रोश को वशमें किया। तदनन्तर दशार्ह, शिवि, त्रिगर्त, मालव, वाटधान तथा द्विजोंको जीता। वहां से चलकर पुष्कर वनके निवासी उत्सव संकेत नामक गहों को जीता। पश्चात समुद्र तटके निवासी तथा तहांके ग्रामवासी महाबली शुद्र को जीतकर, पर्वतवासी सकल पच्चनद द्वारा आजीविका करते है उन्हें जीतकर, पर्वतवासी सकल पच्चनद अपर पर्वत उत्तर ज्योतिष दिव्यकट नगर तथा द्वारपालको वशमें किया। पश्चात नकुल ने आज्ञाभावसे पश्चिम जो राजे थे उन सबोंको अपने वशमें किया। वहीं रहकर नकुल ने वासुदेव श्रीकृष्ण के निकट दूत भेजा। श्रीकृष्ण ने केवल प्रेमके कारण नकुलका शासन स्वीकार कर लिया। इसके पश्चात शाकल देश को जीतकर बलवान नकुलने मद्रदेशकी राजधानी में प्रवेश किया तथा वहां के शासक अपने मामा शल्य को प्रेम से ही वशमें कर लिया। तथा मामा शल्यसे भेंटमें बहुतसे रत्न लेकर

योद्धाओं के अधिपत माद्रीकुमार आगे बढ गये। तदनन्तर समुद्री टापुओं में रहनेवाले अत्यंत भयंकर म्लेच्छ, बर्बर, किरात, यवन तथा शकों को जीतकर उनसे रत्नोंकी भेंट ली। इसप्रकार भगवान् वासुदेव द्वारा अपने अधिकार में की हुई पश्चिम दिशापर विजय पाकर नकुल इंद्रप्रस्थ की ओर लौटे। तदनन्तर वीरवर माद्रीकुमार ने इंद्रप्रस्थ में विराजमान राजायुधिष्ठिर से भेंट कर वह संपूर्ण धन उन्हें समर्पित कर दिया।

अनन्तर महाकाव्य महाभारत के "शल्यपर्व" अनुसार कुरुक्षेत्र के भूमिपर हो रहे महासंग्राम में नकुल तथा महारथी कर्णपुत्र 'चित्रसेन' वे दोनों वीर परस्पर भिडकर बाणरुपी जलकी वर्षा करणे लगे। दोनों ही अस्त्र-शस्त्रके वीद्वान, बलवान तथा रथ युद्धमें कुशल थे। परस्पर घातमें लगे हुए वे दोनों वीर परस्पर प्रहार के योग्य अवसर ढूंढ रहे थे। इतने मे ही चित्रसेन ने एक पैने भल्लके द्वारा नकुलके धनुषको काट डाला। धनुष कट जानेपर चित्रसेन ने नकुल के ललाट में बाणों द्वारा गहरी चोट पहुंचायी। चित्रसेन ने तीक्ष्ण बाणोंद्वारा नकुल के अश्वोंको भी मृत्युके मुख कर दिया। धनुष कटजानेपर रथहीन वीर नकुल हाथों में ढाल तथा तलवार लेकर भूमिपर आ गये। उस समय चित्रसेन पैदल आक्रमण करनेवाले नकुल के उपर बाणों की वृष्टि करने लगा। किंतु ढाल के द्वारा नकुलने बाणों को नष्ट कर दिया। अनन्तर वे सेनाके देखते-देखते चित्रसेन के रथके समीप जा उसपर चढ गये। तत्पश्चात मुकुटरहित चित्रसेन के मस्तको धडसे अलग कर दिया। सुर्यके समान तेजस्वी चित्रसेन रथके पिछले भागमें गिर पडा। चित्रसेन का वध देख वहां खडे हुए पांडव महारथी नकुल को साधुवाद देने तथा सिंहनाद करने लगे। अनन्तर अपने भ्राता का वध देख कर्णके दो महारथी पुत्र 'सुषेण' तथा 'सत्यसेन' नाना प्रकार के बाणों की वर्षा करते हुए पांडुपुत्र नकुल पर तुरंत ही चढ गये। वे दोनों ही वीरवर नकुल पर अपने बाणसमूहों की वर्षा करने लगे, मानों दो मेघ जल की धारावाहिक वृष्टि करते हो। सभी ओरसे बाणों द्वारा बिंद्ध जानेपर भी पांडुपुत्र नकुल उत्साह में भरे हुए धनुष लेकर रथपर चढे तथा रणभूमी में पैने बाणों द्वारा सत्यसेन के अश्वोंको नष्ट कर दिया। अनन्तर नकुलने बाणों से उन दोनों भ्राताओं को घायल कर दिया। तब सत्यसेन ने बाणोंद्वारा पांडुनंदन नकुल को ढक दिया। नकुलने उन बाणों का निवारण कर एक रथशक्ती ली तथा युद्धस्थल में सत्यसेन को लक्ष्य कर वह शक्ती संधान की। उस शक्तीने रणभूमि में सत्यसेन को विदीर्ण कर दिया। जिससे सत्यसेन की चेतना जाती रही तथा वह प्राणशून्य होकर रथसे पृथ्वीपर गिर पडा। भ्राता का वध देख सुषेण क्रोधसे व्याकुल हो उठा तथा पांडुनंदन नकुलपर बाणोंकी वर्षा करने लगा। बाणों से नकुल के अश्व, ध्वजा तथा सारथी को नष्ट कर कर्णपुत्र सिंहनाद करने लगा। वीरवर नकुलको रथहीन हुआ देख द्रौपदी पुत्र सुतसोम अपने तातश्री की रक्षा के लिये वहां दौड आया। तब सुतसोम के उस रथपर आरूढ हो भरतश्रेष्ठ नकुल धनुष लेकर सुषेण के सहित युद्ध आरंभ कर दिया। वे दोनों महारथी वीर बाणों की वर्षाद्वारा परस्पर वधके लिये प्रयत्न करने लगे। उस समय सुषेण ने कुपित होकर पांडुपुत्र नकुल को बींधडाला। तत्पश्चात नकुलने कुपित हो

बाणोंकी वर्षासे सुषेण की सम्पूर्ण दिशाओंको आच्छादित कर दिया। पश्चात अत्यंत वेगवान अर्धचन्द्राकार बाण लेकर उसे संग्राम में कर्णपुत्र पर चला दिया। उस बाणसे नकुलने सम्पूर्ण सेनाओं के समक्ष सुषेण का मस्तक काट गिराया। महामनस्वी नकुलके हाथों मृत्यु प्राप्त कर सुषेण पृथ्वीपर गिर पडा। मानों नदीके वेगसे कटकर महान तटवर्ती वृक्ष धाराशायी हो गया हो।

22

सहदेव

महाकाव्य महाभारत अनुसार सहदेव महाराज पांडु तथा मद्र राजकुमारी मादी के कनिष्ठ पुत्र थे। सहदेव का जन्म अश्विनिकुमारों के कृपाप्रसाद के रुपमें हुआ था। सहदेव ने गुरु द्रोणाचार्य से धर्म, शास्त्र, चिकित्सा के अतिरिक्त ज्योतिष विद्या सीखी थी। वे भविष्य में घटने वाली घटनाओं को उससे पूर्व ही जान लेते थे। सहदेव ने द्रौपदी, विजया, भानुमति तथा जरासंध कि कन्या से विवाह किया था। विवाह के पश्चात उन्हें द्रौपदी से "श्रुतकर्मा" नामक पुत्र कि प्राप्ति हुई थी। तथा विजया से "सुहोत्र" नामक पुत्र की प्राप्ति हुई थी।

महाकाव्य महाभारत के "सभापर्व" अनुसार इंद्रप्रस्थ नगर स्थापित करने के पश्चात। राजसुय यज्ञ के लीये, सहदेव धर्मराज युधिष्ठिर कि आज्ञानुसार दक्षिण दिशापर विजय पाने के लिये विशाल सेनाके सहित प्रस्थित हुए। सहदेव ने सबसे पूर्व समस्त शूरसेन निवासियों को पूर्ण रुपसे जीत लिया। पश्चात मत्स्यराज विराट को अपने अधीन बनाया। राजाओं के अधिपति महाबली दन्तवक्र को भी परास्त किया तथा उसे करदाता बनाकर फिर से उसी राज्यपर प्रतिष्ठित कर दिया। इसके पश्चात राजा सुकुमार तथा सुमित्र को वशमें किया, इसीप्रकार अपर मत्स्यों तथा लुटेरों पर भी विजय प्राप्त कि तदनन्तर निषाद देश तथा पर्वत प्रवर गोश्रृंगडो को जीतकर सहदेव ने राजा श्रेणिमान् को परास्त किया। अनन्तर सहदेव ने कुन्तिभोज पर धावा किया किंतु कुन्तिभोज ने प्रसन्नताके सहित ही सहदेव का शासन स्वीकार कर लिया। पश्चात चर्मण्वती के तटपर सहदेव ने जम्भक के पुत्रको देखा, जिसे पूर्व वैरी वासुदेव ने जीवित छोड दिया था। उस जम्भपुत्रने सहदेव के सहित घोर संग्राम किया; किंतु सहदेव उसे युद्धमें जीतकर दक्षिण दिशाकी ओर बढ गये। वहां मादीकुमार सहदेव ने सेक तथा अपरसेक दो शौंपर विजय पायी तथा उन सभीसे नाना प्रकार के रत्न भेंटमें लिये। तत्पश्चात सैकाधिपति को सहित लेकर उन्होंने नर्मदा की ओर प्रस्थान किया। वीरवर सहदेव ने वहां युद्धमें अवन्ती के राजकुमार विन्द तथा अनुविंद को परास्त किया वहां से रत्नोंकी भेंट लेकर वे भोजकट नगर गये वहां दो दिनोंतक युद्ध होता रहा। सहदेव ने उस

संग्राम में दुर्धर्ष वीर भीष्मक को परास्त कर कोसालाधिपती, वेणा नदीके तटवर्ती प्रदेशों के स्वामी, कान्तारक तथा पूर्वकोसल के राजाओं को भी परास्त किया। तत्पश्चात सहदेव ने मारुध तथा रम्यग्राम को बलपूर्वक परास्त कर आर्बक तथा समस्त वनेचर राजाओं को जीत लिया। तथा आगे बढ कर वे लोकविख्यात किष्किंधा जा पहुंचे। वहां वानरराज मैन्द तथा द्विविद के सहित उन्होंने सात दीनोंतक युद्ध किया किंतु उस युद्ध का परिणाम नही निकला। तब वे दोनों महात्मा वानर अत्यंत प्रसन्न हो सहदेव से प्रेमपूर्वक बोले – 'पांडवप्रवर! तुम सभी प्रकार के रत्नों की भेंट लेकर आगे बढो। परम बुद्धिमान धर्मराज के कार्य में कोई विघ्न नहीं पडना चाहिये।' तदनन्तर नरश्रेष्ठ सहदेव वहां से रत्नों की भेंट लेकर माहिष्मतीपुरी गये तथा वहां राजा नीलके सहित घोर युद्ध किया। सहदेव से राजा नीलका जो महान् युद्ध हुआ वह सेनाओंका विनाशक तथा प्राणोंको संशय में डालनेवाला था। भगवान् अग्निदेव राजा नील की सहायता कर रहे थे। यह देख सहदेव अग्निदेव से बोले – 'हव्यवाहन! आपको यज्ञमें यह विघ्न नही डालना चाहिये।' इसप्रकार कहकर सहदेव धरतीपर कश बिछाकर अपनी भयभूत तथा उद्विग्न सेनाके अग्रभाग में विधिपूर्वक अग्निसे सम्मुख धरना देकर बैठ गये। जैसे महासागर अपनी तटभूमि का उल्लंघन नही करता, उसी प्रकार अग्निदेव सहदेव को लांघकर सेनाके मध्य नहीं गये। वे सहदेव के निकट आकर उन्हें सान्त्वना देते हुए कहा – 'कौरव! उठो, उठो, मैने तुम्हारी परिक्षा ली है। तुम्हारे तथा धर्मपुत्र युधिष्ठिर के सम्पूर्ण अभिप्राय को मै जानता हूं। किंतु राजा नीलके कुलमें जबतक उनकी वंश परम्परा चलती रहेगी, तबतक मुझे ईस माहिष्मतीपुरी की रक्षा करनी होगी। पांडुकुमार! साथ ही मै तुम्हारा मनोरथ भी पूर्ण करुंगा।' यह सुनकर माद्रीकुमार सहदेव प्रसन्न चित होकर अग्निदेव को प्रणाम किया। अग्निदेव के लौट जाने पर उन्हींकी आज्ञासे राजा नील ने सहदेव का सत्कारपूर्वक पूजन किया। राजा नील की वह पूजा ग्रहण कर तथा उनपर कर लगाकर विजयी सहदेव दक्षिण दिशाकी ओर बढ गये। तदनन्तर सहदेव ने सुराष्ट्र देशके अधिपति कौशिकाचार्य आकृति को वशमें किया। पश्चात सुराष्ट्र में ही ठहरकर धर्मात्मा सहदेव ने भोजकट निवासी रूक्मी तथा विशाल राज्य के अधिपति परम बुद्धिमान भीष्मक के निकट दूत भेजा। भीष्मक ने वसुदेव नंदन श्रीकृष्ण की ओर दृष्टि रखकर प्रेमपूर्वक ही सहदेव का शासन स्वीकार कर लिया। तदनन्तर सहदेव वहांसे रत्नोंकी भेंट लेकर पुनः आगे बढ गये। पश्चात वे शूर्पारक तथा तालाकट नामक देशों को जीतते हुए हण्डकारण्ये अपने अधीन कर लिया। तत्पश्चात समुद्र के द्वीपोंमें निवास करनेवाले म्लेच्छ जातीय राजाओं, निषादों तथा राक्षसों, कर्णप्रावरणों (जो अपने कानों से ही शरीर को ढक लें उन्हें कर्णप्रावरण कहते है।) को भी परास्त किया। द्रविड़, उण्ड, केरल, आन्ध्र, तालवन, कलिंग, उष्ट्रकर्णिक, तथा यवनों के नगर इन सभीको सहदेव ने वशमें कर, कर देने के लिये विवश किया। तदनन्तर सहदेव ने सचिवों सहित विचार विमर्श किया, तथा उन सभीकी सम्मत्ती को आदर देते हुए अपने भतीजे राक्षसराज घटोत्कच का चिन्तन किया। उनके चिन्तन करते ही वह घटोत्कच सहदेव के समक्ष आकर विनीताभावसे हाथ जोडकर प्रणाम

कर कहने लगा – 'मेरे लिये क्या आज्ञा है।' घटोत्कच को देख सहदेव ने दोनों भुजाओं में भरकर उसे हृदय से लगा लिया तथा उसका स्वागत सत्कार कर प्रसन्न होकर बोले – 'वत्स! तुम मेरी आज्ञा से कर लेनेके लिये लंकापुरी में जाओ तथा वहां राक्षसराज महात्मा विभीषण से मिलकर राजसूय यज्ञके लिये भांति-भांतिके बहुत से रत्न प्राप्त करो। उनकी ओरसे मिली हुई सभी वस्तुएं लेकर शीघ्र लौट आओ।' सहदेव के इसप्रकार कहनेपर घटोत्कच 'तथास्तु' कहकर सहदेव की परिक्रमा कर दक्षिण दिशाकी ओर चल दिया। लंकाकी ओर जाते हुए घटोत्कच ने समुद्र के मध्य भगवान श्रीराम के द्वारा बनवाये हुए पुलको देख घटोत्कच उस सेतु तीर्थको प्रणाम कर समुद्र के दक्षिणतटकी ओर दृष्टिपात किया। अनन्तर घटोत्कच ने राक्षसों से सेवित उस लंकापुरी में प्रवेश किया। तथा इंद्र के समान मनोहर राजमहल के द्वारपर जा पहुंचा तथा द्वारपाल से कहा – 'कुरुकुल में एक श्रेष्ठ राजा हो गये है। वे महाबली नरेष 'पांडु' के नामसे विख्यात थे उनके सबसे अनुज पुत्र का नाम सहदेव है। वे अपने भ्राता युधिष्ठिर का राजसुय यज्ञ सम्पन्न कराने के लिये कटिबद्ध है। धर्मराज युधिष्ठिर के सहायक भगवान श्रीकृष्ण है। सहदेव ने कुरुराज युधिष्ठिर के लिये कर लेने के निमित्त मुझे दूत बनाकर यहां भेजा है। मै महाराज विभीषण से भेंट करना चाहता हूं। तुम शीघ्र ही जाकर उन्हें मेरे आगमन की सूचना दो।' घटोत्कच के वचन सुनकर द्वारपाल 'बहुत अच्छा' कहकर सूचना देने के लिये राजभवन के भीतर गया। तथा महाराज को प्रणाम कर घटोत्कच के वचन कह सुनाये। द्वारपाल के कथन सुनकर राजा विभीषण ने द्वारपालसे दूत को भेज ने के लिये कहा। महाराज की आज्ञा पाकर द्वारपाल ने घटोत्कच से कहा – 'दूत! आओ। महाराज से भेंट करने के लिये राजभवन में प्रवेश करो।' द्वारपाल के कहे अनुसार घटोत्कच ने राजभवन में प्रवेश किया। तथा स्वर्ण सिंहासनपर विराजमान महात्मा विभीषण के दर्शन किये। राजा विभीषण ने दूत घटोत्कच को आया देख उसका यथायोग्य सम्मान कर उससे पूछते हुए कहा – 'दूत! जो महाराज मुझसे कर लेना चाहते है, वे किस कुलमें उत्पन्न हुए है। उनके समस्त भाइयों तथा ग्राम तथा देशका परिचय दो। मै तुम्हारे विषयमें भी जानना चाहता हूं। तथा तुम जिस कार्यके लिये कर लेने आये हो, उस समस्त कार्यके विषय में भी मै यथार्थ रुपसे सुनना चाहता हूं।' राजा विभीषण के इसप्रकार पूछने पर घटोत्कच ने कहा – 'महाराज! चंद्रवंश में पांडु नामक राजा प्रसिद्ध हो गये है। उनके पांच पुत्र है जो इंद्रके समान पराक्रमी है। उन पांचों में जो ज्येष्ठ है, वे धर्मपुत्र के नामसे विख्यात है उनके मनमें किसी के प्रति शत्रुता नही है; इसलिये लोग उन्हें 'आजातशत्रु' कहते है। उनका मन सदा धर्ममें ही लगा रहता है। नित्यधर्म परायण राजा युधिष्ठिर इंद्रप्रस्थ में ही रहकर शासन करते है। उनके भीमसेन, अर्जुन, नकुल, सहदेव नामक अनुज विश्व विख्यात है। महाराज! सबसे अनुज सहदेव ने मुझे यहां भेजा है। मेरा नाम घटोत्कच है, मै भीमसेन का पुत्र हूं, मेरी माता का नाम हिडिम्बा है। महाराज युधिष्ठिर सम्पूर्ण भूमण्डल के शासक हो गये है। उन्होंने राजसुय यज्ञ करनेका संकल्प लिया है। उन्ही महाराज युधिष्ठिर ने अपने अनुज भाइयों को कर वसुल करने के लिये सभी दिशाओं में भेजा है। भीमसेन पुर्व

दिशा, अर्जुन उत्तर दिशा, नकुल पश्चिम, तथा सहदेव दक्षिण दिशामें आगे बढते चले आये है। राजेंद्र! उन्होंने बडे सत्कारपूर्वक आपके निकट राजकीय कर लेने के लिये भेजा है।' घटोत्कच के वचन सुनकर राजा विभीषण बडे प्रसन्न हुए। उन्होंने प्रेमपूर्वक ही उनका शासन स्वीकार कर लिया। तथा उन्होंने नाना प्रकार के रत्न, चंदन, दिव्य आभूषण, बहुमूल्य वस्त्र तथा विशेष मूल्यवान मणिरत्न आदि घटोत्कच सहित भिजवाये। तदनन्तर घटोत्कच ने राजा विभीषण को प्रणाम कर उनकी परिक्रमा कर वहां से प्रस्थान किया। अनन्तर घटोत्कच शीघ्र ही समुद्र लांघकर पांडुनंदन सहदेवके निकट आ पहुंचे। सहदेव वह रत्न राशी देख बडे प्रसन्न हुए तथा घटोत्कच को हृदय से लगा लिया। इसप्रकार सहदेव ने दक्षिण दिशाके सभी राजाओं को अपने अधीन कर इंद्रप्रस्थ लौट गये। इंद्रप्रस्थ पहुंच कर सहदेव ने उस धनराशि को धर्मराज की सेवामें समर्पित कर कृतकृत हो सुखपूर्वक राजधानी में रहने लगे।

महाकाव्य महाभारत के "शल्यपर्व" अनुसार नरसंहार करने वाले महाभारत युद्ध में सुबलपुत्र शकुनि तथा सहदेव फरस्पर समक्ष आये। तब सुबलपुत्र शकुनिने सहदेवपर धावा किया। तब प्रतापि सहदेव ने भी शकुनि पर शीघ्रगामी बाण समुहों कि वर्षा आरंभ कर दी। सहदेव ने शकुनि पर आक्रमण कर उसे स्मरण दिलाते हुए कहने लगे – 'ओ मूढ! क्षत्रिय धर्म में स्थित होकर युद्ध कर तथा पौरुष बन। खोटी बुद्धिवाले शकुनि! तु सभामें फांसे फेंककर जुआ खेलते समय जो आनंद प्राप्त कर रहा था। आज उस दुष्कर्म का महान् फल प्राप्त कर ले। जिन दुरात्माओं ने पूर्वकाल में हमलोंगो की हंसी उडायी थी, वे सभी मारे गये है। अब केवल दुर्योधन तथा उसका मामा तू ही शेष रह गये है। आज मै तेरा मस्तक काटकर तुझे मृत्युके मुख कर दूंगा।' इसप्रकार कहकर सहदेव ने अत्यंत कुपित हो शकुनि पर आक्रमण किया। तथा बाणों द्वारा शकुनि को घायल कर उसके अश्वों को बिंध डाला। तत्पश्चात छत्र, ध्वज, धनुष को भी काटकर शकुनि के मर्मस्थानों में बाणों द्वारा गहरी चोट पहुंचाकर सिंहके समान गर्जना की। तब सुबलपुत्र शकुनि क्रोधसे संग्राम में माद्रीकुमार सहदेव को संपुर्ण भूषित प्रास के द्वारा वध करडालने कि इच्छा कर उनपर तीव्र गतिसे आक्रमण किया। सहदेव ने शकुनि के उस प्रास को तथा दोनों भुजाओं को भल्लों द्वारा एक सहित ही काट डाला तथा युद्धस्थल में उच्चस्वर से वेगपूर्वक गर्जना की। तत्पश्चात सहदेव ने युद्ध स्थलमें सुबलपुत्र शकुनिका मस्तक धड से विलग्न कर दिया। तब वह शकुनि प्राणशून्य होकर पृथ्वीपर गिर पडा। शकुनिको मस्तक रहित पृथ्वीपर पडा देख कौरव सेना भयके कारण धैर्य खोकर हथियार लिये हुए सम्पूर्ण दिशाओं में भाग गये। शकुनिको प्राणहीन रथसे गिरा देख श्रीकृष्ण सहित समस्त पांडव अत्यंत हर्षमें भरकर प्रसन्नता पूर्वक शंकनाद करने लगे। कुरुक्षेत्र में सभीलोग सहदेव को देख उनकी प्रशंसा करते हुए कहने लगे – 'वीर! बडे सौभाग्यकी बात है कि तुमने रणभूमि में कपट द्युतके विधायक महामना शकुनि का वध कर डाला है।' अनन्तर सहदेव किर्ती को प्राप्त कर युद्ध समाप्त होनेपर अपने छावनी में लौट गये।

23

अर्जुन

महाकाव्य महाभारत अनुसार अर्जुन हस्तिनापुर नरेश पांडु तथा राजमाता कुंति के तीसरे पुत्र थे। उनका जन्म देवराज इंद्रके वरदान स्वरूप हुआ था। अर्जुन धनुर्विद्या में निपुण थे। वे निडर, वीर तथा पुरातात्विक प्रतिभाशाली थे। अर्जुन एकमात्र ऐसे योद्धा थे जिन्होंने महादेव से "पाशुपतास्त्र" प्राप्त किया था। अर्जुन कुछ योद्धाओं में से एक थे, जिनमें चक्रव्यूह के मध्य प्रवेश करने तथा बाहर निकलने का पूरा ज्ञान था। महाभारत युद्ध के दौरान श्रीकृष्ण तथा अर्जुन के मध्य जो संवाद हुआ था वह "भगवत गीता" के रुप में प्रसिद्ध है। महाभारत अनुसार अर्जुन की द्रौपदी, सुभद्रा, चित्रांगदा तथा उलूपी नामक चार पत्नीयां थी। द्रौपदी से विवाह के पश्चात अर्जुन को "श्रुतकर्मा" नामक पुत्र की प्राप्ति हुई थी। अर्जुन की दूसरी पत्नी सुभद्रा से उन्हें "अभिमन्यु" नामक पुत्र प्राप्त हुआ। तथा चित्रांगदा से उन्हें "बभ्रुवाहन" नामक पुत्र प्राप्त हुआ। अर्जुन को उलूपी से एक पुत्र की प्राप्ति हुई थी जिसका नाम "अहिरावण" था।

महाकाव्य महाभारत के "आदिपर्व"अनुसार एक समय सभी कुरुराजकुमार एकत्र होकर हस्तिनापुर में "वीटा" अर्थात गेंदका खेल खेल रहे थे। तब खेलते समय उनकी गेंद कुंएं में गिर गयी। उन्हें उस गेंदको पानेका कोई उपाय नही सुझा। तब भारद्वाज पुत्र द्रोणाचार्य कुरु कुमारों को विफल मनोरथ वाले देख बोले – 'तुम्हारे क्षत्रिय बलपर धिक्कार है, तुम्हारे अस्त्र शिक्षापर भी धिक्कार है। क्योंकि तुम भरतकुल में जन्म लेकर भी इस गेंदको निकाल नहीं सके। मैं इन मुठ्ठी भर इषीका अर्थात सरकण्डे पर अस्त्रका मंत्र पढ कर इस इषीका से वह गेंद बींधकर दूसरी इषीका से इस इषीका को बींधूंगा। इस प्रकार क्रमसे इषीका के योग से उस गेंदको निकाल दूंगा।' कुमारों ने अचरज से यह लीला देख गुरु द्रोणाचार्य से कहने लगे – 'ब्राह्मण! हम आपको प्रणाम करते है, यह विद्या अन्यों में नहीं दीख पडती। अतः हम जानना चाहते है, कि आप कौन है?' तब गुरु द्रोणाचार्य ने कहा – 'तुम भीष्मके के निकट जाकर मेरा रुप तथा गुण कहो। इससे वे भीष्म मुझे पहचान लेंगे।' तब कुरु कुमारों ने पितामह भीष्म के निकट जाकर गुरु द्रोण के कार्यकी कथा कह सुनायी। पितामह भीष्म कुमारों के मुखसे वह जानकर समझ गये कि, वह ब्राह्मण द्रोण है। पश्चात पितामह भीष्म स्वयं उसीक्षण वहां जाकर आदरपूर्वक लिवा लाकर, उनसे आनेका कारण पूछा, तब गुरु द्रोणने आद्योपान्त कह सुनाते हुए कहा – 'मै पूर्व में धनुर्वेद तथा अस्त्रकी शिक्षा लेनेकी इच्छासे महर्षि अग्निवेश के निकट गया था। वहां धनुर्वेद की शिक्षा ग्रहण करने की इच्छासे उत्साहित होकर अनेक वर्ष तक रहा। उन दिनों पांचाल राज द्रुपद गुरुके निकट अस्त्रविद्या तथा धनुर्विद्या सीखने के लिये मेरे सहित ही रहते थे। उनके सहित एकत्र रहकर मै बहोत दिन सुख से रहा। बालपणसे मैने उनके सहित ही शिक्षा ग्रहण की थी, इसलिये वे सदा मेरे सहित प्रिय थे। वे मुझे पाकर मेरे प्रिती के लिये सदा मुझसे कहा करते थे, की "हे द्रोण! मै महानुभाव पिताका ज्येष्ठ पुत्र हूं। जब पांचालराज मुझे राज्यपर अभिषिक्त करेंगे, तब उस राज्यका भोग तुम भी करोगे, हे मित्र! मेरा भोग, ऐश्वर्य तथा सुख तुम्हारे अधीन रहेंगे,

यह मै सत्यकी शपथ लेकर कहता हूं।" जब मेरी शस्त्रास्त्र शिक्षा समाप्त हो गई तथा मैने सुना की द्रुपद राजा बन गया है, तब यह विचारकर कि अब मै कृतार्थ हो गया हूं, धनकी इच्छासे उसके निकट गया। मैने प्रसन्न होकर राज्यपर स्थित हुए अपने प्रिय मित्रके उन वचनों को तथा उसके सहित रहने के वचन स्मरण कर उनके निकट गया। तथा उनके सहित हुई पुर्व की मित्रता को स्मरण कर राजा द्रुपद से कहा – ' हे पुरुषव्याघ्र! मै तुम्हारा मित्र हूं।' वह द्रुपद अपने मित्रके रुप में उपस्थित हुए मुझे देख नीच मनुष्य की भांति मुझसे हंसकर बोला – 'हे ब्राह्मण! तुम्हारे यह वचन बुद्धिमानों जैसे नही है। क्योंकि तुमने कहा, की 'मै तुम्हारा मित्र हूं।' हे स्वल्पबुद्धे! जो अत्यंत ऐश्वर्य से युक्त भूपाल है, उनकी कभी धनहीन व्यक्तियों से मित्रता नही हो सकती। जो राजा नही है उसकी राजा के सहित कभी मित्रता नहीं होती।' राजा द्रुपद के इसप्रकार से कहनेपर मै क्रोधित होकर गुणवान शिष्योंकी खोजमें कुरुराज्य में उपस्थित हुआ हूं।' गुरु द्रोणाचार्य के वचन सुनकर पितामह भीष्य ने उन्हें बहुत सा धन देकर कुरुकुमारों के लिये गुरु के रुप में स्वीकार कर लिया। पितामह भीष्मने कौरवों तथा पांडवों को शिष्यके रुपमें द्रोणाचार्य को सौंप दिया तथा गुरु द्रोणाचार्य ने भी प्रसन्न चित्तसे उन्हें शिष्य के रुपमें स्वीकार कर लिया। अनन्तर गुरु द्रोणाचार्य ने सभी कुरुकुमारों से एकांतमे बोले – 'हे शिष्यों! कोई एक कामना मेरे हृदयमें विद्यमान है। प्रतिज्ञा करो कि जब तुम अस्त्र विद्यामें दक्ष बन जाओगे तब मेरी वह इच्छा अवश्य पूर्ण करोगे।' गुरु द्रोणाचार्य के वचन सुनकर सभी कुरुकुमार चुप हो गये। किंतु अर्जुन ने उनकी सभी कामनाओं को पूर्ण करने की प्रतिज्ञा की। तब द्रोण ने प्रसन्न होकर अर्जुन को हृदय से लगा लिया तथा बोले – 'मै प्रयत्न करुंगा की मृत्युलोक भरमें तुम्हारे जैसा धनुर्धारी अन्य कोई न हो।' अनन्तर द्रोणाचार्य ने कुरुकुमारों को दिव्य तथा मानवी नाना प्रकार के अस्त्रों की शिक्षा देने लगे। गुरु द्रोणाचार्य ने अर्जुन को रथ पर, हाथी पर, अश्व पर, तथा भूमिपर युद्ध करने की शिक्षा दी। तथा युद्ध में खड्ग, तोमर, प्रास, शक्ति तथा विशेष अस्त्र, संकीर्ण युद्ध में अर्थात एक ही समय अनेक बाण चलाने अथवा एक ही समय अनेक लोगों सहित युद्ध करने की शिक्षा दी। अनन्तर एक समय "हिरण्यधनु" नामक निषादराज कुमार "एकलव्य" गुरु द्रोणाचार्य के निकट शिक्षा के लिये आया। यह व्याध पुत्र कुमारों से कही आगे न बढ जाये इस विचार से धर्मज्ञ द्रोणाचार्य ने उसे शिष्य रुपमें स्वीकार नही किया। अर्जुन गुरुकी सेवामें तथा अस्त्रोंके ग्रहण करने में अधिक ध्यान दिया करते थे, इसिलिये वे द्रोणाचार्य के प्रिय बन गये। पश्चात एक समय अर्जुन के भोजन करते समय वायु चलने लगी तथा उन्होंने जलते हुए प्रदीप को बुझा दिया। अर्जुन तब अंधकार में ही भोजन करने लगे: अंधकार में भी उनका हाथ मुखके अतिरिक्त किसी अन्य स्थान में नही गया। इससे पांडुनंदन अर्जुन यह समझ गये कि आभ्यास से ही ऐसा होता है। तबसे वे रात्रीमें भी शस्त्रस्त्राभ्यास करने लगे। दूसरी ओर एकलव्य ने वनमें जाकर मिट्टीसे द्रोणकी एक प्रतिमा गढी तथा प्रतिमा में आचार्य की महती श्रद्धा रखकर एकचित होकर धनुर्वेद सीखने लगा। अपनी श्रद्धा तथा एकचित्तताके कारण अस्त्रोंके विमोचन, आदान तथा सन्धान में उसने निपुणता प्राप्त करली। तदनन्तर

एक समय कौरव पांडव द्रोणाचार्य की आज्ञासे रथ पर आरूढ होकर मृगयाके लिये वन गये। तब एक मनुष्य एक कुत्ते को लेकर पांडवोंके सहित चलने लगा। उस वनमें जब सभी अपना अपना कार्यपूर्ण करने के लिये विचर रहे थे, तब उनका साथी वह कुत्ता घुमता हुआ निषाद पुत्र एकलव्य की ओर निकल गया तथा वनमें मलिन अंगोंवाले तथा कृष्णाजिन पहिने हुए उस निषाद पुत्रको देख भोंकने लगा। तब व्याधपुत्र एकलव्य ने अस्त्र चलाने में शीघ्रता दिखाकर उस भौंगते हुए कुत्तेके मुखमें एक ही वार में सात बाण चलाये। बाणों से मुख भर जानेपर वह कुत्ता पांडवों के निकट आया। पांडवों को उसे उस दशामें देख बडा अचरज हुआ। तब पांडवोंने उस वनमें अस्त्र चलाने वाले को ढूंढते हुए विचर ने लगे। तब उन्होंने एक वनवासी को वहां धनुर्वेद का अभ्यास करते हुए देखा। तब उन्होंने उस व्याधको देख उससे पूछा, कि 'आप कौन है? किसके पुत्र है?' तब एकलव्य ने कहा – 'वीरगण! मै निषादराज हिरण्यधनु का पुत्र हूं तथा धनुर्वेद में परिश्रम करनेवाले मुझे द्रोणाचार्य का शिष्य जानों।' पश्चात पांडव वनसे आश्रम लौट गये तथा वह आश्चर्यजनक वृत्तांत गुरु द्रोणाचार्य को कह सुनाया। अनन्तर अर्जुन ने एकलव्यको स्मरण करते हुए द्रोणाचार्य के निकट पहुंचकर एकांतमे उनसे कहा – 'पहले आपने मुझे हृदय से लगाकर कहा था, कि "मेरा कोई शिष्य तुमसे श्रेष्ठ न होगा। फिर निषादराज पुत्र आपका दूसरा शिष्य होकर मुझसे ही नही सम्पूर्ण लोगों से श्रेष्ठ क्यों हुआ?' तब गुरु द्रोणाचार्य ने अर्जुन के कथन पर क्षणभर सोंच विचार कर तथा कुछ निश्चय कर अर्जुन को सहित लेकर निषादराज पुत्रके निकट गये। वहां मलसे युक्त हुए जटाधारी, चीर पहिने धनुर्विद्या सीखते हुए एकलव्यको देखा। एकलव्य ने निकट आते हुए द्रोणाचार्य को देख प्रणाम कर विधिपूर्वक पूजकर कहने लगा – 'मै आपका शिष्य हूं।' इस प्रकार कहकर निषाद पुत्र हाथ जोडकर समक्ष खडा हो गया। तब गुरु द्रोणाचार्य ने एकलव्य से कहा – 'हे वीर! यदि तुम मेरे शिष्य हो, तो मुझे शीघ्र ही दक्षिणा दो।' एकलव्य ने गुरु द्रोणाचार्य के कथन सुनकर प्रसन्न चित्तसे कहा – 'भगवन! आप मुझे आज्ञा दिजिये, की क्या दूं? मेरे द्वारा गुरुको कुछ भी अदेय नही है।' तब गुरु द्रोणाचार्य ने कहा – 'तुम मुझे दाहिने हाथका अंगूठा दक्षिणा में दे दो' सदा सत्यपर अटल रहने वाले एकलव्य ने अपनी प्रतिज्ञा का स्मरण कर आचार्य द्रोणकी वह कठोरवाणी सुनने पर भी चित्तमें दुःखित न होकर प्रसन्न् मुखसे अपने दाहिने अंगूठे को काटकर गुरु द्रोणाचार्य को दे दिया। पश्चात निषादराज कुमार शेष उंगलियों से ही बाण चलाने लगा, किंतु पुर्व के भांति शीघ्रता से कार्य न कर सका।

अनन्तर गुरुद्रोण शिष्य अर्जुन बुद्धि, उपाय, बल तथा उत्साह से सम्पूर्ण अस्त्र चलाने में दक्ष, रथी दल के स्वामियों के भी स्वामि होकर समुद्र से लेकर सम्पूर्ण धरतीपर प्रसिद्ध हुए। विशेष अस्त्रोंके चलाने तथा गुरु की भक्ती करने में उनके समान अन्य कोइ नही था, सभी के समान अस्त्रोपदेश देने पर भी वीर्यवान अर्जुन अपने सौष्ठवके कारण सभी कुमारों में अद्वितीय अतिरथी माने जाते थे। अनन्तर एक समय गुरु द्रोणाचार्य ने अस्त्र संबंधी सम्पूर्ण विद्याओं में शिक्षित उन सभी शिष्यों को एकत्र कर जानना चाहा कि किसने कैसी

शिक्षा ली है। उन्होंने शिष्योंसे अज्ञात एक शील्पकार से एक कृत्रिम गिद्ध पक्षी बनवाकर उसे निशाने के लिये एक वृक्षपर रखवा दिया। पश्चात उन्होंने शिष्योंसे कहा – 'कुमारों तुम सभी शीघ्र ही धनुष लेकर उसमें बाण जोडकर उस गिद्ध पर निशाना लगाये रहो। मेरे कहने के पश्चात ही उस पक्षीके शिश को काट डालो। हे शिष्यों! मै एक-एक कर तुम सभीसे जब जिसे आज्ञा दूंगा, वह उसी क्षण वैसा ही करे।' अनन्तर द्रोणाचार्य नकुल सबसे पहले युधिष्ठिर से बोले – 'हे दुर्धर्ष! बाण से निशाना साधो तथा मेरी बात पूर्ण होते ही संधान करना।' तब धर्मराज युधिष्ठिर गुरुकी आज्ञासे धनुष लेकर पक्षीपर निशाना साधकर खडे हो गये। तब गुरु द्रोणने युधिष्ठिर से कहा – 'राजकुमार! उस वृक्षपर गिद्धको देखते है?' तब धर्मराज युधिष्ठिर ने कहा, कि "हां देखता हूं।" द्रोणाचार्य ने एक क्षण पश्चात पुनः युद्धिष्ठिर से पूछा, की "तुम इस वृक्षको, मुझे तथा अपने भाइयों को भी देखते हो या नहीं।" तब कुन्तीपुत्र युधिष्ठिर ने गुरु द्रोणाचार्य से कहा – 'हां, मै इस वृक्षको, आपको, भाइयों को तथा उस पक्षी को देखता हूं।' गुरु द्रोणाचार्य द्वारा बार-बार पूछे जानेपर भी उन्होंने बार-बार वैसा ही कहा। इससे अप्रसन्न होकर गुरु द्रोणाचार्य ने कहा – 'तुम चले जाओ, यह लक्ष्य तुम्हारे द्वारा बिंधना संभव नहीं है।' पश्चात उन राजकुमारों की शक्ति जानने की इच्छासे द्रोणने दुर्योधन आदि राजा धृतराष्ट्र के पुत्रों से क्रमसे पूछा। तथा भीमसेन, नकुल, सहदेव तथा सभी राजकुमारों को उसी प्रकार पूछा, किंतु "मै वृक्षादि देखता हूं।" सभी से इस प्रकार उत्तर जानने के पश्चात द्रोणाचार्य ने धनंजय से कहा – 'अर्जुन! अब तुम लक्ष बिंद्ध करो, अतः मेरे वचनों सहित ही तुम्हें बाण संधान करना है।' इस प्रकार कहे जानेपर अर्जुन गुरुकी आज्ञासे लक्ष्य साधकर खडे हो गये। क्षणभर पश्चात गुरु द्रोणाचार्य ने पुर्व की भांति ही कहा, की 'अर्जुन! तुम उस वृक्षपर स्थित पक्षी, वृक्षको तथा मुझे देखते हो या नहीं।' तब पार्थने गुरु द्रोणाचार्य से कहा, की 'मै केवल पक्षी ही को देखता हूं, वृक्ष को वा आपको नहीं देखता।' तब द्रोण प्रसन्नचिचत होकर अर्जुन से कहा – 'अर्जुन! यदि तुम पक्षी ही को देखते हो तो बताओ कि तुम उसके किस अंगको देखते हो।' तब अर्जुन ने कहा – 'आचार्य! मै उस पक्षी का शिश मात्र देखता हूं, शरीर नही देखता।' अर्जुन के वचन सुनकर गुरु द्रोण ने प्रसन्नचिचत होकर कहा, की 'अर्जुन! तुम बाण संधान करो।' तब उसी क्षण अर्जुन ने तीक्ष्ण बाण से वृक्षपर स्थित पक्षीका शिश काट दिया। यह देख गुरुद्रोण प्रसन्नचिचत से अर्जुन को हृदय से लगा लिया तथा मनही मनमें विचार किया, कि 'राजा द्रुपद अपने सहायकों के सहित युद्ध में निश्चित रुपसे पराजित हो जायेगा।' अनन्तर एक समय गुरु द्रोण शिष्यों सहित गंगा में स्नान करने के लिये गये। वहां जलचरी एक बलवान मगर ने काल से प्रेरित होकर जल के भीतर प्रविष्ट द्रोण की जांघ पकडली। द्रोण स्वयं उससे बचने में समर्थ होने पर भी सभी शिष्योंसे उनकी शीघ्रता देखने के लिये कहा, की 'शिष्यों! तुम शीघ्र ही इस जलचर को नष्ट कर मेरी रक्षा करो।' गुरु द्रोण के यह वचन सुनते ही अर्जुन ने तीक्ष्ण बानों से जल में स्थित उस जलचर को बिंध दिया। तब आचार्य द्रोण ने अर्जुन को कार्य में श्रेष्ठ देख उनपर प्रसन्न होकर कहा – 'हे अर्जुन! यह अति दुर्धर्ष श्रेष्ठ अस्त्र तुम्हें प्रयोग तथा उपसंहार सहित देता

हूं। इसे ग्रहण करो। किंतु मनुष्यों पर कभी इसका प्रयोग न करना क्योंकि यह स्वल्पतेजस्वी मानव पर चलाये जाने से जगन्मण्डल को भी नष्ट कर देगा। तीनो लोकों मे यह अस्त्र असाधरण कहा जाता है अतः तुम इसे यत्नसे सुरक्षित रखो। यदि कभी मनुष्य के अतिरिक्त अन्य तथा शत्रु तुमसे युद्ध करे तो युद्ध स्थलमें उसका वध करने के लिये इस प्रकार के अस्त्र का प्रयोग करना।' तब अर्जुन ने 'ऐसा ही होगा।' कहकर उस परमास्त्र को ग्रहण कर लिया।

महाकाव्य महाभारत के "आदिपर्व" अनुसार जब महात्मा पांडव गण ब्राह्मण के ग्रहमें छिपकर रह रहे थे, तब एक दिन सत्यवती पुत्र कृष्णद्वैपायन उनसे भेंट करने के लिये आये। उन्हें पधारे हुए देख पांडव उन्हें प्रणाम कर उनका विधिपूर्वक पूजन किया। पश्चात महर्षि व्यासदेव ने पांडवों को देख कर प्रीतीपूर्वक कहा – 'हे शत्रुनाशियो! तुम धर्ममार्ग पर रहकर शास्त्रके अनुसार अपनी जीविका कर लेते हो न?' पांडवों से कुशलता तथा सब कुछ जान लेने के पश्चात महर्षि व्यासदेव ने उन्हें कथायें सुनायी। कथा कहते हुए वे उन्हें कहने लगे – 'पांडवों! एक तपोवन में किसी महात्मा ऋषिकी एक कन्या थी; वह सभी गुणों से युक्त थी। ऋषिकन्या अपने कर्म वश आभागी हो गई थी। सती तथा रुपवती होनेपर भी उसे कोई पति नही मिला। तब वह दुःखित होकर तप करने लगी तथा कडी तपस्या से उसने भगवान् शंकर को संतुष्ट किया। उसकी उस तपस्या से प्रसन्न होकर भगवान् शंकर ने उस तपस्विनी से बोले – 'हे भद्रे! मै तुम्हें वर देने के लिये उद्यत हुआ हूं, वर मांगों' तब ऋषि कन्या ने भगवान् शंकर से बार-बार कहा, की 'मै सभी गुणों से भूषित पति मांगति हूं।' तब भगवान् शंकर ने कहा – 'हे भद्रे! तुम्हें पांच पति मिलेंगे।' यह सुनकर उस कन्या ने कहा – 'हे देव! मै आपकी कृपासे एक ही पति मांगति हूं।' इस प्रकार उस कन्याके कहने पर भगवान् शंकर ने कहा – 'हे भद्रे! तुमने यह बात, की "पति दो" पांच बार मुझसे कही है। अतः अन्य जन्म में तुम्हारे पांच पति होंगे।' इतना कहकर भगवान् शंकर अंतध्र्यान हो गये।' हे पांडवों उस कन्याने द्रुपद कुलमें जन्म लिया है। देवता समान अनिन्दनीया कृष्णा नान्मी वह द्रौपदी का स्वयंवर होने वाला है। अतः तुम पांचाल नगर जाओ। पांडवो! तुम निसंदेह उस कृष्णाको पाकर सुख पाओगे।' महाभाग वेदव्यास जी ने पृथा तथा पार्थोंसे इसप्रकार कहकर चले गये। अनन्तर पांडवगण माताको आगे कर अपने उद्देश्य के अनुसार उत्तरकी ओर चले। जाते समय पांडवों ने पथमें अनेक ब्राह्मणों के गणों को देखा। उन ब्रह्मचारी ब्राह्मणों ने पांडवों से पूछा, की "आप कहां जा रहे है? तथा कहां से आये हो?" तब धर्मराज युधिष्ठिर ने कहा – 'ब्राह्मणगण! हम पांचों भाइ माता सहित एक चक्रा नगरी से आ रहे है। तथा भीक्षा के लिये आगे नगर की ओर जा रहे है।' तब ब्राह्मणों ने कहा – 'आप लोग पांचाल नगर में राजा द्रुपद के गृह जाइये; वहां बहुत सा धन खर्च कर स्वयंवर होनेवाला है। हम भी वहीं जा रहे है, चलो एक सहित ही चलें। हम स्वयंवर के लिये निश्चित, यज्ञसेनी द्रौपदी तथा देवमहोत्सव को देखने के लिये जा रहे है। वहां राजा गौ, धन, भोज्य आदि दान करने योग्य अनेक सिमग्री दान

देंगे। हम वह सब यथेच्छ लेकर तथा स्वयंवर देख तथा महोत्सव का आनंद उठाकर गृह लौट जायेंगे। आप भी दान लेकर महोत्सव के आनंदको भोगकर हम लोगों सहित लौट चलिये।' ब्राह्मणों के वचन सुनकर धर्मराज युधिष्ठिर ने कहा – 'ठिक है, हम सभी आप लोगों सहित उस कन्या द्रौपदी का स्वयंवर एवं देवमहोत्सव देखने चलेंगे।' पश्चात पांडव ब्राह्मणों सहित पांचाल देशमें पहुंचे। पांडव पांचाल नगर तथा वहां के सैनिक छावनियों को देख एक कुम्हार के गृह में रहने लगे। वहां वे ब्राह्मण वृत्तिका सहारा लेकर भिक्षा मांगते हुए रहने लगे, उन वीरों को किसीने नहीं जाना। राजा द्रुपद कि सदा यह कामना रही थी, कि "मै पांडुपुत्र अर्जुन को ही कन्याका दान करुं।" किंतु उन्होंने यह इच्छा किसी के समक्ष प्रगट नही की। पश्चात राजा द्रुपद ने कुन्तीपुत्रों की खोज करने की इच्छासे ऐसा एक दृढ धनुष बनवाया, कि जिसे अर्जुन के अतिरिक्त अन्य कोइ झुका न सके। तथा आकाश में स्थित एक कृत्रिम यंत्र भी बनवाया। उस यंत्रमें एक स्वर्ण का लक्ष्य जुडवाया तथा उन्होंने घोषणा कि, की 'जो राजा इस धनुष पर प्रत्यंचा चढाकर बाणोंसे उस लक्ष्य को बिंध देगा वही मेरी कन्या को प्राप्त करेगा।' राजा द्रुपद ने इसप्रकार चारों ओर घोषणा करवायी। नाना देशोंसे महात्मा महर्षि लोग, कर्ण तथा दुर्योधनादि कौरव स्वयंवर में आ पहुंचे। स्वयंवर की सभा खन्दक तथा प्राचीरों से घिरी, द्वार तोरण से शोभित, सर्वत्र विचित्र मंडपों से सजी हुई। सैकड़ों तुर्यों की ध्वनिसे गुंजती हुई, अच्छे अगुरुकी गन्धसे सुगंधित, चंदनके जलसे अभिषिक्त तथा पुष्पोंके हारों से भली प्रकार सुशोभित थी। सभी राजा भली प्रकार से अलंकृत होकर तथा फरस्पर स्पर्धा करते हुए उन भांति – भांतिके भवनों में जा बैठे। पांडवगण भी ब्राह्मण समाज के सहित एकत्र बैठकर राजा पांचाल के अद्वितीय ऐश्वर्य को देखते हुए वहां बैठ गये। अनन्तर सम्पूर्ण आभूषणों से सज्जित होकर सुंदर वस्त्र धारण कर सुशोभित वरमाला लेकर द्रोपदी उस रंगभुमि पर उपस्थित हुई। तदनन्तर धृष्टद्युम्न ने रंगमंच पर खडे होकर मेघके समान गंभीर वाणीसे कहा, कि "सभी उपस्थित भूपाल सुने, यह शरासन, ये तीक्ष्ण बाण तथा आकाश में स्थित लक्ष दिख पडता है, उस लक्ष्य को बिंध कीजिये, जो राजा इस महत् कार्यको पूर्ण करेगा, मेरी बहन कृष्णा आज उसीकी भार्या होगी। अनन्तर वे सभी राजा द्रौपदी के लिये क्रमशः विक्रम प्रगट करने लगे। किंतु वे सभी राजा उस धनुष में प्रत्यंचा चढाने में भी समर्थ नही हो पाये। तब कठिन धनुष के कारण हाहाकार करनेवाले अलंकारों से च्युत वे द्रौपदी की आशा छोडकर कोलाहल करने लगे। तदनन्तर सभी राजाओं के भ्रांतचित होनेपर कुन्तीपुत्र वीर अर्जुन ने उस धनुष पर प्रत्यंचा चढाने तथा बाण जोडने की इच्छा की। तदनन्तर जब सभी राजा उस शरासन पर डोरी चढाने के कार्य में पराजित होकर बैठ गये तब उदारचित अर्जुन ब्राह्मण समाज के मध्यसे उठ खडे हुए। तब ब्राह्मण गण तेजस्वी अर्जुन को जाते देख कोलाहल मचाने लगे। तथा परस्पर कहने लगे – 'जो धनुष धनुर्विद्या में पंडित कर्ण आदि लोकों में प्रशंसित राजाओं के द्वारा नहीं झुकाया जा सका। अस्त्र विद्याको न जाननेवाले शक्तीमें दुर्बल एक बटु उस धनुष पर डोरी कैसे चढा सकेगा। इस बटुने चपलतासे जिस अनजाने कार्य में हाथ डाला है, वह पूर्ण न होगा, तो सभी ब्राह्मण राजाओं में हंसीके पात्र

बनेंगे। यह ब्राह्मण कुमार अहंकार वा कौतुहल अथवा चपलतासे धनुषको झुकाने जा रहा है, तो इसे रोको, वह न जाये तो अच्छा है।' तथग अन्य किसी ब्राह्मण ने कहा – 'इससे हमारी लघुता नही होगी तथा न हम राजाओं के द्वेषके पात्र होंगे न हंसीके पात्र ही होंगे। इनके उत्साह से यह अनुमान लगाया जा सकता है कि यह कार्य इनसे अनुमान लगाया जा सकता है कि यह कार्य इनसे पूर्ण हो सकता है; इनकी शक्ति न होती, तो यह स्वयं ही कभी नहीं जाते। फिर भी तीनों लोकों मे ऐसा कोइ भी कार्य नही है, कि जो इन तीनों लोकों में संचार करनेवाले ब्राह्मणों के लिये असाध्य हो।' ब्राह्मण गणों के इस प्रकार की नाना प्रकार के कथन सुनते – सुनते अर्जुन धनुषके निकट जाकर खडे हो गये। तदनन्तर धनुषकी चारों ओर प्रदक्षिणा तथा अर्जुन ने उसे शिश झुकाकर प्रणाम कर प्रसन्न होकर धनुषको उठा लिया तथा एक क्षणमें ही उसपर डोरी चढायी तथाबाण लेकर लक्ष्य भेद दिया। लक्ष्य भेद करते ही अर्जुन के उपर दीव्य पुष्प बरसने लगे। सभी ब्राह्मण प्रसन्न होकर वल्कल को हिलाने लगे। तदनन्तर द्रौपदी पार्थ से लक्ष्य बिंध होना देख शुभ्रवरमाला लेकर मुस्कुराती हुई कुन्ती पुत्रके निकट जा पहुंची। तथा वरमाला गले में डाल दिया। तदनन्तर अर्जुन रंगभुमि में द्रौपदी को जीतकर द्विजातियों से सत्कृत होकर द्रौपदी सहित रंगभुमि से निकल गये। तदनन्तर नरश्रेष्ठ भीमसेन तथा अर्जुन परम प्रसन्न चितसे याज्ञसेनी द्रौपदी को सहित लेकर कुंभार के गृह जाकर माता कुन्ती से कहा – 'माता! आज यह दान मिला है।' उस समय माता कुन्ती कुटीके भीतर थी; कुछ न देख कर ही पुत्रोंसे कहा – 'तुम सभी मिलकर भोगो।' अनन्तर कुटीया से निकलकर कन्याको देख कहा – 'कष्ट है कि मैंने यह अनुचित वचन कह दिया है।' तदनन्तर माता कुन्ती धर्मका भय खाकर याज्ञसेनी द्रौपदी का हाथ पकडकर युधिष्ठिर के निकट जाकर उनसे कहा – 'हे पुत्र! तुम्हारे दोनों भाइयों ने जब द्रौपदी को मेरे निकट लाकर दान में मिला हुआ कहा तब मै असावधानता से उस कालके योग्य वचन कह डाले है, कि 'तुम सभी मिलकर भोगो।' अब कहो, कि मेरे वचन भी असत्य न हो तथा अधर्म इस द्रौपदी को छू न सके।' तब राजा युधिष्ठिर माता के वचन सुनकर क्षण भर विचार कर अर्जुन से बोले – 'हे अर्जुन! तुमने इस राजपुत्री याज्ञसेनी द्रौपदी को जीता है, तुम्हीसे यह संतुष्ट होगी, अतः तुम विधिपूर्वक उससे विवाह कर लो।' तब अर्जुन बोले – 'हे नरेंद्र! आप मुझे अधर्म में न डालें, जैसी आप आज्ञा करते है वह अन्योंके द्वारा मान्य धर्म नहीं है। सबसे पुर्व आपका, पश्चात भ्राता भीम, फिर मेरा, तब मेरे पश्चात मात्रीकुमार नकुल तथा अंतमें कनिष्ठ सहदेव का विवाह होना ही विधिपूर्वक है। भ्राता भीम, नकुल, सहदेव, यह कन्या तथा मै आपकी आज्ञाके अनुसार चलनेवाले है। इससे जो कुछ धर्म तथा जिससे राजा पांचाल का मंगल हो, उस पर ध्यान कर आज्ञा करें; हम सभी आपके अधीन है।' पांडुपुत्र समक्ष बैठी हुई उस यशस्विनी द्रौपदी को देखकर परस्पर के मुखकी ओर ताकते बैठ गये तथा सभीने चितमें उसे धारण किया। विधाताने द्रौपदीका इतना सुंदर रुप स्वयं बनाया था कि वह रुप सभीसे बढकर तथा सभी प्राणियों के मनोंको हरण करनेवाला बना। मनुष्यश्रेष्ठ कुन्तीपुत्र युधिष्ठिर अनुज भाइयों को देखकर उनके हृदय भावको समझ गये तथा उस समय उन्हें

कृष्णद्वैपायन के सम्पूर्ण वचनों का स्मरण हुआ। वह राजा युधिष्ठिर भाइयों में परस्पर बिगाड़ अर्थात द्रौपदी के कारण भाइयों के मध्य शत्रुता उत्पन्न न हो जाए इस भयसे कहा – 'शुभ लक्षणोंसे युक्त यह द्रौपदी हम पांचों भाइयों की भार्या होगी।' अनन्तर पांचो पांडवोंने द्रौपदी सहित विधिवत विवाह किया। द्रौपदीसे विवाह के पश्चात पांडवोंने परस्पर एक नियम बनाया, की "जब द्रौपदी के सहित कोइ एक भाइ एकांतमे बैठा होगा तब जो दूसरा भाइ उन्हें देखेगा, उसे बारह वर्ष वनमें वास करना होगा।' पांडवोंने द्रौपदीके विषय में इस प्रकार नियम निश्चित कर इंद्रप्रस्थ में रहकर अस्त्रोंके प्रभावसे अन्य भूपालों को वशीभूत किया।

अनन्तर कुछ दिनों पश्चात एक ब्राह्मण के गृह में प्रवेश कर कुछ लुटेरों ने गौओं को हर लिया। लुटेरों से गौएं हरी जानेपर ब्राह्मण पांडवों के निकट आकर कहने लगा – 'हे पांडवों! तुम्हारे राज्यमें आज नीच नीष्ठुर लुटेरे जबरन मेरी गौयें हर ले गये, आप शीघ्र ही अस्त्र धारण किजिये।' कुन्तीपुत्र अर्जुन निकट आकर रोते पीटते हुए उस ब्राह्मण के वचन सुनकर ब्राह्मण को ढाढस दिया। किंतु जिस गृह में पांडवों के अस्त्र रखे हुए थे, उस गृहमें धर्मराज युधिष्ठिर द्रौपदी सहित बैठे हुए थे। अतः ब्राह्मण के अतिनाद को सुनकर अर्जुन दुःखीत चित्तसे विचार करने लगे, की "इस तपस्वी ब्राह्मण की गौएं हरी गयी है। अतः उनकी रक्षाकर इस ब्राह्मण की सहायता करनी चाहिये। द्वारपर आकर क्रंदन करनेवाले इस ब्राह्मण की रक्षा न करु तो मुझ राजाको उपेक्षा रुप अधर्म लग जायेगा। इसके अतिरिक्त यह भी बात फैल जायेगी कि पांडव आर्तोंके रक्षक नही है तथा हमें अधर्म भी लगेगा। किंतु राजाके आज्ञा के बिना वहां जानेपर युधिष्ठिर तथा मेरा दोनोंका अप्रिय होगा, इसमें संदेह नही। तथा उनके समक्ष जानेसे मुझे वनमें जाना पडेगा। चाहे अधर्म हो तथा वनमें जाना पडे, गृहमें प्रवेश कर इस ब्राह्मण की रक्षा करनी ही होगी। क्योंकि शरीर के नाशकी अपेक्षा भी धर्म बडा है।' अर्जुन इसप्रकार विचार कर अस्त्रशाला में प्रवेश कर धनुष लेकर ध्वजा फहराते हुए रथपर चढ गये तथा उन्होंने वेगसे लुटेरों को बाणों से बिंधकर गौओं को सुरक्षित लौटा ले आये। तथा उस ब्राह्मण को उसकी गौयें सौंप दी। अनन्तर अर्जुन धर्मराज युधिष्ठिर से कहा – 'हे प्रभो! आप मुझसे व्रत करने की आज्ञा दें। मैने द्रौपदी सहित आपको देखकर निश्चित किये हुए नियम का उल्लंघन किया है। मै वनवास के लिये जाऊंगा क्योंकि यह नियम हमने बनाया है।' धर्मराज युधिष्ठिर ने अर्जुन के वचन सुनकर शोकसे दुःखीत होकर कहा – 'हे अनघ! यदि मै तुम्हारे लिये प्रमाण हूं, तो मेरे वचन सुनो। मै जब द्रौपदी के सहित बैठा हुआ था तब मेरे यहां आकर जो कार्य किया है, उससे मेरे चित्तमें असंतोष नहीं पहुंचा। जब ज्येष्ठ भ्राता स्त्री सहित बैठा हो, तब अनुज के उस गृहमें जाने से कोइ हानि नही होती। किंतु ज्येष्ठ भ्राता का कनिष्ठ के गृहमें जाना नियम के विरुद्ध है। आतएव इससे तुम्हारा धर्मलोप नहीं हुआ तथा मेरा अपमान भी नहीं हुआ। अतः तुम वनवास के लिये न जाओ।' तब अर्जुन ने कहा – 'भ्राता युधिष्ठिर! मैने आपसे सुना है, कि छलपूर्वक धर्मका आचरण नही करना चाहिये, अतः मै सत्यसे टल नही सकुंगा।' तदनन्तर अर्जुन राजा युधिष्ठिर की आज्ञा लेकर ब्रह्मचर्य में दीक्षित हो बारह वर्ष वनवास के लिये वन चले गये। वनवास में अर्जुन ने अनेक

प्रकार के सुंदर वन, सरोवर, नदी, समुद्र भांति भांतिके देश तथा पुण्यतीर्थों के दर्शन किये। तथा वे प्रभुगंग द्वारमें पहुंचकर वहां रहने लगे। तदनन्तर एक समय अर्जुन स्नान के लिये द्विजों से भरे हुए आश्रम के निकट भागीरथी के जलमें उतरे। वह स्नान कर पितरोंका तर्पण कर अग्निकार्य करने की इच्छासे जलसे उठना चाहते थे। उसी समय पाताल में रहने वाली "उलूपी" नामक नागराज पुत्री उन्हें जलमें घसीट कर ले गयी। वहां अर्जुन ने "कौरव्य" नामक सर्पराज के परम सुंदर भवन में प्रज्वलित अग्निको देखा। तथा भली प्रकार से उसमे अग्नि कार्य किया। उनके शंकारहित चितसे आहुती देनेसे अग्निको बडा संतोष हुआ। अग्नि कार्य हो जानेके पश्चात अर्जुन ने मुस्कुराते हुए नागराज कन्यासे कहा – 'हे सुंदरी! तुम कौन हो? यह सुंदर देश कौनसा है? तथा तुम किसकी कन्या हो?' अर्जुन द्वारा इसप्रकार पूछने पर उलुपी ने कहा – 'हे पार्थ! ऐरावत वंशमें उत्पन्न कौरव्य नामक एक नागराज है, मै उनकी कन्या हूं। तुमने स्नानके लिये जब गंगामें प्रवेश किया, तब मै तुम्हें देख तुमपर मोहित हो गयी।' तब अर्जुन ने कहा – 'हे भद्रे! मैने धर्मराजकी आज्ञासे बारह वर्ष के लिये ब्रह्मचर्य व्रत स्वीकार किया है, अतः मै अपने अधीन नहीं हूं।' पश्चात उलुपी ने कहा – 'हे पार्थ! तुम जिस कारण पृथ्वीका भ्रमण कर रहे हो तथा गुरुने तुम्हें जिस प्रकार ब्रह्मचर्य व्रत करने की आज्ञा दी है, वह सब कुछ मै जानती हूं। तुमने नियम किया था कि तुम पांच भाइयों में कोई एक जब द्रौपदी सहित एकांतमे बैठा हो, तब जो मोहसे वहां जा पहुंचेगा, उसे बारह वर्ष ब्रह्मचर्य व्रत लेकर वनमें वास करना पडेगा। तुमने परस्पर वनमें जानेका यह नियम केवल द्रौपदी के कारण ही किया है, अतः तुम केवल उस धर्मकी रक्षाके लिये भेजे गये हो। ऐसी दशामें तुम्हारे धर्म बिगडने कि कौनसी संभावना है? हे अर्जुन! आज मैने तुम्हारी शरण ली है, मै तुम्हारी अभिलाषा कर रही हूं। अतः तुम्हे मेरा प्रिय कार्य करना चाहिये।' नागराज पुत्री उलुपी द्वारा इसप्रकार कहे जाने पर अर्जुन ने उसका कथन धर्मके अनुकूल जानकर उसकी सभी इच्छायें पूर्ण की। अनन्तर अर्जुन पश्चिम दिशामें जितने तीर्थ तथा पूण्य स्थान थे, एक – एक कर उन सभी के दर्शन किये। तथा अन्तमें प्रभासतिर्थ में जा पहुंचे। मधुसूदन माधव ने तीर्थों में घूमते हुए अर्जुन को प्रभास तीर्थमें पहुंचा हुआ जानकर उनसे भेंट करने के लिये वहां जा पहुंचे। वहां दोनों नर तथा नारायण रुपी श्रीकृष्ण तथा अर्जुन परस्पर को हृदय से लगाकर कुशलक्षेम पूछकर वहां बैठ गये। फश्चात श्रीकृष्ण ने अर्जुन से भ्रमण वृत्तांत पूछा। तब अर्जुन ने आद्योपान्त कह सुनाया। अनन्तर वे दोनों कृष्ण तथा अर्जुन प्रभासमें यथेच्छ विहारकर रैवतक पर्वत पर गये। कृष्णकी आज्ञासे सेवकों ने उस पर्वतको सजा रखा था। वहां अर्जुन श्रीकृष्ण सहित भोजन आदि कर वे निद्रा द्वारा हर लिये गये। पश्चात रात्री बीतने पर वे मधुर गीत, मंगलकारक स्तुतिपाठ तथा वीणाकी ध्वनिसे जगाये जाकर जग गये। तथा वहां से श्रीकृष्ण सहित द्वारका गये। द्वारका में अर्जुन ने बहुत दिन व्यतीत किये। तदनन्तर कुछ दिनों पश्चात रैवतक पर्वत पर वृष्णिवंशी तथा अन्धक वंशियोंका उत्सव आयोजित हुआ था, श्रीकृष्ण तथा अर्जुन एक सहित वहां पहुंचे। वहां अर्जुन ने सखियों से घिरी नाना आभूषणों से सज्जीत, शुभ लक्षणोंसे युक्त सुभद्रा को देखा। सुभद्रा को देखते ही

अर्जुन उस पर मोहित हो गये। तब श्रीकृष्ण ने अर्जुन के मनको सुभद्रा पर आकृष्ट हुआ देख अर्जुन से कहने लगे – 'हे पार्थ! ये क्या है? वनवासी के हृदय में मोह उत्पन्न हो रहा है। पार्थ! यह कन्या सारणी की सगी बहन तथा मेरी भी बहन है, यदि तुम्हारा चित इसपर आसक्त हो गया हो तो कहो, मै स्वयं ही पितासे यह कहूं।' तब अर्जुन ने कहा – 'वासुदेव की बहन अनुपम रुपवती यह कन्या किसके मनको मोहित न करेगी? आपकी बहन सुभद्रा यदि मेरी रानी बने, तो इसमे संदेह नहीं, की तुमसे मेरा सभी प्रकार से कल्याण होगा। कहो, अब किस उपाय से सुभद्रा को प्राप्त किया जा सकता है? अर्जुन के कथन सुनकर श्रीकृष्ण ने कहा – 'हे पार्थ! क्षत्रियोंका स्वयंवर विवाह का नियम तो है, किंतु उसमें शंका हो रही है, क्योंकि नारियों का स्वभाव तथा हृदय शुरता पाण्डित्य आदि पर नहीं चलता। अतएव शूर क्षत्रियों के लिये बलसे कन्याका हरण कर विवाह करने के नियम की धर्मज्ञगण प्रशंसा करते है। हे अर्जुन! तुम उस विधान के अनुसार बलपूर्वक इस शुभ लक्षणा मेरी बहनको हर लो, क्योंकि कौन जानता है, कि स्वयंवर में सुभद्राका क्या अभिप्राय है?' अनन्तर अर्जुन तथा श्रीकृष्ण ने क्या करना उचित है, उसका निश्चय कर इंद्रप्रस्थ धर्मराज युधिष्ठिर के निकट दूत भेजा। धर्मराज युधिष्ठिर ने वह वृत्तांत सुनते ही उसके लिये आज्ञा दे दी। धर्मराज युधिष्ठिर की आज्ञा पाने के पश्चात अर्जुन रैवतक पर्वत पर कन्या गई है, यह ज्ञात कर श्रीकृष्ण की आज्ञा पाकर तथा अपने कर्तव्य को निश्चित कर रथ तथा शस्त्रों से युक्त हो शिकार के बहाने रैवतक पर्वत पर गये। वहां सुभद्रा शैलराज रैवतक को पूजकर देवोंकी पूजा कर तथा ब्राह्मणों से स्वास्ति कहलवाकर पर्वतकी परिक्रमा कर द्वारका की ओर जा ही रही थी, कि ऐसे समय कुन्तीनंदन अर्जुन ने जबरन सुभद्रा को रथपर चढा लिया तथा अपने नगर की ओर चले। अनन्तर श्रीकृष्ण की आज्ञानुसार अर्जुन द्वारकापुरी लौटकर सुभद्रा से विधिवत विवाह किया। वहां वर्ष व्यतित कर। बारह वर्ष पुर्ण हो जानेपर अर्जुन सुभद्रा सहित इंद्रप्रस्थ लौट गये। इंद्रप्रस्थ में अर्जुन विनयपूर्वक राजा युधिष्ठिर तथा ब्राह्मणों को पूजकर द्रौपदी के निकट गये। अर्जुन को देख कुपित होकर द्रौपदी ने कहा – 'हे कुन्तीपुत्र! जहां सात्वतपुत्री सुभद्रा है, वहीं जाओ! रस्सी से बंधी वस्तुको एक तथा अन्य रस्सी से बांध देनेपर पुर्व का बंधन अवश्य ही ढीला हो जाता है। अब तुम नये बंधन में बंधे हो, अतः पुर्वका बंधन ढीला हो गया होगा।' द्रौपदी को इसप्रकार नाना प्रकार से विलपते देख अर्जुन ने उससे क्षमा मांगी तथा तदनन्तर सुभद्रा के निकट जाकर उसका गोपी वेष बनाकर उसे अन्तःपुर में भिजवाया। यशस्विनी सुभद्रा उस वेष में भी सुशोभित होकर परम सुंदर भवन में पहुंचकर माता कुन्तीके निकट जाकर पैर छुकर प्रणाम किया। पश्चातद्रौपदी के निकट जाकर उसे प्रणाम कर कहा, की "मै आपकी दासी होकर आयी हूं।" सुभद्रा के वचन सुनकर द्रौपदी उसीक्षण उठकर उसे प्रातिपूर्वक हृदय से लगा लिया।

महाकाव्य महाभारत के "आदपर्व" अनुसार अर्जुन तथा श्रीकृष्ण वे दोनों ही खांडवप्रस्थ वनके निकट खड़े होकर विक्रम के सम्बंध में भांति भांति की कथाएं कहते हुए विहार करने

लगे थे। तभी एक ब्राह्मण उनके निकट आया। तेजसे प्रकाशमान उस द्विजांत को निकट आया हुआ देख अर्जुन तथा श्रीकृष्ण शीघ्र ही उठ खडे हुए। तब उस ब्राह्मण ने श्रीकृष्ण तथा अर्जुन से कहा – 'हे राजन्! मै अधिक अन्न ग्रहण करता हूं, सदा अपरिमित भोजन करता हूं। अब आप कृष्ण तथा अर्जुन से भिक्षा मांगता हूं, कि तुम मुझे भोजन देकर तृप्त करो।' ब्राह्मण के इसप्रकार कहने पर अर्जुन तथा श्रीकृष्ण ने कहा – 'ब्राह्मण देव! कहिये, किस प्रकार का अन्न ग्रहण करने से आपकी तृप्ति होगी, हम उसके लिये प्रयत्न करेंगे।' तब उन ब्राह्मणरुपी भगवान् ने उनसे कहा – 'मै अन्न ग्रहण नही करना चाहता। आप मुझे अग्नि जानो, जो अन्न मेरे योग्य हो वही मुझे आप लाकर दो। देवराज इंद्र इस खांडव वनकी रक्षा करते है। अतः देवराज इंद्र द्वारा रक्षित इस वनको मै जला नही सकता। देवराज इंद्र का सखा "तक्षक" नामक सर्प साथियों सहित इस वनमें रहता है, उन्ही सर्पोंके कारण देवराज इंद्र वनकी रक्षा करते है। उन्हें जलाने की इच्छा करते हुए मै देवराज के तेजके कारण इस वनको जला नही पाता। वे मुझे जलता हुआ देख मेघकी जलधारा से बुझा देते है। अतः मनमें खांडव वनको जलाने की चाह रखने पर भी मै उसे जला नही सकता। अस्त्र विद्या में प्रवीण आप दोनों की सहायता से मै इस खांडव वनको जला सकता हूं, तुमसे मै यही अन्न मांगता हूं।' इसप्रकार कहने पर अर्जुन देवराज इंद्रके इच्छाके विरुद्ध खांडव वनको जलाने की इच्छा करनेवाले अग्निसे बोले – 'हे भगवान्! मेरे निकट अनेक दिव्य उत्तम अस्त्र है, किंतु युद्ध कलामें मेरा वेग सभी प्रकार से सह ले, ऐसा योग्य धनुष मेरे निकट नही है। विशेष मुझे शीघ्रता से बाण संधान करने पडेंगे, अतः अनेक अक्षय बाणों की मुझे आवश्यकता है। तथा मेरा जो रथ है, वह मेरे इच्छाके अनुसार उन बाणोंको ढो नही सकेगा। अतएव हे भगवन्! कर्मकी सिद्धिके लिये ऐसा कोइ उपाय बतावें, कि जिससे इस विशाल वनमें वर्षा करते हुए इंद्रको हम रोक सके।' अर्जुन के वचन सुनकर अग्निदेव जलके स्वामी अदिती पुत्र वरुण का स्मरण किया। अग्निदेव के स्मरण करते ही वरुणदेव उनके सम्मुख आ पहुंचे। अग्निदेव ने जलके स्वामी चौथे लोकपाल वरुणका आदरपूर्वक स्वागत कर कहा – 'राजा सोमने आपको जो तूणीर तथा कपिध्वज रथ दिया था, वह शीघ्र ही मुझे दे दो।' अग्नि देव के कहनेपर वरुणदेव ने शीघ्र ही अद्भूत "गांडीव" नामक धनुष तथा दो ऐसे तूणीर , कि जिनमें बाण रखने से वे कभी खत्म नही होते थे वह उन्हें प्रदान कर दिये। तथा हनुमान की ध्वजासे सुशोभित तथा दिव्य अश्वोंसे तुक्त एक रथ भी दिया। जो सभी उपकरणों से युक्त तथा देवदानवों से अजेय तथा अत्यंत तेजस्वी था। जिसे भुवन के प्रभु प्रजापति "विश्वकर्मा" ने बडी तपस्या से बनाया था। अर्जुन ने अनेक पताकाओं से सुशोभित उस अनुपम सुंदर रथकी परिक्रमा कर तथा देवोंको प्रणाम कर उसपर चढ गये। तथा ब्राह्मण के द्वारा बनाये गये उस दिव्यश्रेष्ठ धनुष गांडीव को लेकर अर्जुन बहुत प्रसन्न हुए। इसप्रकार अर्जुन रथ, धनुष तथा दो महान् अक्षय तूणीर पाकर आनंदित चित्तसे अग्निदेव की सहायता करने के कार्य में समर्थ हुए। तदनन्तर अग्निदेव ने श्रीकृष्ण को अत्यंत सुंदर चक्र दिया, इससे वे अग्निकी सहायता करने के लिये सज्ज हो गये। तबब अग्निने उनसे कहा – 'हे मधुसूदन!

तुम युद्धस्थल में इस अस्त्र से निःसंदेह मानवके अतिरिक्त अन्य प्राणियों को भी परास्त कर सकोगे। हे माधव! यह अस्त्र यदि शत्रु पर बार-बार संधान किया जाये, तो भी बिना किसी रुकावट के शत्रुनाश करता हुआ पुनः तुम्हारे हाथमें लौट आयेगा।' पश्चात वरुणदेव ने उन्हें दैत्यकुल नाश करनेवाली "कौमोदकी" नामक गदा दी। तब अर्जुन तथा श्रीकृष्ण ने प्रसन्न चित्तसे अग्निदेव से कहा – 'हे भगवन्! अब हम लोग सम्पूर्ण सुरासुर से लडने में समर्थ है। अतः आप आज ही आपकी इच्छा नुसार इस विशाल वनको सम्पूर्ण रुपसे घेरकर जलावें; हम आपको सहायता देने के लिये सज्ज है।' भगवान् अग्निदेव अर्जुन तथा श्रीकृष्ण के वचन सुनकर तैजरुप धारण कर उस वनको जलाने लगे। अग्निदेव सभी ओर फैलकर क्रुद्ध होकर खाण्डवनको जलाने लगे। उस समय ऐसा जान पडने लगा, की मानो युगके अन्तमें आनेवाला काल प्रकट हो रहा है। तदनन्तर पुरुषों में व्याघ्र के समान श्रीकृष्ण तथा अर्जुन रथपर चढकर वनके दोनों ओर रहकर चारों दिशाओं में प्राणियोंका महान संहार करने लग गये। इसप्रकार खांडव वनके जलने से सहस्त्रों प्राणी भयंकर कोलाहल मचाते हुए दसों दिशाओं में भागने लगे। जलती हुई अग्निकी विशाल ज्वालायें आकाश में जा पहुंची तथा उसने देवों में उत्पन्न कर दिया। तब स्वर्गमें निवास करनेवाले सभी महात्मा सहस्त्रनेत्रवाले पुरंदर देवराज इंद्रकी शरण में जा पहुंचे तथा उनसे कहा – 'हे देवराज! अग्निके द्वारा ये मानव क्यों यह सब जला रहे है? क्या अब सभी लोगों का प्रलय काल आ गया है?' देवराज इंद्रने उनके कथन सुनकर खाण्डवनकी रक्षाके लिये चल पडे। देवराज इंद्रने अनेक प्रकारकी विशाल मेघ मालाओं से आकाश मंडलको छाकर जल बरसाना आरम्भ कर दिया। जलती हुई अग्नि पर देवराज जल की हजारों धारायें बरसाने लगे। वह धारायें नीचे न जाकर अग्निके तेजसे आकाश ही में सूख गयी, एक भी धार अग्नि पर नही गिर सकी। देवराज इंद्रने पुनः क्रोधसे अग्निके उपर जल बरसाने लगे। तब अर्जुन ने देवराज को उस प्रकार जल बरसाते देख अपना उत्तम अस्त्र प्रकट कर बाण वर्षा कर उसे रोक दिया। तथा बाणों से उस वनको चारों ओरसे ढक दिया। बाणवर्षा से अर्जुन के द्वारा आकाशमंडल ढक दिये जानेपर कोइ भी प्राणी वहांसे निकल न सका उस समय सर्पराज तक्षक वहां नही था। किंतु तक्षक का पुत्र "अश्वसेन" वहां था। तक्षक के उस पुत्रने अग्निसे निकलने की बडी चेष्टा की। किंतु अर्जुन के बाणोंसे बिंध कर वह निकल न सका। तब उसकी माता सर्पकन्या ने उसे निगलकर पुत्रको बचाने की इच्छासे आकाशमार्ग सेजा रही थी। उसी समय अर्जुन ने उसे देख तीक्ष्ण बाणसे सर्पिणी का शिश काट डाला। यह दृश्य देवराज इंद्रने देखकर अश्वसेन को बचाने की इच्छासे इंद्रने उसीक्षण पवन चलाकर अर्जुन को मोहमे डाल दिया तथा उसी समय अश्वसेन वहां से बचकर भाग निकला। तदनन्तर देवराज इंद्र क्रोधित होकर श्रीकृष्ण तथा अर्जुन की ओर दौडे। देवराज इंद्र को देख सभी देवता अपने – अपने अस्त्र लेकर अर्जुन तथा श्रीकृष्ण की ओर दौडे। तब श्रीकृष्ण तथा अर्जुन निर्भय तथा अटल चित्तसे खडे हो गये तथा देवताओं को क्रोधपूर्वक पिछे हटाने लगे। आये हुए देवताओं में से एक भी देवता कृष्ण तथा अर्जुन से युद्धमें विजयी नही बन सका। तथा दावानल बुझाने में वे देवगण समर्थ न हुए, तब वे

पीठ दीखाकर भाग गये। तदनन्तर सभी स्वर्गवासीयोंके निवृत हो जानेके पश्चात एक शरिर रहित वाणी ने गंभीर स्वर से देवराज इंद्रसे कहा – 'देवराज इंद्र! युद्धमें खडे हुए इन वासुदेव तथा अर्जुन तुमसे जीते नही जा सकेंगे। यह दोनों देवलोक में प्रसिद्ध नर तथा नारायण है, इनका जितना पराक्रम है, वह तुम्हें भी ज्ञात है। ये दोनों युद्धमें अजेय, दुर्धर्प तथा सभी लोकोमे किसी से भी ये पराजित नही हो सकते। ये दोनों अमर, असुर, राक्षस, गन्धर्व, नर, किन्नर आदि सभीके द्वारा पूजनीय है। अतः हे इंद्र! तुम देवों सहित यहांसे लौट जाओ तथा इस खांडव वनका नाश दैवने ही निश्चित कर रखा था, ऐसा जानो।' तब देवराज इंद्र ने वह वचन सत्य जानकर क्रोध तथा अमर्ष तजकर देवलोक चले गये। अनन्तर अचानक श्रीकृष्ण ने वहां से मय नामक असुरको भागते हुए देखा। तब श्रीकृष्ण ने उसका वध करने की इच्छासे चक्र लेकर खडे हो गये। मय दानव उन्हें चक्र उठाते तथा अग्निको जलाने की इच्छा करते हुए देख शोर मचाते हुए कहा, की "हे अर्जुन! दौडो।" अर्जुन उस दानव के करुणपूर्ण स्वर सुनकर नमुचि के भाइ उस दैत्य मय को ढाढस दिया। अनन्तर श्रीकृष्ण तथा अर्जुन देवोंके सहित देवराज इंद्र को लौटते देख सिंहनाद किया। अग्निदेव ने श्रीकृष्ण तथा अर्जुन कि सहायता से तृप्त होकर परम सन्तोष प्राप्त किया।

महाकाव्य महाभारत के "वनपर्व" अनुसार वनवास काल के दौरान धर्मराज युधिष्ठिर ने अर्जुन से एकान्तमें वार्तालाप करते हुए कहा – 'अर्जुन! पितामह भीष्म, द्रोणाचार्य, कृपाचार्य, कर्ण तथा अश्वत्थामा इन सभी योद्धाओं में पादो से युक्त सम्पूर्ण धनुर्वेद प्रतिष्ठीत है। वे दैव, ब्राह्म तथा मनुष्य तीनों पद्धतियों के अनुसार सम्पूर्ण अस्त्रोंके प्रयोग की सम्पुर्ण कलायें जानते है। अस्त्रोंके ग्रहण तथा धारण रुप प्रयत्नसे तो वे परिचित है ही, शत्रुओं द्वारा प्रयुक्त हुए अस्त्रोंके निवारण के उपाय भी जानते है। हे शत्रुनंदन! अब इस समय के योग्य जो कर्तव्य मुझे उचित दिखायी देता है, उसे सुनो। मैने कृष्णद्वैपायन व्यासजी से एक रहस्यमयी विद्या प्राप्त की है। उसका विधिवत प्रयोग करने पर समस्त जगत् भली प्रकार से ज्यों का त्यों स्पष्ट दिखाई देने लगता है। अर्जुन! उस मंत्र विद्यासे युक्त एवं एकाग्रचित होकर तुम यथासमय देवताओं की प्रसन्नता प्राप्त करो, स्वयंको उग्र तपस्या में लगाओ। धनुष कवच तथा धारण किये साधुव्रतके पालन में स्थित हो मौनावलम्बन पूर्वक किसीको आक्रमण का मार्ग न देते हुए उत्तर दिशाकी ओर जाओ। धनंजय! देवराज इंद्र को समस्त दिव्यास्त्रों का ज्ञान है। वृत्रा सुरसे भयभित हुए सम्पूर्ण देवताओं ने उस समय अपनी सम्पूर्ण शक्ति देवराज इंद्र को ही समर्पित कर दी थी। वे सभी दिव्यास्त्र एक ही स्थानमें है, तुम उन्हें वहीं से प्राप्त करो। अतः तुम इंद्रकी ही शरण लो। वही तुम्हें सभी अस्त्र प्रदान करेंगे।' इसप्रकार कहकर धर्मराज युधिष्ठिर ने मन, वाणी, तथा शरीरको संयम में रखकर दीक्षा ग्रहण करनेवाले अर्जुन को विधिपूर्वक पूर्वोक्त प्रतिस्मृति – विद्याका उपदेश किया। तदनन्तर धर्मराज युधिष्ठिर ने अर्जुन को वहां से प्रस्थान करने की आज्ञा दी। धर्मराज की आज्ञा से देवराज इंद्र के दर्शन करने की इच्छा मनमें रख अर्जुन

ने ब्राह्मणों से स्वस्तिवाचन कराया तथा गांडीव धनुष तथा अक्षय तूणीर सहित लेकर वहां से प्रस्थित हुए। परंतप अर्जुन तपस्वी महात्माओं द्वारा सेवित पर्वतों के मार्गसे होते हुए दिव्य, पवित्र तथा देवसेवित हिमालय पर्वतपर जा पहुंचे। हिमालय तथा गन्धमादन पर्वत को लांघकर उन्होंने आलस्य रहित होकर दिवस रात्री चलते हुए तथा बहुतसे दुर्गम स्थानों को पार किया। तदनन्तर इंद्रकील पर्वतपर पहुंचकर अर्जुनने आकाशमें उच्च स्वरसे गूंजती हुई एक वाणी सुनि "तिष्ठ (यहीं ठहर जाओ)" तब वे वहीं ठहर गये। वह वाणी सुनकर पांडुनंदन अर्जुन ने चारों ओर दृष्टीपात किया। इतने मे ही उन्हें वृक्षके मूलभाग में बैठे हुए एक तपस्वी महात्मा दिखाई दिये। वे अपने ब्रहमतेज से उद्भासित हो रहे थे। उनकी अंगकान्ति पिंगलवर्ण की थी। उन महातपस्वी ने अर्जुन को वहां खडे हुए देख उनसे कहा – 'तात! तुम कौन हो? जो धनुष, कवच से सुसज्जित हो क्षत्रिय धर्मका अनुगमन करते हुए यहां आये हो। यहां अस्त्र शस्त्रकी आवश्यकता नहीं है। यह तो क्रोध तथा हर्ष को जीते हुए तपस्यामें तत्पर शांत ब्राह्मणों का स्थान है। यहां कभी कोइ युद्द नही होता; इसलिये यहां तुम्हारे धनुष का कोई कार्य नहीं है। तात! वह धनुष यहीं फेंक दो, अब तुम उत्तम गतिको प्राप्त हो चुके हो।' इसप्रकार उस ब्रह्मर्षि ने हंसते हुए बार-बार अर्जुन से धनुष त्याग देने के लिये कहा। किंतु अर्जुन धनुष न त्यागने का दृढ निश्चय कर चुके थे। अतः ब्रह्मर्षि उन्हें धैर्यसे विचलित नही कर सके। तब उन ब्राह्मण देवताने पुनः प्रसन्न होकर उनसे हंसते हुए कहा – 'शत्रुनंदन! तुम्हारा कल्याण हो, मै देवराज इंद्र हुं, मै अत्यधिक प्रसन्न् हुं। मुझसे कोइ वर मांगों।' यह सुनकर कुरुकुलराज शूरवीर अर्जुनने सहस्त्र नेत्रधारी इंद्रसे हाथ जोडकर प्रणामपूर्वक कहा – 'भगवन्! मै आपसे सम्पूर्ण अस्त्रोंका ज्ञान प्राप्त करना चाहता हूं, यही मेरा अभीष्ट मनोरथ है; अतः मुझे यही वर दीजिये।' तब देवराज इंद्रने प्रसन्न चित्त होकर हंसते हुए कहा – 'अर्जुन! जब तुम यहां तक आ पहुंचे हो तब तुम्हें अस्त्रोंको लेकर क्या करना है? इच्छानुसार उत्तम लोक मांग लो: क्योंकि तुम्हें उत्तम गति प्राप्त हुई है।' देवराज के कथन सुनकर अर्जुनने पुनः देवराज से कहा – 'देवेश्वर! मै अपने शत्रुओं से भयभित होकर प्रतिशोध लिये बिना लोभ अथवा कामना के वशीभूत हो न तो देवत्व चाहता हूं, न सुख तथा न सम्पूर्ण देवताओं का ऐश्वर्य प्राप्त कर लेनेकी ही मेरी इच्छा है।' अर्जुन के इसप्रकार कहनेपर देवराज इंद्रने मधुर वाणीमें अर्जुनको सान्त्वना देते हुए कहा – 'धनंजय! जब तुम्हें तीन नेत्रोंसे विभूषित त्रिशूलधारी भगवन् शिव का दर्शन होगा, तब मै तुम्हें सम्पूर्ण दिव्यास्त्र प्रदान करुंगा। कुन्तीकुमार तुम उन परमेश्वर महादेवजी का दर्शन पानेके लिये प्रयत्न करो। उनके दर्शन से पूर्णतः सिद्द हो जानेपर स्वर्ग लोक पधारोंगे।' अर्जुन से इसप्रकार कहकर देवराज इंद्र अपने धाम चले गये। तत्पश्चात अर्जुन देवाधिदेव भगवान शंकर के दर्शन करने के लिये कार्यकी सिद्धिका उद्देश्य लेकर अपने दिव्य धनुष को लिये तपस्याके लिये दृढ निश्चय कर अकेले ही एक भयंकर कण्टकाकीर्ण वनमें पहुंचे। जो नाना प्रकार के पुष्पोंसे भरा था, वहां भांति – भांतिके पक्षी कलरव कर रहे थे। तेजस्वी अर्जुन वहां के सभी वनस्थलीयों को लांघकर हिमालय के पृष्ठभागमें एक महान पर्वत के सेनिकट निवास करने लगे, तथा

तपस्यामें संलग्न हो गये। कुशाका ही चीर धारण किये तथा मृगचर्म से विभूषित अर्जुन पृथ्वीपर गिरे हुए सूखे पत्तों का ही भोजन के स्थानपर उपयोग किया करते थे। एक माह तक उन्होंने तीन-तीन रात्रीके पश्चात केवल फलाहार कर व्यतित किया। तथा दूसरे माहमें उन्होंने पहलेकी अपेक्षा छः -छः रात्रीके पश्चात फलाहार कर व्यतित किया। तीसरे माह में उन्होने पंद्रह – पंद्रह दिन के पश्चात भोजन कर बिताया। वे दोनों भुजाएं उपर उठाये बिना किसी सहारे के पैरके अंगूठे के अग्रभाग के बलपर खडे रहे। तदनन्तर भयंकर तपस्यामें लगे हुए अर्जुन के विषयमें कुछ निवेदन करने की इच्छासे वहां वास करनेवाले सभी महर्षि महादेव जी के सेवामें गये। उन्होंने महादेवजी को प्रणाम कर अर्जुन का वह तपरुप कर्म सुनाते हुए कहा – 'भगवान्! महातेजस्वी कुन्तीपुत्र अर्जुन हिमालय के पृष्ठभाग में स्थित हो अपार एवं उग्र तपस्या में संलग्न है तथा सम्पूर्ण दिशाओंको धूमाच्छादित कर रहे है। देवेश्वर! वे क्या करना चाहते है, इस विषयमें हमलोगों में से किसी को कुछ भी ज्ञात नही है। वे अपनी तपस्याके संताप से हम सभी महर्षियों को संतप्त कर रहे है। अतः आप उन्हें तपस्यासे सद्भावपूर्वक निवृत कीजिये।' उन महर्षियों के वचन सुनकर भगवान् शंकर बोले – 'महर्षियों! तुम्हें अर्जुन के विषय में किसी प्रकार का विषाद करनेकी आवश्यकता नहीं है। तुम आलस्य रहित होकर शीघ्र प्रसन्नतापूर्वक जैसे आये हो, वैसे ही लौट जाओ। अर्जुन के मनमें जो संकल्प है, मै उसे भलीभांति जानता हूं। वे जो कुछ चाहते है, वह सब मै आज ही पुर्ण करुंगा।' भगवान शंकरके वचन सुनकर वे सत्यवादी महर्षि प्रसन्नचित्त हो अपने आश्रम लौट गये। उन सभी तपस्वियोंके लौट जानेपर भगवान् शंकर किरात वेष धारण कर धनुष तथा सर्पोंके समान विषाक्त बाण लेकर वेगसे चले। उनके सहित भगवती उमा भी थी। किरात वेषमें छिपे हुए शिव सहस्त्रों स्त्रियोंसे घिरकर शोभा पा रहे थे। अनायास ही अर्जुन के निकट पहुंचकर भगवान् शंकरने अद्भुत दानव को देखा, जो सुअरका रुप धारण कर अर्जुन का वध करने के लिये उपाय खोज रहा था। उस समय अर्जुन ने गाण्डीव धनुष तथा भयंकर बाण लेकर धनुषपर प्रत्यंचा चढाकर उसकी टंकारसे दिशाओंको प्रतिध्वनित कर कहा – 'अरे! तु यहां आये हुए मुझ निरपराधका वध करने में लगा है, इसीलिये मै आज ही तुझे यमलोक भेजदूंगा।' अर्जुन को प्रहारके लिये उद्यत देख किरात रुप धारी भगवान् शंकरने उन्हें सहसा रोका तथा कहा – 'इस सूअर को पहले ही मैने अपना लक्ष्य बना रखा है, अतः तुम इसे न मारो।' किंतु अर्जुनने किरात के वचनकी अवहेलना कर उसपर प्रहार कर ही दिया। साथ ही किरात ने भी उसपर बाण संधान किया। उन दोनों के संधान किये हुए वे दोनों बाण एक सहित मूक दानव के विशाल देह पर लग गये। बाणों से घायल होकर उस दानव ने अपने प्राण त्याग दिये। उसी समय अर्जुन ने स्वर्णके समान कान्तिमान एक तेजस्वी पुरुषको देख उनसे कहा – 'आप कौन है, जो इस सूने वनमें स्त्रियोंसे घिरे हुए विचर रहे है? क्या आपको इस भयानक वनमें भय नहीं लगता? यह सुअर तो मेरा लक्ष्य था, आपने उसपर बाण संधान क्यों किया?' अर्जुन के इसप्रकार कहनेपर किरातवेष धारी भगवान् शंकर ने कहा – 'वीर! हम तो वनवासी है, किंतु तुमने यहां का दुष्कर निवास कैसे पसंद किया? तपोधन! हम तो अनेक

प्रकार के जीव जन्तुओं से भरे हुए इस वनमें सदा ही वास करते है। वीर! तुम्हारे अंगोंकी प्रभा प्रज्वलित अग्निके समान जान पड़ती है। तुम सुकुमार हो तथा सुख भोगने के योग्य प्रतित होते हो। इस निर्जन प्रदेश में किसलिये अकेले विचर रहे हो?' तब अर्जुन ने कहा – 'मै गाण्डीव धनुष तथा अग्निके समान तेजस्वी बाणोंका आश्रय लेकर इस महान वनमें निवास करता हूं। यह हिंसक पशु का रुप धारण कर मेरा ही वध करने के लिये यहां आया था, अतः इस भयंकर राक्षसको मैंने मार गिराया है।' अर्जुन के कथन सुनकर किरातरुप धारी शिव बोले – 'मैंने अपने धनुष द्वारा संधान किये हुए बाणोंसे पहले ही इसे घायर कर दिया था। मेरे ही बाणों की चोट खाकर यह सदाके लिये सो रहा है। मेरे ही तीव्र प्रहार से इस दानवको अपने प्राणोंसे हाथ धोना पडा है। हे मन्दबुद्धे! तुम्हें अपनी शक्तिपर बडा गर्व है, अतः अब तुम मेरे हाथों जीवित नही रह सकते।' किरात के वचन सुनकर अर्जुन बडे क्रोधित हुए। तथा उन्होंने बाणोंसे उसपर प्रहार आरंभ कर दिया। तब किरात ने प्रसन्नचित्त से अर्जुन के संधान किये हुए सभी बाणोंको पकड लिया तथा कहा – 'ओ मूर्ख! और बाण संधान कर, इन मर्मभेदी नाराचोंका प्रहार कर।' किरात के इसप्रकार कहनेपर अर्जुननें सहसा बाणोंकी झडी लगा दी। तदनन्तर वे दोनों क्रोधमें भरकर बारंबार बाणोंद्वारा परस्पर को घायल करने लगे। तत्पश्चात अर्जुन ने किरात पर बाणोंकी वर्षा प्रारंभ की; किंतु किरातरुप धारी भगवान् शंकर ने प्रसन्नचित्त से उन सभी बाणोंको ग्रहण कर लिया। अपनी की हुई सम्पूर्ण बाणवर्षा व्यर्थ हुई देख धनंजय को बडा आश्चर्य हुआ। वे किरात को साधुवाद देते हुए विचार करने लगे – 'हिमालय के शिखर पर निवास करनेवाले इस किरात के अंग तो सुकुमार है। तब भी यह गांडीव धनुष से छुटे हुए बाणोंको ग्रहण कर लेता है तथा तनिक भी व्याकुल नहीं होता। मैंने सहस्त्रों बार जिन बाण समुहों की वृष्टि की है, उनका वेग पिनाकधारी भगवान् शंकर के अतिरिक्त अन्य कोइ नही सह सकता। यदि यह रुद्रदेव से भिन्न व्यक्ति है, तो यह देवता हो या यक्ष मै इसी क्षण इसे तीक्षण बाणोंसे मारकर यमलोक भेजता हूं।' इसप्रकार विचार कर प्रसन्नचित्त अर्जुन ने सहस्त्रों किरणोंको फैलानेवाले भगवान् भास्कर की भांति सैकडों मर्मभेदी नाराचों का प्रहार किया। किंतु भगवान् ने हर्षभरे हृदय से उन सभी नाराचोंको आत्मसात कर लिया। उस समय एक क्षणमें ही अर्जुन के सम्पूर्ण बाण समाप्त हो गये। उन बाणोंका इस प्रकार विनाश देखकर अर्जुन के मनमें भय समा गया। अर्जुन मन ही मनमें विचार करने लगे, की 'मेरे सम्पूर्ण बाण नष्ठ हो गये, अब मै धनुषसे क्या चलाऊंगा। यह कोइ अद्भूत पुरुष है जो मेरे सम्पूर्ण बाणों को खाये जा रहा है। अब मै धनुषकी कोटि (नोक) से इसे यमराज के लोकमें पहुंचा देता हूं।' इसप्रकार विचारकर महातेजस्वी अर्जुननें किरात को अपने धनुषकी कोटिसे पकडकर प्रत्यंचा में उसके शरीरको फंसाकर खींचा तथा दुःसह मुष्टि प्रहार से पीडित करना प्रारम्भ किया। अर्जुननें जब धनुषकी कोटिसे प्रहार किया, तब उस पर्वतीय किरातनें अर्जुन के उस दिव्य धनुषको भी अपने में लीन कर लिया। तदनन्तर धनुष के ग्रस्त हो जानेपर अर्जुन तलवार लेकर युद्धका अंत कर देन की इच्छासे वेग पूर्वक उसपर आक्रमण किया। अर्जुननें अपने भुजाओंकी पूर्ण शक्ती लगाकर किरात के मस्तकपर

उस तीक्ष्ण धारवाली तलवार से वार किया। किंतु किरात के मस्तकसे टकराते ही वह उत्तम तलवार चूर – चूर हो गयी। तदनन्तर किरातरुपी भगवान् शिव भी अत्यंत दारुण तथा इंद्रके वज्र के समान दुःसह मुक्कोंसे मारकर अर्जुनको पीडा देने लगे। भगवान शंकर के द्वारा भलीभांति नियंत्रित हो जानेके कारण अर्जुनकी श्वासक्रिया बंद हो गयी वे निष्प्राण की भांति चेष्टा हीन होकर पृथ्वीपर गिर पडे। दो घडी तक उसी अवस्थामें पडे रहने के पश्चात जब अर्जुन को चेत हुआ, तब वे उठकर खडे हो गये। पश्चात अर्जुन पिनाकधारी भगवान् शिवकी शरणमें गये तथा मिट्टिटकी वेदी बनाकर उसी पर शिवकी स्थापना कर पुष्पमालाके द्वारा पूजन किया। अर्जुन ने जो माला शिव पर चढायी थी, वह उन्हें किरात के मस्तकपर पडी दिखाई दी। यह देख अर्जुन हर्षसे उल्लसित हो गये। तथा किरातरुपी भगवान शंकरके चरणों में गिर पडे। तब भगवान् शिवने कहा – 'मै तुम्हारे इस अनुपम पराक्रम, शौर्य तथा धैर्यसे बहुत संतुष्ट हूं, तुम्हारे समान अन्य कोइ नही है। तुम्हारा तेज तथा पराक्रम आज मेरे समक्ष सिद्ध हुआ है। मै तुमपर बहुत प्रसन्न् हूं। मै तुम्हारे प्रेमवश तुम्हें अपना "पाशुपतास्त्र" दूंगा जिसकी गतिको कोइ रोक नही सकता।' तदनन्तर अर्जुन ने महादेव सहित देवी पार्वती के दर्शन किये तथा कहा – 'प्रभो! आप त्रिनेत्र धारी तथा सर्वव्यापी है, सम्पूर्ण देवताओं के आश्रय है। भगवन! मैने जो आपके सहित युद्ध किया है, इसमें मेरा अपराध नही है। यह अज्ञानतासे मुझसे हो गया है। अतः भगवन्! मेरा अपराध क्षमा किजिये। मै आपहीके दर्शनकी इच्छा लेकर इस महान पर्वतपर आया हूं। मै आपसे प्रार्थना करता हूं कि आप मुझपर प्रसन्न हों, तथा मेरी धृष्टता को क्षमा करें।' तब भगवान् शंकरने अर्जुन से हंसते हुए कहा – 'अर्जुन! मैने तुम्हारा अपराध पहले ही क्षमा कर दिया।' पश्चात महादेव ने अर्जुन को दोनों भुजाओं से हृदय से लगा लिया तथा कहने लगे – 'पार्थ! तुम्हारा पराक्रम यथार्थ है, इसलिये मै तुमपर अत्यंत प्रसन्न हूं। तुम मुझसे मनोवांछित वर ग्रहण करो।' तब अर्जुनने कहा – 'भगवन्! यदि आप प्रसन्नतापूर्वक मुझे इच्छानुसार वर देते है, तो प्रभो! मै पाशुपतास्त्र को प्राप्त करना चाहता हूं।' महादेव ने कहा – 'पांडुकुमार! मै अपना परम प्रिय पाशुपतास्त्र तुम्हें प्रदान करता हूं। तुम इसके धारण, प्रयोग तथा उपसंहार में समर्थ हो। किंतु कुन्तीकुमार! तुम सहसा किसी मनुष्य पर इसका प्रयोग न करना। यदि किसी अल्पशक्ति योद्दधापर इसका प्रयोग किया गया तो यह सम्पूर्ण जगतका नाश कर डालेगा। इसका प्रयोग करनेवाला मनुष्य अपने मानसिक संकल्पसे, दृष्टिसे, वाणीसे तथा धनुष बाण द्वारा भी शत्रुओंको नष्ट कर सकता है।' यह सुनकर अर्जुन शीघ्र ही पवित्र एवं एकाग्रचित हो शिष्यभावसे भगवान् विश्वेश्वरकी शरण में गये तथा कहा – 'भगवन्! मुझे पाशुपतास्त्र का उपदेश दिजिये।' तब भगवान शिवने रहस्य तथा उपसंहार सहित पाशुपतास्त्र का उन्हें उपदेश दिया। तब अर्जुन ने प्रसन्न होकर उसे ग्रहण किया। तदनन्तर वह अस्त्र मूर्तिमान हो अग्निके समान प्रज्वलित तेजस्वी रुपसे अमित पराक्रमी अर्जुन के पार्श्वभाग में स्थित हो गया। उस समय भगवान् शिवने अर्जुन को आज्ञा दी कि "तुम स्वर्ग लोक जाओ।" पश्चात अर्जुन ने भगवान् शिव के चरणों में मस्तक रखकर प्रणाम किया। तत्पश्चात शिवने अर्जुन

को उनका धनुष , अक्षय तुणीर लौटा दिये, तथा वे अपने धाम लौट गये।

महाकाव्य महाभारत के "वनपर्व" अनुसार महादेव के लौट जाने के पश्चात अर्जुन ने देवराज इंद्रके रथका चिन्तन किया। अर्जुन के चिन्तन करते ही रथ वहां आ पहुंचा। उस रथपर अत्यंत नीलवर्ण वाले महातेजस्वी "वैजयन्त" नामक इंद्रध्वज फहरा रहा था। उसकी श्याम सुषमा नील कमल की शोभाको तिरस्कृत कर रही थी। अर्जुन शीघ्र ही उस रथ पर चढ गये, वे दिव्य रथके द्वारा उपरकी ओर जाने लगे। अर्जुन धीरे – धीरे मनुष्योंके दृष्टि पथसे दूर हो गये। तदनन्तर स्वर्ग पहुंचकर अर्जुन ने स्वर्ग द्वारपर खडे हुए सुंदर गजराज "ऐरावत" को देखा। आगे जाकर उन्होंने सिद्धों तथा चारणोंसे सेवित रम्य अमरावतीपुरी को देखा, जो सभी ऋतुओं के कुसुमों से विभूषित पुण्यमय वृक्षोंसे सुशोभित थी। अप्सराओं से सेवित दिव्य नन्दनवन का भी उन्होंने दर्शन किया, जो दिव्य पुष्पोंसे भरे हुए थे। तदनन्तर देवताओं, गन्धर्वों, सिद्धों तथा महर्षियों ने अत्यंत प्रसन्न होकर आर्जुन का स्वागत किया। वहां अर्जुन सभी देवताओं से विधिपूर्वक मिलकर अन्तमें देवराज इंद्रका दर्शन किया। तदनन्तर अर्जुन ने निकट जाकर देवेन्द्र के चरणों में मस्तक रख दिया तथा इंद्रने उन्हें उठाकर हृदयसे लगा लिया। अनन्तर देवसमुदाय से पूजित आर्जुन अपने पिताके गृहमें रहने लगे तथा उनसे उपसंहार सहित महान् अस्त्रोंकी शिक्षा ग्रहण करने लगे। सभी अस्त्रोंकी शिक्षा ग्रहण कर लेनेपर पांडुपुत्र पार्थने अपने भाइयों का स्मरण किया। किंतु पुरन्दर के विशेष अनुरोध से वे (मानव गणनाके अनुसार) पांच वर्षोंतक वहां सुखपूर्वक ठहरे रहे। तदनन्तर देवराज इंद्रने अस्त्र शिक्षामें निपुण अर्जुन से कहा – 'कुन्तीकुमार! तुम चित्रसेन से नृत्य तथा संगीत की शिक्षा ग्रहण कर लो। मनुष्यलोकमें जो अबतक प्रचलित नही है, देवताओं की उस वाद्यकला का ज्ञान प्राप्त करलो। इससे तुम्हारा भला होगा।' तदनन्तर देवराज इंद्रने अर्जुनको संगीतकी शिक्षा देने के लिये उन्हीं के मित्र चित्रसेन को नियुक्त कर दिया। फश्चात चित्रसेन ने उन्हें गीत, वाद्य तथा नृत्यकी शिक्षा दी। अर्जुनने नृत्यसम्बधी अनेक गुणोंकी शिक्षा पायी। अर्जुन ने वाद्य तथा गीतविषयक सभी गुण सीख लिये। अनन्तर एक समय देवराज इंद्रने चित्रसेन गन्धर्व से एकान्तमें कहा – 'गन्धर्वराज! तुम अप्सराओंमें श्रेष्ठ उर्वशीके निकट जाओ। तुम्हें वहां भेजने का उद्देश्य यह है कि उर्वशी अर्जुन के सेवामें उपस्थित हो। जैसे अस्त्र विद्या ग्रहण करने के पश्चात अर्जुन को मेरी आज्ञासे तुमने संगीत विद्या द्वारा सम्मानित किया है, उसी प्रकार वे स्त्री संग विशारद हो सकें, ऐसा प्रयत्न करो।' देवराज इंद्रके इसप्रकार कहने पर "तथास्तु" कहकर गन्धर्वराज चित्रसेन अप्सरा उर्वशी के निकट गये। उर्वशीने चित्रसेन को आया जान स्वागतपूर्वक उनका सत्कार किया। तदनन्तर चित्रसेन ने उर्वशीसे कहा – 'सुश्रोणी! मै देवराज इंद्र की आज्ञा से यहां आया हूं। हे सुंदरी! बल तथा पराक्रम के द्वारा जिनकी सर्वत्र प्रसिद्धि है; जिन्होंने छहो अंगों सहित चारों वेदों, उपनिषदों तिथा पंच्चमवेद का अध्ययन किया है। जो अकेले ही देवराज इंद्रकी भांति स्वर्गलोककी रक्षा करने में समर्थ है। उन वीरवर अर्जुनको तुम भली

प्रकार से जानती हो; उन्हें स्वर्गमें आनेका फल अवश्य मिलना चाहिये। तुम देवराज की आज्ञाके अनुसार आज अर्जुन के चरणों के समीप जाओ। तुम ऐसा प्रयत्न करो, जिससे धनंजय तुमपर प्रसन्न हो।' चित्रसेन के इसप्रकार कहनेपर उर्वशीके अधरोंपर मुस्कान दौड गयी। उसने इस आदेश को अपने लीये बडा सम्मान समझा तथा अत्यंत प्रसन्न होकर कहने लगी – 'गन्धर्वराज! तुमने जो अर्जुनके लेषमात्र गुणों को मेरे समक्ष वर्णन किया है, वह सब सत्य है। मै अन्योंके मुखसे भी उनकी प्रशंसा सुनकर उनके लिये व्यथित हो उठी हूं। अतः इससे अधिक मै अर्जुन का क्या वरण करुं? अतः अब तुम जाओ, मै इच्छानुसार सुखपूर्वक उनके स्थानपर यथा समय आऊंगी।' अन्नतर उर्वशी ने सुगंधित दिव्य पुष्पोंके हारोंसे स्वयंको अलंकृत किया। तथा उत्तम वस्त्र धारण कर संध्याके समय चंद्रोदय होनेपर जब चारों ओर चांदनी छिटक गयी, उस समय वह ऊर्वशी अपने भवनसे निकलकर अर्जुन के निवास स्थान की ओर चली। मन तथा वायुके समान तीव्र वेगसे चलनेवाली वह अप्सरा क्षण भरमें पांडुकुमार अर्जुन के महल में जा पहुंची। उर्वशी को आयी देख अर्जुनने उसके चरणों में प्रणामकर उसका गुरुजनोचित सत्कार किया तथा उससे कहा – 'देवी! श्रेष्ठ अप्सराओं में भी तुम्हारा सबसे उंचा स्थान है। मै तुम्हारे चरणों में मस्तक रखकर प्रणाम करता हूं। बताओ, मेरे लिये क्या आज्ञा है?' अर्जुन के कथन सुनकर उर्वशीने गन्धर्वराज चित्रसेन के कहे हुए वचन कहते हुए कहा – 'देवराज इंद्रका संदेश लेकर गन्धर्वराज चित्रसेन मेरे निकट आये तथा कहा, की "उर्वशी! देवेश्वर इंद्रने तुम्हारे लिये एक संदेश देकर मुझे भेजा है। तुम उसे सुनकर महेन्द्रका मेरा तथा मुझसे अपना भी प्रिय कार्य करो। जो संग्राममें पराक्रमी तथा उदारता आदि गुणोंसे सदा सम्पन्न है, उन कुन्तीनंदन अर्जुनकी सेवा तुम स्वीकार करो।" इसप्रकार चित्रसेन ने मुझसे कहा था। अनघ! तुम्हारे पिताकी आज्ञा विरोधार्य कर मै तुम्हारी सेवाके लिये तुम्हारे निकट आयी हूं। तुम्हारे गुणोंने मेरे चितको अपनी ओर खींच लीया है, मै तुमपर मोहित हो गयी हूं।' उर्वशीके वचन सुनकर अर्जुन अत्यंत लज्जासे गड गये तथा कहने लगे – 'सौभाग्य शालिनी! तुम जैसे वचन कह रही हो, उसे सुनना भी मेरे लिये बडे दुःखकी बात है। निश्चय ही तुम मेरी दृष्टिमें गुरुपत्नियों के समान पूजनीय हो। मेरे लिये जैसी महाभाग माता कुन्ती है, वैसी ही तुम भी हो। इस विषय में कोइ अन्य विचार नही करना चाहिये।' तब उर्वशीने कहा – 'वीर! हम सभी अप्सराएं स्वर्ग वासियों के लिये अनावृत है। अतः तुम मुझे गुरुजनके स्थानपर नियुक्त न करो।' तब अर्जुन ने कहा – 'वरवर्णिनी! मै तुम्हारे चरणों में मस्तक रखकर तुम्हारी शरणमें आया हूं। तुम लौट जाओ, मेरी दृष्टिमें तुम माताके समान पूजनीय हो।' अर्जुन के वचन सुनकर उर्वशी क्रोधसे व्याकुल हो उठी। उसका शरीर कांपने लगा तब उसने क्रोधवश अर्जुन को शाप देते हुए कहा – 'अर्जुन! तुम्हारे पिता इंद्रके कहने से मै स्वयं तुम्हारे गृह आयी हूं, फिर भी तुम मेरा आदर नही करते। अतः तुम स्त्रियोंके मध्यमें सम्मानरहित 'नर्तक' बनकर रहोगे तथा तुम नपुंसक कहलाओगे तथा तुम्हारा सम्पूर्ण आचार व्यवहार नपुंसकों के समान होगा।' इसप्रकार शाप देकर उर्वशी शीघ्र ही अपने ग्रह लौट गयी। तदनन्तर अर्जुन शीघ्र ही गन्धर्वराज चित्रसेन के समीप गये तथा

उर्वशीके सहित जो घटना घटित हुई, वह चित्रसेन को कह सुनायी। चित्रसेन ने भी सम्पूर्ण घटना देवराज इंद्र से कही। तब देवराज इंद्रने अपने पुत्र अर्जुन को बुलवाकर एकान्तमें सान्त्वना देते हुए कहा – 'पार्थ! तुम सत्पुरुषों के शिरोमणि हो, तुम जैसे पुत्रको पाकर कुन्ती वास्तवमें पुत्रवानों में श्रेष्ठ है। तुमने अपने धैर्य के द्वारा ऋषियोंको भी पराजित कर दिया है। पार्थ! उर्वशीने जो तुम्हें शाप दिया है, वह तुम्हारे अभीष्ट अर्थका साधक होगा। अनघ! तुम्हें भूतलपर तेरहवें वर्षमें आज्ञात वास करना है। उर्वशीके दिये हुए शापको तुम उसी वर्षमें पूर्ण कर दोगे। नर्तक वेष तथा नपुंसक भावसे एक वर्षतक इच्छानुसार विचरण कर तुम पुनः अपना पुरुषत्व प्राप्त कर लोगे।' देवराज इंद्रके इसप्रकार कहनेपर अर्जुन बडे प्रसन्न हुए, तथा चिन्तामुक्त होकर रहने लगे।

महाकाव्य महाभारत के "आश्वमेधिक पर्व" अनुसार एक समय श्रीकृष्ण तथा अर्जुन स्वजनों से घिरे हुए बैठे थे, तब अर्जुनने श्रीकृष्ण से कहा – 'माधव! जब संग्राम का समय उपस्थित था, उस समय मुझे आपके महात्म्य का ज्ञान तथा इश्वरीय स्वरुप का दर्शन हुआ था। किंतु आपने सौहार्दवश पहले मुझे जो ज्ञान का उपदेश दिशा था। मेरा वह ज्ञान इस समय विचलित चित हो जाने के कारण नष्ट हो गया है। माधव! उन विषयों को सुनने के लिये मेरे मनमें बारंबार उत्कंठा होती है।' अर्जुन के इसप्रकार कहनेपर वक्ताओं में श्रेष्ठ भगवान् श्रीकृष्ण ने उन्हे हृदयसे लगाकर उत्तर देते हुए कहा – 'अर्जुन! उस समय मैने तुम्हें अत्यंत गोपनीय ज्ञानका श्रवण कराया था, अपने स्वरुपभूत धर्म सनातन पुरुषोत्तम तत्वका परिचय दिया था। अब मै उस उपदेशको ज्यों का त्यों नहीं कह सकता। क्योंकि वह धर्म ब्रह्मपदकी प्राप्ति कराने के लिये पर्याप्त था, वह सम्पूर्ण धर्म उसी रुपमें पुनः दुहरादेना अब मेरे वशकी बात नही है। उस समय योगयुक्त होकर मैने परमात्म तत्वका वर्णन किया था।' अन्नन्तर श्रीकृष्ण ने अर्जुन के आग्रहपर उन्हें कथाके माध्यम से ज्ञान कि प्राप्ति करवायी। श्रीकृष्ण द्वारा कथाके माध्यम से ज्ञान प्राप्त करने के पश्चात अर्जुनने श्रीकृष्ण से कहा – 'भगवन्! आप जानने योग्य परब्रह्मके स्वरुपकी व्याख्या किजिये।' तब श्रीकृष्ण कहने लगे – 'अर्जुन! ब्रह्माजी ने कहा कि 'जब तीनों गुणोंकी साम्यावस्था होती है, उस समय उनका नाम अव्यक्त प्रकृति होता है। अव्यक्त समस्त प्राकृत कार्यों में व्यापक, अविनाशी तथा स्थिर है। तमो, रजो तथा सत्व इन तीन गुणोंमे जब विषमता आती है, तब वे पंचभूतका रुप धारण करते है, तथा उनसे शरीर का निर्माण होता है। इस शरीर में जीवात्मा को विषयों की ओर प्रेरित करनेवाली मन सहित ग्यारह इंद्रियां है। इनकी अभिव्यक्ति मनके द्वारा हुई है। बुद्धी शरीर की स्वामिनी है, तथा मन दस इंद्रियों से श्रेष्ठ है। इसमें जो तीन स्त्रोत है, वे सत्व, रजो तथा तमो ये परस्पर के प्रतिद्वंदी है। जहां तमो गुणको रोका जाता है, वहां रजो गुण बढता है। तथा जहां रजो गुणको रोका जाता है, वहां सत्वगुणकी वृद्धि होती है। तमो गुणको अन्धकार रुप तथा त्रिगुणमय समझना चाहिये। तमोगुण अधर्म को लक्षित करानेवाला तथा पापकरने वाले मनुष्यों में निश्चित रुपसे विद्यमान रहता है। मोह, अज्ञान, त्याग का अभाव, निद्रा, गर्व, भय, लोभ, स्मरण शक्तिका अभाव, हिंसा आदि दोषों में प्रवृत होना, शत्रुता, अश्रद्धा, कुटिलता, आदि सभी दुर्गुण तमो गुणके कार्य है। इनके अतिरिक्त इस लोकमें जो बातें निषिद्ध मानी गयी है, वे सभी तमो गुणी ही है। तथा रजो गुणको प्रकृतिरुप बतलाया गया है, यह सृष्टिकी उत्पत्तिका कारण है। सम्पूर्ण भूतोंमें इनकी प्रवृत्ति देखी जाती है। रजो गुण में संताप, रुप, सुख – दुःख, ऐश्वर्य, विग्रह, मन का प्रसन्न न रहना, बल, शूरता, मद, रोष, पश्चाताप, निंदा, स्तुति, प्रशंसा, तृष्णा, नीति, आदि परिवाद तथा परिग्रह ये सभी रजो गुणके कार्य है। संसार में जो स्त्री, पुरुष, भूत, द्रव्य तथा गृह आदिमें पृथक – पृथक संस्कार होते है, वे भी रजो गुणकी ही प्रेरणा के फल है। मुझे यह वस्तु मिल जाय, वह मिल जाय, इस प्रकार जो विषयोंको पाने के लिये आसक्ति मूलक उत्कंठा होती है, उसका कारण रजो गुण ही है। तथा सभी भूतोंमें प्रकाश, लघुता तथा श्रद्धा यह

सत्वगुणका रुप है। सत्वगुण जो जगत में सम्पुर्ण प्राणियोंका हितकारी तथा श्रेष्ठ पुरुषोंका प्रशंसनीय धर्म है। आनंद, उन्नति, प्रकाश, निर्भयता, संतोष, श्रद्धा, क्षमा, धैर्य, अहिंसा, समता, सत्य, क्रोधका अभाव, किसीके दोष न देखना, पवित्रता ये सत्व गुण के कार्य है। विश्वास, लज्जा, कोमलता, मोह का अभाव, दया, त्याग, फलकी कामना न करना तथा धर्मका निरंतर पालन करते रहना यह सभी सत्वगुण के कार्य है।' इसप्रकार श्रीकृष्ण गुणोंका विश्लेषण कर आत्मा तथा परमात्मा के स्वरुपका विवेचन करते हुए कहने रगे – 'अर्जुन! ब्रह्माजी ने कहा , की 'हम अनुमान प्रमाण के द्वारा इस बातको अच्छी तरह से जानते है कि अन्तर्यामी परमात्मा सत्वस्वरुप आत्मामें स्थित है। इस तत्वको समझे बिना परम पुरुषको प्राप्त करना सम्भव नही है। क्षमा, धैर्य, अहिंसा, समता, सत्य, सरलता, ज्ञान, त्याग, तथा सन्यास ये सात्विक व्यवहार बताये गये है। मनीषी पुरुष इसी अनुमान से उस सत्वस्वरुप आत्माका तथा परमात्मा का मनन करते है।' इसप्रकार का ज्ञान देकर श्रीकृष्ण अर्जुन से कहने लगे – 'अर्जुन! यदि मुझपर तुम्हारा प्रेम हो तो इस अध्यात्म ज्ञानको सुनकर तुम नित्य इसका यथावत पालन करो। इस धर्मका पूर्ण तथा आचरण करनेपर तुम समस्त पापों से छुटकर विशुद्ध मोक्षको प्राप्त कर लोगे। पुर्वमें भी मैने युद्धकालमें उपस्थित होनेपर यही उपदेश तुम्हें सुनाया था।' इतना कहकर श्रीकृष्ण ने सभीकी आज्ञा लेकर द्वारकापुरी की ओर प्रस्थान किया।

महाकाव्य महाभारत के "आश्वमेधिक पर्व" अनुसार अर्जुन अश्वमेध यज्ञ के अश्व का
विधिपूर्वक अनुसरण कर वह जहां – जहां जाता अर्जुन भी उस अश्व के पिछे वहां – वहां

जाते। वह अश्व यथेष्ट गतिसे क्रमशः सभी देशोंमें घूमता तथा अर्जुन के पराक्रम का विस्तार करता हुआ अर्जुन सहित मणिपुर राज्यमें जा पहुंचा। मणिपुर नरेश 'बभ्रुवाहन' ने जब सुना की पिताश्री पधारे है, तब वह ब्राह्मणों को आगेकर बहुतसा धन सहित लेकर विनयके सहित उनके दर्शन के लिये गया। मणिपुर नरेशको इस प्रकार आया देख अर्जुन ने क्षत्रिय धर्मका आश्रय लेकर उसपर कुपित होकर कहा – 'पुत्र! जान पडता है, कि तुम हत्रिय धर्मसे बहिष्कृत हो गये हो। मै महाराज युधिष्ठिर के यज्ञ संबंधी अश्वकी रक्षा करता हुआ तुम्हारे राज्यके भीतर आया हूं। फिर तुम मुझसे युद्ध क्यों नहीं करते? तुमने संसारमें जीवित रहकर भी कोई पुरुषार्थ नहीं किया। तभी तो एक स्त्री की भांति तुम यहां युद्धके लिये आये हुए मुझे शांतिपूर्वक लेनेके लिये चेष्टा कर रहे हो।' अर्जुन जब अपने पुत्र बभ्रुवाहन से ऐसे वचन कह रहे थे, उस समय नागकन्या उलूपी उन वचनों को सुनकर उनके अभिप्राय को जान गयी तथा उनके द्वारा किये गये पुत्रके तिरस्कार को सहन न कर धरती छेदकर वहां चली आयी। उसने देखा कि पुत्र बभ्रुवाहन नीचे मुख किये किसी विचार में पडा हुआ है। तथा पिता उसे बारंबार डांट फटकार रहे है। तब नागकन्या उलूपी धर्मनिपुण बभ्रुवाहन के निकट आकर कहा – 'पुत्र! तुम्हें विदित होना चाहिये कि मै तुम्हारी माता नागकन्या उलूपी हूं। तुम मेरी आज्ञाका पालन करो। इससे तुम्हें महान धर्मकी प्राप्ति होगी। तुम्हारे पिता कुरुश्रेष्ठ वीर युद्धके मदमें उन्मत रहनेवाले है। अतः इनके सहित अवश्य युद्ध करो ऐसा करने से वे तुमपर प्रसन्न होंगे, इसमें संशय नहीं है।' मताके द्वारा इसप्रकार अमर्ष दिलाये जानेपर महातेजस्वी राजा बभ्रुवाहन ने मन – ही – मन युद्ध करने का निश्चय किया। अनन्तर बभ्रुवाहन ने अर्जुन द्वारा सुरक्षित उस अश्वको अश्वशिक्षा विशारद पुरुषोंद्वारा पकडवा लिया। अश्वको पकडा गया देख अर्जुन मन – ही – मन प्रसन्न हुए। यद्यपि वे भूमिपर खडे थे तब भी रथपर सवार अपने पुत्रको युद्धभूमि पर आगे बढनेसे रोकने लगे। तदनन्तर बभ्रुवाहन ने अपने पिता को बाणोंद्वारा बींधकर पिडीत किया। तब अर्जुन ने अपने पुत्रकी प्रशंसा करते हुए कहा – 'पुत्र तुम धन्य हो। तुम्हारे योग्य पराक्रम देखकर मै तुमपर बहुत प्रसन्न हूं। अब मै तुमपर बाण संधान करुंगा तुम सावधान एवं स्थिर हो जाओ।' इसप्रकार कहकर अर्जुन ने बभ्रुवाहन पर बाणों की वर्षा आरम्भ कर दी। किंतु राजा बभ्रुवाहन ने गाण्डीव धनुष से छुटे हुए समस्त बाणों को नष्ट कर दिया। तब अर्जुन ने अपने क्षुर नामक दिव्य बाणोंद्वारा बभ्रुवाहन के रथसे स्वर्णभूषित ध्वजा काट गिरायी। तथा उसके विशालकाय अश्वों के भी प्राण ले लिये। तब रथसे उतरकर राजा बभ्रुवाहन कुपित होकर पैदल ही अपने पिता अर्जुन सहित युद्ध करने लगा। अर्जुन अपने पुत्रके पराक्रमसे अत्यंत प्रसन्न हुए थे। इसकारण वे उसे अधिक पीडा नही देते थे। बभ्रुवाहन पिताको युद्धसे विरत मानकर विषधर सर्पोके समान विषैले बाणोंद्वारा उन्हें पिडा देने लगा। उसने बालोचित अविवेक के कारण परिणामपर विचार किये बिना ही तीक्ष्ण बाणोंद्वारा पिताकी छातीपर एक गहरा आघात किया। वह अत्यंत दुःखदायी बाण अर्जुन के मर्म स्थलको विदीर्ण कर भीतर घुस गया। पुत्रके चलाये हुए उस बाणसे अत्यंत घायल होकर अर्जुन पृथ्वीपर गिर पडे। राजा बभ्रुवाहन युद्धस्थलमें परिश्रम

कर लडा था। वह भी अर्जुन के बाण समुहोंद्वारा पहले से ही बहुत घायल हो चुका था। अतः पिताको धरतीपर पडा देख वह भी युद्धभुमि पर अचेत होकर गिर पडा। मणिपुर नरेश बभ्रुवाहन की माता चित्रांगदा ने अपने पति को अचेत होकर धरतीपर पडा देख वह भी पतिवियोग दुःखसे संतप्त होकर विलाप करती हुई मूर्छित हो गयी तथा पृथ्वीपर गिर पडी। अनन्तर कुछ समय पश्चात चेत आनेपर चित्रांगदाने दिव्यरूप धारिणी नागकन्या उलूपीको समक्ष खडी देख कहा – 'उलूपी! देखो, हम दोनों के स्वामी मारे जाकर रणभूमि में सो रहे है। तुम्हारी प्रेरणा से ही मेरे पुत्रने अर्जुन का वध किया है। तुम तो आर्य धर्मको जाननेवाली हो तथा तुम आर्य को जिवित कर दो।' तदनन्तर कुछ समय पश्चात बभ्रुवाहन को पुनः चेत हुआ। वह अपनी माताको रणभूमी में बैठी विलाप करती देख कहने लगा – 'ब्राह्मणों! मै अत्यंत क्रूर, पापी तथा समरांगण में पिताकी हत्या करनेवाला हूं। बताइये मेरे लिये अब यहां कौनसा प्रायश्चित है?' इसप्रकार कहकर बभ्रुवाहन पुनः नागकन्या उलूपी को देख कहने लगा – 'नागराज कुमारी! देखो, युद्धमें मैंने तुम्हारे स्वामी का वध किया है। अब मै इस शरीर को धारण नही कर सकता। आज मै भी उस मार्गपर जाऊंगा, जहां मेरे पिताश्री गये है।' इसप्रकार कहकर बभ्रुवाहन आचमन कर आमरण उपवास का व्रत लेकर चुपचाप बैठ गया। पिताके शोकसे संतप्त हुआ मणिपुर नरेश बभ्रुवाहन जब माताके सहित आमरण उपवास का व्रत लेकर बैठ गया, तब उलूपी ने संजीवन मणिका स्मरण किया। लोगोंके जीवनकी आधारभूत वह मणि उसके स्मरण करते ही वहां आ गयी। तब उस मणिको लेकर उलूपी ने कहा – 'पुत्र! उठो, शोक न करो। वे अर्जुन तुम्हारे द्वारा परास्त नही हुए है। ये तो सभी मनुष्यों तथा देवताओंके लिये भी अजेय है। यह तो मैने आज तुम्हारे यशस्वी पिता पुरुषवर अर्जुन का प्रिय करने के लिये मोहिनी माया दिखलायी है। पुत्र! तुम इनके पुत्र हो अर्जुन संग्राम में जुझते हुए तुम जैसे पुत्रका बल पराक्रम जानना चाहते थे। इसीलिये मैने तुम्हें युद्धके लिये प्रेरित किया है। तुम स्वयंपर अणुमात्र पापकी भी आशंका न करो। मै दिव्यमणि ले आयी हूं, यह सदा युद्धमें मृत नागराजों को जिवित करती है। तुम इसे लेकर अपने पिताकी छातीपर रख दो, वे जिवित हो जायेंगे।' उलूपी के इसप्रकार कहनेपर निष्पाप बभ्रुवाहन ने अपने पिता की छातीपर स्नेहपूर्वक वह मणि रख दी। उस मणिके रखते ही वीर अर्जुन पुनः जीवित हो उठे। अपने मनस्वी पिता अर्जुन को सचेत एवं स्वस्थ देख बभ्रुवाहन ने उनके चरणों में प्रणाम किया। अर्जुन भली भांति स्वस्थ होकर अपने पुत्र बभ्रुवाहन को हृदयसे लगा लिया। रणभूमि में अर्जुनने जब बभ्रुवाहन की शोकाकुल माता चित्रांगदा को उलूपी सहित खडी देख बभ्रुवाहन से पूछा – 'पुत्र! यह सम्पूर्ण समरांगण शोक, विस्मय तथा हर्षसे युक्त क्यों दिखाई देता है? तुम्हारी माता किसलिये रणभूमि में आयी है। इस नागराज कन्या उलूपी का आगमन यहां क्यों हुआ है? मै तो इतना ही जानता हूं कि तुमने मेरे कहनेपर युद्ध किया है; किंतु यहां स्त्रियोंके आनेका क्या कारण है, मै जानना चाहता हूं।' पिता के इसप्रकार पूछनेपर बभ्रुवाहन ने कहा – 'पिताश्री! यह वृत्तांत आप माता उलूपी से पूछिये।' तब अर्जुनने उलूपी से कहा – 'उलूपी! इस रणभूमि में तुम्हारे तथा चित्रांगदा के आनेका क्या

कारण है? मैने वा बभ्रुवाहन ने अज्ञात वश तुम्हारा कोइ अप्रिय तो नही किया है?' अर्जुन का यह प्रश्न सुनकर नागराज कन्या उलूपीने कहा – 'आर्य! आपने वा बभ्रुवाहन ने मेरा कोइ अपराध नही किया है। यहां आकर मैने जिस कार्यको किया है वह सुनिये। प्रभो! सबसे पुर्व मै आपके चरणों में शिश रखकर आपको प्रसन्न करना चाहती हूं। यदि मुझसे दोष हो गया हो तो उसके लिये आप मुझपर क्रोध न करे। क्योंकि मैने जो कुछ किया है, वह आपकी प्रसन्नता के लिये किया है। आर्य! महाभारत युद्धमें आपने जो पितामह भीष्मका अधर्मपूर्वक वध किया था, उस कार्यका यह प्रायश्चित कर दिया गया। वीर! आपने अपने सहित जूझते हुए पितामह भीष्म का वध नही किया, वे शिखण्डी सहित उलझे हुए थे। ईस दशामें शिखण्डी के माध्यम से आपने उनका वध किया था। उसका प्रायश्चित किये बिना ही यदि आप प्राणोंका परित्याग करते तो उस पापकर्म के प्रभाव से आप निश्चय ही नर्क में पडते। आर्य! पूर्वकाल में वसुओं तथा गंगाजी ने इसी रुपमें उस पापका प्रायश्चित निश्चित किया था; जिसे आपने अपने पुत्रसे पराजय के रुपमें प्राप्त किया है। पुर्वमें एक दिन मै गंगा के तटपर गयी। वहां पितामह भीष्म के वध के पश्चात वसुओंने आपके संबंध में महानदी गंगा के तटपर एकत्र होकर कहा – 'भाविनी! ये शांतनुनंदन भीष्म संग्राम में अन्य के सहित उलझे हुए थे। अर्जुन सहित युद्ध नहीं कर रहे थे तब भी अर्जुन ने उनका वध कर दिया। इस अपराध के कारण हम सभी आज अर्जुन को शाप देना चाहते है।' यह सुनकर देवी गंगाने कहा – 'ऐसा ही होना चाहिये।' उनके कथन सुनकर मेरी इंद्रीयां व्यथित हो उठी। तब पाताल में प्रवेश कर मैने अपने पिताको यह कह सुनाया, यह सुन पिताश्री को भी खेद हुआ। वे तत्काल वसुओं के निकट जाकर उन्हें बारंबार प्रयत्न कर आपके लिये उनसे क्षमा याचना करने लगे। तब वसुओंने पिताश्री से कहा – 'नागराज! मणिपुर का नवयुवक राजा बभ्रुवाहन अर्जुनका पुत्र है। वह युद्ध भूमिमें खडा होकर अपने बाणों द्वारा जब उन्हें धाराशायी कर देगा, तब अर्जुन हमारे शापसे मुक्त हो जायेगें।' वसुओं के इस प्रकार कहनेपर मेरे पिताने आकर मुझसे यह कहा। इसे सुनकर मैने इसीके अनुसार चेष्टा की है तथा आपको उस शापसे मुक्त कराया है। प्रभो! मै समझती हुं कि इसमें मेरा कोइ दोष नही है। अथवा आपकी क्या धारणा है? क्या यह युद्ध कराकर मैने कोई अपराध किया है?' उलूपी के इसप्रकार कहनेपर अर्जुन का चित प्रसन्न हो गया तथा उन्होंने कहा – 'देवी! तुमने जो यह कार्य किया है, यह मुझे अत्यंत प्रिय है।' उलूपी से इसप्रकार कहकर अर्जुन अपने पुत्र बभ्रुवाहन से कहने लगे – 'पुत्र! आगामी चैत्रमासकी पूर्णिमा को महाराज युधिष्ठिर के यज्ञका आरंभ होगा। उसमे तुम अपनी इन दोनों माताओं तथा मंत्रियों के सहित अवश्य आना।' पिताश्री के वचन सुनकर बभ्रुवाहन कहने लगा – 'धर्मज्ञ! आपकी आज्ञासे मै अश्वमेध महायज्ञ में अवश्य उपस्थित होऊंगा। किंतु पिताश्री! इस समय आपसे एक प्रार्थना है। आज मुझपर कृपा करने के लिये अपनी इन दोनों धर्मपत्नीयों के सहित इस नगरमें प्रवेश किजिये। यह भी आप ही का गृह है।' पुत्रके इसप्रकार कहनेपर अर्जुन ने मुस्कुराते हुए कहा – 'पुत्र! यह तो तुम जानते ही हो? कि मै दीक्षा कर विशेष नियमों के पालनपूर्वक विचर रहा हूं। जब तक यह दीक्षा पूर्ण नही हो जाती तब

तक मै तुम्हारे नगरमें प्रवेश नही करुंगा। यह यज्ञ का अश्व अपनी इच्छानुसार चलता है। इसे कहीं भी रोकने का नियम नहीं है।' इतना कहकर अर्जुन बभ्रुवाहन तथा अपनी दोनों भार्यायों की अनुमति लेकर वहांसे चल दिये।

24

अभिमन्यु

महाकाव्य महाभारत के "विराट पर्व" अनुसार पांडवों का अज्ञातवास समाप्त होनेपर राजा विराट ने उन सभी के दर्शन कर उनसे कहा – 'पांडवों! आप सभी सौभाग्य से वनसे कुशलपूर्वक यहां आये हो। तथा सौभाग्य ही से उन दुष्टोंसे छिपकर आपने हमारे राज्य में निवास किया है। हे कुन्तीपुत्रों! यह राज्य तथा और जो कुछ धन है, उन्हें आप बिना किसी संशय के स्वीकार करें। तथा सव्यसाची अर्जुन उत्तराको स्वीकार करें, क्योंकि ये पुरुश्रेष्ठ उत्तराके योग्य पति होंगे।' राजा विराटके वचन सुनकर अर्जुन ने उनसे कहा – 'हे राजन्! आपका तथा महाराज युधिष्ठिर का सम्बंध होना उचित है। किंतु मै आपकी पुत्रीको अपनी पुत्र वधुके रुपमें स्वीकार कर सकूंगा।' अर्जुन के इसप्रकार कहनेपर राजा विराटने उनसे पुछते हुए कहा – 'हे पांडवश्रेष्ठ! स्वयं मेरे द्वारा दी जाती हुई मेरी पुत्रीको तुम अपनी पत्नीके रुपमें क्यों नही स्वीकार करना चाहते?' तब अर्जुन ने कहा – 'हे राजन्! मैने आपके रानीवास में एक वर्ष वास किया है। आपकी पुत्रीके सभी प्रगट तथा गुप्त भावोंको जानता हूं। तथा वह भी मुझपर पिताके समान विश्वास करती है। आपके कन्या सहित मैने रानीवास में एक वर्ष व्यतित किया है, इसलिये आपके तथा लोगों के मनमें शंका उत्पन्न हो सकती है। गायन कलामें अत्यंत निपुण मै उसके नृत्यका शिक्षक रहा हूं। वह भी मुझे गुरुके रुपमें मानती है। इसलिये हे राजन्! मै आपकी पुत्रीको अपनी पुत्रवधू के रुपमें मांगता हूं। इसप्रकार करने से मै भी शुद्ध, जितेंद्रिय तथा पवित्र सिद्ध हो सकूंगा, तथा आपकी पुत्रीके चरित्रको भी पवित्र सिद्ध कर सकूंगा। पुत्र तथा पितामें तथा स्नुषा दुहिता में कुछ भेद नही होता, इस सम्बंध में मै किसी प्रकारकी शंका भी नहीं देखता। इस संबंध से दोनों कुलोंकी पवित्रता सिद्ध हो जायेगी। मेरा पुत्र चक्रधारी श्रीकृष्ण का भानजा मानो साक्षात देवपुत्र है। वह श्रीकृष्ण का प्रिय तथा सभी अस्त्रों को जाननेवाला है। "अभिमन्यु" नामक मेरा महाबाहु पुत्र आपकी पुत्री उत्तरा का पति होने योग्य है।' तब राजा विराट ने कहा – 'कुरुओंमे श्रेष्ठ कुन्तीपुत्र अर्जुन के यह योग्य ही है। पांडुपुत्र अर्जुन ही इस प्रकार धर्मपरायण तथा ज्ञानी हो सकते है। हे अर्जुन! जैसी तुम्हारी इच्छा हो वैसा ही करो। अर्जुन जिसके सम्बन्धी है, उस मनुष्य के सभी मनोरथ

सिद्ध हो जायेंगे।' अर्जुन तथा राजा विराट के वचन सुनकर महाराज युधिष्ठिर ने भी इस विवाह को स्वीकार कर लिया। कुन्तीपुत्र अर्जुनने उस अनिन्दित अंगोंवाली विराटपुत्री उत्ताको सुभद्रासे उत्पन्न अपने पुत्र अभिमन्यु के लिये स्विकार कर लिया। तदनन्तर महाराज युधिष्ठिर ने श्रीकृष्ण की सम्मति से सुभद्रापुत्र महात्मा अभिमन्यु का विवाह कराया। इस विवाह में राजा विराट ने महाराज युधिष्ठिर को वायुके समान शीघ्र चलनेवाले सात सहस्त्र अश्व, गजराज तथा बहुतसा धन दिया। विवाह के पश्चात महाराज युधिष्ठिर ने वह धन ब्राह्मणों को दान दे दिया। तदनन्तर विवाह के पश्चात अभिमन्यु को उत्तरा से "परिक्षित" नामक पुत्र की प्राप्ती हुई।

अभिमन्यु ने महाभारत युद्धमें पांडव सेना की ओर से युद्ध लढा था। महाभारत युद्धमें अभिमन्यु ने समक्ष रहकर शत्रुओंका सामना किया। अभिमन्यु ने युद्धमें कभी भी अपना मुख विकृत नहीं किया। रणभूमि में अर्जुन संशप्तकों के सहित युद्ध करते हुए संग्रामभूमिसे बहुत दूर चले गये थे। इस अवसर का लाभ उठाकर क्रोध में भरे हुए द्रोणाचार्य तथा कर्ण आदि वीरोंने एकत्र होकर अभिमन्यु को चारों ओर से घेर लिया था। यदि अभिमन्यु एक – एक वीरके सहित ही युद्ध करते तो रणभूमि में वज्र धारी इंद्र भी उन्हें परास्त नही कर सकते थे। अभिमन्यु ने लाखों राजाओंके समूहोंको मारकर द्रोण तथा कर्ण सहित युद्ध करते – करते वह बहुत थक गये, इस अवसर का सदुपयोग कर दुःशासन पुत्र ने अभिमन्यु का वध कर दिया।

25

परिक्षित

महाकाव्य महाभारत के "आश्वमेधिक पर्व" अनुसार राजा परिक्षित ब्रह्मास्त्र से पिडित होनेके कारण चेष्टाहीन मृत के समान उत्पन्न हुए थे। पुत्र जन्मका समाचार सुनकर हर्षमें भरे हुए लोगोंके सिंहनाद से एक महान कोलाहल सुनायी पडा, जो सम्पूर्ण दिशाओं में प्रविष्ट हो पुनः शांत हो गया। इससे भगवान् श्रीकृष्ण के मन तथा इंद्रीयों में व्यथा सी उत्पन्न हो गयी। वे शीघ्र ही अन्तःपुर जा पहुंचे। वहां उन्होंने अपनी बुआ कुन्तीको बडे वेगसे आती देखा, जो बारंबार उन्हींका नाम लेकर पुकार लगा रही थी। माता कुन्ती के पीछे द्रौपदी, सुभद्रा तथा अन्य बन्धु बान्धवों की स्त्रीयां भी करुण स्वरसे बिलख – बिलख कर रो रही थी। श्रीकृष्ण के निकट पहुंचकर माता कुन्ती ने नेत्रोंसे अश्रु बहाती हुई गदगद वाणी में कहा – 'कृष्ण! तुम्ही हमारे आधार हो, इस कुलकी रक्षा तुम्हारे ही अधीन है। यदुवीर! जो तुम्हारे भानजे अभिमन्यु का बालक है, अश्वत्थामा के अस्त्रसे मृत ही उत्पन्न हुआ है। अश्वत्थामा ने जब अस्त्रका प्रयोग किया था, उस समय तुमने प्रतिज्ञा की थी, की "मैं उत्तराके मृत बालक को भी जीवित कर दूंगा।" यही वह बालक है, जो चेतना हीन जन्मा है। इसपर अपनी कृपादृष्टि डालो। इसे जीवित कर उत्तरा, सुभद्रा तथा द्रौपदी सहित मेरी रक्षा करो।' माता कुन्ती के इसप्रकार कहने के पश्चात सुभद्रा ने श्रीकृष्ण से कहा – 'भ्राताश्री! आप अपने सखा पार्थके पुत्र की दशा तो देखीये। कौरवों के नष्ट हो जानेपर इसका जन्म हुआ, किंतु यह भी गतायु होकर नष्ट हो गया। अभिमन्यु पांचों भाइयों को अत्यंत प्रिय था। उसके पुत्रकी यह दशा देख पांडव क्या कहेंगे? अभिमन्यु जैसे वीर का पुत्र मृत देह के स्वरुप में जन्मा है, इससे बढकर दुःखकी बात और क्या हो सकती है? भ्राताश्री! मैं आपसे याचना करती हूं, कि इस बालक को जीवन दान देकर आप पांडवोंपर महान अनुग्रह किजिये।' सुभद्रा के इसप्रकार कहनेपर श्रीकृष्ण दुःखसे व्याकुल हो उसे प्रसन्न् करते हुए उच्चस्वरमें कहने लगे – 'बहिन! ऐसा ही होगा।' इतना कहकर श्रीकृष्ण शीघ्र ही परिक्षित के जन्मस्थान पर गये। जो पुष्पोंकी मालाओं से विधिपूर्वक सज्जीत किया गया था। उसके चारों ओर जलसे भरे कलश रखे गये थे, तथा यत्र तत्र सरसों बिखेरी गयी थी। जन्मस्थान को इस प्रकार आवश्यक वस्तुओं से सुसज्जीत

देख भगवान् श्रीकृष्ण बहुत प्रसन्न हुए। श्रीकृष्ण को वहां देख उत्तरा व्यथित हृदय से करुण विलाप करती हुई गद्गगद कण्ठसे कहने लगी – 'जनार्दन! देखिये, आज मै तथा मेरे पति दोनों ही संतान हीन हो गये। आर्यपुत्र तो युद्धमें वीर गतिको प्राप्त हुए है; किंतु मै पुत्रशोक से मारी गयी। इसप्रकार हम दोनों ही संतान हीन हो गये। वीर मधुसुदन! मै आपके चरणों में मस्तक रखकर आपका कृपाप्रसाद प्राप्त करना चाहती हूं। द्रोणपुत्र अश्वत्थामाके अस्त्रसे दग्ध हुए मेरे इस पुत्र को जीवित कर दिजिये।' श्रीकृष्ण से इसप्रकार कहकर पुत्रशोकसे पिडित वह विराट कुमारी उत्तरा उस समय दो घडी तक मूर्छा में पडी रही। कुछ समय पश्चात उत्तरा को जब चेत आया तब उस मृत बालकको गोंदमें लेकर कहने लगी – 'पुत्र! तु तो धर्मज्ञ पिताका पुत्र है। फिर तेरे द्वारा जो अधर्म हो रहा है, उसे तु क्यों नहीं समझता? वृष्णिवंश के श्रेष्ठ वीर भगवान् श्रीकृष्ण समक्ष खडे है, तब भी तु इन्हें प्रणाम क्यों नहीं करता?' उत्तरा का यह विलाप सुन भगवान श्रीकृष्ण ने कहा – 'पुत्री उत्तरा! मैंने जो प्रतिज्ञा की है, वह सत्य होकर ही रहेगी। मै समस्त देहधारियों के देखते-देखते अभी इस बालकको जीवित कर देता हूं।' यदि धर्म तथा ब्राह्मण मुझे विशेष प्रिय हो तो अभिमन्यु का यह पुत्र, जीवित हो जाय। यदि मुझमें सत्य तथा धर्मकी निरन्तर स्थिति बनी रहती हो तो अभिमन्यु का यह पुत्र जीवित हो जाय।' भगवान् श्रीकृष्ण के ऐसा कहनेपर उस बालकमें चेतना आ गयी, वह धीरे-धीरे अंग संचालन करने लगा। इसप्रकार श्रीकृष्ण की कृपासे परिक्षित को पुनर्जीवन प्राप्त हुआ। तदनन्तर श्रीकृष्ण ने उस बालक का नामकरण करते हुए कहा, कि "कुरुकुलके परिक्षीण हो जानेपर यह अभिमन्यु का बालक उत्पन्न हुआ है, इसलिये इसका नाम 'परिक्षित' होना चाहिये।" इसप्रकार परिक्षित का नामकरण श्रीकृष्ण द्वारा संपन्न हुआ। अनन्तर उचित समय आने पर परिक्षित को हस्तिनापुर के राजसिंहासन पर अभिषिक्त कर दिया गया। राजा बनने के पश्चात वे साक्षात धर्मके अवतार के समान धर्म पथका अवलम्बन कर चारों वर्णोंको निज-निज धर्ममें स्थापित कर प्रजाकी रक्षा करते थे। वे प्रजापति के समान सभी प्रजाको समान दृष्टिसे देखते थे तथा कभी पक्षपात नही करते थे। ब्राह्मण , क्षत्रिय, वैश्य, शुद्र सभी राजासे सुरक्षित होकर प्रसन्न चितसे अपने कार्यमें लगे रहते थे। वे राजा परिक्षित राजधर्म तथा अर्थ में निपुण, सर्व गुणोंसे भूषित जितेंद्रिय, आत्मवान मेधायुक्त तथा वृद्धों द्वारा सेवित थे।

अनन्तर राजा परिक्षित एक समय वनमें एक मृगको बींधकर उसके पीछे-पीछे धनुष लेकर दौडते हुए घने वनमें प्रविष्ट हुए। राजा परिक्षित से बिंधा हुआ कोई मृग जीवित रहकर वनमें भाग नहीं सकता था। किंतु यह मृग परिक्षित द्वारा बिंध कर अदृश्य हो गया। उस मृगके द्वारा बहुत दूर ले जाये गये, थके मांदे तथा प्याससे पिडित राजा परिक्षित ने उस वनमें एक मुनिको देखा। राजा परिक्षित ने भूख तथा थकावटसे कातर होकर व्रतमें रत उस मुनिके निकट जाकर उनसे पूछा कि "हे ब्राह्मण! मै अभिमन्यु का पुत्र राजा परिक्षित हूं; मेरे द्वारा बींधा हुआ एक मृग अदृश्य हो गया है, क्या आपने उसे देखा है?" मौनव्रत धारण

किये हुए उस मुनिने राजाको कुछ उत्तर नही दिया; तब राजाने क्रोधवश होकर धनुष्य के अन्तिम भागसे एक मृत सर्पको उठाकर उस मुनिके गलेमे डाल दिया। किंतु उस मुनिने राजाके इस कार्यकी उपेक्षा कर दी तथा मुनिने उनसे भला अथवा बुरा कुछ भी नहीं कहा। राजाने ऋषिको इस दशामें देखकर क्रोध त्यागकर कातर हृदयसे राजधानी लौट गये। तथा ऋषि वहां उसी दशामें बैठे रहे। उस ऋषिका "शृंगी" नामक एक पुत्र था; वह अति तेजस्वी, महातपस्वी तथा बडा व्रतनिष्ठ था; उसके क्रोधित होनेपर उसे प्रसन्न करना बहुत कठिन था। वह कभी – कभी भली प्रकार नियतेन्द्रिय होकर सभी प्राणियों के हितमें रत रहनेवाले पितामह ब्रह्माके निकट जाया करता था। जिस दिन राजा परिक्षित ने ऋषिके गलेमें सर्प डाल दिया था, उस दिन वह पितामह से आज्ञा पाकर गृह लौट रहा था। इसी मध्य उसके मित्र 'कृश' नामक ऋषि पुत्रने हंसते हुए पिताका हाल सुनाते हुए कहा – 'हे शृंगिन्! तुम जैस तेजस्वी बालकके पिता एक मृतक को गलेमें धारण कर रहे है। तुम अभी गृह जाकर देखो, तुम्हारे पिता गलेमें एक मृत सर्पको धारण किये हुए है।' कृशके द्वारा इसप्रकार कहे जानेपर वह तेजस्वी शृंगी पिताके द्वारा मृत सर्पको धारण करने की बात सुनकर क्रोधित होकर मनकी पिडासे जलने लगा। तथा कृशकी ओर देख मीठी वाणी से उस कृशसे पूछा की "मेरे पिता मृत को धारण करनेवाले कैसे बने?" तब कृश ने कहा – 'हे शृंगिन्! आज राजा परिक्षित मृगयामें अपने शिकार के पीछे दौडते हुए आये तथा तुम्हारे पिताके गलेमें मृत सर्प लपेट गये है।' यह सुनकर शृंगी ने कहा – 'हे कृश! तुम विचार कर कहो, मेरे पिताने उस दुरात्मा राजाका कौनसा अनिष्ट किया था, जो उन्होंने ऐसा व्यवहार किया।' शृंगी के इसप्रकार पुछनेपर कृश ने कहा – 'राजा परिक्षित मृगया के लिये निकल एक मृगको बींधकर अकेले ही उसका पीछा किया। वनमें घुमते हुए राजाने मृगको नहीं देखा। तथा उस वनमें तुम्हारे पिताको देख उनसे बार-बार भागे हुए मृगके विषयमें पूछा मौनव्रत को धारण किये होने के कारण तुम्हारे पिताने राजाको कुछ उत्तर नही दिया। तब राजाने धनुषके अन्तिम भागसे एक मृत सर्पको ऊनके गलेमें लपेट दिया तथा तुम्हारे व्रतशिल पिता अब भी उसी दशामें है, राजा परिक्षित भी हस्तिनापुर लौट गये है।' यह सुनकर शृंगी ऋषिने जल लेकर राजाको शाप देते हुए कहा – 'राजाओं में सर्वाधिक पापी जिस राजाने मौनव्रत कठिन तपस्यामें रत मेरे वृद्ध पिताके गलेमें मृत सर्प डाल दिया है। उस कुरुवंशको कलंकित करनेवाले तथा ब्राह्मणों का अपमान करनेवाले राजाको भयंकर विषधारी तीक्ष्ण तेजवाला 'तक्षक' मेरे वाक्यसे प्रेरित होकर अति क्रोधित होकर आजसे सातवीं रात्रीमें यमराज के गृह की ओर ले जायेगा।' क्रोधित हुआ शृंगी इस प्रकार राजाको शाप देकर मृतसर्पको धारण किये हुए अपने पिताके निकट गया। तथा अति दुःखित होकर कहने लगा – 'पिताश्री! उस दुरात्मा राजा परिक्षित के द्वारा आपका यह अपमान सुनकर मैंने उसे क्रोधसे उसके कुकार्यके योग्य ही कठोर शाप दिया है। कि आज से सातवें दिन सर्पश्रेष्ठ तक्षक उस पापीको यमके गृह पहुंचायेगा।' यह सुनकर शृंगी के पिता "शमीक" नामक ऋषि ने अपने पुत्र शृंगी से कहा – 'हे पुत्र! तुमनें मेरा प्रिय कार्य नही किया, तपस्वियों का यह धर्म नही है। हम उस राजाके राज्यमें बसते है तथा वह भी न्यायानुसार

हमारी रक्षा कर रहे है, इसलिये उनका पाप ध्यानमें लाने योग्य नहीं है। हे पुत्र! न्यायमें रहनेवाले राजाके दोष करने पर भी उनको क्षमा करना हमारा कर्तव्य है, अन्यथा धर्मको नष्ट करने से धर्म भी हमें निसंदेह नष्ट कर देता है। यदि राजा हमारी रक्षा न करे, तो हमें भारी दुःख प्राप्त होंगे तथा तब हे पुत्र! हम सुखसे धर्मका अनुष्ठान भी नहीं कर सकेंगे। हे पुत्र! शास्त्रोंका अध्ययन कर तदनुसार आचरण करनेवाले राजाओं से भली प्रकार रक्षित होकर हम बहुत धर्मार्जन किया करते है। अतः राजा धर्मतः हमारे द्वारा किये गये धर्ममें उनका भी अंश होता है। विशेष कर जिस प्रकार से प्रजाओंका राजाको पालन करना चाहिये, परिक्षित भी उसी प्रकार से अपने प्रपितामह पांडु राजाके समान हमारी रक्षा कर रहे है। उस भूखे तथा थके हुए राजाने मेरे मौनव्रतको न जानकर ही निसंदेह ऐसा किया है। अतः हे पुत्र! तुमने बालस्वभावसे ही ऐसा कुकर्म किया है, राजाको शाप देना हमारे लिये किसी प्रकार योग्य नही है।' पिताके कथन सुनकर शृंगी ने कहा – 'हे पिताश्री! यदि राजा परिक्षित को शाप देना मेरा साहस हो अथवा राजाको शाप देकर मैने कुकर्म ही किया हो तथा यह मेरा कर्म आपको प्रिय वा अप्रिय लगे जो कुछ भी हो, किंतु मेरे कहे हुए वचन व्यर्थ नही होगें।' तब शमीक ऋषिने कहा – 'पुत्र! मै तुम्हें भली प्रकार से जानता हूं, पुर्वमें कभी तुमने असत्य नही कहा है। तुम्हारा दिया हुआ यह शाप भी मिथ्या नही होगा। वय प्राप्त होनेपर भी सदा उसे उपदेश देना पिताका कर्तव्य है ताकि वह पुत्र गुणवान हो तथा यश प्राप्त करें। पुत्र! मै शांतिका आश्रय कर आज जितना संभव हो सके सभी कार्य करूंगा। राजा को यह बात अवश्य ही कहला भेजूंगा कि "हे राजन्! आपके द्वारा किया हुआ मेरा यह अपमान देखकर असहिष्णु अत्यंत क्रोधी तथा अल्पबुद्धीवाले मेरे पुत्रने आपको शाप दिया है।" तदनन्तर शमीक ऋषिने "गौरमुख" नामक अपने उत्तम शील स्वभाव वाले शिष्यको राजाका कुशल समाचार पूछकर उन्हे सब समाचार कह सुनाने के लिये राजा परिक्षित के निकट भेजा। गौरमुख शीघ्र ही हस्तिनापुर पहुंचकर राजा परिक्षित के भवन में प्रविष्ट हुआ। तथा गौरमुख ने मन्त्रियों के समक्ष ही राजासे शमीक मुनिके कहे हुए कठोर समाचार आदि से अंत तक सुनाते हुए कहा – 'राजन्! शमीक ऋषिने आपसे बार-बार कहा है कि आप अपनी रक्षा करें, क्योंकि वह शाप किसीके द्वारा भी व्यर्थ नही किया जा सकता। ऋषि भी किसी प्रकार से क्रोधयुक्त पुत्रको शांत न कर सके, इस कारण हे राजन्! आपका हित चाहनेवाले शमीक ऋषि द्वारा मै भेजा गया हूं।' जब राजा परिक्षित ने यह जाना की, मौनव्रतको धारण करने के कारण मुनिने उनके प्रश्नका उत्तर नही दिया, तब राजा को अत्यंत दुःख हुआ। राजा परिक्षित क्षमाशील ब्राह्मणके अपमान का स्मरण कर जैसे दुःखीत हुए वैसे अपनी मृत्युका समाचार सुनने पर भी नही हुए। अनन्तर यह प्रार्थना कर की भगवन् शमीक मुनि मुझ पर प्रसन्न होवे, राजाने गौरमुख को विदा किया। तब उस गौरमुख के लौट जाने पर राजा शोकसे पिडित होकर उसी क्षण मंत्रियोंसे मंत्रणा करने लगे। स्वयं मन्त्रतत्त्वों के ज्ञाता होकर भी उन्होंने मन्त्रियों से विचार कर भली प्रकार से सुरक्षित एक स्तम्भवाला महल बनवाया। तथा रक्षाके निमित्त चिकित्सक तथा औषधियां समीप रखी तथा मन्त्रमें सिद्ध ब्राह्मणोंको शरीर कि रक्षाके निमित्त चारों ओर

नियुक्त किया। परम धार्मिक वह राजा परिक्षित मन्त्रियों से चारों ओरसे सुरक्षित होकर वहीं रहकर सभी राजकार्य करने लगे।

अनन्तर सातवें दिनके आ पहुंचने पर विद्वान कश्यप उस राजाकी चिकित्सा करने के लिये चले जा रहे थे। उन्होंने सुना था, कि आज सर्पश्रेष्ठ तक्षक राजा परिक्षित को यमराज के गृह पहुंचावेगा। इससे उन्होंने मन ही मनमें निश्चय किया था, कि सर्पनाथ के द्वारा उस राजाको काटने पर मै उन्हें विषसे मुक्तकर राजाको आरोग्य प्रदान करुंगा, ऐसा करनेसे मुझे अर्थ तथा धर्म दोनों प्राप्त होंगे।' यह विचार करते हुए एक चित्त होकर जाते हुए कश्यप ऋषि को मार्गमें नागराज तक्षक ने देखा तथा एक वृद्ध ब्राह्मण का वेश धारण कर उसने मुनिश्रेष्ठ कश्यप से कहा – 'हे मुनिश्रेष्ठ! आप शीघ्रता से कहां जा रहे है? आप कौनसा कार्य करना चाहते है?' तब कश्यप मुनिने ब्राह्मण रुपधारी तक्षक से कहा – 'आज सर्पनाग तक्षक कुरूकुल में उत्पन्न शत्रुनाशी राजा परिक्षित को विषसे जलावेगा। सर्पराज द्वारा राजाके काटे जानेपर शीघ्र ही उन्हें आरोग्य प्रदान करने के लिये मैं राजा परिक्षित के निकट जा रहा हूं।' तब तक्षक ने कहा – 'हे ब्राह्मण! मै ही वह तक्षक हूं तथा मै ही राजा परिक्षित को भस्म करुंगा। मेरे द्वारा काटे हुए की चिकित्सा तुम नही कर सकोगे अतः तुम लौट जाओ।' तब मुनि कश्यप ने कहा – 'हे नाग! यह मुझे निश्चय है कि तुम्हारे द्वारा काटे गये राजाको मै अपने विद्याके बलसे अवश्य बचा सकूंगा।' कश्यप मुनिके वचन सुनकर तक्षक ने कहा – 'हे मुनिश्रेष्ठ! यदि तुम मेरे काटे हुए प्राणिकी चिकित्सा करने में समर्थ हो तो, मेरे द्वारा काटे हुए इस वृक्षको जीवित कर दो। तुम्हारे समक्ष ही मै बरगदके वृक्षको जलाता हूं तथा तुम उसे जीवित करो।' तब कश्यप मुनिने नागराज तक्षक से कहा – 'हे नागनाथ! यदि तुम ऐसा अहंकार करते हो, तो इस वृक्षको नष्ट करो, तथा तुम्हारे द्वारा नष्ट हुए इसे मै पुनः जीवित अर्थात हराभरा कर दूंगा।' कश्यप ऋषिके वचन सुन तक्षक ने बरगद के वृक्षको अपने विषसे भस्म कर दिया। तक्षक के विषसे वह बरगद का वृक्ष चारों ओरसे जलने लगा। तब सर्पराज तक्षक के तेजसे भस्म हुए वृक्षकी भस्म लेकर कश्यप ऋषिने कहा – 'हे सर्पराज! आज इस वृक्षपर मेरी विद्याका बल देखो, तुम्हारे समक्ष ही मै इसे जीवित करता हूं।' पश्चात द्विजश्रेष्ठ विद्वान भगवान् कश्यपने उस भस्म हुए वृक्ष को विद्याके बलसे जीवित कर दिया। ऋषि कश्यप के द्वारा वृक्षको हराभरा देख तक्षक ने कहा – 'हे ब्राह्मण! यह तुम्हारे लिये बडे आश्चर्य का विष नही है, कि तुम मेरे अथवा मेरे सद्दश्य किसी अन्य सर्प के विषको दूर कर सकते हो। किंतु हे तपोधन! तुम राजाके निकट किस वस्तुको पानेकी इच्छासे जा रहे हो। तुम उस राजाश्रेष्ठ से जो वस्तु पानेकी अभिलाषा करते हो वह यद्यपि दुर्लभ भी हो तो भी मै तुम्हें दे दूंगा। हे ब्राह्मण! ब्राह्मण के शापसे ग्रस्त होनेके कारण जिसकी आयु समाप्त हो चुकी है, ऐसे राजाको जीवित करने के कार्य में प्रयत्न करनेवाले तुम्हारी सिद्धि संदेह युक्त ही रहेगी अर्थात उसे जीवित करनेमें तुम सफल हो सकोगे इसमें संदेह ही है। अतएव यदि तुम उसे स्वस्थ न कर सके तो तुम्हारा तीनों लोकोंमें प्रसिद्ध तेजस्वी यश इस संसार

में किरणों से रहित सुर्यकी भांति नष्ट हो जयेगा।' तब ऋषि कश्यप ने कहा – 'हे सर्पराज! मै धनकी आशासे वहां जा रहा हूं, यदि तुम वह धन मुझे दो; तो मै अपने गृह लौट जाऊंगा।' ऋषि द्वारा इसप्रकार कहे जानेपर तक्षक ने कहा – 'हे द्विजोत्तम! तुमने उस राजासे जितना धन पानेकी आशा की है, उससे भी अधिक धन मै आज तुम्हें दे दूंगा, अतः तुम अपने गृह लौट जाओ।' कश्यप मुनि तक्षक के वचन सुनकर राजा परिक्षित के विषय में विचार करने लगे तथा दिव्य ज्ञानके प्रभावसे यह देखकर कि, राजा परिक्षित की आयु क्षीण हो चुकी है, मुनिश्रेष्ठ तेजस्वी कश्यप तक्षक से यथेच्छ धन पाकर लौट गये। ऋषि कश्यप के लौट जानेपर तक्षक तुरन्त ही हस्तिनापुर नगरकी ओर चला तथा जाते हुए पथमें उस तक्षक ने सुना, की "राजा विष हरनेवाली औषधियां तथा मंत्रोंसे बडे यत्नसे आपनी सुरक्षा कर रहे है।" तब उस तक्षक ने अपने साथी नागोंको तपस्वी के वेश में फल, पत्र तथा उदक लेकर राजाके निकट भेजते हुए कहा – 'तुम बिना व्याकुल हुए किसी कार्यके बहाने उस राजाको फल, पत्र तथा जल देने के लिये जाओ।' उन सर्पोंने तक्षक की आज्ञानुसार वैसा ही किया तथा राजाको दर्भ तथा फल दिया। राजा परिक्षित ने वह सब लिया तथा उन्हें जानेके लिये कहा। तपस्वीयों का रुप धारण किये हुए उन नागोंके चले जानेपर राजाने अपने मंत्रियोंके सहित बैठकर वे फल खाने चाहे, राजाने जो फल उठाया उसमें एक अणूके समान सुक्ष्म काले नेत्रवाला, कीट बैठा हुआ था। राजा परिक्षित ने उस कीट को पकडकर मंत्रियों से कहा, की "सुर्यदेव अस्त होने जा रहे है, अतः आज अभी मुझे विषका भय नही रहा अतः यदि यह कीट तक्षक होकर मुझे काटले, तभी उस मुनिके वचन सत्य ठहरेंगे तथा शाप भी सत्य होगा।' कालसे प्रेरित हुए उन मंत्रियों ने भी राजाकी बात का समर्थन किया। तथा राजा परिक्षित उस कीट को गलेमें डालकर हंसने लगे। इसप्रकार राजा हंस ही रहे थे कि तपस्वीयों ने जो फल राजा को दिये थे उस फलसे तक्षक निकलकर अपने फनसे राजाको लपेट लिया। मन्त्रीगण राजाको उस प्रकार तक्षक के द्वारा घिरे हुए देख अति दुःखीत होकर क्रंदन करने लगे। तथा तक्षक के गर्जन का शब्द सुनकर वे सभी मंत्रीगण भाग गये। तदनन्तर तक्षक नागके भयंकर विषसे उपजी हुई अग्निसे घिर कर जलते हुए उस गृहको सभी छोडकर चारों दिशाओं में भाग गये। अनन्तर वह गृह भी धाराशायी हो गया। तथा इसप्रकार राजा परिक्षित मृत्युको प्राप्त हो गये। राजा परिक्षित के मृत्यु के पश्चात उनके कनिष्ठ पुत्र "जनमेजय" को हस्तिनापुर के राजगद्दी पर अभिषिक्त किया गया था।

26

जनमेजय

महाकाव्य महाभारत के "आदिपर्व" अनुसार हस्तिनापुर नरेश परिक्षित के मृत्यु के पश्चात नगरवासियों ने "जनमेजय" को राजगद्दी पर बिठाया। श्रेष्ठ बुद्धिवाले नृपश्रेष्ठ कुरुवंशियों में श्रेष्ठ जनमेजय बालक होनेपर भी मन्त्रियों तथा पुरोहितों के सहित उसी प्रकार राज्यशासन करने लगे जिस प्रकार उनके प्रपितामह युधिष्ठिर राज्यशासन करते थे। अनन्तर मंत्रियों ने जनमेजय के लिये काशीराज सुवर्णवर्मा के निकट जाकर "वपुष्टमा" नामक कन्या मांगी। तब सुवर्णवर्मा ने कुरूप्रवीर जनमेजय की धर्मानुसार परीक्षा कर वपुष्टमा नामक अपनी कन्या जनमेजय को प्रदान कर दी। तथा जनमेजय भी वपुष्टमा को प्राप्तकर अतिप्रसन्न हुए।

अनन्तर एक समय महाराज जनमेजय ने अपने भाइयों सहित कुरुक्षेत्र में दिर्घ यज्ञका अनुष्ठान किया। यज्ञ करते हुए उनके उस यज्ञानुष्ठान में सरमाका पुत्र कुत्ता आकर उपस्थित हुआ। उग्रसेन, श्रुतसेन तथा भीमसेन इन तीन जनमेजय के भाइयों द्वारा मारे जानेपर वह क्रंदन करते हुए अपने माताके निकट जा पहुंचा। उसे क्रंदन करते हुए देख उसकी माताने उससे पुछा – 'तुम क्यों क्रंदन कर रहे हो? किसने तुम्हें मारा है?' इसप्रकार पूछे जानेपर उस कुत्तेने अपनी मातासे कहा – 'जनमेजय के भाइयों ने मुझे मारा है।' तब उसकी माताने उससे कहा – 'स्पष्ट है कि तुमने वहां कोई अपराध किया होगा, जिसके कारण तुम्हें उन्होंने मारा है।' तब उस कुत्तेने माता से कहा – 'नही, मैने कोई अपराध नही किया। यज्ञका घृत भी नही छुआ तथा न उसकी ओर देखा।' यह सुनकर पुत्रके दुःखसे दुःखी उसकी माता सरमा उस यज्ञस्थल पर पहुंची, जहां जनमेजय अपने भाइयों सहित दीर्घयज्ञ कर रहे थे। वहां जाकर क्रोधसे उसने जनमेजय से कहा – 'मेरे इस पुत्रने तुम्हारा कोई अपराध नही किया। फिर तुम लोगोंने उसे क्यों मारा? अतः तुमने मेरे निर्दोष पुत्रको मारा है, इसलिये तुम्हें अलक्षित भय आकर घेर लेगा।' देवों की कुतिया सरमा के द्वारा इस प्रकार शाप देनेपर जनमेजय घबरा गये तथा बहुत दुःखी हुए। उस यज्ञके समाप्त होनेपर महाराज

• 192 •

जनमेजय हस्तिनापुर लौटकर किसी ऐसे योग्य पुरोहित को ढूंढने लगे जो कि उनके पाप कर्मको शांतकर सके। अनन्तर एक दिन शिकार पर निकले हुए राजा जनमेजय ने अपने राज्य ही के किसी प्रदेश में एक आश्रम देखा। उस आश्रममें "श्रुतश्रवा" नामक ऋषि रहते थे। उनका "सोमश्रवा" नामक एक परम प्रिय पुत्र था। जनमेजय ने उस ऋषिपुत्र के नीकट जाकर पुरोहित के कर्मके लिये उसका वरण किया तथा उसके पिता से कहा – 'हे भगवन्! आपका यह पुत्र मेरा पुरोहित होवे।' जनमेजय की प्रार्थना सुन ऋषिवर ने कहा – 'हे जनमेजय! मेरा यह पुत्र एक सर्पिनी से उत्पन्न हुआ है। यह महादेव के द्वारा प्रेरित पापकृत्यों को छोडकर तुम्हारे अन्य सभी पापकृत्यों को शांत करनेमें समर्थ है। इसका एक गुढ नियम है, कि कोइ ब्राह्मण इससे जो कुछ मांगेगा यह उसे वही दान दे देगा। यदि तुम इस बातका साहस कर सको तो मेरे इस पुत्र को ले जाओ।' ऋषिके इस प्रकार कहने पर जनमेजय ने उनसे कहा – 'भगवन! आप जो कहते है वही होगा।' तदनन्तर राजा जनमेजय पुरोहित को सहित लेकर राजधानी में आकर भाइयों से कहा, की "इस ऋषिकुमार को मैने पुरोहित के रुपमें वरण किया है। यह जो कुछ कहे तुम उसे बिना विचारे पूर्ण करो।" जनमेजय के भ्रातृगण इसप्रकार आदिष्ट होकर ऋषिकुमार के आज्ञाका पालन करने लगे। महाराज जनमेजय भाइयों को वैसी आज्ञा देकर तक्षशिला देशको जीतने चले गये तथा उस देशको अपने वशमें कर लिया। अनन्तर उत्तंक हस्तिनापुर पहुंचकर महाराज को यथाविधि जयप्राप्त करने के लिये शुभाशीर्वाद दिये तथा महाराज जनमेजय से कहा – 'हे श्रेष्ठ राजन्! करने योग्य अपने कर्तव्यका पालन न कर आप बालकके समान अन्य कार्योंमें लगे हुए हो।' उत्तंकके इस प्रकार कहे जानेपर महाराज जनमेजय ने उनसे कहा – 'मै प्रजाओंका पालन कर अपने क्षत्रिय धर्मका पालन कर रहा हूं। हे द्विवजेंद्र मुझे बताओ मै क्या करुं।' जनमेजय द्वारा इसप्रकार कहे जानेपर पुण्यशीलों में श्रेष्ठ द्विजोत्तम उत्तंक ने उन्युन बलवाले महाराज जनमेजय को राजाके द्वारा जो कुछ किया जाना चाहिये उन कार्योंको बताते हुए कहा – 'हे श्रेष्ठ महीपाल! जिस तक्षक के, द्वारा आपके पिताकी मृत्यु कर दी गई थी उस दुष्टात्मा सर्पको उचित प्रतिफल दो। इस विधि दर्शित कार्यको करने का काल आ पहुंचा है ऐसा मै मानता हूं। अतः आपके उन महानुभाव जन्मदाता पिताका जो अनिष्ट हुआ है, उसका प्रतिशोध लो। उस दुष्ट अन्तरात्मावाले तक्षक के द्वारा तुम्हारे निरपराधी राजा काटे जाकर मृत्यूको प्राप्त हुए थे। जिस सर्पोंमें अत्यंत नीच तक्षक के बल तथा अहंकार में भरकर जो आपके पिताका वध किया था, वह उसने बडा ही अनुचित तथा पापका कार्य किया। राजर्षि वंशके रक्षक देवों के समान अद्विवतीय महाराज परिक्षित की मृत्यु कर दी तथा उस पापी ने आपके पिताके प्राणोंको बचाने के लिये आते हुए कश्यप को भी मध्य मार्ग से ही लौटा दिया था। हे महाराज! सर्पयज्ञ का अनुष्ठान कर प्रज्वलित अग्निमें उस पापात्मा को आप जला सकते हो, अतः आप शीघ्र उसका अनुष्ठान किजिये। ऐसा करने से हे राजन्! आप अपने पिताका प्रतिशोध ले लोगे तथा पिताके ऋण से आप उऋण हो जाओगे।' उत्तंकके वचन सुनकर राजा जनमेजय ने सर्पयज्ञ का अनुष्ठान किया तथा बहुत से ब्राह्मण उस यज्ञमें सदस्य बने थे। ऋत्विकों

के उस महासर्प यज्ञमें आहुति चढाने पर भयंकर सर्पगण उस यज्ञ में आकर गिरने लगे। नागराज तक्षक राजा जनमेजय के सर्प यज्ञमें दीक्षित होनेकी बात सुनकर ही इंद्रपुरी चला गया। तथा वहां उस तक्षक ने भयभीत होकर आद्योपान्त कथा सुनाकर देवराज इंद्रकी शरण ले ली। तब इंद्रने तक्षक से कहा – 'हे नागराज तक्षक! उस सर्पयज्ञ से तुम्हें कोइ भय नहीं है। मैने पहले ही तुम्हारे लिये पितामह को प्रसन्न किया है।' नागोत्तम तक्षक इंद्रसे इसप्रकार ढाढस पाकर प्रसन्न चित्तसे देवराज इंद्रके भवन में सुखपूर्वक रहने लगा। दूसरी ओर नागोंके लगातार अग्निमें गिरने पर अपने परिवारों की संख्या घटते देख वासुकी अतिदुःखी होकर संतप्त होने लगे। तब उस सर्पराज वासुकि ने अपनी बहन से कहा – 'भद्रे! मेरा शरीर जला जा रहा है, चारों ओरसे अंधकार छाया हुआ होने के कारण मुझे दिशाओंका ज्ञान नही रहा है, मै मोहसे विवश हो रहा हूं, मेरी दृष्टि भ्रमित हो रही है। आज विवश होकर मुझे उस जलती हुई अग्निमें गिरना पडेगा। हम सर्पोंके नाशकी इच्छासे राजा जनमेजय का यज्ञ चल रहा है। स्पष्ट है कि मुझे भी यमराज के गृह जाना पडेगा। हे जरत्कारु! जिस हेतुसे जरत्कारु ऋषिसे तुम्हारा विवाह किया गया था, यह वही काल आ पहुंचा है, अब हमारी भाइयों सहित रक्षा करो। पुर्वमें पितामह ने स्वयं मुझसे कहा था, कि सर्पयज्ञ आरंभ होनेपर आस्तिक ऋषि उसे रोकेंगे। आब मेरी तथा मेरे परिवारों की रक्षाके निमित्त वेदों के ज्ञाता अपने पुत्र से कहो।' सर्पिणी जरत्कारु ने वासुकि के कथनानुसार अपने पुत्र से कहा – 'हे पुत्र! भ्राता वासुकि ने मुझे तुम्हारे पिताको जिस निमित्तसे दान दिया था वह समय आ पहुंचा है, जो उचित हो सो करो।' तब जरत्कारु के पुत्र आस्तिक ने कहा – 'माता! किस कारण आपको उन्होंने दान दिया था, वह मुझे बताओ ताकि मै उसके अनुसार कार्य करुं।' जरत्कारु ने कहा – 'पुत्र! ऐसा सुना जाता है, कि संपूर्ण सर्पोंकी माता कद्रुने क्रोधित होकर अपने पुत्रों को शाप देते हुए कहा था कि, "हे पुत्रों! विनता मेरी दासी हो इसलिये मेरे दासी पनकी शर्त लगाने पर भी जिस कारण तुम उस अश्वराज उच्चैःश्रवाका रंग बदलने से इन्कार कर मेरा कहा कार्य नही कर रहे हो; इसलिये जनमेजय राजाके सर्पयज्ञ में अग्निदेव तुम्हें जलावेंगे तथा उस यज्ञमें मृत्यु प्राप्तकर परलोक सिधारोगे।" कद्रु के इसप्रकार शाप देनेपर सभी लोकोंके पितामह ब्रह्माने "एवमस्तु" कहकर उस बातका समर्थन किया। तब वासुकि भी पितामह के कथन सुनकर अमृत मथने के पश्चात देवोंके शरणमें गया। पश्चात सभी देवताओंने वासुकि सहित पितामह ब्रह्माको प्रसन्न करते हुए उनसे कहा – 'भगवन! यह नागराज वासुकि स्वजनों के निमित बहुत दुःखी है अतएव ऐसा किजिये, कि माता का शाप इनपर न लगे।' तब पितामह ब्रह्मा ने कहा – 'जरत्कारु नामक ऋषि जिस जरत्कारु नामक स्त्री को भार्या के रुपमें प्राप्त करेंगे, उसीके गर्भसे एक ब्राह्मण जन्म लेकर सर्पोको शापसे बचायेगा।' हे पुत्र! नागराज वासुकि ने पितामह के वचन सुनकर तुम्हारे पितासे मेरा विवाह कराया था, अतएव सर्पयज्ञ का फल काल आनेके पुर्व ही तुमने मेरे गर्भसे जन्म लिया है। अब वह कठोर काल आ पहुंचा है, तुम हमारी रक्षा करो। हे पुत्र अब ऐसा करो कि मैं जिस अभिप्राय से तुम्हारे पिताको सौंपी गई थी, वह व्यर्थ न हो।' इसप्रकार कहे जानेपर आस्तिक मातासे "तथास्तु"

कहकर वासुकिसे बोले – 'हे सर्पश्रेष्ठ वासुकि! मै सत्य कहता हूं, आपको उस शापसे मुक्त कराउंगा। मै नृपश्रेष्ठ जनमेजय के निकट जाकर मंगलयुक्त वचनों से उन्हें प्रसन्न करुंगा। ऐसा करुंगा कि राजा का वह यज्ञ रुक जाय।' अनन्तर आस्तिक राजा जनमेजय के उस यज्ञ स्थानपर पहुंचे। तथा यज्ञ की स्तुति करते हुए कहा – 'हे कुरुश्रेष्ठ जनमेजय! प्रयाग में सोमका यज्ञ, वरुण का यज्ञ तथा प्रजापति का यज्ञ जैसे हुआ था, आपका यह यज्ञ भी वैसा ही है, प्रार्थना करता हूं हमारे प्रियजनों का मंगल होवे। हे राजन्! इस जीवलोक में आपके सदृश प्रजापालक महाराज अन्य कोइ नही है, आपके धीरजसे भी मै सदा प्रसन्न हूं आप या तो साक्षात धर्मराज है अथवा यम है। हे पुरुषश्रेष्ठ! आप इस लोकमें हमारे सम्मान के पात्र है।' आस्तिक द्वारा इसप्रकार की स्तुति होनेपर राजा जनमेजय प्रसन्न हुए तथा उनके हृदय के भाव को जानकर कहा – 'यह बालक ऋषिके समान वचन कह रहा है, अतः मेरा विचार है कि यह बालक नहीं अपितु वृद्ध है तथा मै इसे वर देना चाहता हूं। ब्राह्मणों! आप इस विषय पर उचित विचार करें।' तब ब्राह्मणों ने कहा – 'महाराज! ब्राह्मण बालक भी हो, तब भी राजाके लिये माननीय होते है। वे चाहे विद्वान हो या अविद्वान, फिर भी यथावत पुज्य होते है, अतएव आप इन्हें मनमाना वर दे सकते है, किंतु ऐसा कुछ करना चाहिये कि तक्षक शीघ्र आवे।' राजा वर देनेके अभिलाषी होकर आस्तिक मुनिसे कहने ही वाले थे , कि "वर मांगो" ऐसे समय में होता ने कुछ असन्तुष्ट चित्त होकर कहा, कि 'महाराज! जबतक तक्षक इस यज्ञमें नही आता है, तबतक रुकिये।' तब राजा जनमेजय ने कहा – 'आप लोग पुर्ण शक्ति के अनुसार ऐसी चेष्टा कीजिये, की मेरा यह कार्य पूर्ण हो तथा वह तक्षक शीघ्र आवे।' राजा जनमेजय के वचन सुनकर ऋत्विक बोले – 'हे राजन! हमारे शास्त्र जैसा कह रहे है तथा अग्निदेव भी जैसा कह रहे है, कि तक्षक भयसे पिडित होकर देवराज इंद्रके गृहमें छिपा हुआ है।' महात्मा लोहिताक्ष ने राजासे पूछे जाकर पहले जिसप्रकार कहा था, तब भी वैसा ही कहा, की "महाराज! ब्राह्मण गण जो कहते है, वह सत्य है। देवराज इंद्रने तक्षक को यह वर दिया है कि "तुम मेरे निकट छिपकर रहो, अग्निदेव तुम्हें जला नहीं सकेंगे।" यह सुनकर यज्ञमें दीक्षा लिये हुए राजा क्रोधित होकर उस यज्ञकाल में होता को प्रेरणा देणे लगे तथा होता भी प्रयत्न कर मंत्रों के द्वारा अग्निमें आहुतियां देने लगा। तब भयसे उद्विग्न होकर देवराज इंद्रके गृहमें छिपा हुआ वह तक्षक कहीं भी शरण न पा सका। पश्चात तक्षक के नाशकी इच्छा करते हुए राजाने मन्त्रज्ञ ऋषियों से कहा – 'हे ब्राह्मणों! यदि वह नाग तक्षक इंद्रके भवन में हो, तो देवराज इंद्र सहित उसे अग्निमें गिराइये।' तब ब्राह्मणों ने कहा – 'हे महाराज! तक्षक आपके वशमें होकर शीघ्र चला आ रहा है तथा भयसे व्याकुल होकर विलाप करने लगा है। उसकी घोर ध्वनि सुनाई दे रही है। निश्चय से जान पडता है, कि देवराज इंद्रने उस नागको छोड दिया है, सो मंत्रके बलसे खींचे जाकर इंद्रकी गोदसे भ्रष्ट होकर तथा अस्तव्यस्त होकर वह सर्पनाथ आकाश से चेतना रहित होकर आ रहा है। अब आपका कार्य विधिपूर्वक हुआ है, अब आप ब्राह्मण श्रेष्ठ को वर दे सकते है।' तब राजा जनमेजय ने आस्तिक से कहा – 'हे अप्रमेय बालक! तुम जैसे योग्य पात्र हो, मै तुम्हें वैसा ही वर दूंगा। तुम्हारे चितमें जो

अभिलाषा हो; उसे मांगो। यदि वह मेरे देने के अयोग्य भी होगा, तब भी मै दूंगा।' नागराज तक्षक के अग्निमें गिरते समय आस्तिक मुनि ने महाराज जनमेजय से वर मांगते हुए कहा – 'हे महाराज! यदि आप मुझे वर दे रहे है तो मै यही मांगता हूं, की आपका यह सर्पयज्ञ समाप्त हो जाये तथा अब इस यज्ञ में सर्प न गिरे।' ब्राह्मण के इसप्रकार कहे जानेपर राजा जनमेजय ने आस्तिक से कहा – 'विभो! तुम स्वर्ण, गौ वा अन्य किसी वस्तुकी प्रार्थना करो, वह सभी मै तुम्हें दे सकूंगा। किंतु यह यज्ञ नही थमेगा।' तब आस्तिक ने कहा – 'हे राजन्! मै स्वर्ण, गौ आदि कुछ भी आपसे नही चाहता, आपका यह यज्ञ थम जाये, उसीसे मेरे मातृकुल का मंगल होगा।' मुनि आस्तिक के इसप्रकार उत्तर देनेपर राजा जनमेजय बार-बार कहने लगे, कि "हे द्विजश्रेष्ठ! तुम अन्य वर मांगो तो तुम्हारे लिये मंगल होगा।" किंतु आस्तिकने किसी प्रकार अन्य वरकी मांग नही की। अनन्तर यज्ञ में उपस्थित सभी सदस्यों के अनुरोध करने पर राजाने कहा, कि "आस्तिक जो कहते है, वही होगा। सर्पयज्ञ का यह कर्म समाप्त होवे तथा आस्तिक प्रसन्न हो।' राजा जनमेजय के इसप्रकार वर देते ही वहां चारों ओर से उत्पन्न हुई आनंद की हलहल ध्वनि सुनाई देने लगी। मुनि आस्तिक को वर देने के पश्चात राजा जनमेजय का यज्ञ समाप्त हुआ तथा उन्होंने प्रसन्न चित होकर आस्तिक की यथोचित पूजाकर उसे गृह जाने की आज्ञा दी। आस्तिक इसप्रकार महाध कार्य कर अति प्रसन्नच्चित से राजाको प्रसन्न कर अपने गृह लौट गया।